法律人核心素养丛书

建设工程施工合同案件
裁判规则解析

CONSTRUCTION CONTRACTS

谢勇 著

中国法制出版社
CHINA LEGAL PUBLISHING HOUSE

作者简介

谢勇，四川隆昌人，最高人民法院主审法官，北京大学民商法学博士，《最高人民法院关于审理建设工程施工合同纠纷案件适用法律问题的解释（二）》执笔人。

序　言

工程建设是百年大计，系兆民平安。随着我国城市化进程的推进，房地产、基础设施建设成为推动经济增长的重要引擎。自改革开放以来，建筑业增加值增长了450倍，占国民生产总值的比重增加了近一倍。建筑业就业弹性系数高，每年吸纳的农民工约占全国农民工总数的19%左右，仅次于制造业。当前建筑业已经成为我国国民经济支柱产业，对吸纳农村转移劳动力、带动关联产业、促进经济社会发展、推动城乡建设和民生改善等方面具有重要作用。建筑业的快速发展，使得建设工程施工合同纠纷的数量和争议标的额均逐年上升。近十年来，全国法院受理一审建设工程施工合同纠纷案件数量快速增长，2018年达到176265件①。

建设工程施工合同纠纷是司法审判中较复杂的领域。建设工程施工合同的外部性以及建设工程的公共性，导致建筑市场存在市场机制失灵的现象。市场失灵本质上是契约机制失灵。在无摩擦的理想市场模型中，市场主体基于契约自由进行市场竞争，不仅能在契约当事人之间实现帕累托最优，也能在整个市场中实现帕累托最优，契约自由和意思自治是实现当事人利益最大化和社会福利最大化的重要手段。但在一个存在外部性的市场中，当事人利益最大化的行为并不能带来社会福利的最大化。市场失灵的领域往往也是和契约自由受到限制的领域。这导致建设工程施工合同是民商法中涉及管理性规定最多的领域之一。大量的管理性规定和技术规范增加了建设工程施工合同纠纷的审判难度。我国建筑市场不规范和建筑企业内部管理不规范，导致农民工等建筑工人的工资权益

① 在司法统计中，建设工程施工合同纠纷、建设工程价款优先受偿权纠纷、建设工程分包合同纠纷、装饰装修合同纠纷、铁路修建合同纠纷等五个四级案由项下的案件实际都属于建设工程施工合同纠纷案件。2019年的数据未正式对外公布，从增长趋势看，预计将会超过20万件。

不能得到有效保障。为保护建筑工人利益，《中华人民共和国合同法》（以下简称《合同法》）建立了建设工程价款优先受偿权制度，《最高人民法院关于审理建设工程施工合同纠纷案件适用法律问题的解释》（以下简称《建设工程施工合同司法解释》）建立了实际施工人权利保护制度，均突破了债的相对性、平等性原则。建设工程施工合同履行周期长，影响因素多，涉及的管理性规定多，实践中违法建筑、明招暗定、围标串标、“黑白合同”、非法转包、违法分包、借用资质等问题突出，认定事实和适用法律难度较大。司法实践对于合同效力问题、工程款和工程质量鉴定问题、工期延误及停窝工损失赔偿问题、优先权行使条件问题、实际施工人权利保护问题等疑难复杂问题的裁判规则存在不同认识。建设工程施工合同纠纷与商品房买卖合同纠纷、民间借贷纠纷、金融借贷纠纷、劳动争议纠纷、执行异议之诉纠纷、抵押权纠纷等相互交织，进一步增加了案件处理难度。

针对司法实践中存在的问题，最高人民法院于2004年制定了《建设工程施工合同司法解释》，对统一法律适用、保证工程质量、规范市场秩序、保护各类主体尤其是农民工等弱势群体合法权益发挥了重要作用。自《建设工程施工合同司法解释》施行以来，建筑市场发生了新变化、司法实践出现了新问题、管理政策有了新突破。在这一背景下，最高人民法院于2018年制定了《最高人民法院关于审理建设工程施工合同纠纷案件适用法律问题的解释（二）》（以下简称《建设工程施工合同司法解释（二）》），就司法实践中争议较多的建设工程施工合同效力、建设工程价款结算、建设工程鉴定、建设工程价款优先受偿权、实际施工人权利保护等问题作了规定。《中华人民共和国民法总则》（以下简称《民法总则》）修改完善了《中华人民共和国民法通则》（以下简称《民法通则》）《合同法》关于民事行为效力的规定，建设工程行政主管部门删除了建设工程施工合同备案的规定，国家发展和改革委员会（以下简称发改委）

修改了必须招标工程范围的规定。一系列法律、行政法规、司法解释、部门规章的制定、修改，对建设工程施工合同司法审判提出了新的要求。

针对新法律、新政策、新经营方式以及司法实践中的新情况，本书围绕建设工程施工合同纠纷案件裁判思路这一主线，依次对建设工程施工合同纠纷案件中的裁判理念、合同订立、合同效力、合同主体、合同变更、合同解释、合同履行、合同解除、违约责任9个方面共91个热点、难点问题进行了论述。本书撰写过程中，作者尽量确保每个问题的论述相对独立、完整，使读者能够简便、快捷找到实践中所遇到问题的答案，同时也尽量确保整书结构合理、体系完整，使整书具有较强的逻辑性、可读性。鉴于建设工程施工合同纠纷涉及知识点多面广，作者知识有限，难免有管中窥豹之困，一叶障目之弊。对于书中不足之处，敬请广大读者指正。

谢　勇
2020年3月1日
于鼎盛御府

目　录

Contents

一、引　论

二、建设工程施工合同的订立

三、建设工程施工合同的效力

四、建设工程施工合同的主体

五、建设工程施工合同的变更

六、建设工程施工合同的解释

七、建设工程施工合同的履行

八、建设工程施工合同的解除

九、建设工程施工合同违约责任

十、相关规范

一、引 论

001

契约自由和合同相对性原则在建设工程施工合同领域是否应受到适当限制

对于建设工程施工合同纠纷案件，实践中有一种观点，认为无须作出这么多规定，只要依照《合同法》的规定来处理就行，坚持意思自治原则、尊重当事人的真实意思就行了。近代民法有三大支柱，所有权绝对、契约自由、过失责任。相对于身份社会的法治，这三大基本原则奠定了近代物权法、合同法和侵权责任法的基础，体现了社会的进步。但随着近代民法向现代民法的发展与转变，所有权绝对、契约自由、过失责任这三大基本原则在一定程度上得到缓和。其中，在物权法上，所有权受到公序良俗、权利不得滥用等原则的绝对限制。在保护所有权人对物的占有、使用、收益、支配权利的同时，社会利益、相邻关系等利益均成为所有权人在行使权利时所应考虑的因素。在合同法上，契约自由在不同方向上受到限制，绝对的契约自由适用领域越来越窄，为追求契约公正而破坏合同相对性原则的情况开始出现。在侵权责任法上，无过错责任的适用范围也在逐步扩张，损失分担而非过错追究在更大程度上成为侵权责任法的价值追求。根据不同主体的经济地位、专业能力等因素来分配注意义务，成为较为常见的做法。因此，在现代民法上，对契约自由的限制和合同相对性原则的突破成为立法和司法在实现社会正义时的一种选择。同时，民法以民事主体权利能力平等为原则，任何生物学意义上的人均享有民事主体资格，维护形式平等成为近代民法的首要任务。并非近代民法不重视实质平等，只是按照近代民法的逻辑前提和当时的经济环境，保护形式平等是实现实质平等的必由之路。正如古典经济学和新古典经济学将自由竞争视为经济发展和社会利益最大化的必由之路一样。

就契约自由而言，近代民法确立了契约自由原则，主要基于三个假设前提：一是理性人假设。理性是近代西方在文艺复兴、宗教改革中对人自己与宇宙的关系认识上的突破。依据理性原则，人可以不借助中间力量直接认识自我、认识宇宙。既然人具有理性能力，当然可以对自己的未来作出安排，与他人商议就未来的权利义务作出安排。二是合同是当事人充分协商的结果。只有当合同条款是经过双方当事人反复讨价还价，充分协商订立的情况下，合同条款才能全面、真实反映双方当事人的意思和利益。三是缔约地位平等的假设。只有在双方当事人的缔约地位完全平等的情况下，双方当事人才能进行真正的讨价还价，进行有效的博弈。在这种情况下签订的合同才能实现当事人利益的最大化。换言之，如果一方当事人还有更好的选择，就不会签订这一合同。此外，合同自由不仅能够保障双方当事人利益的最大化，在一个没有摩擦与纷争的市场上，还能够在实现当事人利益最大化的同时实现社会整体利益的最大化。因此，合同自由不仅对双方当事人而言是公平和有效的，对整个社会而言也是有效的。但是，以上三个假设与现实中的情况并不完全一致，尤其是随着商品经济的发展，社会经济环境已经发生了变化。首先，人不是完全的理性生物，非理性因素对人的决策会产生重要影响。理性能力亦不绝对，人在决策时对信息的收集、整理、加工能力，利用现有信息对未来进行预判的能力都有限。然后，当事人并非对所有的合同都进行充分协商，最极端的例子是格式合同。格式合同的接受方只能选择是否订立合同，而不能选择就合同条款进行协商或者修改。现在经济基于对交易效率的追求，当事人花在缔约上的时间将会越来越少。在多数交易中，充分协商并不可取。合同格式化将会是今后商品经济发展的主流方向。最后，当事人缔约地位不平等。自然竞争会导致生产经营规模扩大，产生垄断。行政许可、技术壁垒等因素都会导致垄断。不同交易主体之间的地位不平等将会成为越来越普遍的情况。在缔约地位不平等的情况下，合同条款主要反映强势一方当事人的意志和利益。由于这些逻辑前提存在缺陷，形式上的契约自由和信息不完全会导致契约不完全问题。契约不完全导致契约条款不能充分反映当事人的真实意思和利益，会导致契约履行困难，增加违约概率。因此，在近代民法的逻辑中，契约自由能够实现契约公正和市场效率，但在现代民法中，契约自由与契约公正并不能画等号。对契约自由的适当限制也是立法和司法为实现实质公平的一种政策选择。

在建筑市场上，这三方面问题都更为突出。关于有限理性的问题，建设工程施工合同涉及工期很长等诸多因素，双方当事人在订立合同时往往无法对未来做出完全准确的预见。尤其是有的工程工期可能长达几年。在这几年工期中，宏观调控政策变化，建筑材料价格和人工成本变化都可能对合同的履行产生实质性影响。这种变化可能导致合同订立的基础事实发生变化。订立合同的基础事实会直接决定当事人是否订立合同、与谁订立合同以及订立什么样的合同。如果合同订立的基础事实发生了变化，继续履行合同的难度就极大增加。关于当事人缔约地位不平等的问题。整体上看，由于我国劳动力资源相对于土地资源和资金资源处于丰沛的地位，掌握劳动力资源的承包人与掌握土地和资金的发包人相比，在缔约时处于弱势地位。相对于总承包单位，分承包人、转承包人处于相对弱势地位。相对于其他主体，农民工处于最弱势地位。因此，建设工程施工合同更多体现了强势一方当事人的利益和意志。关于充分协商不足的问题。建设工程施工合同是格式合同运用十分广泛的领域。同时，由于发包人与承包人的地位不平等，一些合同条款实际并非完全是双方当事人充分协商的结果。此外，建筑市场还有一个特点，即民事关系和商事关系交叉。一方面，建设工程施工合同中的发包人、承包人，基本都是商事主体。因此，在处理建设工程施工合同纠纷时，需要考虑树立一个市场规则，维护交易秩序，坚持诚实信用原则。另一方面，建筑市场同时还会涉及很多建筑工人的利益，涉及建筑工人与建筑企业之间的劳动关系，此类关系属于民事关系。在处理建设工程施工合同纠纷时还要兼顾结果公平和实质公平。此外，建筑市场还有一个特点，即管理性规定特别多。一方面，建筑物是一种具有公共性、外部性的商品。对于具有外部性的商品，市场机制就会失灵。市场机制失灵的地方，往往也是合同制度失灵的地方。市场本身就是由千千万万个合同所组成。因此，建设工程施工合同领域，意思自治仍然是交易的基础，但又不能完全交由当事人意思自治。

002

我国现阶段是否必须优先保护农民工等弱势当事人的利益

在处理建设工程施工合同纠纷时，加强对弱势一方当事人的保护，不仅是维护公平的需要，也是提高效率的需要。首先，目前建筑市场的一些看似不合理的现象背后都有深刻的社会背景和市场背景，并不会因为立法和司法予以保护或者不予以保护而存在或者消失。从农民工的角度看，即使法律不对农民工的权益予以特别保护，农民工仍然会选择进城务工，选择在建筑行业打工。改革开放极大地解放了生产力，促进了我国经济的快速发展。一个重要原因是将广大农民从农村和农业中解放出来，投入到生产率更高的制造业和建筑业等行业中。2017 年，我国农民工的数量是 2.9 亿人，其中建筑业吸纳的农民工占全部农民工的比例达 18.9%，仅次于制造业吸纳的农民工。由于农民进城、进工地打工所挣的收入远远高于在农村从事农业生产所挣的收入，即使对农民工的权利不予优先保护，广大农民工仍然会选择进城务工，选择成为一名建筑工人。另外，从建筑企业的角度看，建筑企业之所以通过分包等合同方式来组织建设工程的施工，而不是通过公司的形式进行建设工程施工，根本上是基于成本的考虑。科斯在分析企业与市场的边界时，提出了交易成本理论。科斯的交易成本理论可用于解释建筑市场上的分包行为。相对于把所有的农民工等建筑工人聘为工人，建筑企业将工程分包给其他主体进行施工，有利于降低施工成本。只要通过合同方式来组织施工的成本低于公司形式，分包的现象就不可避免。要彻底解决这一问题，只能对建筑企业和农民工施加负面激励，而且负面激励必须要冲抵在现有机制所获得利益。即，对于建筑企业而言，对所有的违法分包行为给予高额罚款，使罚款的数额和被罚的概率足以抵销分包行为的获利。对农民工而言，如果其权利受到广泛、严重侵害而得不到有效救济，其利益损失足以冲抵其外出打工所能获得的收益，农民工就不会选择到建筑行业打工，除非建筑企业与其签订劳动合同。这种情况的结果是我国建设工程用工成本大幅度提高，建筑业大幅度萎缩，最终可能会损害建筑业的发展、广大农民工和老百姓的利益。建筑业对于国民经济的发展和人民群众提高生活水平具有十分重要的意义。从改革开放以来的数据看，我国建筑业的增长速度超过了GDP（国内生产总值）的增长速度，建筑业的就业弹性大，建筑业吸纳劳动力的增长速度也超过全国劳动力就业的增长速度。劳动力从低生产率的行业向高生产率的行业流动，是一国经济发展的必由之路。目前有极少数人担心我国未富先老、正在丧失人口红利、面临刘易斯拐点①，担心我国陷入中等收入国家陷阱。解决这一担忧的根本办法是提高劳动力素质，促进更多的劳动力向生产率更高的行业流动，提高经济的潜在产出水平。这比短期刺激政策更有价值。从某种角度上看，我国建筑业的快速发展实际是我国经济还处于较低水平发展阶段的体现。如果我国在完成了农村劳动力向低端制造业、建筑业的转移后，开始从低端制造业、建筑业向高端制造业等高生产率行业转移，我国经济发展又将迸发前所未有的朝气。

我国建筑市场中的一些问题是经济社会、改革开放发展到一定阶段出现的问题，在国际上未必能找到可参考学习的对象。立法、司法对建筑市场服务和保障的效果如何，取决于立法和司法是否符合社会经济的发展需要，而不是看法律规则和司法裁判标准是否先进。从这个意义上讲，法律原本没有先进与落后之分，只有适应或者不适应本国经济社会发展之分。适合的才是最好的。随着我国社会经济的进一步发展，尤其是随着我国城市化进程的深入，当前我们所面临的问题亦将不复存在。对于法律工作者而言，社会发展、经济发展有其客观规律，认识规律、反映规律、适应规律是法律人的责任，仅仅寄希望于通过部分法条或者一部法律而把社会经济引入发达阶段的想法，并不现实，甚至可能适得其反。关注本国经济社会发展的阶段、特点、问题和需求，有针对性地探索有助于社会经济发展的法律规则和司法政策，很多时候比简单的拿来主义更有价值。由于我国劳动力、土地、资金等资源禀赋的特点不会在短期内发生变化，加强对农民工等弱势当事人权利保护的政策，在较长时间内仍会延续。

① 刘易斯拐点：劳动力过剩向短缺的转折点，是指在工业化进程中，随着农村富余劳动力向非农产业的逐步转移，农村富余劳动力逐渐减少，最终达到瓶颈状态。

003

民商事审判法官仅有法律思维是否足够

民商事法律和民商事司法审判的目的是为民商事活动提供支持的服务。民商事法官首先应当理解民商事活动的客观规律和法治需求。对于民事审判，法官应当深入了解社会生活、了解乡约民俗，了解社会生活中的“软法”，甚至要做到“人情练达”，才能将法理情融于一体，让人民司法更好地服务群众生活需要。尤其在处理婚姻家庭纠纷、继承纠纷、邻里纠纷等熟人之间的纠纷时，如果无视熟人社会中的各类隐性或者显性的规则，司法效果就不会好。同样类型的家庭纠纷、邻里纠纷，在城市和农村的处理方式通常就不一样，在农区和牧区的处理方式往往也不一样。在商事审判中，法官应当具有一定程度的商人思维。商人思维最重要的有两点：一是要维护商主体的商誉，对于正常的商事纠纷，要防止对商主体的信誉造成不合理的负面影响；二是要维护商事活动的正常运转，几乎所有的商主体都有沉淀成本，即使停止营业，这些成本也不会消失，因此，一旦商主体停止营业，将会导致其资产负债情况恶化。在处理商事纠纷时，如果有其他替代方式，就应当在自由裁量范围内避免查封当事人账户，或者查封当事人生产线。

民商事审判还应当随着商品经济的发展而调整审判思路。英国学者梅因将古代社会到近代社会的进步概括为从身份到契约的运动。① 实际上，这一发展变化主要体现在经济领域。在古代社会中，身份关系是组织社会经济生产的主要方式。在广大农村，由家庭或家族组织劳动力进行农业生产，在城市，由家庭或者师徒关系组织劳动力开展手工业生产和商业活动，社会分工主要在家庭或者手工作坊里进行。因此，无论是东方还是西方，古代法制都以维护特定的身份关系为己任，其背后的动力仍然是维护特定的生产关系，以保护生产力的发展。在近代社会，生产活动主要通过合同来组织开展。随着商品经济的发展，合同成为组织社会经济生产的方式，分工在社会范围内进行。保护合同自由成为民法的基本任

---

① ［英］梅因：《古代法》，沈景一译，商务印书馆 1959 年版，第 97 页。

务。其背后所保护的是商品经济生产关系。随着商品经济的进一步发展，以低频率、小范围、平等主体之间的交易为主体的市场发展成为以高频率、大范围、经济地位不平等的主体之间的交易为主体的市场，合同自由与合同公正之间不能再完全画等号。经济学、法学等社会科学亦对这一发展趋势作出了回应。在经济学和经济政策上，体现为凯恩斯主义取代新古典经济学，成为经济理论和经济政策中最具影响力的理论和政策。在法学和法律政策上，体现为对古典契约理论的反思不断被推向高潮，法律对合同自由的干预也越来越常见。甚至有人提出契约已经死亡[①]，有人认为当今民法面临“从契约到身份”这一运动的挑战[②]，也有人在分析“契约之死”现象后，认为契约获得了“再生”[③]。对理性人假设、理性缔约环境的反思成为经济学和法学等社会科学共同关注的热点领域，心理学尤其是社会心理学的研究成果被大量运用于经济学研究之中。契约不完全理论成为经济学和法学所共同关注的焦点问题。相应的，立法和司法审判也应当关注建筑市场的新发展和新特点，尤其是建设工程施工合同的长期性、复杂性以及发包人与承包人经济地位不平等性导致的契约不完全问题，需要引起重视。概言之，在建设工程施工合同领域，虽然契约自由和诚实信用原则仍然是基石，但仅仅依靠契约自由和契约必须遵守原则来解决所有的问题，既不合时宜，也不符合建筑市场的客观现状。建筑市场的特殊性和市场经济发展的时代性决定了建筑市场必然会受到较多的行政干预，契约自由在一定范围内受到限制，合同相对性在一定范围内被突破，有其客观的社会经济发展背景和市场背景。这背后更多体现的是社会经济发展的客观规律，并不为立法者或者司法者的意识而转移。更多地了解和熟悉建筑市场，会更有利于立法和司法服务于建筑市场的发展、保护建筑市场上各方主体的利益。

---

① ［美］格兰特·吉尔莫：《契约的死亡》，曹士兵、姚建宗、吴魏译，中国法制出版社 2005 年版，第 155 页。

② 董宝华、周开畅：《也谈“从契约到身份”——对第三法域的探索》，载《浙江学刊》2004 年第 1 期。王海军：《论现代民法在“从契约到身份”运动中的困境与突破——以民法的终极价值为视角》，载《政法学刊》2007 年第 1 期。

③ ［日］内田贵：《契约的再生》，胡宝海译，中国法制出版社 2005 年版。

004

建设工程施工合同案件司法审判应当坚持哪些价值取向

同其他法律一样，建设工程施工合同领域的法律法规也面临多重价值取向之间的平衡。建设工程施工合同领域，主要存在于保障建设工程质量安全、平等保护的基础上适当优先保护弱势方当事人利益、促进建筑业健康发展、维护市场秩序和诚实信用原则等多重价值取向。在这些价值取向中，存在价值位阶。整体上看，可作如下排序。

第一，在众多价值取向中，首要价值取向是保障建设工程质量安全。建设工程具有外部性，建设工程质量不仅影响发包人和承包人利益，还影响广大人民群众利益和社会公共利益。如果建设工程质量不合格，不仅双方当事人的合同目的不能实现，而且广大人民群众的人身和财产安全也会受到损害。因此，保障建设工程质量安全应是建设工程施工合同司法审判首要的价值取向。司法实践始终坚决维护招标投标市场秩序，对于围标串标、明招暗定、订立“黑白合同”等行为的效力持否定态度；贯彻各类行政管理性规定，尤其是关于建筑施工企业资质的规定，对于借用资质签订的建设工程施工合同，也认定无效。承包人建设工程价款债权等权利的享有，往往也必须以建设工程质量合格为前提条件。这些都体现了优先保障建设工程质量的价值取向。

第二，如果建设工程质量合格，司法实践则会考虑在贯彻平等保护的基础上，着重保护建筑工人等弱势群体的权益，着力追求实质公平。民法最基本的特质是自由、平等，而且民法原则上保护形式平等、资格平等或者说法律地位平等，通过保护意思自治来实现实质公平。相对于发包人，承包人处于相对弱势地位。相对于转包人和分包人，实际施工人处于相对弱势地位。相对于实际施工人，广大农民工处于弱势地位。农民工的工资权益不仅依赖于实际施工人的诚实守信，之前的任何一个环节出现问题，农民工的工资权益都会受到损害。对弱势者予以特别保护对于公平和效率都具有十分重要的意义。司法实践注重在适当优先保护农民工等弱势当事人利益的同时，也会注意平衡各方当事人之间的利益。整体上看，司法实践仍然坚持平等、自由等基本原则，对合同自由的限制、突破合同相对性和债的相对性，属于原则之例外。

第三，除了上述两个价值取向之外，建筑业的健康发展也会是司法实践中的考虑因素。建筑业对我国社会建设、经济发展、群众就业、人民富裕均具有十分重要的意义。建筑行业是薄利行业，也是我国支柱产业。加强对建筑业的保护，是人民法院发挥司法审判职能，服务社会经济发展的重要职能。

第四，坚持诚实信用原则和维护建筑市场秩序。实践中，有的当事人已经实际使用建设工程，甚至长期使用，但拖延支付工程款，对方起诉请求支付工程款后，发包人又以质量不符合约定等为由，企图继续拖欠工程价款。有的当事人有意不办理相关审批手续或登记手续，企图达到解除合同或者认定合同无效的结果，以获取不当利益。司法实践中一直有一种很强的呼声，即任何人不能从其不诚信的行为中获利。同时，建筑市场上存在串标围标、明招暗定、订立“黑白合同”等违法违规行为，违背诚实信用原则，扰乱建筑市场秩序，也会影响建设工程质量。对于违反招标投标法签订的合同，以及违反法律法规强制性规定的黑合同，对其效力原则上不应予以支持。诚实信用是司法实践始终坚持的原则，积极保护善意当事人的合法权益是司法审判的重要价值取向！

二、建设工程施工合同的订立

005

建设工程施工合同自何时成立

建设工程施工合同纠纷案件属于合同纠纷案件。对于任何一个合同纠纷，考虑的第一个问题就是合同是否成立。诺成合同自双方当事人意思表示达成一致时成立。《合同法》第十三条规定："当事人订立合同，采取要约、承诺方式。"普通合同的订立应当经过要约和承诺两个阶段。《合同法》第三十四条规定："承诺生效的地点为合同成立的地点。"故普通合同承诺生效时成立。实践性合同还需当事人交付标的物或者完成特定给付后方可成立。例如，《合同法》第三百六十七条规定："保管合同自保管物交付时成立，但当事人另有约定的除外。"要式合同还需具备法律规定或者当事人约定的形式时才成立。《合同法》第三十二条规定："当事人采用合同书形式订立合同的，自双方当事人签字或者盖章时合同成立。"第三十六条规定："法律、行政法规规定或者当事人约定采用书面形式订立合同，当事人未采用书面形式但一方已经履行主要义务，对方接受的，该合同成立。"第三十七条规定："采用合同书形式订立合同，在签字或者盖章之前，当事人一方已经履行主要义务，对方接受的，该合同成立。"建设工程施工合同属于诺成合同。《合同法》第二百七十条规定："建设工程合同应当采用书面形式。"故建设工程施工合同属于要式合同，除当事人意思表示一致之外，还需要具备书面形式要件，合同才成立。

实践中争议较大的问题是，通过招标投标程序订立的建设工程施工合同，自何时成立。这一争议的焦点是中标通知的效力问题。对于该问题，实践中有三种观点。第一种观点认为，《中华人民共和国招标投标法》（以下简称《招标投标法》）第四十六条第一款规定，招标人和中标人应当自中标通知书发出之日起30日内，按照招标文件和中标人的投标文件订立书面合同。招标人和中标人不得再行订立背离合同实质性内容的其他协议。因此，中标通知到达中标人时，建设工程施工合同并不成立，如果中标人收到中标通知后，一方当事人拒不按照《招标投标法》第四十六条第一款规定签订书面合同的，应当承担缔约过失责任。第二种观点认为，虽然在中标通知到达中标人之后，招标人与中标人未按《招标投标法》第四十六条规定签订书面合同之前，建设工程施工合同并不成立，但如果一方当事人拒不履行招标文件、投标文件和中标通知书所规定的义务或者不按照《招标投标法》第四十六条第一款规定签订书面合同却只承担缔约过失责任，对另一方当事人明显不公平，有违诚实信用原则。根据《招标投标法》第四十六条第一款的规定，招标人和中标人应当自中标通知书发出之日起30日内，按照招标文件和中标人的投标文件订立书面合同，因此中标通知到达中标人时可以视为预约成立，只有当招标人和中标人按照招标文件和中标人的投标文件订立书面合同后，本约才成立。而双方当事人在招标文件、投标文件和中标通知书中所约定的违约责任属于预约中的违约责任，一方当事人如果违反该预约的约定，仍应承担违约责任。这既有利于平衡双方当事人的利益、维护诚实信用原则，也有相应的法理依据。《建设工程施工合同司法解释（二）》（征求意见稿）专门用一条规定了中标通知书的效力问题，并提出了两种方案，分别代表了第一种观点和第二种观点。第三种观点则认为，根据《合同法》的相关规定及其法理，招标人发布招标公告为要约邀请、投标人投标为要约、招标人向中标人寄送中标通知书为承诺，中标通知书到达中标人时承诺生效，合同成立。因此，中标通知书到达中标人时，本约即成立。一方当事人不遵守招标文件、投标文件及中标通知书的约定的，应当承担违约责任，而非缔约过失责任。预约是当事人约定将来订立特定契约的契约。当事人将来要订立的契约为本约，而以订立本约为其标的的契约是预约，但是无论是招标文件、投标文件还是中标通知书均无关于将来订立特定契约的约定，因此不能将中标通知书理解为预约。我们认为第三种观点符合《合同法》的规定及其法理，最终《建设工程施工合同司法解释（二）》没有保留征求意见稿第一条的规定。对于中标通知书的效力问题，《合同法》等法律规定已经有明确答案，理论上也无争议，无须再作规定。

《合同法》第二百七十条规定:“建设工程合同应当采用书面形式。”既然招标文件、投标文件和中标通知书已经符合书面形式的要件,为何《招标投标法》第四十六条第一款还要规定,招标人和中标人应当自中标通知书发出之日起30日内,按照招标文件和中标人的投标文件订立书面合同呢?到底《合同法》第二百七十条所规定的合同的“书面形式”与《招标投标法》第四十六条第一款规定的“书面合同”是不是一回事呢?这里需要特别区分书面合同和合同书这两个概念。《合同法》对合同的书面形式和合同书作了区分,但《招标投标法》却并未对二者进行区分。《合同法》第十一条规定:“书面形式是指合同书、信件和数据电文(包括电报、电传、传真、电子数据交换和电子邮件)等可以有形地表现所载内容的形式。”合同书只是属于书面合同的一种类型,除合同书外,信件和数据电文等可以有形地表现所载内容的形式均属于书面形式。《招标投标法》第四十六条第一款规定的“书面合同”理解为“合同书”更加合理。该款规定只是要求当事人将书面合同的一种形式(招标文件、投标文件和中标通知书)变更为另一种形式(合同书)。这只是书面合同形式的变更,并不影响合同的同一性,也不妨碍合同在中标通知书到达中标人时成立。正因如此,《招标投标法》第四十六条第一款规定,招标人和中标人在中标通知书发出之日起30日内所订立的书面合同必须与招标文件和中标人的投标文件一致。将体现为招标文件、投标文件和中标通知书的书面合同变更为合同书形式的书面合同,不仅更加契合我们日常生活中对书面合同形式的认识,而且便于建设工程施工合同的登记备案和当事人保管。

实践中我们曾遇到一些与这一问题相关联的案例。例如,甲乙双方当事人通过招标投标方式订立建设工程施工合同。甲为发包人,也是招标人。乙为建设工程施工企业,是投标人。甲发布招标公告,乙投标,甲向乙发出的中标通知书已经到达乙。后甲由于某种原因不愿意将建设工程发包给乙,既不按照《招标投标法》第四十六条第一款规定,在中标通知书发出之日起30日内,按照招标文件和中标人的投标文件与乙订立书面合同(即建设工程施工合同书),也不履行招标文件、投标文件和中标通知书所确定的义务。乙遂向法院起诉请求甲承担违约责任,甲抗辩称由于双方并未依照《招标投标法》第四十六条第一款的规定,在中标通知书发出之日起30日内,按照招标文件和中标人的投标文件订立书面合同，建设工程施工合同尚未订立，不应承担违约责任。这种情况下，甲的抗辩就不能成立。建设工程施工合同在中标通知书到达乙时就已经成立。在不违反法律行政法规强制性规定且双方当事人无相反约定的情况下，该建设工程施工合同在成立时即生效。双方当事人是否依照《招标投标法》第四十六条第一款的规定另行签订“书面合同”（合同书），并不影响双方当事人之间已经形成建设工程施工合同关系的事实。在这种情况下，乙有权请求甲承担违约责任。

006

哪些情况下中标无效

通过招标投标方式订立建设工程施工合同的，自中标通知书到达中标人时承诺生效，合同成立。有观点认为中标无效的情况下，建设工程施工合同也无效。该观点没有对合同成立和生效进行区分。《招标投标法》对招标投标行为作了严格规定，如果招标投标行为违反了《招标投标法》的禁止性规定，将导致中标无效。如果中标无效，实则为招标人所作承诺无效，建设工程施工合同未成立。根据《招标投标法》的规定，下列行为将导致中标无效：第一，根据《招标投标法》第五十条规定，招标代理机构违反《招标投标法》规定，泄露应当保密的与招标投标活动有关的情况和资料，或者与招标人、投标人串通损害国家利益、社会公共利益或者他人合法权益，影响中标结果的，中标无效。第二，根据《招标投标法》第五十二条的规定，依法必须进行招标的项目的招标人向他人透露已获取招标文件的潜在投标人的名称、数量或者可能影响公平竞争的有关招标投标的其他情况，或者泄露标底，影响中标结果的，中标无效。第三，根据《招标投标法》第五十三条的规定，投标人相互串通投标或者与招标人串通投标的，投标人以向招标人或者评标委员会成员行贿的手段谋取中标的，中标无效。第四，根据《招标投标法》第五十四条的规定，投标人以他人名义投标或者以其他方式弄虚作假，骗取中标的，中标无效。第五，根据《招标投标法》第五十五条的规定，依法必须进行招标的项目，招标人违反《招标投标法》的规定，与投标人就投标价格、投标方案等实质性内容进行谈判，影响中标结果的，中标无效。第六，根据《招标投标法》第五十七条的规定，招标人在评标委员会依法推荐的中标候选人以外确定中标人的，依法必须进行招标的项目在所有投标被评标委员会否决后自行确定中标人的，中标无效。

司法实践中，较为常见的导致中标无效的原因是未招先定。《招标投标法》第五十五条规定，依法必须进行招标的项目，招标人违反《招标投标法》规定，与投标人就投标价格、投标方案等实质性内容进行谈判，影响中标结果的，中标无效。中标无效，直接的法律后果是通过招标投标方式订立的建设工程施工合同不能成立。中标通知书是招标人对中标人作出的承诺。中标通知书到达中标人时生效，即招标人的承诺生效，通过招标投标方式订立的合同才成立、生效。如果中标无效，通过招标投标方式订立的合同不能成立，无从谈及生效问题。此外，根据《招标投标法》第六十四条规定，依法必须进行招标的项目违反《招标投标法》规定，中标无效的，应当依照《招标投标法》规定的中标条件从其余投标人中重新确定中标人或者依照《招标投标法》重新进行招标。

007

哪些行为属于串通投标行为

《招标投标法》第五十三条规定，投标人相互串通投标或者与招标人串通投标的，投标人以向招标人或者评标委员会成员行贿的手段谋取中标的，中标无效。串通投标包括投标人之间相互串通投标和投标人与招标人串通投标两种类型。对于哪些行为属于串标行为，《招标投标法实施条例》专门作出规定。从司法实践的情况看，在司法个案中查明投标人相互串通投标或者投标人与招标人串通投标的情况较为少见。但这并不意味着串标的情况在实践中很少发生，也可能是串标行为在实践中具有隐蔽性，不易发现。

关于投标人相互串通投标行为的范围，《招标投标法实施条例》第三十九条规定："禁止投标人相互串通投标。有下列情形之一的，属于投标人相互串通投标：（一）投标人之间协商投标报价等投标文件的实质性内容；（二）投标人之间约定中标人；（三）投标人之间约定部分投标人放弃投标或者中标；（四）属于同一集团、协会、商会等组织成员的投标人按照该组织要求协同投标；（五）投标人之间为谋取中标或者排斥特定投标人而采取的其他联合行动。”此外，《招标投标法实施条例》还对应视为投标人相互串通投标的行为作了规定。该条一共规定了6种应视为投标人相互串通投标的行为：（1）不同投标人的投标文件由同一单位或者个人编制；（2）不同投标人委托同一单位或者个人办理投标事宜；（3）不同投标人的投标文件载明的项目管理成员为同一人；（4）不同投标人的投标文件异常一致或者投标报价呈规律性差异；（5）不同投标人的投标文件相互混装；（6）不同投标人的投标保证金从同一单位或者个人的账户转出。

关于投标人与招标人相互串通投标行为的范围，《招标投标法实施条例》第四十一条规定：“禁止招标人与投标人串通投标。有下列情形之一的，属于招标人与投标人串通投标：（一）招标人在开标前开启投标文件并将有关信息泄露给其他投标人；（二）招标人直接或者间接向投标人泄露标底、评标委员会成员等信息；（三）招标人明示或者暗示投标人压低或者抬高投标报价；（四）招标人授意投标人撤换、修改投标文件；（五）招标人明示或者暗示投标人为特定投标人中标提供方便；（六）招标人与投标人为谋求特定投标人中标而采取的其他串通行为。”

008

“先定后招”是否导致所有招标工程的中标均无效

在建设工程施工合同司法实践中，因招标投标而影响建设工程施工合同成立和效力的因素主要有二：一是必须招标的工程未经招标投标就订立建设工程施工合同；二是“先定后招”，即发包人与承包人在招标投标之前进行实质性磋商。在后一种情况下，关于所有的工程“先定后招”均导致合同无效还是必须招标的工程“先定后招”才导致合同无效的问题，实践中存在争议。对于这一问题，《招标投标法》第四十三条的规定：“在确定中标人前，招标人不得与投标人就投标价格、投标方案等实质性内容进行谈判。”第五十五条也规定：“依法必须进行招标的项目，招标人违反本法规定，与投标人就投标价格、投标方案等实质性内容进行谈判的，给予警告，对单位直接负责的主管人员和其他直接责任人员依法给予处分。前款所列行为影响中标结果的，中标无效。”争议的焦点在于《招标投标法》第四十三条规定是否为效力性强制性规定。一种观点认为，虽然《招标投标法》第四十三条规定，在确定中标人前，招标人不得与投标人就投标价格、投标方案等实质性内容进行谈判。但该法第五十五条规定，依法必须进行招标的项目，招标人违反该法规定，与投标人就投标价格、投标方案等实质性内容进行谈判，影响中标结果的，中标才无效。从体系解释的角度看，既然《招标投标法》第五十五条将“先定后招”导致中标无效的范围限定为依法必须进行招标的项目，第四十三条规定并没有规定所有工程项目“先定后招”导致中标无效，故该条只是管理性规定，仅违反第四十三条规定而未违反第五十五条规定的，不宜认定中标无效。另一种观点认为，所有的建设工程，只要存在“先定后招”的情况，违反《招标投标法》第四十三条规定的，中标均无效，主要理由如下：一是在2011年国家发改委曾对最高人民法院出具一个关于个案的答复函，认为根据《招标投标法》第二条的规定，在中国境内进行招投标活动，适用该法，因此不论是否属于依法必须进行招标的项目，市场主体选择招标方式的，就应当遵守《招标投标法》及其实施条例相关规定。据此，凡是选择通过招标方式发包建设工程项目的，均应严格适用《招标投标法》规定。二是司法实践通行的观点认为，选定中标人是招标投标程序的核心环节。招标人在依《招标投标法》确定中标人前，就选定中标人并与之进行实质性谈判，如果不认定中标无效，那么招投标程序没有任何意义。三是规制建设工程施工合同的法律多为经济法，经济法的特点就是强调对市场的适度干预，规制不规范行为，维护建筑市场公平竞争秩序，不宜对此类法律规定区分管理性强制性规定和效力性强制性规定。第二种观点是司法实务中较为主流的观点。如果发包人在招标投标前即选定中标人，并与中标人进行了实质性协商，则之后的招标投标程序实质是“走过场”，属于虚假招标，应当认定中标无效。

实践中，有观点认为，“先定后招”也是一种投标人与招标人相互串标的行为。这一观点并不完全准确。根据《招标投标法》第四十三条规定，先定后招是指在确定中标人前，招标人与投标人就投标价格、投标方案等实质性内容进行谈判的行为。先定后招最明显的特点是，招标人与投标人是在确定中标人之前就对投标价格、投标方案等建设工程施工合同的实质性内容进行了谈判。《招标投标法》第五十五条规定，依法必须进行招标的项目，招标人违反本法规定，与投标人就投标价格、投标方案等实质性内容进行谈判、影响中标结果的，中标无效。司法实践中，一般认为如果招标人和投标人对建设工程施工合同的实质性内容进行了谈判，签订建设工程施工合同后，招标人又通过招标和投标程序选择谈判对象为中标人的，属于影响了中标结果。可见先定后招的违法性主要体现为招标人和中标人在招标投标之前就建设工程实质性内容进行谈判的行为影响了中标结果。而投标人与招标人串通投标的行为都发生在招标投标过程中，其违法性主要体现为招标投标行为违反了《招标投标法》的强制性规定。二者不能混为一谈。

009

低于成本中标是否导致中标无效

《国务院办公厅转发住房和城乡建设部关于完善质量保障体系提升建筑工程品质指导意见的通知》（国办函〔2019〕92号）转发的住房和城乡建设部（以下简称住建部）制《关于完善质量保障体系提升建筑工程品质的指导意见》第二条第二款规定，建设单位应切实落实项目法人责任制，保证合理工期和造价。低于成本价中标的，中标无效。招标投标制度的优势在于为广大建筑施工企业提供公平公开的竞争环境，且有利于降低招标人管理人员的道德风险和代理成本，但报价低者中标的政策也令少数人对招标投标制度承受诟病。尤其是我国目前在一定程度上存在建设工程质量问题，社会对最低报价中标政策提出了质疑。如果投标人以低于成本的价格中标，则只能通过偷工减料、降低建设工程质量标准的办法完成工程建设，结果将导致建设工程质量不合格。对此，《招标投标法》第四十一条规定："中标人的投标应当符合下列条件之一：（一）能够最大限度地满足招标文件中规定的各项综合评价标准；（二）能够满足招标文件的实质性要求，并且经评审的投标价格最低；但是投标价格低于成本的除外。"如果投标人以低于成本的价格投标，则其不能被确定为中标人；如果中标人的投标低于成本，则中标无效，依据招标文件、投标文件和中标通知书签订的建设工程施工合同书也无效。

三、建设工程施工合同的效力

010

影响建设工程施工合同效力的主要因素有哪些

在确定建设工程施工合同是否成立之后，紧接着需要考虑的问题就是合同是否生效。《合同法》第四十四条第一款规定："依法成立的合同，自成立时生效。"建设工程施工合同原则上自成立时生效。实践中争议较大的是哪些因素会影响建设工程施工合同的效力。关于影响民事行为效力的因素，《民法总则》第一百四十三条规定："具备下列条件的民事行为有效：（一）行为人具有相应的民事行为能力；（二）意思表示真实；（三）不违反法律、行政法规的强制性规定，不违背公序良俗。"民事行为是民事主体通过意思表示设立、变更、终止民事法律关系的行为，其核心是意思表示。民事主体有权通过意思表示为自己设定权利和义务、参与社会生活。民法以平等、自由为基本品格，坚守意思自治原则，只要民事主体意思表示真实，就应当按当事人之意思表示产生相应的法律后果。同时，意思自治以民事主体具备意思能力为前提，只有当民事主体具备意思形成能力和意思表示能力时，才能通过意思表示实现自身利益。如果当事人对外在事物缺乏认知判断力，对自身行为的性质和后果缺乏认知力和控制力，就不可能通过意思表示设定权利、义务，从而达到参与社会生活、实现自身利益的目的。此外，意思自治并非绝对。法无禁止即自由。如果当事人通过意思表示设立权利和义务的行为违反了法律的强制性规定，即使意思表示真实，也不能发生当事人意思表示之法律效果。因此，影响民事行为的因素主要是当事人的意思表示能力即行为能力、意思表示的真实性以及意思表示的合法性。影响建设工程施工合同效力的因素也主要包括合同主体适格性、意思表示真实性及合法性等方面。

意思表示真实是民事行为有效的基本条件。意思表示不真实是指表意人表现于外部的意思与其内心的真实意思不一致，行为人表示要追求的民事后果与其内心真正希望出现的后果不一致。需要注意的是，意思表示真实的民事行为才有效并不能反推出意思表示不真实的民事行为就无效。无效的民事行为自始无效，即自该行为成立之时就无效；确定无效，即不可能从无效变为有效；当然无效，即该无效无须请求法院或者仲裁机构确认，人人均可主张。在无效的民事行为和有效的民事行为之间还有效力待确定的民事行为和可撤销民事行为。意思与表示不一致可分为表意人有意的不一致和无意的不一致。有意的不一致是指表意人故意作出与其内心真实意思不一致的表示，即虚假表示。虚假表示包括真意保留和通谋虚伪两种情况。真意保留是指表意人故意作出与内心真实意思不一致的表示，但相对人对此并不知情，仍认为表意人所表示之意思即其真实意思。对于真意保留的法律效力，我国法律未作明确规定，但可从意思表示的解释规则中得出结论。从民法发展历史看，意思表示的解释经历了从主观主义向客观主义转变的过程。关于意思表示的构成，有三要素说和两要素说。三要素说认为，意思表示由效果意思、表示意思及表示行为构成。两要素说认为意思表示由效果意思和表示行为构成，不包括表示意思。在日本、德国及我国，两要素说已成民法学之通说。① 所谓意思表示真实，即表意人之行为真实反映其内心的效果意思。② 依意思自治原则，只有民事行为反映了当事人的真实意思的情况下，该行为才生效。探寻表意人之真实意思对于认定民事行为的效力具有重要意义。在意思表示制度产生的初期，在意思要素和表示要素中，意思要素被视为意思表示形成的决定性根据，而表示只是将表意人内在的意思，及一个既有的内心事实予以公开。③ 虽然意思主义契合意思自治原则，但是人的真实意思存在于表意人的头脑中，只能通过行为表示出来，如果一味追求当事人的真实意思既可能陷入难以探知的境地，也可能会面临较高的表意人道德风险。随着商品经济的发展，从 19 世纪末期开始，意思主义迅速向表示主义转变。因为表示主义有利于保护相对人的利益，维护交易安全，适应了当时自由资本主义发展的需要，所以逐渐成为主流观

① 韩世远：《合同法总论》，法律出版社 2008 年版，第 137 页。
② 崔建远：《合同法》，法律出版社 2007 年版，第 96 页。
③ 米健：《意思表示分析》，载《法学研究》2004 年第 1 期。

点。依表示主义，如果行为的效果意思与表示行为不一致，应依表示行为解释意思表示的内涵。当代民法实际采取了更为折中的办法，以取得意思主义与表示主义之间的平衡、保护表意人真实意思与善意相对人信赖利益之间的平衡。在确定意思表示的内涵时，应当同时考虑表意人和相对人是否善意。如果表意人所为之表示行为虽与效果意思不一致，但其不知该不一致，如意思表示错误，仍应保护表意人之真实意思，应赋予其撤销该错误意思表示的权利。我国民法上则确立了重大误解制度。《民法总则》第一百四十七条规定："基于重大误解实施的民事法律行为，行为人有权请求人民法院或者仲裁机构予以撤销。"如果表意人明知其表示行为与效果意思不一致，仍为该表示行为，就应当优先保护善意相对人的利益和交易安全。这种情况即属于真意保留，即表意人有意保留其真实意思。这种情况下应当依表示行为来解释意思表示的内涵，以保护交易安全和善意相对人利益，维护诚实信用原则。如果表意人和相对人均明知表意人之表示行为与真实意思不一致，双方当事人均非善意，则应依当事人的真实意思来解释意思表示的内涵。在这种情况下，双方当事人的表示行为属于通谋虚伪，而双方当事人的真实意思则是虚假意思表示所掩盖的行为，属于被隐藏的行为。关于通谋虚伪和隐藏行为的效力，《民法总则》第一百四十六条规定："行为人与相对人以虚假的意思表示实施的民事法律行为无效。以虚假的意思表示隐藏的民事法律行为的效力，依照有关法律规定处理。"即通谋虚伪行为无效，而被通谋虚伪行为所掩盖的隐藏行为并非当然无效。因为隐藏行为才是当事人的真实意思表示，已经符合了《民法总则》第一百四十三条规定的第二项条件，如果该行为同时也符合《民法总则》第一百四十三条规定的第一项和第三项条件，则隐藏行为有效。

影响建设工程施工合同效力的主要因素也涉及合同主体适格性、意思表示真实性和意思表示合法性三个方面。其中，主体方面主要表现为承包人需要具备建筑工程施工资质，缺乏资质的单位或者个人签订的建设工程施工合同无效，缺乏资质的单位或者个人借用有资质的建筑企业的名义与发包人签订的建设工程施工合同也无效；意思表示真实主要表现为多个合同文本真实性的判断，最典型的是黑白合同问题；意思表示的合法性主要体现为禁止违法发包、转包，违法分包，违反招标投标法的强制规定等方面。

《民法总则》第一百四十三条第三项规定，民事法律行为有效还必须具备不违反法律、行政法规的强制性规定，不违背公序良俗这一要件。《民法总则》第一百五十三条规定：“违反法律、行政法规的强制性规定的民事法律行为无效，但是该强制性规定不导致该民事法律行为无效的除外。违背公序良俗的民事法律行为无效。”《合同法》第五十二条第五项规定，违反法律、行政法规的强制性规定的法律无效。意思表示并非只要真实即可按表示的内容发生当事人所追求的法律效果。意思表示要发生法律效力还必须符合法律的评价，但民法以“法无禁止即自由”为原则，只有在法律禁止某一行为的情况下，相应的意思表示才不能生效。在建设工程领域，除了前述关于借用资质签订的合同无效外，影响建设工程施工合同效力的另一个重要的因素是缔约行为违法。法律对建设工程施工合同缔约行为的强制性要求主要涉及必须招标投标的工程。《建设工程施工合同司法解释》第一条第五项规定，如果建设工程必须进行招标而未招标或者中标无效，应当根据《合同法》第五十二条第五项的规定，认定建设工程施工合同无效。该条规定了两种建设工程施工合同无效的情形，一是建设工程必须进行招标而未招标，二是中标无效。有观点认为，《招标投标法》属于经济法的范畴，其出发点就是对市场行为进行规制，与《合同法》等民法的价值取向不同，因此对于《招标投标法》中的强制性规定不宜作效力性强制性规定和管理性强制性规定的区分。这一观点虽显绝对，但具有一定合理性，在认定建设工程施工合同的效力时，对此应当引起重视。

011

哪些发包行为属于违法发包行为

关于违法发包行为，住建部《建筑工程施工转包违法分包等违法行为认定查处管理办法（试行）》第四条规定：“本办法所称违法发包，是指建设单位将工程发包给不具有相应资质条件的单位或个人，或者肢解发包等违反法律法规规定的行为。”该条规定采用了“列举加概括”的方式来定义违法发包行为，所列举的违法发包行为主要有两类：一是承包人不具备资质；二是肢解发包。而前一类又可被分为两小类：一是承包人为不具有相应资质条件的单位；二是承包人为个人。建设工程质量涉及广大人民群众人身和财产安全，涉及公共利益，保护建设工程质量是建设工程立法和司法的最重要价值取向。因此，承包人必须要具备相应的建筑工程施工资质。我国现行法律法规规定必须将建设工程发包或分包给承包单位，个人不符合企业资质的主体条件。个人既不能成为总承包合同的承包人，也不能成为分包合同的承包人。发包人把工程发包给个人或者承包人将工程分包给个人的行为均属于违法行为。此外，我国对建筑工程施工资质实行分级管理制度，为确保建设工程质量，承包人不仅需要具备建筑工程施工资质，其所具有的建筑工程施工资质还应当与其所承包的建设工程相对应。承包人超越资质等级承揽工程的行为也属于违法行为。我国建筑市场还存在一定数量的代建工程①。这里所说的建设单位也包括代建单位。除列举的违法发包行为外，该条规定还将违法发包行为定义为违反法律法规规定的（发包）行为。这里的“法律法规”应指法律和行政法规。住建部建筑市场监管司制定的《〈建筑工程施工转包违法分包等违法行为认定查处管理办法（试行）〉释义》指出，该条是根据《中华人民共和国建筑法》（以下简称《建筑法》）《建设工程质量管理条例》等法律法规关于工程发包方面的禁止性规定，对违法发包行为进行的定义。

《建筑工程施工转包违法分包等违法行为认定查处管理办法（试行）》第五条对违法发包行为进行了进一步细化。该条规定：“存在下列情形之一的，属于违法发包：（一）建设单位将工程发包给个人的；（二）建设单位将工程发包给不具有相应资质或安全生产许可的施工单位的；（三）未履行法定发包程序，包括应当依法进行招标未招标，应当申请直接发包未申请或申请未核准的；（四）

---

① 一项建设工程涉及多方主体、多个环节、多项审批、多个合同，发包人在建设工程勘察、设计、施工过程中面临大量专业性问题，建设工程的复杂性催生了代建等为发包人提供专业服务的市场。项目代建制最早起源于美国的建设经理制，由具有丰富经验和专业知识的建设经理作为业主的代理人，在业主委托的业务范围内以业主的名义开展工作，如有权自主选择设计师和承包商，业主则对建设经理的一切行为负责。我国建筑市场上的代建有其自身特点。常见的代建合同一般是由地方发改委等出资方为委托方、由代建人作为受托方、由使用单位（业主）作为使用方签订三方协议，代建单位作为受托人承担对外签订勘察、设计、施工合同、督促合同履行等职责，委托人承担主要的监督职责，使用单位（业主）的权利较小，属于较为被动的一方。由于我国职业代建人市场尚不成熟，社会诚信制度亦不完善，实践中代建引发了一些纠纷，部分地方开始探索集中代建制度。集中代建制度更像一种专业化的政府管理行为，而非市场行为。市场化专业服务发展的另一个方向是全过程工程咨询服务。国家发改委、住建部印发的《关于推进全过程工程咨询服务发展的指导意见》，提出坚持市场培育和政府引导相结合的原则，鼓励咨询单位根据市场需求，从投资决策、工程建设、运营等项目全生命周期角度，开展跨阶段咨询服务组合或同一阶段内不同类型咨询服务组合，发展多种形式的全过程工程咨询服务模式。

建设单位设置不合理的招投标条件，限制、排斥潜在投标人或者投标人的；（五）建设单位将一个单位工程的施工分解成若干部分发包给不同的施工总承包或专业承包单位的；（六）建设单位将施工合同范围内的单位工程或分部分项工程又另行发包的；（七）建设单位违反施工合同约定，通过各种形式要求承包单位选择其指定分包单位的；（八）法律法规规定的其他违法发包行为。”该条列举了七种违法发包行为，第八项是兜底条款。在前七种具体的违法发包行为中，该条第一项、第二项、第五项分别规定的是发包给个人、发包给缺乏资质的单位和肢解发包。上述三项违法发包行为在第四条关于违法发包的定义中已经作了规定。该条第三项、第四项、第六项、第七项规定的违法发包行为，主要源于我国《建筑法》《招标投标法》和《招标投标法实施条例》等法律法规对工程招标发包的有关规定，涉及未依法履行发包法定程序、设置不合理的招投标条件、另行发包和指定分包等多个方面。该条第八项系兜底条款，需要根据相关法律法规规定以及具体违法行为予以认定。例如《中华人民共和国城乡规划法》（以下简称《城乡规划法》）第四十条第一款规定：“在城市、镇规划区内进行建筑物、构筑物、道路、管线和其他工程建设的，建设单位或者个人应当向城市、县人民政府城乡规划主管部门或者省、自治区、直辖市人民政府确定的镇人民政府申请办理建设工程规划许可证。”《建设工程施工合同司法解释（二）》第二条也规定，对于未取得建设工程规划审批手续签订的建设工程施工合同应认定无效。若建设单位违反上述规定，未办理建设工程规划许可证就进行工程施工发包的，也应属于违法发包行为。

012

哪些行为属于转包行为

关于转包的含义，《合同法》第二百七十二条规定：“承包人不得将其承包的全部建设工程转包给第三人或者将其承包的全部建设工程肢解以后以分包的名义分别转包给第三人。”《建筑法》第二十八条规定：“禁止承包单位将其承包的全部建筑工程转包给他人，禁止承包单位将其承包的全部建筑工程肢解以后以分包的名义分别转包给他人。”《建设工程质量管理条例》第七十八条第三款规定：“本条例所称转包，是指承包单位承包建设工程后，不履行合同约定的责任和义务，将其承包的全部建设工程转给他人或者将其承包的全部建设工程肢解以后以分包的名义分别转给其他单位承包的行为。”《建筑工程施工转包违法分包等违法行为认定查处管理办法（试行）》第六条规定：“本办法所称转包，是指施工单位承包工程后，不履行合同约定的责任和义务，将其承包的全部工程或者将其承包的全部工程肢解后以分包的名义分别转给其他单位或个人施工的行为。”《房屋建筑和市政基础设施工程施工分包管理办法》第十三条规定：“禁止将承包的工程进行转包。不履行合同约定，其承包的全部工程发包给他人，或者将其承包的全部工程肢解以分包的名义分别发包给他人的，属于转包行为。违反本办法第十二条规定，分包工程发包人将工程分包后，在施工现场设立项目管理机构和派驻相应人员，并未对该工程施工活动进行组织管理的，视同转包行为。”从上述规定看，转包行为无合法与违法之分，所有的转包行为均为非法。转包与分包的区别在于，转包是承包人将所承包的全部工程转包给他人施工，其本人并不履行建设工程施工合同项下的施工义务。转包既可以是将全部工程转包给一人，也可以是将全部工程肢解后转包给多人。除前述两种转包方式之外，《房屋建筑和市政基础设施工程施工分包管理办法》第十三条第二款还规定了一种视为转包的行为。即违反该办法第十二条的规定，分包工程发包人将工程分包后，虽在施工现场设立项目管理机构和派驻相应人员，但并未对该工程施工活动进行组织管理的，视同转包行为。实践中，部分转包人为规避关于禁止转包的法律法规，以分包之名行转包之实。名义上的分包人虽然形式上在施工现场设立项目管理机构和派驻相应人员，但设立项目管理机构和派驻相应人员的行为仅为应付管理之用，实际并未对该工程施工活动进行有效组织管理，即分包人并未实际履行其与发包人签订的建设工程施工合同项下的主要义务。这种情况下，虽然承包人名义上是分包工程，但实际上是转包工程，应当视为转包。转包人设立项目管理机构和派驻人员只负责收取工程款，未组织管理工程施工的，亦属于转包。

关于转包行为的具体类型，《建筑工程施工转包违法分包等违法行为认定查处管理办法（试行）》第七条规定：“存在下列情形之一的，属于转包：（一）施工单位将其承包的全部工程转给其他单位或个人施工的；（二）施工总承包单位或专业承包单位将其承包的全部工程肢解以后，以分包的名义分别转给其他单位或个人施工的；（三）施工总承包单位或专业承包单位未在施工现场设立项目管理机构或未派驻项目负责人、技术负责人、质量管理负责人、安全管理负责人等主要管理人员，不履行管理义务，未对该工程的施工活动进行组织管理的；（四）施工总承包单位或专业承包单位不履行管理义务，只向实际施工单位收取费用，主要建筑材料、构配件及工程设备的采购由其他单位或个人实施的；（五）劳务分包单位承包的范围是施工总承包单位或专业承包单位承包的全部工程，劳务分包单位计取的是除上缴给施工总承包单位或专业承包单位“管理费”之外的全部工程价款的；（六）施工总承包单位或专业承包单位通过采取合作、联营、个人承包等形式或名义，直接或变相地将其承包的全部工程转给其他单位或个人施工的；（七）法律法规规定的其他转包行为。”该条规定列举了六项转包行为，第七项为兜底条款。第一项和第二项规定的转包行为包含在转包的定义之中。其中，第一项规定的是典型的转包行为，也是实践中最常见的转包行为。第二项规定的是以肢解分包的方式进行的转包。如果转包人与转承包人不是两个独立的民事主体，而是总公司与分公司的关系，或者是建筑企业与内设机构的关系，则不构成转包。此外，承包人必须是将其承包的全部建设工程肢解以后，以分包的名义分别转让给其他单位或施工个人才构成转包。即承包人将其所承包的全部工程分成若干部分，分别承包给多人施工。承包人自身并不履行其与发包人建设工程施工合同项下的义务，不参与所承包工程任何部分工程的施工。若承包人只是将其承包工程中的分部分项或某一部分工程分包给其他单位或个人，属于分包行为，而非转包行为。转包的最本质特点是承包人对所承包的全部工程并不参与施工，而是交由第三人施工。第三人可以是一人，也可以是数人。《建筑工程施工转包违法分包等违法行为认定查处管理办法（试行）》第七条第三项、第四项、第五项和第六项从转包行为的实质特征出发，分别从主要管理负责人、履行管理义务和主要材料设备采购、劳务分包、其他形式等多个方面，对实践中的各类转包行为进行了概括总结。第三项规定的是总承包人或者专业承包人未参与其所承包工程施工管理的情形。在正常、合法的施工承包关系中，施工单位在承接工程之后，应当在施工现场设立项目管理机构并派驻实际管理人员，履行合同约定的责任和义务，对工程的施工活动进行组织管理。如果施工单位未在施工现场设立项目管理机构或未派驻相应的项目负责人、技术负责人、质量管理负责人、安全管理负责人等主要管理人员，而现场施工却在进行，则系未自行履行合同约定义务，未对该工程的施工活动进行组织管理，可认定为转包。此外，即使承包人以自身名义在现场设立了项目管理机构，但项目管理机构的项目负责人、技术负责人、质量管理负责人、安全管理负责人等主要管理人员与施工单位间没有合法的劳动合同关系尤其是工资关系和社会保险关系的，对施工单位的行为可认定为转包，对实际施工人可认定为挂靠，此款与第十一条关于挂靠的第五种情形的认定对应一致。[①] 第四项规定的是承包人不履行管理义务，只向实际施工人收取费用，实践中体现为管理费、协调费或者分包费，本质上是转包套利，但未自行购买或者委托他人购买主要建筑材料、构配件及工程设备的转包方式。在正常、合法的施工承包关系中，主要建筑材料、构配件及工程设备的采购应由施工单位或者发包人负责采购。但法律法规并不禁止施工单位委托其他单位或个人采购材料设备，尤其是进口材料设备的委托采购，如果施工单位能够提供材料证明其他单位或个人采购材料设备系受其委托，有委托代理的证据且其他单位或个人除受委托采购材料设备之外，并不负责具体施工事宜，同时施工单位能够证明自己履行了合同约定的责任和施工管理义务，则不认定为转包。[②] 第五项规定的是以劳务分包之名进行的转包行为。合法的劳务作业分包应依法受到保护。但劳务分包的对象仅为劳务，劳务分包方收取的费用也应是其提供劳务的对价，应限定在劳务报酬及必要的辅材费用。如果建筑主材、构配件、设备等都是由劳务分包单位购买，施工设备、周转材料租赁也由劳务分包单位租赁，劳务分包单位的承包范围与施工总承包或专业承包单位的范围相同，就属于以劳务分包之名行转包之实，发包人的行为应当认定为转包行为。在劳务分包的情况下，分承包人获得的是劳务报酬，一般还包括辅材费用，上述费用只占工程款的一部分，通常只占一小部分。如果是以劳务分包之名行转包之实，则除转包人收取的管理费外，工程款均由所谓的分承包人获得。转包人收取的管理费也不是其提供管理服务的对

---

① 参见住建部建筑市场监管司《〈建筑工程施工转包违法分包等违法行为认定查处管理办法（试行）〉释义》对第七条第三项的释义。

② 参见住建部建筑市场监管司《〈建筑工程施工转包违法分包等违法行为认定查处管理办法（试行）〉释义》对第七条第四项的释义。

价，实际是出借资质的对价或者说属于转包套利。第六项规定的是转包人以合作、联营、个人承包等形式或名义，直接或变相开展的转包行为。合作、联营、内部个人承包等形式本身并不被法律所禁止，均是施工单位生产经营过程中正常的经营和管理措施。需要注意的是，合作、联营必须符合法律规定的条件，尤其是关于各合作方必须具备的资质条件。而内部个人承包并不属于典型意义上的承包、分包或者转包，实际是承包人内部管理方式，对外仍应当由承包人而非其内部的工作人员或者所谓的内部承包人员对发包人负责。承包人内部工作人员或者说内部承包人的施工行为属于职务行为，其法律效果直接归属于承包人。近年来，实践中出现了以合作、联营、内部个人承包等形式或名义，直接或变相地将其承包的全部工程转包给他人施工的违法情形。在认定某一行为是属于合作、联营行为还是转包行为，应注意以下两点：第一，承包人是否实际参与工程的组织施工与管理以及合作、联营方是否以自身身份或联合体身份参与施工。第二，合作、联营人方是否具有实施该工程的资质。两者必须全部满足才能被认定为合作、联营施工，而不是转包或挂靠。如果合作、联营方没有资质，或者是在项目上不是以其自身身份或联合体身份出现，而是仍然以承包人名义对外的，对合作、联营方应认定存在挂靠行为，对承包人应认定为转包。[①] 除此之外，合作、联营行为与转包行为还有一个重要区别。在合作、联营的情况下，承包人与各合作方、联营方须共同承担经营风险。一方面，各方既可能盈利，也可能亏本；另一方面，各合作方或联营方须依据约定或者出资比例分享利润、分担风险，而非由一方收取固定收益。但在转包的情况下，转包人通常按工程价款的固定比例收取管理费等费用。在区分内部承包关系与转包关系时，关键要看是否组成项目管理机构以及现场主要管理人员与施工单位之间有没有劳动合同、工资、社保关系，有没有统一的资产、财务关系等，如果没有这些关系，对施工单位可认定为转包。

实践中，要注意区分分包行为与转包行为，尤其是合法分包行为与转包行为。分包行为与转包行为区分的关键在于承包人对其所承包的建设工程是进行部

---

① 参见住建部建筑市场监管司《〈建筑工程施工转包违法分包等违法行为认定查处管理办法（试行）〉释义》对第七条第六项的释义。

分施工还是均不施工。如果承包人对其所承包的建设工程进行部分施工，将剩余部分分包给其他企业或个人施工，则属于分包行为。如果承包人对其所承包的建设工程均不施工，而是将全部工程转包给其他企业或个人施工，或者将工程肢解后再包给不同的人施工，则属于转包。对于合法的劳务分包和专业分包关系，应当依法予以保护。对此，《建设工程施工合同司法解释》第七条规定：“具有劳务作业法定资质的承包人与总承包人、分包人签订的劳务分包合同，当事人以转包建设工程违反法律规定为由请求确认无效的，不予支持。”

013

哪些行为属于违法分包行为

《建设工程施工合同司法解释》第四条规定：“承包人非法转包、违法分包建设工程或者没有资质的实际施工人借用有资质的建筑施工企业名义与他人签订建设工程施工合同的行为无效。人民法院可以根据民法通则第一百三十四条规定，收缴当事人已经取得的非法所得。”根据该条规定，非法转包、违法分包行为无效。这里需要弄清楚的是什么是非法转包和违法分包行为。首先需要注意的是，《建筑法》第二十八条规定：“禁止承包单位将其承包的全部建筑工程转包给他人，禁止承包单位将其承包的全部建筑工程肢解以后以分包的名义分别转包给他人。”《建设工程质量管理条例》第二十五条第三款规定：“施工单位不得转包或者违法分包工程。”故所有的转包行为，无论是直接转包还是变相转包，均为法律所禁止，均系非法行为，但分包包括合法分包和违法分包两种情况，法律所禁止的只是违法分包。

对于违法分包的含义，《建筑工程施工转包违法分包等违法行为认定查处管理办法（试行）》第八条规定：“本办法所称违法分包，是指施工单位承包工程后违反法律法规规定或者施工合同关于工程分包的约定，把单位工程或分部分项工程分包给其他单位或个人施工的行为。”根据这一定义，违法分包的主体一方是从发包人处承包工程的承包人，亦称分包人；另一方是分包合同的承包人，亦称分承包人。违法分包行为的违法性体现为，承包人把单位工程或分部分项工程分包给其他单位或个人施工的行为，违反法律法规规定或者施工合同关于工程分包的约定。分包不同于转包，分包是将所承包工程中的单位工程或者分项工程分包给其他单位或者个人施工，而转包是承包人将其承包的全部工程再转包给其他单位或者个人施工。关于各类违法分包行为的具体规定，主要体现在《建筑法》《招标投标法》《建设工程质量管理条例》《建筑工程施工转包违法分包等违法行为认定查处管理办法（试行）》等法律法规和规章中。

《建筑法》第二十九条规定："建筑工程总承包单位可以将承包工程中的部分工程发包给具有相应资质条件的分包单位；但是，除总承包合同中约定的分包外，必须经建设单位认可。施工总承包的，建筑工程主体结构的施工必须由总承包单位自行完成。建筑工程总承包单位按照总承包合同的约定对建设单位负责；分包单位按照分包合同的约定对总承包单位负责。总承包单位和分包单位就分包工程对建设单位承担连带责任。禁止总承包单位将工程分包给不具备相应资质条件的单位。禁止分包单位将其承包的工程再分包。"该条规定确定了 4 种违法分包行为，即未经建设单位同意的分包、将建筑工程主体结构分包、将工程分包给不具备相应资质条件的单位、分包单位将其承包的工程再分包。《招标投标法》也对分包作了规定。该法第四十八条第二款规定："中标人按照合同约定或者经招标人同意，可以将中标项目的部分非主体、非关键性工作分包给他人完成。接受分包的人应当具备相应的资格条件，并不得再次分包。"根据该款规定，中标人将中标项目的主体工作、关键性工作分包给他人完成的，也属于违法分包。《建设工程质量管理条例》第七十八条第二款规定："本条例所称违法分包，是指下列行为：（一）总承包单位将建设工程分包给不具备相应资质条件的单位的；（二）建设工程总承包合同中未有约定，又未经建设单位认可，承包单位将其承包的部分建设工程交由其他单位完成的；（三）施工总承包单位将建设工程主体结构的施工分包给其他单位的；（四）分包单位将其承包的建设工程再分包的。"该条规定的违法分包行为的范围与《建筑法》第二十九条的规定一致。《建筑工程施工转包违法分包等违法行为认定查处管理办法（试行）》第九条规定："存在下列情形之一的，属于违法分包：（一）施工单位将工程分包给个人的；（二）施工单位将工程分包给不具备相应资质或安全生产许可的单位的；（三）施工合同中没有约定，又未经建设单位认可，施工单位将其承包的部分工程交由其他单位施工的；（四）施工总承包单位将房屋建筑工程的主体结构的施工分包给其他单位的，钢结构工程除外；（五）专业分包单位将其承包的专业工程中非劳务作业部分再分包的；（六）劳务分包单位将其承包的劳务再分包的；（七）劳务分包单位除计取劳务作业费用外，还计取主要建筑材料款、周转材料款和大中型施工机械设备费用的；（八）法律法规规定的其他违法分包行为。”上述第九条规定列举了7种违法分包行为，第八项是兜底条款。其中第一项和第二项规定的分包行为无效是因为分承包人缺乏资质，在我国，个人不具有建筑工程施工资质，故个人无论是作为总承包人还是分承包人，其所签订的建设工程施工合同均无效。第三项规定的分包行为无效是因为分包未经发包人同意。第四项规定的分包行为无效是因为将工程主体结构的施工分包。需要注意的是，第九条第四项增加了除外规定，即主体工程中的钢结构工程可以分包。住建部建筑市场监管司制定的《〈建筑工程施工转包违法分包等违法行为认定查处管理办法（试行）〉释义》对此条除外规定的解释是，“考虑到工程结构的实际情况及专业承包资质情况，明确了若主体结构是钢结构工程是可以进行专业分包的”。第五项和第六项规定的分包行为无效是因为分承包人再分包。上述违法分包行为在《建筑法》和《建设工程质量管理条例》中已经作了规定，《建筑工程施工转包违法分包等违法行为认定查处管理办法（试行）》第九条规定依据住建部《房屋建筑和市政基础设施工程施工分包管理办法》（住房城乡建设部第19号令）对前述规定作了细化、补充。《房屋建筑和市政基础设施工程施工分包管理办法》第九条规定：“专业工程分包除在施工总承包合同中有约定外，必须经建设单位认可。专业分包工程承包人必须自行完成所承包的工程。劳务作业分包由劳务作业发包人与劳务作业承包人通过劳务合同约定。劳务作业承包人必须自行完成所承包的任务。”实践中，劳务分包单位将其承包的劳务工程再分包，既可能是与其他劳务分包企业签订劳务合同，也可能是直接与其他单位、施工班组、个人签订劳务合同，这些行为都属于违法分包行为。第七项规定的是以分包之名行承包工程之实的违法分包行为。劳务分包单位提供的是劳务，其所应收取的对价一般包括劳务报酬和必要的辅材费用。如果劳务分包单位在上述费用之外，还收取分包工程主要建筑材料款、周转材料款和大中型施工机械设备费用中一项或者几项的，则属于以劳务分包之名，超越资质范围承接工程，实践中也称之为扩大劳务分包，属于违法分包行为。

根据上述规定，我们可以总结出合法分包的条件：（1）分包须经发包人同意，无论是事前在总承包合同中约定允许分包事宜还是发包人在分包时表示同意或者事后追认。（2）分承包人应具有相应的资质，缺乏相应资质的个人或单位不能成为分承包人。（3）分包工程限于非主体结构工程，但是主体结构是钢结构工程的除外。（4）与发包人签订建设工程施工合同的承包人才能分包工程，分承包人不能再分包工程。（5）分包限于劳务分包或者专业分包。住建部《房屋建筑和市政基础设施工程施工分包管理办法》第五条规定："房屋建筑和市政基础设施工程施工分包分为专业工程分包和劳务作业分包。本办法所称专业工程分包，是指施工总承包企业（以下简称专业分包工程发包人）将其所承包工程中的专业工程发包给具有相应资质的其他建筑业企业（以下简称专业分包工程承包人）完成的活动。本办法所称劳务作业分包，是指施工总承包企业或者专业承包企业（以下简称劳务作业发包人）将其承包工程中的劳务作业发包给劳务分包企业（以下简称劳务作业承包人）完成的活动。本办法所称分包工程发包人包括本条第二款、第三款中的专业分包工程发包人和劳务作业发包人；分包工程承包人包括本条第二款、第三款中的专业分包工程承包人和劳务作业承包人。"关于劳务分包，《建设工程施工合同司法解释》第七条规定："具有劳务作业法定资质的承包人与总承包人、分包人签订的劳务分包合同，当事人以转包建设工程违反法律规定为由请求确认无效的，不予支持。"分承包人不得以分包之名行承包（总承包）之实。

014

哪些行为属于肢解发包行为

肢解发包是指发包人将单位工程分为若干部分，分别发包给不同的承包人施工。肢解发包的各承包人之间通常难以有效协调，妨碍工程施工顺利进行，影响工程施工进度，甚至影响建设工程质量。因此，肢解发包为法律所禁止。《建筑法》第二十四条规定："提倡对建筑工程实行总承包，禁止将建筑工程肢解发包。不得将应当由一个承包单位完成的建筑工程肢解成若干部分发包给几个承包单位。”《建设工程质量管理条例》第七条规定：“建设单位应当将工程发包给具有相应资质等级的单位。建设单位不得将建设工程肢解发包。”关于肢解发包的含义，《建设工程质量管理条例》第七十八条第一款规定：“本条例所称肢解发包，是指建设单位将应当由一个承包单位完成的建设工程分解成若干部分发包给不同的承包单位的行为。”哪些工程属于应当由一个承包单位完成的建设工程呢？单位工程必须由一个承包单位完成施工。根据《建设工程分类标准》（GB/T50841—2013）的规定，单位工程是指具备独立施工条件并能形成独立使用功能的建筑物或构筑物。举例而言，如果一个商品房小区由1号至5号楼组成，一般而言，每幢楼都属于具备独立施工条件并能形成独立使用功能的建筑物或构筑物，是单位工程。发包人可以将其中的一幢或者数幢楼发包给一个承包人，但不得将其中一幢楼的工程肢解发包给不同的承包人。《建筑工程施工转包违法分包等违法行为认定查处管理办法（试行)》第五条第五项和第六项规定，建设单位将一个单位工程的施工分解成若干部分发包给不同的施工总承包或专业承包单位的，又或者将施工合同范围内的单位工程或分部分项工程又另行发包的，都属于违法分包行为。与单位工程相对应的是分部工程。所谓分部工程，是指不能独立发挥能力或效益，且不具备独立施工条件，但具有结算工程价款条件的工程。分部工程是单位工程的组成部分。一般情况下，一个单位工程可按其工程实体的各部位划分为若干个分部工程。例如，如果单位工程是建造房屋，可按其部位划分为土石方工程、砖石工程、混凝土及钢筋混凝土工程、屋面工程、装饰工程等。除单独立项的专业工程外，建设单位不得将一个单位工程的分部工程施工发包给专业承包单位。

司法实践中，要注意将肢解发包与承包人将所承包工程肢解后以分包名义转包给其他单位或者个人的行为予以区别。二者的区别主要有以下几点：一是主体不同，肢解发包的发包人是建设单位，而肢解转包的发包人是从建设单位处承包工程的承包人。二是性质不同，肢解发包是建设单位的发包行为；肢解转包是承包人的转包行为。三是违法性不同，肢解发包违反了《建筑法》等法律法规禁止将单位工程肢解发包的规定，肢解转包违反了《建筑法》等法律法规禁止转包的规定。《招标投标法》第四十八条规定：“中标人应当按照合同约定履行义务，完成中标项目。中标人不得向他人转让中标项目，也不得将中标项目肢解后分别向他人转让。”《建筑工程施工转包违法分包等违法行为认定查处管理办法（试行）》第六条规定：“本办法所称转包，是指施工单位承包工程后，不履行合同约定的责任和义务，将其承包的全部工程或者将其承包的全部工程肢解后以分包的名义分别转给其他单位或个人施工的行为。”法律和规章所禁止的是承包人将其所承包的工程肢解后又全部以分包的名义进行转包的行为。如果承包人经发包人同意，将所承包的工程中的一部分非主体工程又分包给具备资质的劳务分承包人或者专业分承包人，工程的主体工程仍由承包人自己负责施工，则属于合法的分包行为，合法有效。从这个意义上讲，发包人没有“肢解”发包工程的权利，但承包人有“肢解”分包工程的权利。

015

转包的法律后果有哪些

转包行为为法律所禁止，一方面，转包行为通常是为了规避建筑工程施工资质管理的要求，会对建设工程质量造成不良影响，损害建筑市场秩序；另一方面，层层转包行为拉长了利益链条，有限的建设工程价款被转包侵蚀，最终用于工程建设施工的价款十分有限，既有损建设工程质量，也会损害发包人、实际施工人利益。故所有转包行为均为非法。非法转包行为主要产生以下法律后果。

第一，非法转包合同无效。《建设工程施工合同司法解释》第四条规定：“承包人非法转包、违法分包建设工程或者没有资质的实际施工人借用有资质的建筑施工企业名义与他人签订建设工程施工合同的行为无效。人民法院可以根据民法通则第一百三十四条规定，收缴当事人已经取得的非法所得。”转包合同也属于一种建设工程施工合同。而建设工程施工合同无效，但建设工程经竣工验收合格的，根据《建设工程施工合同司法解释》第二条规定，转承包人可以请求转包人参照合同约定支付工程价款。

第二，收缴当事人基于非法转包合同之所得。《民法通则》第一百三十四条规定：“承担民事责任的方式主要有：（一）停止侵害；（二）排除妨碍；（三）消除危险；（四）返还财产；（五）恢复原状；（六）修理、重作、更换；（七）赔偿损失；（八）支付违约金；（九）消除影响、恢复名誉；（十）赔礼道歉。以上承担民事责任的方式，可以单独适用，也可以合并适用。人民法院审理民事案件，除适用上述规定外，还可以予以训诫、责令具结悔过、收缴进行非法活动的财物和非法所得，并可以依照法律规定处以罚款、拘留。”该条规定了收缴非法所得这一民事责任方式。但我国民事审判以居中裁判为原则，基本职能是确定民事主体之间的权利义务和责任，实践中很少有法院收缴当事人的非法所得。《建设工程施工合同司法解释》第四条根据《民法通则》第一百三十四条规定，确定了“在认定非法转包、违法分包建设工程以及借用资质签订建设工程施工合同的行为无效后，人民法院可以收缴当事人已经取得的非法所得”这一裁判规则，但是在建设工程施工合同司法实践中，收缴非法所得的裁判很少。《民法总则》第一百七十九条规定的民事主体承担民事责任的方式中，也未再规定收缴非法所得这一责任形式。总体来看，收缴非法所得这一责任形式的适用范围有缩小的趋势。

第三，发包人有权解除其与转包人签订的建设工程施工合同。在工程转包的情况下，存在两种法律关系：一是发包人与承包人之间的建设工程施工合同关系，二是转包人与转承包人之间的转包关系。转包关系因违反法律的强制性规定无效。转包人与发包人之间的建设工程施工合同关系却并不因为转包关系的存在而当然无效。承包人与发包人订立建设工程施工合同后，承包人应当自行组织施工，其将从发包人处承包的工程再转包给第三人施工的行为，根本违反了建设工程施工合同的约定，发包人有权请求解除合同。对此，《建设工程施工合同司法解释》第八条规定：“承包人具有下列情形之一，发包人请求解除建设工程施工合同的，应予支持：（一）明确表示或者以行为表明不履行合同主要义务的；（二）合同约定的期限内没有完工，且在发包人催告的合理期限内仍未完工的；（三）已经完成的建设工程质量不合格，并拒绝修复的；（四）将承包的建设工程非法转包、违法分包的。”这里需要指出的是，发包人之合同解除权应当以其善意为前提条件。如果发包人在与承包人签订建设工程施工合同时，即知道该工程实际由承包人之外的第三人施工，只是以承包人名义签订合同而已，则属于第三人借用承包人资质与发包人签订建设工程施工合同。这种情况下，依据《建设工程施工合同司法解释》第二项的规定，该建设工程施工合同属于无效合同。无效合同自始无效，无须解除。

第四，转包人和转承包人对因转包工程不符合规定的质量标准造成的损失承担连带赔偿责任。转包人将其所承包的工程转包给第三人，不仅违反法律规定，而且会损害发包人的利益。实践中，转包人通常是将工程转包给缺乏相应资质的单位或者个人，可能导致建设工程质量不合格的后果。对此，转包人和转承包人均具有过错，双方对转包的事实在主观上有意思联络、在客观上有共同完成转包的行为，故应当对发包人因此受到的损失承担连带赔偿责任。《建筑法》第六十七条也规定："承包单位将承包的工程转包的，或者违反本法规定进行分包的，责令改正，没收违法所得，并处罚款，可以责令停业整顿，降低资质等级；情节严重的，吊销资质证书。承包单位有前款规定的违法行为的，对因转包工程或者违法分包的工程不符合规定的质量标准造成的损失，与接受转包或者分包的单位承担连带赔偿责任。"

第五，在发包人欠付转包人工程款、转包人欠付转承包人工程款的情况下，转承包人有权请求发包人在欠付工程款的范围内承担责任。《建设工程施工合同司法解释》第二十六条规定："实际施工人以转包人、违法分包人为被告起诉的，人民法院应当依法受理。实际施工人以发包人为被告主张权利的，人民法院可以追加转包人或者违法分包人为本案当事人。发包人只在欠付工程价款范围内对实际施工人承担责任。"《建设工程施工合同司法解释（二）》第二十四条对上述规定进行了完善，规定："实际施工人以发包人为被告主张权利的，人民法院应当追加转包人或者违法分包人为本案第三人，在查明发包人欠付转包人或者违法分包人建设工程价款的数额后，判决发包人在欠付建设工程价款范围内对实际施工人承担责任。"上述规定所确定的发包人对转承包人的责任，本质上是一种代位责任。发包人向转承包人承担责任的范围，不应当超出其应向转包人承担责任的范围。应当在确定发包人欠付转包人工程款、转包人欠付转承包人工程款的基础上，认定发包人的责任范围。在认定发包人欠付转包人工程款、转包人欠付转承包人工程款数额时，应当分别以发包人与转包人的基础关系和转包人与转承包人的基础关系为依据，不能随意突破债的相对性原则。

第六，在发包人欠转包人金钱债权、转包人欠转承包人金钱债权的情况下，转承包人有权向发包人提起代位权诉讼。对此，《建设工程施工合同司法解释（二）》第二十五条规定："实际施工人根据合同法第七十三条规定，以转包人或者违法分包人怠于向发包人行使到期债权，对其造成损害为由，提起代位权诉讼的，人民法院应予支持。"在审理转承包人对发包人提起的代位权诉讼时，应当严格按照《合同法》第七十三条和《最高人民法院关于适用〈中华人民共和国合同法〉若干问题的解释（一）》（以下简称《合同法司法解释（一）》）第十一条规定的条件进行审理。这些条件主要包括，债权人对债务人的债权合法；债务人怠于行使其到期债权，对债权人造成损害；债务人的债权已到期；债务人的债权不是专属于债务人自身的债权。实践中经常被问及的一个问题是，《建设工程施工合同司法解释（二）》第二十四条和第二十五条的关系。本质上，二者之间的关系可以概括为：第二十四条不限于代位一层债的关系，但限于建设工程价款债权；第二十五条限于代位一层债的关系，但不限于建设工程价款债权。

第七，转承包人不享有建设工程价款优先受偿权。《建设工程施工合同司法解释（二）》第十七条规定："与发包人订立建设工程施工合同的承包人，根据合同法第二百八十六条规定请求其承建工程的价款就工程折价或者拍卖的价款优先受偿的，人民法院应予支持。"依据该条规定，依法享有工程价款优先受偿权的人必须与发包人存在直接的建设工程施工合同关系，转承包人不享有建设工程价款优先受偿权。这是根据当事人之间的主观过错作出的判断，是平衡各方当事人利益保护与交易安全保护的结果。

016

分包的法律后果有哪些

建设工程分包合同包括合法分包合同与违法分包合同。合法分包合同根据合同约定确定当事人之间的权利义务关系。违法分包合同则应当根据《合同法》、建设工程施工合同有关司法解释等规定确定当事人的权利义务。无论是合法分包还是违法分包，均涉及发包人与分承包人的权利和义务问题。其中部分问题在司法实务和理论上还存在较大争议，需要予以明确。

在合法分包的情况下，在发包人、分包人和分承包人之间形成两个合法的合同关系。一个是发包人与分包人之间的总承包合同关系，另一个是分包人与分承包人之间的分包合同关系。各方当事人的权利义务应当根据各自的合同约定确定。但是，由于分包人也是发包人所发包工程的施工人，其施工行为对工程质量也会产生影响。分承包人作为施工人，应向分包人主张工程款，但如果分包人怠于向发包人主张工程价款债权，分承包人的工程价款债权也可能无法实现。因此，发包人与分承包人之间虽然无直接的合同关系，但也会依据《建筑法》等法律的规定发生一定的权利义务关系，主要体现在以下两方面：

第一，分包人（总承包单位）和分承包人（分包单位）就分包工程对发包人（建设单位）承担连带责任。发包人对承包人的权利主要体现为工程质量保障和工期保障，即承包人应当在建设工程施工合同约定的期限内按约定的质量要求交付已施工完成的工程。分包工程未按时完工，导致全部工程不能按时完工，或者分包工程质量不合格，损害发包人利益的，分包人和分承包人应当对发包人承担连带责任。这里还需要区分内部关系和外部关系。内部关系是分包人与分承包人的关系。外部关系是分包人和分承包人与发包人的关系。对于外部关系，《建筑法》第二十九条第二款规定："建筑工程总承包单位按照总承包合同的约定对建设单位负责；分包单位按照分包合同的约定对总承包单位负责。总承包单位和分包单位就分包工程对建设单位承担连带责任。"该款规定并未区分分包人与分承包人的原因。即无论是分包人原因还是分承包人原因造成的损失，分包人和分承包人均应就分包工程对发包人承担连带责任。在承担对发包人的责任后，分包人和分承包人还应当根据分包合同的约定或者各自过错确定双方之间的责任。一方对发包人承担的责任超过其所应承担的责任范围的，有权向另一方追偿。

第二，分包人可参照《建设工程施工合同司法解释》第二十六条和《建设工程施工合同司法解释（二）》第二十四条规定请求发包人在欠付工程款范围内承担责任。这一观点在司法实践中存在一些争议。赞成这一观点的理由主要有二。一是上述司法解释的宗旨是通过保护违法分包合同中分承包人和非法转包合同中转承包人的建设工程价款债权来达到保护农民工等建筑工人利益的目的，在合法分包的情况下，分承包人所聘任的农民工等建筑工人的利益也需要保护。如果合法分包合同的分承包人无权参照上述规定请求发包人在欠付工程款范围内承担责任，不利于保护合法分包合同的分承包人所聘用的农民工等建筑工人的利益。这与上述司法解释的宗旨相悖。二是为保护农民工等建筑工人利益，上述司法解释突破债的相对性原则，对违法分包合同的分承包人的权利予以特别保护。既然对违法分包合同的承包人都予以特别保护，对合法分包合同的承包人更应当保护。反对这一观点的理由主要有二。一是相对性是债权的基本属性，《建设工程施工合同司法解释》第二十六条第一款规定即是强调要维护合同相对性原则。该条第二款的本意是只有欠付劳务分包工程款，其中主要为农民工工资，才能突破合同相对性。这是司法实践一贯的原则。而且《建设工程施工合同司法解释》第二十六条第二款的规定是在特定历史背景条件下制定的，与债的相对性原理相违背，不应扩大适用范围。二是从理论上看，在分包合同无效的情况下，返还之债与合同性质的关联性弱化，进而合同相对性原则也会相对弱化，因此在分包合同无效的情况下，要求发包人在欠付工程款范围内向实际施工人承担责任，对合同相对性原则的损害相对有限。但在分包合同有效的情况下，当事人应当全面实际履行合同义务，更不宜突破合同相对性。对于上述争议，应当辩证看待。一方面，如果分承包人只是突破一层债的关系请求发包人在欠付工程款范围内承担责任，则依照《合同法》第七十三条和《合同法司法解释（一)》第十一条规定提起代位权诉讼即可。代位权诉讼有《合同法》上的依据，是《合同法》明确规定的合同相对性原则之例外，在法律依据和法学理论上都有较为坚实的基础。另一方面，如果分承包人需突破多层建设工程价款债权债务关系，请求发包人在欠付工程款范围内承担责任，则需要参照适用《建设工程施工合同司法解释》第二十六条和《建设工程施工合同司法解释（二)》第二十四条规定。虽然上述司法解释有其特定的背景，突破了债的相对性原则，但在上述规定仍然有效的情况下，对违法分包合同的承包人的工程款债权予以特别保护，对合法分包合同的承包人的工程款债权却不予以同等强度的保护，无论从法理角度还是从人民群众朴实的价值观来看，都缺乏坚实的基础。虽然这一问题存在较大争议，但在司法实践中却难免会遇到。作者个人的意见更倾向于应给予合法分包合同的承包人以不低于违法分包合同的承包人标准的司法保护。

在违法分包的情况下，发包人、分包人和分承包人之间仍然存在两层法律关系：一是发包人与分包人之间的总承包合同关系，二是分包人与分承包人之间的分包合同关系。如果分包合同因违反法律法规的强制性规定而无效，总包合同的效力独立于分包合同，并不因分包合同无效而无效。除非总包合同存在《民法总则》《合同法》《建筑法》《招标投标法》等法律法规规定的无效的情形，否则总包合同有效。同时，发包人、分包人和分承包人除了依据各自的基础关系产生相应的法律责任外，发包人与分承包人也因分承包人参与建设工程施工的事实相互承担一定的法律责任。具体而言，违法分包将产生以下法律后果：

第一，违法分包合同无效。《建设工程施工合同司法解释》第四条规定："承包人非法转包、违法分包建设工程或者没有资质的实际施工人借用有资质的建筑施工企业名义与他人签订建设工程施工合同的行为无效。人民法院可以根据民法通则第一百三十四条规定，收缴当事人已经取得的非法所得。"分包合同也属于一种建设工程施工合同。而建设工程施工合同无效，但建设工程经竣工验收合格的，根据《建设工程施工合同司法解释》第二条规定，分承包人可以请求分包人参照合同约定支付工程价款。

第二，收缴当事人基于违法分包合同之所得。这一问题与当事人基于非法转包合同获利的情况相同。此处不再赘述。需要注意的是，如何处理违法分包、非法转包、借用资质等情况下分包人、转包人、出借资质的当事人所收取的管理费等违法所得的问题，实践中存在争议，司法实践中也存在不同做法。对这一问题，将在下文作专题分析。

第三，发包人有权解除其与分包人签订的建设工程施工合同。在工程分包的情况下，存在两种法律关系：一是发包人与分包人之间的建设工程施工合同关系；二是分包人与分承包人之间的分包关系。实践中较为常见的情况是，分包合同因违反法律法规的强制性规定而无效，但总承包合同合法有效。由于建设工程施工合同对承包人有特别的资质要求，承包人与发包人订立建设工程施工合同后，应当由承包人自行组织施工。承包人违反其与发包人之间的合同约定和法律规定，未经发包人同意，违法发包的，会对发包人利益产生根本性损害。这种情况下，为救济发包人权利，应当赋予发包人以合同解除权。《建设工程施工合同司法解释》第八条规定："承包人具有下列情形之一，发包人请求解除建设工程施工合同的，应予支持：（一）明确表示或者以行为表明不履行合同主要义务的；（二）合同约定的期限内没有完工，且在发包人催告的合理期限内仍未完工的；（三）已经完成的建设工程质量不合格，并拒绝修复的；（四）将承包的建设工程非法转包、违法分包的。”需要指出的是，发包人之合同解除权应当以其善意为前提条件。如果发包人明确同意承包人的违法分包行为，事后又以承包人违法分包为由请求解除总承包合同的，不应予以支持。

第四，分包人和分承包人对因分包工程不符合规定的质量标准造成的损失承担连带赔偿责任。分包人将其所承包的工程违法分包给分承包人，不仅违反法律规定，而且会损害发包人的利益。分包人和分承包人共同的过错行为导致发包人因分包工程不符合规定的质量标准而遭受损失，故双方应向发包人承担连带赔偿责任。《建筑法》第六十七条也规定，承包人违法进行分包的，对因违法分包的工程不符合规定的质量标准造成的损失，应当与分承包人承担连带赔偿责任。

第五，在发包人欠付分包人工程款、分包人欠付分承包人工程款的情况下，分承包人有权请求发包人在欠付工程款的范围内承担责任。《建设工程施工合同司法解释》第二十六条规定：“实际施工人以转包人、违法分包人为被告起诉的，人民法院应当依法受理。实际施工人以发包人为被告主张权利的，人民法院可以追加转包人或者违法分包人为本案当事人。发包人只在欠付工程价款范围内对实际施工人承担责任。”《建设工程施工合同司法解释（二）》第二十四条规定：“实际施工人以发包人为被告主张权利的，人民法院应当追加转包人或者违法分包人为本案第三人，在查明发包人欠付转包人或者违法分包人建设工程价款的数额后，判决发包人在欠付建设工程价款范围内对实际施工人承担责任。”根据上述规定，应当在确定发包人欠付分包人工程款、违法分包人欠付分承包人工程款的基础上，认定发包人的责任范围。此外，在认定发包人欠付分包人工程款、违法分包人欠付分承包人工程款数额时，应当分别依据各自的基础关系确定责任，不能随意突破债的相对性原则。

第六，在发包人欠分包人金钱债权、违法分包人欠分承包人金钱债权的情况下，分承包人有权向发包人提起代位权诉讼。对此，《建设工程施工合同司法解释（二）》第二十五条规定：“实际施工人根据合同法第七十三条规定，以转包人或者违法分包人怠于向发包人行使到期债权，对其造成损害为由，提起代位权诉讼的，人民法院应予支持。”在审理此类案件时，应当严格审查分承包人的起诉是否符合《合同法》第七十三条和《合同法司法解释（一）》第十一条规定的条件，即债权人对债务人的债权合法；债务人怠于行使其到期债权，对债权人造成损害；债务人的债权已到期；债务人的债权不是专属于债务人自身的债权。

第七，违法分包合同的承包人不享有建设工程价款优先受偿权。《建设工程施工合同司法解释（二）》第十四条规定：“与发包人订立建设工程施工合同的承包人，根据《合同法》第二百八十六条规定请求其承建工程的价款就工程折价或者拍卖的价款优先受偿的，人民法院应予支持。”依据该条的规定，依法享有工程价款优先受偿权的人必须是与发包人存在直接的建设工程施工合同关系的承包人，故分承包人不享有建设工程价款优先受偿权。

017

肢解发包的法律后果有哪些

《建筑法》第二十四条规定：“提倡对建筑工程实行总承包，禁止将建筑工程肢解发包。不得将应当由一个承包单位完成的建筑工程肢解成若干部分发包给几个承包单位。”《建设工程质量管理条例》第七条规定：“建设单位应当将工程发包给具有相应资质等级的单位。建设单位不得将建设工程肢解发包。”因此，肢解发包合同属于无效合同。肢解发包合同被认定无效后，如果各承包人所施工工程经验收合格，根据《建设工程施工合同司法解释》第二条的规定，承包人可以请求发包人参照合同约定支付工程款。

《建设工程施工合同司法解释（二）》第十七条规定：“与发包人订立建设工程施工合同的承包人，根据《合同法》第二百八十六条规定请求其承建工程的价款就工程折价或者拍卖的价款优先受偿的，人民法院应予支持。”建设工程价款优先受偿权不仅涉及发包人和承包人的利益，还涉及建设工程抵押权人、发包人的其他债权人、建筑工人等民事主体的利益。《最高人民法院关于建设工程价款优先受偿权问题的批复》第一条规定：“人民法院在审理房地产纠纷案件和办理执行案件中，应当依照《中华人民共和国合同法》第二百八十六条的规定，认定建筑工程的承包人的优先受偿权优于抵押权和其他债权。”即建设工程价款优先受偿权不仅优先于其他债权人对发包人享有的普通债权，而且优先于抵押权。可见，建设工程价款优先受偿权制度对第三人利益、交易安全有着巨大影响。如果对一单位工程，有多个主体甚至只对其中很小部分工程进行施工的承包人均享有优先受偿权，均有权请求与发包人协议将该工程折价，或者申请人民法院将该工程依法拍卖，要求建设工程价款就该工程折价或者拍卖的价款优先受偿，将使围绕建设工程产生的一系列法律关系处于不安定之中。在肢解发包的情况下，发包人就单位工程与多个承包人签订建设工程施工合同，如果允许多个承包人均享有建设工程价款优先受偿权，尤其是如果负责非主体工程施工的承包人也可以行使优先受偿权，将会对抵押权人、发包人其他债权人利益保护和交易安全产生巨大的负面作用。此外，肢解发包的主要责任在发包人一方，但承包人对于肢解发包的事实也是明知的，也具有过错。从利益平衡和过错情况看，在肢解发包的情况下，承包非主体工程的承包人不应享有建设工程价款优先受偿权。

018

实际施工人借用资质签订建设工程施工合同的法律后果有哪些

《建设工程施工合同司法解释》第一条第二项规定，对于没有资质的实际施工人借用有资质的建筑施工企业名义签订的建设工程施工合同，应当根据《合同法》第五十二条第五项的规定，认定无效。实践中，有人认为，只要是没有资质的实际施工人有借用资质的行为，或者有挂靠行为，发包人与承包人签订的建设工程施工合同就应当认定为无效。这种观点没有区分借用资质的行为和借用资质签订建设工程施工合同的行为。如前文所述，在通过挂靠或者借用资质承揽工程的情况下，实际施工人、出借资质的建筑企业以及发包人三方当事人之间形成两层法律关系。一是实际施工人与出借资质的建筑企业之间形成挂靠关系，亦即借用资质关系。借用建筑工程施工资质的行为属于无效行为。二是挂靠人、被挂靠人与发包人之间的关系。根据《建设工程施工合同司法解释》第一条第二项的规定，借用有资质的建筑施工企业名义签订建设工程施工合同的行为应当发生在借用资质的实际施工人与发包人之间。这里的施工合同不是转包合同或者分包合同，而是没有资质的实际施工人借用有资质的建筑施工企业名义与发包人签订的建设工程施工合同。该合同表面为由出借资质的建筑企业与发包人签订，实际上是由实际施工人与发包人签订。但实践中的难题是，几乎所有的建设工程施工合同都表现为由具有建筑工程施工资质的建筑企业与发包人签订，如何区分哪些合同是实际施工人借用有资质的建筑企业的名义与发包人签订，哪些合同由具有资质的建筑企业自身与发包人签订呢？判断的依据就是发包人在签订建设工程施工合同时对借用资质的事实是否知道。如果发包人在签订建设工程施工合同时知道实际施工人借用有建筑工程施工资质的企业的名义与其签订建设工程施工合同的事实，则其与出借资质的建筑企业、借用资质的实际施工人之间的行为就属于隐藏行为。这种情况就属于没有资质的实际施工人借用有资质的建筑施工企业名义与发包人签订建设工程施工合同。根据《建设工程施工合同司法解释》第一条第二项规定，该合同无效。如果发包人在签订建设工程施工合同时不知道实际施工人借用有建筑工程施工资质的企业的名义与其签订建设工程施工合同的事实，则建设工程施工合同的承包人就是出借资质的建筑企业，而不是借用资质的实际施工人。这种情况下，发包人与具有建筑工程施工资质的企业签订的建设工程施工合同就不属于没有资质的实际施工人借用有资质的建筑施工企业名义与发包人签订建设工程施工合同，不适用《建设工程施工合同司法解释》第一条第二项的规定，不能因为实际施工人与承包人存在挂靠或者借用资质的关系就认定发包人与有资质的建筑企业签订的建设工程施工合同无效。有资质的建筑企业基于其与发包人之间的建设工程施工合同承包工程后，又根据其与借用资质的实际施工人之间的挂靠协议或者出借资质协议，将所承包的工程交由实际施工人施工的，属于转包行为。转包行为无效，但发包人与具有资质的建筑企业所签订建设工程施工合同并不因此而无效。如果在认定建设工程施工合同的效力时，不考虑发包人的主观状态，仅因为承包人与实际施工人存在挂靠或者借用资质的关系就认定具有资质的建筑企业与发包人签订的建设工程施工合同无效，不仅对发包人不公平，而且也会给予存在过错的出借资质的建筑企业和借用资质的实际施工人以选择权，其将会根据自身利益最大限度地决定是否披露双方存在挂靠或者借用资质关系的事实，从而控制出借资质的企业与发包人签订的建设工程施工合同的效力。这有违诚实信用原则，也不符合《民法总则》关于民事法律行为效力的规定。

为保证建设工程质量和施工安全，法律对承包人资质作了严格规定。承包人应当具备相应的施工资质，并在其资质等级许可的业务范围内承揽工程。目前，建筑市场出借资质情形较为常见，《建设工程施工合同司法解释》第二十五条规定："因建设工程质量发生争议的，发包人可以以总承包人、分包人和实际施工人为共同被告提起诉讼。"该条解决了诉讼主体问题。如何确定出借资质的单位与借用资质的单位或者个人的责任承担方式，仍是司法实践中亟待解决的问题。理论和实务界对这一问题争论较大。一种观点认为，出借资质的建筑企业和借用资质的实际施工人应当向发包人承担连带责任。另一种观点认为，这一问题应具体分析，应区分合同相对人对借用资质的事实是否明知而决定出借资质的建筑企业和借用资质的实际施工人是否应当承担连带责任。如果发包人不知道借用资质的事实，则应当由出借资质的建筑企业和借用资质的实际施工人承担连带责任；如果发包人知道借用资质的事实，其自身就存在过错，则不应当由出借资质的建筑企业和借用资质的实际施工人承担连带责任。在后一种情况下，借用资质的实际施工人和出借资质的建筑企业应当承担何种责任，又有不同观点。有观点认为，应当先由出借资质的建筑企业承担赔偿责任，其不能承担的，再由借用资质的实际施工人承担补充责任。主要理由是，出借资质的建筑企业是与发包人签订建设工程施工合同的承包人，有义务按合同约定的质量标准完成建设工程施工，其将所承包的工程交由缺乏资质的单位或者个人施工，违反合同约定和法律规定，应当首先承担责任。借用资质的实际施工人也存在过错，应当承担补充责任。有观点认为，应当首先由借用资质的实际施工人承担赔偿责任，在实际施工人不能承担责任的情况下，才由出借资质的建筑企业承担补充责任。主要理由是，争议工程由实际施工人施工，其应对工程质量不合格承担主要责任，而且实际施工人借用资质承包工程，自身存在较大过错。

针对这一问题，最高人民法院在制定《建设工程施工合同司法解释（二）》时也进行了研究，希望能够统一裁判标准。在该司法解释起草过程中，对这一问题的争议也较大。在《建设工程施工合同司法解释（二）》（征求意见稿）中，对借用资质承包工程的责任问题作出了较为详细的规定。征求意见稿第九条用三款对这一问题作了规定。其中，第一款规定："建设工程施工合同因实际施工人借用有资质的建筑施工企业名义签订被认定无效，发包人请求实际施工人和出借资质的建筑施工企业对其因合同无效所受到的损失承担连带赔偿责任的，人民法院应予支持。”明确了借用资质的实际施工人和出借资质的建筑企业对发包人因合同无效所受到的损失应当承担连带赔偿责任。第二款规定：“发包人订立合同时明知实际施工人借用资质，实际施工人或者出借资质的建筑施工企业以此为由主张发包人承担相应责任的，人民法院应予支持。”该款规定明确了在发包人订立合同时知道实际施工人借用资质签订建设工程施工合同的情况下，实际施工人或者出借资质的建筑企业均有权请求发包人承担责任。在前文谈及借用资质签订建设工程施工合同与转包的关系时，专门提到发包人在订立合同时知道实际施工人借用资质签订建设工程施工合同属于借用资质签订建设工程施工合同的行为，而非转包行为。根据《建设工程施工合同司法解释》第一条第二项规定，该行为系无效行为。该行为无效后，如果建设工程质量合格，施工人有权依照《建设工程施工合同司法解释》第二条规定请求发包人参照建设工程施工合同的约定支付工程款。实践中，对于出借资质的建筑企业和借用资质的实际施工人谁有权主张工程款争议较大，尤其是《建设工程施工合同司法解释》第二十六条第二款、《建设工程施工合同司法解释（二）》第二十四条只规定了非法转包、违法分包情况下实际施工人可以请求发包人在欠付工程款范围内承担责任。对于在借用资质签订建设工程施工合同情况下，实际施工人能否请求发包人在欠付工程款范围内承担责任或者能否直接请求发包人承担责任的问题，实践中尚存在争议。《建设工程施工合同司法解释（二）》（征求意见稿）第九条第二款对此问题也采纳了肯定的意见。虽然《建设工程施工合同司法解释（二）》最终未保留这一款规定，但该规定所体现的理念和精神值得肯定。而且，从《民法总则》《合同法》的相关规定以及民事法律行为制度看，在发包人签订建设工程施工合同时知道实际施工人借用资质的事实的，借用资质的实际施工人与发包人之间直接建立了建设工程施工合同关系，虽然该合同无效，但实际施工人有权依据《民法总则》《合同法》以及《建设工程施工合同司法解释》和《建设工程施工合同司法解释（二）》的规定请求发包人承担相应的责任，包括在建设工程质量合格的情况下，请求发包人参照建设工程施工合同的约定支付工程价款。这一责任与发包人依据《建设工程施工合同司法解释》第二十六条第二款和《建设工程施工合同司法解释（二）》第二十四条规定在欠付工程款范围内向转承包人和违法分承包人承担的责任并不相同。前者是直接基于合同关系无效而产生的责任，实际施工人与发包人之间有直接的债权债务关系。后者是基于债之代位，实际施工人与发包人之间没有直接的债权债务关系。《建设工程施工合同司法解释》第二十六条第三款规定："发包人订立合同时明知实际施工人借用资质，实际施工人向出借资质的建筑施工企业主张工程价款的，不予支持；实际施工人主张出借资质的建筑工程施工企业对发包人不能清偿的工程价款承担补充责任的，可予支持。"该款明确了借用资质的实际施工人与出借资质的建筑企业之间的法律关系。结合第二款和第三款的规定，在发包人知道实际施工人借用资质签订建设工程施工合同的情况下，发包人是支付工程价款的第一责任人、出借资质的建筑企业是支付工程价款的补充责任人。当然，在发包人知道实际施工人借用资质签订建设工程施工合同的情况下，还需要明确的一层法律关系是出借资质的建筑企业是否有权请求发包人支付工程价款。《建设工程施工合同司法解释（二）》（征求意见稿）第九条对此未作规定。这一问题在此不再赘述。在制定《建设工程施工合同司法解释（二）》的过程中，因对征求意见稿第九条第二款和第三款存在一些争议，最终未予保留。整体来看，该两款关于实际施工人可以请求发包人承担责任的规定与《民法总则》《合同法》的相关规定以及民事法律行为制度是相契合的，值得借鉴。

《建设工程施工合同司法解释（二）》第四条最终只保留了征求意见稿中第一款规定，并对征求意见稿进行了完善。该条规定，缺乏资质的单位或者个人借用有资质的建筑施工企业名义签订建设工程施工合同，发包人请求出借方与借用方对建设工程质量不合格等因出借资质造成的损失承担连带赔偿责任的，人民法院应予支持。这条规定之所以要求建筑工程施工资质出借方与借用方对建设工程质量不合格等因出借资质造成的损失承担连带赔偿责任，主要基于以下考虑：第一，在借用资质与发包人签订建设工程施工合同的情况下，名义上的承包人是出借资质的单位，实际上的承包人是借用资质的单位或者个人，出借资质方之名与借用资质方之实共同构成承包人，缺少任何一方，建设工程施工合同都不能订立。因此，在对外承担法律责任时，可将出借资质方和借用资质方作为一个整体，对发包人负责。第二，出借资质一方通常会以收取管理费等名义向借用资质一方收取费用，因此应当对他人借其名义签订合同造成的损失承担责任。第三，借用资质一方本无权进行建设工程施工，其违反法律规定通过借用资质获利，因此也应当对其借用他人名义签订合同造成的损失承担责任。第四，目前建筑市场上借用资质的情况较多，如果不让出借资质一方承担连带责任，出借资质一方不会慎重选择借用方，出借资质的违法现象会更加泛滥，对于提高建设工程质量、规范建筑市场秩序有弊无利。第五，根据《建筑法》第六十六条的规定，出借资质方与借用资质方应对建设工程不符合规定的质量标准造成的损失承担连带责任。第六，借用资质与挂靠的法律性质相同。对于挂靠关系，司法实践中主流的观点是由挂靠人和被挂靠人对外承担连带责任。①

《建设工程施工合同司法解释（二）》（征求意见稿）第四条第一款规定，建设工程施工合同因实际施工人借用有资质的建筑企业名义签订被认定无效后，发包人有权请求实际施工人和出借资质的建筑企业对其因合同无效所受到的损失承担连带赔偿责任。即借用资质的实际施工人和出借资质的建筑企业承担连带责任的范围包括因建设工程施工合同无效导致的一切损失。征求意见稿中未考虑借用资质的实际施工人和出借资质的建筑企业的过错与发包人损失之间的因果关系。在起草《建设工程施工合同司法解释（二）》的过程中，对借用资质的实际施工人和出借资质的建筑企业承担的连带责任的范围予以了限制。实践中，出借资质的建筑施工企业的过错在于出借资质，其所承担的责任应与其过错相当。实践中，出借资质造成的损失主要是建设工程质量不合格。《建筑法》第六十六条规定，建筑施工企业转让、出借资质证书或者以其他方式允许他人以本企业的名义承揽工程的，对因该项承揽工程不符合规定的质量标准造成的损失，建筑施工

① 例如，《最高人民法院关于审理食品药品纠纷案件适用法律若干问题的规定》第十条规定："未取得食品生产资质与销售资质的个人、企业或者其他组织，挂靠具有相应资质的生产者与销售者，生产、销售食品，造成消费者损害，消费者请求挂靠者与被挂靠者承担连带责任的，人民法院应予支持。消费者仅起诉挂靠者或者被挂靠者的，必要时人民法院可以追加相关当事人参加诉讼。"《最高人民法院道路交通事故损害赔偿案件适用法律若干问题的解释》第三条规定："以挂靠形式从事道路运输经营活动的机动车发生交通事故造成损害，属于该机动车一方责任，当事人请求由挂靠人和被挂靠人承担连带责任的，人民法院应予支持。"旅游纠纷司法解释第十六条规定："旅游经营者准许他人挂靠其名下从事旅游业务，造成旅游者人身损害、财产损失，旅游者请求旅游经营者与挂靠人承担连带责任的，人民法院应予支持。"《最高人民法院关于国内水路货物运输纠纷案件法律问题的指导意见》（法发〔2012〕28号）第十二条规定："挂靠船舶因侵权行为造成他人财产、人身损害，依据民法通则、侵权责任法、海商法和有关司法解释的规定，挂靠船舶的实际所有人和被挂靠企业应当承担连带赔偿责任。"

企业与使用本企业名义的单位或者个人承担连带赔偿责任。《建设工程施工合同司法解释（二）》第四条规定吸收了《建筑法》第六十六条的规定。同时，建筑施工企业出借资质还可能造成工期延误等损失。只要损失是由出借资质造成，发包人就有权请求借用资质的单位或者个人与出借资质的建筑施工企业承担连带责任。

借用资质的实际施工人和出借资质的建筑企业所应赔偿的损失必须是因借用资质造成的损失。根据“谁主张、谁举证”的原则，发包人应当对损失的产生与借用资质存在因果关系承担举证责任。此外，发包人在签订建设工程施工合同时知道系缺乏资质的单位或个人借用建筑企业的资质与其签订合同，对建设工程质量不合格等因出借资质造成的损失也有过错，也应当承担相应的责任。在这种情况下，借用资质的实际施工人和出借资质的建筑企业可以主张发包人对自身过错造成的损失承担责任，从而减轻己方责任。但对于减轻后的赔偿责任，借用资质的实际施工人和出借资质的建筑企业仍应当承担连带责任。借用资质的实际施工人和出借资质的建筑企业内部也应当根据各自的过错程度确定相应的责任份额。如果借用资质的实际施工人或者出借资质的建筑企业向发包人承担的赔偿责任超出其应承担的责任范围的，有权向另一方追偿。

019

缺乏哪些审批手续会导致建设工程施工合同无效

根据《建筑法》《中华人民共和国土地管理法》（以下简称《土地管理法》）《城乡规划法》等法律法规的规定，在我国建设工程施工需要取得“四证”，即国有土地使用权证、建设用地规划许可证、建设工程规划许可证和建设工程施工许可证。在建设工程开工之日，当事人应当将“四证”办齐。但实践中经常出现“四证”不齐的建设工程项目。“四证”不齐会对建设工程施工合同产生何种影响，理论和实践上曾存在争议，主要争议集中在以下几个方面。

第一，未办理建设工程施工许可证是否导致建设工程施工合同无效。《建筑法》第七条规定：“建筑工程开工前，建设单位应当按照国家有关规定向工程所在地县级以上人民政府建设行政主管部门申请领取施工许可证；但是，国务院建设行政主管部门确定的限额以下的小型工程除外。按照国务院规定的权限和程序批准开工报告的建筑工程，不再领取施工许可证。”根据该条规定，建设单位向建设行政主管部门申请领取施工许可证的时间节点为建筑工程开工前，而非签订建设工程施工合同之前。此外，根据该条规定，有两类工程无须申领建设工程施工许可证。一是国务院建设行政主管部门确定的限额以下的小型工程；二是按照国务院规定的权限和程序批准开工报告的建筑工程。对于是否应当在签订建设工程施工合同之前申领建设工程施工许可证的问题，可以从《建筑法》第八条关于申请领取施工许可证应当具备条件的规定中得出答案。《建筑法》第八条规定：“申请领取施工许可证，应当具备下列条件：（一）已经办理该建筑工程用地批准手续；（二）在城市规划区的建筑工程，已经取得规划许可证；（三）需要拆迁的，其拆迁进度符合施工要求；（四）已经确定建筑施工企业；（五）有满足施工需要的施工图纸及技术资料；（六）有保证工程质量和安全的具体措施；（七）建设资金已经落实；（八）法律、行政法规规定的其他条件。建设行政主管部门应当自收到申请之日起十五日内，对符合条件的申请颁发施工许可证。”从该条规定的办理建设工程施工许可证的八项条件来看，该证是“四证”中的最后一证。在办理建设工程施工许可证之前，必须已经办理该建设工程的用地批准手续，如果属于在城市规划区的建设工程，还应当已经取得规划许可证。同时，该条第四项规定的条件是已经确定建筑施工企业。而确定建筑施工企业的途径就是发包人与承包人签订建设工程施工合同。因此，在申领建设工程施工许可证和签订建设工程施工合同的时间关系上，应当是先签订建设工程施工合同，后申领建设工程施工许可证。不应当以是否已经申领建设工程施工许可证作为认定建设工程施工合同是否有效的条件。在“四证”中，建设工程施工许可证的办理时间应当是建设工程施工合同签订之后、工程开工之前。

第二，未办理建设工程用地审批手续是否导致建设工程施工合同无效。用地批准手续对应“四证”中的两证，即国有土地使用权证和建设用地规划许可证。国有土地使用权原始取得方式有两种，一是出让等有偿方式，二是划拨方式。出让等有偿方式是国有土地管理部门代表国家将国有土地使用权出让给土地使用权人，本质上属于等价有偿的市场行为。《土地管理法》第五十五条第一款规定：

“以出让等有偿使用方式取得国有土地使用权的建设单位，按照国务院规定的标准和办法，缴纳土地使用权出让金等土地有偿使用费和其他费用后，方可使用土地。”划拨方式是国家基于公益目的通过行政审批的方式将国有土地使用权转让给使用单位使用。我国国有土地使用权原始取得以有偿出让为原则，以划拨使用为补充。划拨土地限定于特定的范围。《土地管理法》第五十四条规定：“建设单位使用国有土地，应当以出让等有偿使用方式取得；但是，下列建设用地，经县级以上人民政府依法批准，可以以划拨方式取得：（一）国家机关用地和军事用地；（二）城市基础设施用地和公益事业用地；（三）国家重点扶持的能源、交通、水利等基础设施用地；（四）法律、行政法规规定的其他用地。”无论以何种方式取得，国有土地使用权人都应当向土地行政主管部门提出土地登记申请核发国有土地使用权证书。《土地管理法》第五条规定：“单位和个人依法使用的国有土地，由土地使用者向土地所在地的县级以上人民政府土地行政主管部门提出土地登记申请，由县级以上人民政府登记造册，核发国有土地使用权证书，确认使用权。其中，中央国家机关使用的国有土地的登记发证，由国务院土地行政主管部门负责，具体登记发证办法由国务院土地行政主管部门会同国务院机关事务管理局等有关部门制定。”

无论是划拨土地还是出让土地，只有在城乡规划主管部门完成建设用地规划审核后，建设单位才有可能获得国有土地使用权证。对于划拨土地，建设单位必须申请城乡规划主管部门核发建设用地规划许可证后，才能向土地主管部门申请用地。对此，《城乡规划法》第三十七条规定：“在城市、镇规划区内以划拨方式提供国有土地使用权的建设项目，经有关部门批准、核准、备案后，建设单位应当向城市、县人民政府城乡规划主管部门提出建设用地规划许可申请，由城市、县人民政府城乡规划主管部门依据控制性详细规划核定建设用地的位置、面积、允许建设的范围，核发建设用地规划许可证。建设单位在取得建设用地规划许可证后，方可向县级以上地方人民政府土地主管部门申请用地，经县级以上人民政府审批后，由土地主管部门划拨土地。”对于出让土地，在国有土地使用权出让前，城乡规划主管部门必须依据控制性详细规划，提出出让地块的位置、使用性质、开发强度等规划条件，然后才能出让土地使用权。而且上述规划条件必须作为国有土地使用权出让合同的组成部分。在签订国有土地使用权出让合同后，建设单位须向城市、县人民政府城乡规划主管部门领取建设用地规划许可证。对于这一问题，《城乡规划法》第三十八条规定：“在城市、镇规划区内以出让方式提供国有土地使用权的，在国有土地使用权出让前，城市、县人民政府城乡规划主管部门应当依据控制性详细规划，提出出让地块的位置、使用性质、开发强度等规划条件，作为国有土地使用权出让合同的组成部分。未确定规划条件的地块，不得出让国有土地使用权。以出让方式取得国有土地使用权的建设项目，建设单位在取得建设项目的批准、核准、备案文件和签订国有土地使用权出让合同后，向城市、县人民政府城乡规划主管部门领取建设用地规划许可证。城市、县人民政府城乡规划主管部门不得在建设用地规划许可证中，擅自改变作为国有土地使用权出让合同组成部分的规划条件。”

城乡规划涉及公共利益，各方当事人都应当遵守《城乡规划法》的相关规定，依照规划条件使用国有土地，进行建设施工。城乡规划主管部门完成建设用地规划审核、确定规划条件，是出让或者划拨土地的前提。如果缺乏这一前提条件，国有土地使用权出让合同的效力就会受到影响，建设单位就不能获得国有土地使用权。对此，《城乡规划法》第三十九条规定：“规划条件未纳入国有土地使用权出让合同的，该国有土地使用权出让合同无效；对未取得建设用地规划许可证的建设单位批准用地的，由县级以上人民政府撤销有关批准文件；占用土地的，应当及时退回；给当事人造成损失的，应当依法给予赔偿。”如果国有土地使用权出让合同无效，建设单位无权在该国有土地上建设建筑物、构筑物，则其与建筑企业签订建设工程施工合同也就失去了基础。因此，依法办理建设工程用地审批手续是决定建设工程施工合同效力的重要因素。

在司法实践中，城乡规划主管部门应当先完成建设用地规划审核、确定规划条件，建设单位申请建设用地规划许可证，然后再依据划拨土地的行政审批手续或者国有土地使用权出让合同，申请办理国有土地使用权证。因此，办理建设用地规划许可证是办理国有土地使用权证的前提。换言之，如果建设单位已经获得国有土地使用权证，即说明该土地符合城乡规划主管部门所确定的规划条件。因此，部分地方根据“放管服”的改革方向，准备取消建设用地规划许可证。例如，《北京市城乡规划条例》（修订草案）拟取消建设用地规划许可证。主要理由就是建设单位取得国有土地使用权，即意味着获得用地许可，建设用地规划许可证已不再具有独立存在的意义。即使未来取消了建设用地规划许可证，城乡规划主管部门仍应当首先完成建设用地规划审核、确定规划条件。土地管理部门批准划拨或者出让建设用地，必须符合城乡规划主管部门所确定的规划条件。建设单位在使用土地，建设工程时也应当遵守城乡规划主管部门所确定的规划条件。

第三，未办理建设工程规划许可审批手续是否导致建设工程施工合同无效。建设单位使用国有土地不仅要符合规划条件，其建设工程也必须获得工程规划许可。《城乡规划法》第四十条规定："在城市、镇规划区内进行建筑物、构筑物、道路、管线和其他工程建设的，建设单位或者个人应当向城市、县人民政府城乡规划主管部门或者省、自治区、直辖市人民政府确定的镇人民政府申请办理建设工程规划许可证。申请办理建设工程规划许可证，应当提交使用土地的有关证明文件、建设工程设计方案等材料。需要建设单位编制修建性详细规划的建设项目，还应当提交修建性详细规划。对符合控制性详细规划和规划条件的，由城市、县人民政府城乡规划主管部门或者省、自治区、直辖市人民政府确定的镇人民政府核发建设工程规划许可证。城市、县人民政府城乡规划主管部门或者省、自治区、直辖市人民政府确定的镇人民政府应当依法将经审定的修建性详细规划、建设工程设计方案的总平面图予以公布。"对于建设单位未取得建设工程规划许可证是否影响建设工程施工合同效力的问题，曾存在争议。有观点认为，建设单位如果没有办理建设用地规划许可证、建设工程规划许可证，则承包人依据建设工程施工合同所建设的就是违法建筑，即合同标的违法。合同标的违法会导致合同违法，故建设单位与施工单位签订的建设工程施工合同属于无效合同。此外，从社会公共利益保护的角度看，违法建筑如果不能补齐相关审批手续，要么无法正常投入使用，要么会被依法拆除，如果不认定建设工程施工合同无效，放任或者鼓励这类合同的订立、存续和履行，会造成社会资源的浪费。而且，如果不对此类合同的效力予以否定，还可能助长违法行为，有损社会公序良俗的形成。有观点认为，建设单位未办理建设用地规划许可证和建设工程规划许可证，并不必然导致建设工程施工合同无效。该观点将关于建设用地规划许可和建设工程规划许可相关的法律视为行政管理性规范。如果建设单位违反上述规定，由行政机关予以行政处罚即可，不应当因此而否定建设工程施工合同的效力。司法实践采纳了第一种观点，主要原因是与建设用地规划许可和建设工程规划许可相关的法律法规关乎城乡规划，涉及公共利益，对该利益的保护应优先于对契约自由的保护。建设单位和施工单位的契约自由应建立在尊重公共利益、行为合法的基础之上。因此，《建设工程施工合同司法解释（二）》第二条第一款规定：“当事人以发包人未取得建设工程规划许可证等规划审批手续为由，请求确认建设工程施工合同无效的，人民法院应予支持，但发包人在起诉前取得建设工程规划许可证等规划审批手续的除外。”

需要注意的是，《建设工程施工合同司法解释（二）》第二条第一款只规定发包人未取得建设工程规划许可证等规划审批手续将导致建设工程施工合同无效。这是否意味着，未办理建设用地规划许可证、国有土地使用权证不会导致建设工程施工合同无效呢？并非如此。实际上，《建设工程施工合同司法解释（二）》（征求意见稿）第五条就规定，当事人以发包人未取得建设用地规划许可证、建设工程规划许可证为由，请求认定建设工程施工合同无效的，人民法院应予支持。但发包人在一审法庭辩论终结前取得建设用地规划许可证、建设工程规划许可证的，人民法院不予支持。最终《建设工程施工合同司法解释（二）》第二条第一款未保留关于建设用地规划许可证的规定，主要理由是从相关法律规定和办理相关许可审批的程序来看，取得建设用地规划许可证是取得建设工程规划许可证的前提条件。一般而言，一个建设项目要经过立项、规划、用地、施工、竣工验收等环节，其中每个环节都会面临相应的审批手续。上述环节构成一个接续的过程，只有完成了前一环节的审批手续，才能走向下一环节。根据《城乡规划法》第四十条规定，建设单位向城乡规划主管部门申请办理建设工程规划许可证，应当提交使用土地的有关证明文件。即办理建设用地规划许可证、国有土地使用权证或者划拨用地审批手续是办理建设工程规划许可证的前提条件。换言之，如果建设单位已经办理建设工程规划许可证，则说明其已经取得建设用地规划许可证、国有土地使用权证或者划拨用地审批手续。因此，从制定裁判规则的角度看，《建设工程施工合同司法解释（二）》只须卡住建设工程规划许可证等规划审批手续这一关口即可。

在理解与适用《建设工程施工合同司法解释（二）》第二条第一款的规定时，要注意该款中的但书条款，即发包人如果在起诉前取得建设工程规划许可证等规划审批手续的，人民法院就不应确认建设工程施工合同无效。类似规定在司法解释中较为常见。这一规定的主要价值取向是鼓励交易，人民法院在有法理依据的情况下，应尽量避免否定合同的效力。但对于发包人补齐规划审批手续的时间节点，在起草《建设工程施工合同司法解释（二）》的过程中，曾存在争议。司法实践中，当事人补齐审批手续的时间节点主要有两个：一是起诉前，二是一审法庭辩论终结前。从目前最高人民法院制定的司法解释看，这两个时间节点都有采用，但采用法庭辩论终结前这一时间节点的司法解释更多。坚持合同效力补正时间应当为一审辩论终结前，主要的理由有两点：一是司法实践长期以来所坚持的惯例，大多数司法解释都采纳了这一做法；二是将发包人补齐规划审批手续的时间推迟到一审法庭辩论终结前，有利于鼓励交易，尽量减少否定建设工程施工合同效力的情况。《建设工程施工合同司法解释（二）》（征求意见稿）即采纳了这一观点。坚持建设工程施工合同效力补正时间节点为起诉前的理由是，一审开庭时间是一个当事人无法确定的时间节点，容易产生消极结果。因为建设工程施工合同纠纷案件涉及证据材料多、工程项目多、争议焦点多，案情复杂，一审审理时间较长，因此一审法庭辩论终结前这一时间点具有不确定性，不利于建设工程施工合同纠纷及时解决。最终讨论的结果是充分尊重建设工程施工合同纠纷案件的特点，将发包人补正建设工程规划许可证等规划审批手续的时间节点确定为起诉前。

《建设工程施工合同司法解释（二）》第二条第一款规定发包人应当取得建设工程规划许可证等规划审批手续。这里之所以用建设工程规划审批手续这一概念，是因为同为建设工程规划许可，但《城乡规划法》针对城市建筑、乡村建筑、临时建筑使用了不同名称。① 此外，实践中不少工程虽然未取得规划许可证，但经过有关行政机关审批。这类工程建筑并非违章建筑，对为修建此类工程而签订的建设工程施工合同，应予保护。根据《建筑法》《城乡规划法》的规

① 《城乡规划法》第四十条第一款规定："在城市、镇规划区内进行建筑物、构筑物、道路、管线和其他工程建设的，建设单位或者个人应当向城市、县人民政府城乡规划主管部门或者省、自治区、直辖市人民政府确定的镇人民政府申请办理建设工程规划许可证。"第四十一条第一款规定："在乡、村庄规划区内进行乡镇企业、乡村公共设施和公益事业建设的，建设单位或者个人应当向乡、镇人民政府提出申请，由乡、镇人民政府报城市、县人民政府城乡规划主管部门核发乡村建设规划许可证。"第四十四条第一款规定："在城市、镇规划区内进行临时建设的，应当经城市、县人民政府城乡规划主管部门批准。临时建设影响近期建设规划或者控制性详细规划的实施以及交通、市容、安全等的，不得批准。"

定，发包方是办理建设工程规划许可证等规划审批手续的义务人。发包人有义务在原告起诉前申请办理规划审批手续，并积极创造条件，促成其申请能够获得主管部门审批通过。如果在原告起诉之时，发包人仍未办理完毕建设工程规划许可证等规划审批手续，建设工程施工合同将被认定无效，而发包人对合同无效应当承担过错责任。在合同无效对承包人造成损失的情况下，发包人应当依据其过错承担赔偿责任。

发包人能够办理但故意不办理规划审批手续的，人民法院应就发包人是否具备办理审批手续的条件进行实质性审查，进而对建设工程施工合同的效力作出判断。《建设工程施工合同司法解释（二）》第二条第二款规定："发包人能够办理审批手续而未办理，并以未办理审批手续为由请求确认建设工程施工合同无效的，人民法院不予支持。"这一规定的背景是，由于建筑市场所涉及的管理规范非常多，部分办理审批手续的义务人根据市场变化或者建设工程施工合同履行情况，违反诚实信用原则，在能够办理相关审批手续的情况下恶意拖延办理，有意促成与他人订立的合同无效，以获取超过合同有效的情况下所能获取利益或者避免合同有效的情况下其所应承担的义务和责任。从司法实践来看，这类行为并非极端个例，已经影响到正常的市场秩序。通过放任或者积极追求合同无效，以期获取超过合同有效情况下利益的行为，违背了诚实信用原则，造成了非常恶劣的社会影响。国家制定的维护建筑市场秩序的法律法规反而成了部分人滥用以追求不当利益，损害市场秩序的工具。对于这种情况，人民法院应当对审批手续办理义务人是否已经具备申请办理相关审批手续的条件进行实质性审查。如果义务人已经具备办理审批手续的条件，或者义务人有能力促成办理审批手续的条件成就，不宜认定合同无效，而应当依对方当事人的请求督促义务人办理审批手续。因此，《建设工程施工合同司法解释（二）》第二条第二款规定："发包人能够办理审批手续而未办理，并以未办理审批手续为由请求确认建设工程施工合同无效的，人民法院不予支持。"需要注意的是，承包人应当对办理建设工程规划许可证等规划审批手续的条件成就，发包人能办理而不办理的事实，负担举证责任。维护诚实信用原则是人民法院审理民商事案件所需坚持的基本原则。如果办理建设工程规划许可证等规划审批手续的条件成就，发包人能办理而不办理，说明从实质条件上看双方当事人争议的工程对公共利益没有实质性损害。在这种情况下，维护诚实信用原则就处于较为优先的地位。人民法院在认定办理建设工程规划许可证等规划审批手续的条件是否成就时，应当严格遵守城乡规划法等法律法规的规定，必要时可以征求城乡规划行政主管部门的意见。

020

承包人建筑工程施工资质对建设工程施工合同效力有何影响

实践中，合同主体对建设工程施工合同效力的影响主要不是因为合同主体缺乏行为能力，而是因为承包人缺乏建筑工程施工资质。建设工程施工合同最大的特点在于其标的物具有外部性。外部性是指经济主体的行为对第三人或社会带来收益但受益人无须支付对价，或者会给第三人或社会带来损害却无须向其支付对价。存在外部性的商品无法通过价格机制实现最优产量。外部性分为正外部性和负外部性。正外部性是指经济主体的行为使他人或者社会受益，而受益者无须支付对价。负外部性是指经济主体的行为使他人或社会的利益受到损害，但行为人却不必为此承担成本。较为典型的负外部性行为是企业污染行为。企业为减少生产成本拒不采用符合环保标准的生产工艺，以达到降低生产成本、提高利润的目的，其在生产过程中排放污染物，由社会承担了一部分生产成本，对社会产生了负的外部性。建筑市场上行为人的外部性主要体现为负的外部性。建设工程作为建设工程施工合同的标的物，并不由施工人使用，很多情况下也不由发包人最终使用。建设工程质量直接影响的通常是广大人民群众的人身安全和财产利益。但建设工程的最终使用人往往不是建设工程施工合同的当事人，不能参与合同的订立，也无权监督合同的履行。而且建筑工程的使用期限很长，即使存在工程质量问题在短期内也未必一定会被发现。这也会增加建设工程施工合同当事人的道德风险。即建设工程施工合同的当事人可能会为自身当前利益而甘冒风险，降低建设工程的质量。一旦商品具有外部性，该商品所在的市场就会失灵。市场失灵本质上是契约机制失灵。在理想的市场模型中，市场主体基于契约自由进行市场竞争，不仅能在契约当事人之间实现帕累托最优，也能在整个市场中实现帕累托最优，契约自由和意思自治是实现当事人利益最大化和社会福利最大化的重要手段。但在一个存在外部性的市场中，生产者面对的需求曲线和成本曲线与整个市场的需求曲线和成本曲线并不一致，生产成本不能通过价格机制有效作用于供求，当事人利益最大化的行为并不能带来社会福利的最大化。市场失灵的领域往往也是《合同法》和契约自由受到限制的领域。建设工程施工合同是民商事审判中涉及管理性规定最多的领域之一。大量的管理性规定增加了建设工程施工合同纠纷的审判难度。关于承包人建筑工程施工资质对建设工程施工合同效力的影响，在多部法律法规中均有规定。例如，《建筑法》第二十六条规定："承包建筑工程的单位应当持有依法取得的资质证书，并在其资质等级许可的业务范围内承揽工程。禁止建筑施工企业超越本企业资质等级许可的业务范围或者以任何形式用其他建筑施工企业的名义承揽工程。禁止建筑施工企业以任何形式允许其他单位或者个人使用本企业的资质证书、营业执照，以本企业的名义承揽工程。"第二十七条规定："大型建筑工程或者结构复杂的建筑工程，可以由两个以上的承包单位联合共同承包。共同承包的各方对承包合同的履行承担连带责任。两个以上不同资质等级的单位实行联合共同承包的，应当按照资质等级低的单位的业务许可范围承揽工程。"第二十九条第三款规定："禁止总承包单位将工程分包给不具备相应资质条件的单位。禁止分包单位将其承包的工程再分包。"《建设工程施工合同司法解释》第一条规定："建设工程施工合同具有下列情形之一的，应当根据《合同法》第五十二条第五项的规定，认定无效：（一）承包人未取得建筑施工企业资质或者超越资质等级的；（二）没有资质的实际施工人借用有资质的建筑施工企业名义的；（三）建设工程必须进行招标而未招标或者中标无效的。"第四条规定："承包人非法转包、违法分包建设工程或者没有资质的实际施工人借用有资质的建筑施工企业名义与他人签订建设工程施工合同的行为无效。人民法院可以根据民法通则第一百三十四条规定，收缴当事人已经取得的非法所得。"由于承包人的建筑施工企业资质直接决定建设工程质量，涉及广大群众的人身和财产安全，关乎公共利益，违反上述规定的建设工程施工合同，一般都应认定为无效合同。需要注意的是，《建设工程施工合同司法解释》第五条规定："承包人超越资质等级许可的业务范围签订建设工程施工合同，在建设工程竣工前取得相应资质等级，当事人请求按照无效合同处理的，不予支持。"因此，在认定建设工程施工合同是否有效时，应当以承包人在建设工程竣工时是否具有相应的资质等级，而非以建设工程施工合同签订之时。这也体现了司法鼓励交易，尽量维护合同效力的原则。

021

挂靠施工是否导致建设工程施工合同一律无效

建筑市场特有的对建筑工程施工资质的需求，导致很多企业、个人通过挂靠的方式承揽工程。对于无资质的企业或者个人通过挂靠的方式签订的建设工程合同的效力如何认定，实践中存在不一致的认识。在判断此类合同的效力时，首先要区分内部关系和外部关系。内部关系是指挂靠人与被挂靠人之间的关系。外部关系是指挂靠人、被挂靠人与发包人之间的关系。挂靠人与被挂靠人之间的关系本质上是出借建筑工程施工资质的关系。通过挂靠合同和借用资质的合同，被挂靠人通过出借建筑工程施工资质而获利，挂靠人通过借用建筑工程施工资质以承包其无权承包的工程，获得违法利益。《建筑法》第二十六条规定："承包建筑工程的单位应当持有依法取得的资质证书，并在其资质等级许可的业务范围内承揽工程。禁止建筑施工企业超越本企业资质等级许可的业务范围或者以任何形式用其他建筑施工企业的名义承揽工程。禁止建筑施工企业以任何形式允许其他单位或者个人使用本企业的资质证书、营业执照，以本企业的名义承揽工程。"因此，挂靠人与被挂靠人之间的挂靠合同或者借用建筑工程施工资质的合同无效。

挂靠人、被挂靠人与发包人之间的外部法律关系的效力如何认定，实践中存在争议，也存在认识误区。关于外部法律关系效力的认定，应当以《民法总则》《合同法》和民事法律行为制度为依据，并注意区分发包人是否善意。如果发包人在与承包人即出借建筑工程施工资质的企业签订建设工程施工合同时，知道或者应当知道挂靠关系存在，抑或知道或者应当知道是实际施工人借用有资质的建筑企业的名义与其签订合同，则发包人与被挂靠人（名义承包人、出借资质的建筑企业）、挂靠人（借用资质的企业或者个人、实际承包人）之间构成隐藏行为。该隐藏行为既包含通谋虚伪行为，也包含通谋虚伪行为所隐藏的行为。通谋虚伪行为是发包人与被挂靠人签订的建设工程施工合同。发包人、被挂靠人和挂靠人均知道该建设工程施工合同是虚假意思表示，发包人与被挂靠人均没有订立建设工程施工合同的意思，双方订立建设工程施工合同的目的是掩盖发包人与挂靠人之间的建设工程施工合同。发包人与挂靠人之间虽然名义上没有签订书面的建设工程施工合同，但双方却通过发包人与被挂靠人订立建设工程施工合同的方式建立建设工程施工合同的关系。该法律关系被发包人与被挂靠人之间的建设工程施工合同所隐藏，属于被隐藏的行为。换言之，发包人与被挂靠人签订的建设工程施工合同，实际上反映的是发包人与挂靠人之间的建设工程施工合同关系。关于通谋虚伪行为和被隐藏行为的法律效力，《民法总则》第一百四十六条规定："行为人与相对人以虚假的意思表示实施的民事法律行为无效。以虚假的意思表示隐藏的民事法律行为的效力，依照有关法律规定处理。"该条第一款规定的就是通谋虚伪行为，该行为因不是各方当事人的真实意思，故无效。该条第二款规定的是被隐藏行为。被隐藏行为是当事人之间的真实意思，并不当然无效。如果该行为同时也符合《民法总则》第一百四十三条第一项和第三项规定的条件，或者该行为不符合《合同法》《民法总则》规定的民事行为无效的情形，则不能认定该行为无效。发包人与被挂靠人签订的建设工程施工合同所隐藏的发包人与挂靠人之间的建设工程施工合同，属于无资质的企业或者个人借用其他企业的建筑工程施工资质签订的合同。对于此类合同的效力，《建设工程施工合同司法解释》第一条规定，没有资质的实际施工人借用有资质的建筑施工企业名义签订的建设工程施工合同，应当根据《合同法》第五十二条第五项的规定，认定无效。《合同法》第五十二条第五项规定，违反法律、行政法规的强制性规定的合同无效。因此，在发包人签订建设工程施工合同时知道存在挂靠关系（借用资质关系）的情况下，发包人与挂靠人之间的建设工程施工合同关系亦无效。虽然发包人与被挂靠人和挂靠人的建设工程施工合同关系均无效，但无效的原因不同。发包人与被挂靠人的建设工程施工合同关系无效，是因为该合同不是双方当事人的真实意思，即双方的表示行为缺乏效果意思，双方当事人均没有按合同约定内容发生法律后果之真实意思，欠缺的是《民法总则》第一百四十三条第二项规定的条件。发包人与挂靠人的建设工程施工合同虽反映了双方当事人的真实意思，但是违反了法律的强制性规定，欠缺的是《民法总则》第一百四十三条第三项规定的条件。此外，发包人与被挂靠人、挂靠人之间法律关系的性质也不相同。发包人与被挂靠人之间无设立建设工程施工合同关系的效果意思，二者之间不构成建设工程施工合同关系。被挂靠人与发包人、挂靠人之间构成借用资质关系，三方当事人对此均知情，且放任或者追求该目的的实现。发包人与挂靠人之间形成建设工程施工合同关系，双方对此已经形成一致的效果意思，只是通过发包人与被挂靠人之间的建设工程施工合同表示出来而已。概言之，发包人与挂靠人之间形成建设工程施工合同关系，被挂靠人与发包人、挂靠人（实际承包人）之间构成出借资质关系。被挂靠人与挂靠人之间构成挂靠（借用资质）关系。对于被挂靠人与挂靠人之间构成挂靠（借用资质）关系，不难理解。较难理解的是为何被挂靠人与发包人、挂靠人（实际承包人）之间构成出借资质关系。发包人在与承包人签订建设工程施工合同时，如果知道或者应当知道挂靠关系存在，则说明其对挂靠采取放任或者积极追求的态度。由于建设工程领域对建筑工程施工资质的特定要求，如果发包人直接与缺乏资质的企业或者个人签订建设工程施工合同，不仅合同会被认定为无效合同，相关的审批手续也无法办理。在发包人愿意把工程直接发包给缺乏资质的企业或者个人的情况下，不仅实际施工人需要借用建筑工程施工资质，发包人也需要实际施工人借用资质，建设工程施工才有可能正常推进。因此，在被挂靠人与挂靠人、发包人之间形成一个借用资质的关系，被挂靠人是出借方、挂靠人是借用方、发包人是获益方。因为通过挂靠人借用资质的行为，发包人能够实现将工程发包给缺乏资质的企业或者个人的目的。而发包人之所以愿意将工程发包给缺乏资质的企业或者个人，是因为这比发包给具备资质的企业更加有利。这一法律关系不仅是三方当事人的真实意思表示，而且是一致意思。《合同法》第五十八条规定："合同无效或者被撤销后，因该合同取得的财产，应当予以返还；不能返还或者没有必要返还的，应当折价补偿。有过错的一方应当赔偿对方因此所受到的损失，双方都有过错的，应当各自承担相应的责任。"各方当事人之间法律关系的性质不同，导致各方当事人之间的权利义务关系也不相同。即上述两个合同无效的法律后果并不相同。出借资质的合同关系并不存在返还标的物的情况，故该合同关系无效后不存在返还财产和折价补偿的问题，只需要赔偿损失。在确定赔偿损失的范围时，应当考虑到三方当事人均有过错的情况。在不同的情况下，三方当事人过错程度并不相同，故应当承担的赔偿责任也不相同。发包人与挂靠人之间的建设工程施工合同无效后，如果挂靠人已经完成建设工程施工，且所施工的工程合格，则存在《合同法》第五十八条规定的返还财产、折价补偿问题。如果在返还财产或者折价补偿之后，一方当事人还有损失的，则应由过错方赔偿损失。发包人与被挂靠人之间无建立建设工程施工合同的真实意思，不存在建设工程施工合同关系。依法理，被挂靠人在这种情况下无权请求支付建设工程价款。

如果发包人在签订建设工程施工合同时是善意，不知道或者不应当知道挂靠关系存在，则其与被挂靠人签订的建设工程施工合同并非当然无效。如果在签订建设工程施工合同之时，挂靠人与被挂靠人之间已形成挂靠关系，已经约定由挂靠人借用被挂靠人的资质与发包人签订合同，则被挂靠人与发包人签订建设工程施工合同的行为属于真意保留。虽然被挂靠人是以自己的名义与发包人签订建设工程施工合同，但其真实意思是由挂靠人作为承包人负责合同的履行，自己只是名义上的承包人，挂靠人才是实际承包人。被挂靠人在与发包人签订建设工程施工合同时隐藏了实际承包人为挂靠人的真实意思。在被挂靠人的表示行为与效果意思不一致的情况下，由于发包人对此并不知情，发包人仍然认为被挂靠人既是名义上的承包人也是实际承包人，应当优先保护善意发包人的利益。这种情况下，对被挂靠人意思表示的解释应当采用表示主义，即根据其表示行为来解释其意思表示的内涵。被挂靠人的表示行为是由其本人作为承包人与发包人签订建设工程施工合同，而发包人的意思表示也是与被挂靠人签订建设工程施工合同，双方就订立建设工程施工合同形成一致意思表示，故在发包人与被挂靠人之间形成建设工程施工合同关系。实践中，有的挂靠人或者被挂靠人为获得更大的利益，或者为避免承担违约责任，就以存在挂靠关系、挂靠人系借用被挂靠人的资质签订建设工程施工合同为由，请求人民法院确认建设工程施工合同无效。如果发包人在签订合同时是善意的，就不应当支持挂靠人或者被挂靠人的请求。如果在签订建设工程施工合同时，挂靠人与被挂靠人之间尚未形成挂靠关系，或者虽存在挂靠关系，但尚未约定由挂靠人借用被挂靠人的资质与发包人签订建设工程施工合同，则承包人的真实意思和表示行为一致，与发包人构成建设工程施工合同关系。至于承包人事后与缺乏资质的企业或个人签订协议，将所承包的工程再转承包给缺乏资质的企业或个人，则承包人与实际施工人之间形成转包关系，二者之间的转包合同无效。但这并不必然导致发包人与被挂靠人之间的建设工程施工合同无效。其实，无论挂靠人与被挂靠人是事前签订挂靠或者借用资质的协议还是事后签订协议，对于善意发包人而言，承包人的行为均属于转包行为。这种情况下也产生两个合同关系。一是发包人与被挂靠人之间的建设工程施工合同关系，二是承包人与实际施工人之间的转包合同关系。转包行为无效，并不必然导致承包人与发包人签订的建设工程施工合同无效。如果建设工程施工合同不存在法律规定的合同无效的情形，该合同有效，发包人有权依据该合同约定请求被挂靠人承担相应的民事责任。

022

如何区分借用资质关系和转包关系

在处理建设工程施工合同纠纷时，需要特别注意区分借用资质与发包人签订建设工程施工合同的行为与转包行为。笼统地说借用资质签订的建设工程施工合同无效并不准确。这里首先需要区分两类合同。一是借用资质的合同。这是缺乏建筑工程施工资质的企业或个人与具有资质的建筑企业之间签订的借用资质或者挂靠合同。该合同违反法律的强制性规定，属于无效合同。二是缺乏建筑工程施工资质的企业或个人借用有资质的建筑企业的建筑工程施工资质，通常是借用有资质的建筑企业的名义与发包人签订的合同。这类合同又要区分两种情况。一是发包人善意、不知道系缺乏建筑工程施工资质的企业或个人借用有资质的企业的名义签订。这种情况下，出借资质的企业与发包人签订合同属于真意保留，应按其表示行为解释其意思表示，因此出借资质的企业与发包人之间的建设工程施工合同成立。而出借资质的企业将工程交由缺乏建筑工程施工资质的企业或个人施工的行为属于转包行为（无论借用资质的约定是发生在其与发包人签订建设工程施工合同之前还是之后）。这种情况不能认定为缺乏建筑工程施工资质的企业或个人借用资质与承包人签订建设工程施工合同。因为对于发包人而言，建设工程施工合同相对人是有资质的建筑企业，而不是借用资质的企业或个人。二是发包人并非善意、知道系缺乏建筑工程施工资质的企业或个人借用有资质的企业的名义签订建设工程施工合同。这种情况就属于缺乏建筑工程施工资质的企业或个人借用资质与发包人签订建设工程施工合同。根据《建设工程施工合同司法解释》第一条规定，该合同违反法律禁止性规定，属于无效合同。意思与表示不一致的行为效力问题是民事行为制度的难点，也是整个《民法总则》和《合同法》的难点。加之我国《民法通则》和《合同法》关于民事行为制度，尤其是意思表示制度的规定并不完善，司法实践对于挂靠情形下如何认定建设工程施工合同的效力存在争议，甚至存在认识误区。由于对意思表示制度不熟悉以及对意思表示不一致的情况真实意思的证明难度较大，不少人仍然习惯于仅从表示行为的角度理解意思表示。尤其对于通谋虚伪和隐藏行为，仍然以表示行为来确定合同关系的主体、内容，并在这一错误前提下坚持合同的相对性原则，导致实践中司法裁判标准不统一以及实际施工人权利保护的困境。《民法总则》对民事行为制度尤其是意思表示制度作了完善。《民法总则》第一百四十六条对通谋虚伪和隐藏行为作了明确规定，并规定这两种行为的效力，进一步完善了民事行为制度。这也为人民法院审查通过挂靠方式订立的建设工程施工合同的效力提供了明确的法律依据。

023

哪些建设工程属于必须招标的工程

关于必须招标投标工程的范围，《招标投标法》第三条规定："在中华人民共和国境内进行下列工程建设项目包括项目的勘察、设计、施工、监理以及与工程建设有关的重要设备、材料等的采购，必须进行招标：（一）大型基础设施、公用事业等关系社会公共利益、公众安全的项目；（二）全部或者部分使用国有资金投资或者国家融资的项目；（三）使用国际组织或者外国政府贷款、援助资金的项目。前款所列项目的具体范围和规模标准，由国务院发展计划部门会同国务院有关部门制订，报国务院批准。法律或者国务院对必须进行招标的其他项目的范围有规定的，依照其规定。"依据该条规定，国家发改委制定了《必须招标的工程项目规定》（国家发展改革委令第16号），报经国务院批准后自2018年6月1日起施行。至此，2000年4月4日国务院批准、2000年5月1日原国家发展计划委员会发布的《工程建设项目招标范围和规模标准规定》同时废止。与2000年《工程建设项目招标范围和规模标准规定》相比，《必须招标的工程项目规定》大幅限缩了必须招标工程的范围，将原规定中民间资本投资较多的商品住宅项目、科教文卫体和旅游项目、市政工程项目、生态环境保护项目等从必须招标的工程项目范围中删除，将原规定中“其他基础设施项目”“其他公用事业项目”的兜底条款删除，避免造成适用中的扩大。

根据《必须招标的工程项目规定》的规定，必须招标的工程范围包括以下三类：一是全部或者部分使用国有资金投资或者国家融资的项目，包括使用预算资金200万元人民币以上，并且该资金占投资额10%以上的项目，以及使用国有企业事业单位资金，并且该资金占控股或者主导地位的项目。二是使用国际组织或者外国政府贷款、援助资金的项目，包括使用世界银行、亚洲开发银行等国际组织贷款、援助资金的项目，使用外国政府及其机构贷款、援助资金的项目。三是不属于前两类的其他大型基础设施、公用事业等关系社会公共利益、公众安全的项目，但此类项目的具体范围必须由国务院发展改革部门会同国务院有关部门按照确有必要、严格限定的原则制定，报国务院批准。为明确此类必须招标工程的范围，国家发改委又制定了《必须招标的基础设施和公用事业项目范围规定》（发改法规〔2018〕843号），已经国务院批准，于2018年6月6日起施行。根据《必须招标的基础设施和公用事业项目范围规定》的规定，在上述两类建设工程之外，下列大型基础设施、公用事业等关系社会公共利益、公众安全的项目属于必须招标的基础设施和公用事业项目：1. 煤炭、石油、天然气、电力、新能源等能源基础设施项目；2. 铁路、公路、管道、水运，以及公共航空和A1级通用机场等交通运输基础设施项目；3. 电信枢纽、通信信息网络等通信基础设施项目；4. 防洪、灌溉、排涝、引（供）水等水利基础设施项目；5. 城市轨道交通等城建项目。属于上述三类工程范围内的工程，如果施工单项合同估算价在400万元人民币以上，或者重要设备、材料等货物的采购，单项合同估算价在200万元人民币以上，或者勘察、设计、监理等服务的采购，单项合同估算价在100万元人民币以上，都必须招标。如果同一项目中可以合并进行的勘察、设计、施工、监理以及与工程建设有关的重要设备、材料等的采购，合同估算价合计达到上述规定金额标准，也必须招标。

上述三类必须招标的工程中，目前实践中争议较大的是第三类，即大型基础设施、公用事业等关系社会公共利益、公众安全的项目。造成争议的原因有二：一是2000年《工程建设项目招标范围和规模标准规定》规定的关系社会公共利益、公众安全的公用事业和基础设施项目范围较广。其中，关系社会公共利益、公众安全的基础设施项目的范围包括：1. 煤炭、石油、天然气、电力、新能源等能源项目；2. 铁路、公路、管道、水运、航空以及其他交通运输业等交通运输项目；3. 邮政、电信枢纽、通信、信息网络等邮电通信项目；4. 防洪、灌溉、排涝、引（供）水、滩涂治理、水土保持、水利枢纽等水利项目；5. 道路、桥梁、地铁和轻轨交通、污水排放及处理、垃圾处理、地下管道、公共停车场等城市设施项目；6. 生态环境保护项目；7. 其他基础设施项目。关系社会公共利益、关系公众安全的公用事业项目的范围包括：1. 供水、供电、供气、供热等市政工程项目；2. 科技、教育、文化等项目；3. 体育、旅游等项目；4. 卫生、社会福利等项目；5. 商品住宅，包括经济适用住房；6. 其他公用事业项目。2018年《必须招标的基础设施和公用事业项目范围规定》大幅限缩了大型基础设施、公用事业等关系社会公共利益、公众安全项目的范围。目前大量建设工程施工合同纠纷所涉及的建设工程施工合同签订时间均在2018年6月之前。如果按法不溯及既往原则，这些案件应当适用合同签订时的规定，则部分按2000年《工程建设项目招标范围和规模标准规定》必须招标的工程因没有招标而应当认定为无效合同。如果按鼓励交易、尊重意思自治的原则，由于目前的政策环境已经发生改变，根据人民法院受理案件后新的规定，建设工程施工合同有效的，应认定为合同有效。这一问题是规则过渡期的问题。随着时间的推移，这一问题将不再突出。二是不同的人对于招标投标制度的功能存在不同认识。一种观点认为，招标投标制度的重要目的是维护发包人利益，使其能够以最优越的缔约条件签订建设工程施工合同，尤其是对于涉及国有资金和国际资金的项目，要防止行为人道德风险造成的国有资产流失，损害国家信用。《招标投标法》第三条规定的三类必须招标的项目中，第一类是全部或者部分使用国有资金投资或者国家融资的项目，第二类是使用国际组织或者外国政府贷款、援助资金的项目。二者都涉及国有资产和国家信誉。第三类是大型基础设施、公用事业等关系社会公共利益、公众安全的项目。这类项目多数仍会涉及国有资金。另一种观点认为，招标投标制度涉及建设工程质量安全的维护，而建设工程质量安全涉及社会公众或众多消费者权益，因此商品住宅、宾馆、商场等涉及社会公众或众多消费者利益的建设工程都属于必须招标的工程。对于这一争议，需要注意两个问题。一是不宜将公共利益泛化，二是不宜将招标投标制度的功能不当地扩张。关于必须招标的工程范围，《招标投标法》第三条作了明确规定，而且对于如何细化相关规定的问题，该条也明确规定由国务院发展计划部门会同国务院有关部门制订，报国务院批准。因此，对于必须招标的工程范围问题，应当严格按照《招标投标法》第三条以及国家发改委《必须招标的工程项目规定》《必须招标的基础设施和公用事业项目范围规定》的规定予以认定。

024

建设工程施工合同无效后的法律后果有哪些

《民法总则》第一百五十七条规定："民事法律行为无效、被撤销或者确定不发生效力后，行为人因该行为取得的财产，应当予以返还；不能返还或者没有必要返还的，应当折价补偿。有过错的一方应当赔偿对方由此所受到的损失；各方都有过错的，应当各自承担相应的责任。法律另有规定的，依照其规定。"《合同法》第五十八条规定："合同无效或者被撤销后，因该合同取得的财产，应当予以返还；不能返还或者没有必要返还的，应当折价补偿。有过错的一方应当赔偿对方因此所受到的损失，双方都有过错的，应当各自承担相应的责任。"根据上述规定，合同无效将产生三个法律后果：返还财产、折价补偿和赔偿损失。其中，返还财产责任的构成要件有三：一是合同无效；二是当事人因合同取得财产；三是该财产能够返还且有必要返还。折价补偿的构成要件有三：一是合同无效；二是当事人因合同取得财产；三是当事人因合同取得的财产不能返还或者没有必要返还。赔偿损失的构成要件有四：一是合同无效；二是当事人有过错；三是当事人因合同无效遭受损失；四是当事人损失与对方当事人的过错存在因果关系。

在建设工程施工合同被认定为无效后，发包人因无效的建设工程施工合同取得了承包人施工建成的工程，依据《民法总则》和《合同法》的规定，发包人应当返还财产。但是建设工程为特定物，而且《物权法》规定了房地一体处分的原则，故建设工程不适合返还给承包人。返还财产的第三个构成要件不具备。承包人不能请求发包人承担返还财产责任。在此情况下，根据《民法总则》第一百五十七条和《合同法》第五十八条规定，发包人应当折价补偿。《建设工程施工合同司法解释》第二条规定："建设工程施工合同无效，但建设工程经竣工验收合格，承包人请求参照合同约定支付工程价款的，应予支持。"该条规定的发包人参照建设工程施工合同约定支付的工程价款实际上为折价补偿款。如果发包人折价补偿之后，承包人或者发包人还有其他损失，则应当由双方当事人承担各自的赔偿责任。对此，《建设工程施工合同司法解释（二）》第三条规定："建设工程施工合同无效，一方当事人请求对方赔偿损失的，应当就对方过错、损失大小、过错与损失之间的因果关系承担举证责任。损失大小无法确定，一方当事人请求参照合同约定的质量标准、建设工期、工程价款支付时间等内容确定损失大小的，人民法院可以结合双方过错程度、过错与损失之间的因果关系等因素作出裁判。"这里的赔偿责任既包括瑕疵给付导致的损失赔偿责任，也包括加害给付导致的损失赔偿责任。综上，在建设工程施工合同无效的情况下，通常会产生折价补偿和赔偿损失两个法律后果。

025

发包人和承包人关于垫资施工的约定是否有效

建设工程之完成，有赖于土地、资金和劳动力三大要素之结合。通常情况下，土地和资金有可能由发包人一方所掌握，也可能通过契约而结合，如掌握土地一方与掌握资金一方签订合作开发合同，还可能通过设立公司而结合，如掌握土地一方与掌握资金一方分别以土地和资金出资，共同设立项目公司，进行建设工程开发。但是，部分掌握土地资源的市场主体自身缺乏资金，也没有找到合适的合作方筹集资金，或者不愿意与掌握资金一方合作。第五次全国金融工作会议上，习近平总书记对金融工作明确提出服务实体经济、防控金融风险、深化金融改革三大任务。随着我国金融防风险、去杠杆工作的推进，以及稳健中性的货币政策的推进，之前金融市场上流动性充沛的现象明显放缓。近年来，中国银监会、保监会发布了《商业银行理财业务监督管理办法》，最高人民法院、最高人民检察院、公安部制定了《关于办理非法集资刑事案件适用法律若干问题的意见》，中国人民银行等十部门出台了《关于促进互联网金融健康发展的指导意见》，中国银监会等四部门出台了《网络借贷信息中介机构业务活动管理暂行办法》，加强了对银行理财、网络借贷等影子银行活动的规范，强化了对非法集资等违法行为的打击力度。建筑市场从非正规金融渠道获取资金的可能性大大降低。近十多年来，我国房地产市场飞速发展，房价、地价也随之快速上涨。房价、地价的快速上涨，一方面，导致房地产的金融化，投资人更加关注房地产的保值、增值功能，很多购房人购房的目的不是居住，而是赚取差价获利，或者作为对抗通货膨胀、实现资产保值的工具。第五次全国金融工作会议要求金融回归服务实体经济的本职，银监会发布《关于提升银行业服务实体经济质效的指导意见》，要求银行业金融机构要牢牢把握住房的居住属性，分类调控、因城施策，落实差别化住房信贷政策。严禁资金违规流入房地产市场，严厉打击“首付贷”等行为，着力抑制热点城市房地产泡沫。房地产业融资受到较大程度的约束。另一方面，房地产业的快速发展和地价、房价快速上涨也强化了房地产业的强制储蓄功能，即房地产业将大量居民财富集中到房地产企业和政府手中，用以投资，这也是我国最近十多年来城市建设快速推进的基础。但房地产业仍属于生产力偏低的行业，随着我国迈入中等收入国家行列，推动产业升级、转换增长动能、促进经济提质增效、防止滑入中等收入国家陷阱成为当前经济发展的重要任务，“三去一降一补”方针中，去房地产库存是重要方面。从我国经济发展的历史阶段看，房地产业将从高速增长阶段迈向中速甚至低速增长阶段，房地产市场资金偏紧的状况短期内不会改变。目前看，建筑市场上资金属于较为紧缺的资源。掌握土地的市场主体，为盘活手中的资源，在筹集不到资金的情况下，会寻求承包方垫资施工。承包人在建筑市场上整体处于弱势地位，为承揽工程，争取缔约机会，部分承包人也愿意垫资施工。因此，从客观条件来看，垫资施工现象还将在一定时期内存在。从司法实践来看，当前由于不能及时支付工程款和承包人无法继续垫资施工造成的纠纷较多。在处理此类纠纷时，应当特别考虑承包人垫资的时间成本，应尽快审结案件，确定双方当事人的权利义务，承包人才有可能及时清偿因垫资而对外负担的欠款义务，减少其垫资的利息成本。

垫资施工的形式较多，有的承包人垫付全部工程款施工，有的承包人是垫付部分工程款施工。目前实践中的垫资施工主要包括以下三种形式：一是全额垫资施工，即发包人工程建设过程中不向承包人支付任何工程价款，而要等待工程项目建设完毕经竣工验收合格后，发包人才向承包人按照约定支付工程价款。当前建筑市场上出现了 BT 建设模式。BT 是英文 Build（建设）和 Transfer（移交）的缩写形式，意即“建设—移交”，通常指政府利用非政府资金来进行基础非经营性设施建设项目的一种融资模式。一些市场化的主体也用 BT 建设模式开展融资和工程建设。BT 建设模式包含两层关系；（1）建设方向施工方融资用于工程建设；（2）建设方与融资方的建设工程施工合同关系。本质上看，BT 建设模式就是承包人全额垫资建设；二是通过按工程进度付款的方式垫资。按工程施工进度支付工程款是实践中常见的工程支付方式。最常见的是承包人施工到一定进度后，由发包人或者监理人对工程量和工程款进行审核，并向承包人支付相应的工程款。如果发包人不预付该部分工程款，在承包人获得工程进度款之前，就需要垫资进行施工。此外，有的建设工程施工合同还约定，承包人施工到一定进度后，发包人只支付一定比例的工程进度款，未支付部分就需要承包人垫资。（3）有的建设工程施工合同约定，承包人要向发包人支付保证金，等到建设工程竣工验收合格后才返还，该保证金实际上也是一种垫资，同时也有履约担保的功能。

关于垫资施工协议的效力，实践中曾存在争议。原建设部、原国家计委等部委多次就施工企业垫资施工问题进行规范。1996 年 6 月 4 日，原建设部、财政部、原国家计委颁布了《关于严格禁止在工程建设中带资承包的通知》。该通知第四条规定：“任何建设单位都不得以要求施工单位带资承包作为招标投标条件，更不得强行要求施工单位将此类内容写入工程承包合同。”第五条规定：“施工单位不得以带资承包作为竞争手段承揽工程，也不得用拖欠建材和设备生产厂家货款的方法转稼由此造成的资金缺口。”在司法实践中，该通知常作为否定垫资施工协议效力的依据。1999 年 10 月 1 日，《合同法》颁布实施。《合同法》第四十四条规定，依法成立的合同，自成立时生效。法律、行政法规规定应当办理批准、登记等手续生效的，依照其规定。自此，司法实践的价值取向更偏向鼓励交易、维护交易安全，并将导致合同无效的法律限定于法律和行政法规。部门规章、地方性法规和规章以及其他规范性文件不再作为认定合同无效的依据。《合同法司法解释（一）》第四条规定：“合同法实施以后，人民法院确认合同无效，应当以全国人大及其常委会制定的法律和国务院制定的行政法规为依据，不得以地方性法规、行政规章为依据。”《最高人民法院关于适用〈中华人民共和国合同法〉若干问题的解释（二）》（以下简称《合同法司法解释（二）》）第十四条规定：“合同法第五十二条第五项规定的‘强制性规定’，是指效力性强制性规定。”原建设部、原国家计委等部委《关于严格禁止在工程建设中带资承包的通知》不属于法律、行政法规，而是部委规范性文件，不属于效力性强制性规定，根据《合同法》和《合同法司法解释（一）》的规定，该通知不应作为认定合同无效的法律依据。但司法实践中也有观点认为，垫资施工包含有发包人向承包人融资的协议，而当时企业之间的借贷为法律所禁止，该行为属于变相的发放借款，扰乱了金融市场秩序和建筑市场秩序，故应当认定为无效。《建设工程施工合同司法解释》第六条规定：“当事人对垫资和垫资利息有约定，承包人请求按照约定返还垫资及其利息的，应予支持，但是约定的利息计算标准高于中国人民银行发布的同期同类贷款利率的部分除外。当事人对垫资没有约定的，按照工程欠款处理。当事人对垫资利息没有约定，承包人请求支付利息的，不予支持。”该规定体现了鼓励交易、尊重市场和维护公平的价值取向。在建筑市场上，承包人处于弱势地位，迫于无奈才允诺垫资施工，如果认定垫资施工合同无效，反而不能获得约定的利息，对其不公平。而且，市场有客观规律，并非司法不保护垫资施工，垫资施工现象就能够消除。权衡利弊，司法最终选择保护承包人的利息利益。依据《建设工程施工合同司法解释》第六条规定，司法实践多倾向于认为发包人与承包人关于垫资施工的合同有效。《最高人民法院关于审理民间借贷案件适用法律若干问题的解释》（以下简称《民间借贷司法解释》）第十一条规定：“法人之间、其他组织之间以及它们相互之间为生产、经营需要订立的民间借贷合同，除存在合同法第五十二条、本规定第十四条规定的情形外，当事人主张民间借贷合同有效的，人民法院应予支持。”根据该条规定，企业间为生产经营需要开展的民间借贷行为合法有效。据此，认可垫资施工协议效力已无法律和法理上的障碍。2019 年 7 月，国务院《政府投资条例》施行。该条例第二十二条规定："政府投资项目所需资金应当按照国家有关规定确保落实到位。政府投资项目不得由施工单位垫资建设。"这一规定可以理解为管理性强制性规定，不属于效力性强制性规定，不宜据此认定垫资施工合同无效。因为该规定的目的是维护施工单位的利益，如果认定垫资施工合同无效，不保护施工人在合同项下的利息利益，反而会损害施工单位的利益。

026

建设工程施工合同被认定为无效后应当返还财产还是折价补偿

建设工程施工合同无效，无论工程是否完工，如果建设工程质量合格，发包人就因无效的建设工程施工合同获得了建设工程，即获得了财产。即使是未完工的建设工程，也属于财产。该财产是承包人施工完成的，凝聚了承包人提供的劳务，是劳务的物化。在由承包人提供建筑材料的情况下，建设工程也是承包人建筑材料的转化。因此，建设工程中凝聚的承包人的劳务、建材等部分价值应当返还给承包人。但是，建设工程属于不能或者不适于返还的财产。首先，建设工程对发包人具有较大价值，但对于承包人而言价值不高。承包人对建设工程进行施工，目的是获得建设工程价款而不是获得建设工程。其次，《物权法》第一百四十六条规定："建设用地使用权转让、互换、出资或者赠与的，附着于该土地上的建筑物、构筑物及其附属设施一并处分。"第一百四十七条规定："建筑物、构筑物及其附属设施转让、互换、出资或者赠与的，该建筑物、构筑物及其附属设施占用范围内的建设用地使用权一并处分。"建设工程占用的土地的使用权通常归发包人所有。如果将承包人施工建设的工程返还给承包人，则会违反上述规定。因此，建设工程施工合同无效，不宜将所建工程作为发包人因合同取得的财产返还给承包人。

由于建设工程不适于返还给承包人，而发包人又因无效的建设工程施工合同获得了承包人已施工完成的工程，根据《民法总则》第一百五十七条规定和《合同法》第五十八条规定，发包人应就其获得财产价值对承包人折价补偿。实践中折价主要有两种方式，一是发包人与承包人协商折价，二是委托第三方评估鉴定折价。如果发包人与承包人因建设工程施工合同纠纷起诉至法院，说明双方当事人无法就建设工程折价或者建设工程价款数额达成一致。委托第三方评估鉴定折价在现实中也面临诸多困难，一是评估鉴定的成本很高，二是我国评估鉴定中介市场不完善，有的评估鉴定结论与客观真实价值有一定距离。对于这一问题，《建设工程施工合同司法解释》第二条规定："建设工程施工合同无效，但建设工程经竣工验收合格，承包人请求参照合同约定支付工程价款的，应予支持。"该司法解释出台后，理论和实务中有一种观点，认为这是将无效的建设工程施工合同作为有效合同处理。这种理解并不准确。由于建设工程施工合同无效后，发包人基于合同取得了建设工程，而建设工程既不适于返还给承包人，也难以通过协议或者鉴定的方式折价。当事人在建设工程施工合同中约定的建设工程价款或者建设工程价款的计算方式是双方讨价还价、磋商一致的结果。合同约定确定的建设工程价款与发包人应当返还的建设工程价值相近。因此，参照建设工程施工合同约定确定的建设工程价款可以作为一种经济、便捷且较为客观真实的承包人已施工完成建设工程折价的依据。当然，对建设工程进行折价的前提是其具备价值，如果承包人所建设的工程质量不合格，就不能参照建设工程施工合同约定的工程款进行折价。

027

建设工程施工合同无效，承包人可否不请求参照合同约定支付工程价款

在适用《建设工程施工合同司法解释》第二条规定时，有一个问题需要回答，即建设工程施工合同无效，承包人所建设的工程也验收合格，承包人是否可以不请求参照合同约定支付工程价款，而申请人民法院委托鉴定机构对工程价款进行鉴定呢？《建设工程施工合同司法解释》第二条规定并未限定承包人只能请求参照建设工程施工合同约定支付工程价款。法无禁止即自由。承包人在起诉时，可以选择请求参照建设工程施工合同约定支付工程价款，也可以申请人民法院委托鉴定机构对工程款进行鉴定。但一旦选定后，就不应再反悔。例如，甲作为发包人与乙签订建设工程施工合同后，合同因违反法律的强制性规定而无效，

但乙所施工工程经竣工验收合格，乙申请人民法院委托鉴定机构对工程款进行鉴定。鉴定机构作出鉴定结论后，甲发现鉴定结论所确认的金额高于合同约定金额，则以《建设工程施工合同司法解释》第二条规定为由进行抗辩，主张应按建设工程施工合同约定给付工程价款，对其抗辩就不应支持。再如，甲作为发包人与乙签订建设工程施工合同后，合同因违反法律的强制性规定而无效，但乙所施工工程经竣工验收合格，乙申请人民法院委托鉴定机构对工程款进行鉴定。鉴定机构作出鉴定结论后，乙发现鉴定结论所确认的金额低于合同约定金额，则以《建设工程施工合同司法解释》第二条规定为由，主张不应采信鉴定结论，而应按建设工程施工合同约定给付工程价款，对其主张，亦不应支持。人民法院既应注重保护承包人的选择权，也应注重维护诉讼诚信原则。

028

建设工程施工合同无效，承包人可以请求参照哪份合同约定支付工程价款

对于合同关系应当从动态的观点来审视。每一个合同关系，从双方当事人协商到订立合同，再到变更合同、履行合同，并依据诚实信用原则履行后合同义务，体现为一个动态过程。有的合同关系对应一个合同文本，有的合同关系对应多个合同文本，有的合同关系没有合同文本。有的合同关系的性质与合同文本的名称并不相对应。因此，不能仅依据合同文本的多少来判断存在几个合同关系，也不能仅依据合同文本的名称来判断合同关系的性质。当事人之间存在几个合同关系及各个合同关系的性质，应当根据合同标的数量和性质以及当事人之间的权利义务的性质作出判断。建设工程施工合同纠纷的特点是，由于建筑工程领域有很多管理性规定，当事人之间会为应对这些管理性规定而签订多个合同文本。例如，在一个案件中，发包人将一个必须招标的工程发包给承包人。双方在招标投标之前就进行了实质性磋商，签订了一份建设工程施工合同（框架协议），对工程范围、工程价款、工期等作了约定。后来为了达到《招标投标法》的要求，发包人又进行了招标，并由之前签订建设工程施工合同的承包人中标。双方根据

招标人的招标文件、中标人的投标文件以及中标通知书签订了建设工程施工合同书，即中标合同。之后，双方当事人为了备案，又签订一份用于备案的建设工程施工合同，并约定该合同只作为备案合同使用，不作为确定双方当事人权利义务的依据。之后，双方当事人又签订一份建设工程施工合同补充协议，对建设工程价款、付款方式等作了新的约定。这样发包人与承包人就同一工程签订了五份建设工程施工文件，即招标之前的框架协议、招标投标文件及中标通知书、基于招标投标文件和中标通知书而签订的中标合同、用于备案的备案合同以及补充协议。由于双方当事人“先定后招”，违反了《招标投标法》的强制性规定，因此框架协议和中标合同无效。由于双方当事人约定备案合同仅作为备案使用，不是双方当事人的真实意思表示，而且违反了《招标投标法》关于必须招标的工程应当通过招标形式发包的规定，备案合同无效。双方当事人最后签订的补充协议，也因违反了《招标投标法》关于必须招标的工程应当通过招标形式发包的规定，属于无效合同。因此，发包人与承包人签订的五份合同均无效。实践中，发包人和承包人就同一建设工程签订多份建设工程施工合同的情况十分常见。

《建设工程施工合同司法解释》第二条规定：“建设工程施工合同无效，但建设工程经竣工验收合格，承包人请求参照合同约定支付工程价款的，应予支持。”在发包人与承包人签订的多份建设工程施工合同均无效的情况下，就会出现应当参照哪份合同约定确定工程价款的问题。在制定《建设工程施工合同司法解释（二）》之前，对于这一问题存在争议，主要有以下几种观点。第一种观点认为，应当参照备案合同的约定确定建设工程价款。因为在“黑白合同”中，白合同一般指备案的建设工程施工合同，而黑合同是当事人私下签订的与备案合同不一致的建设工程施工合同。当事人签订黑合同的目的是规避法律法规的规定，对这样的行为在法律上应予否定。因此，在“黑白合同”不一致的情况下，应当以白合同作为确定当事人权利义务的依据。第二种观点认为，应当参照中标合同的约定确定建设工程价款。因为对于必须招标的工程，当事人应当通过招标投标程序签订建设工程施工合同，虽然中标合同与其他合同一样都无效，但通过招标投标程序签订的建设工程施工合同相对于其他合同更具可信性。第三种观点认为，应当参照当事人实际履行合同的约定确定建设工程价款。这是司法实践通常采用的办法，实践也表明这一办法的效果比较好。而且当事人实际履行的建设工程施工合同才是当事人的真实意思表示。既然发包人与承包人所签订的全部建设工程施工合同均无效，依据当事人的真实意思表示确定双方的权利义务不仅遵守了意思自治原则，对当事人而言也最容易接受，有利于纠纷的解决。第四种观点认为，应当参照当事人最后签订合同的约定确定建设工程价款。因为实践中当事人对哪份合同是实际履行的合同有争议。由于各份合同所约定的建设工程价款数额或者计算标准不一致，发包人通常主张约定的工程价款低的建设工程施工合同是双方实际履行的合同，而承包人通常主张约定的工程价款高的建设工程施工合同是双方实际履行的合同。根据意思表示的解释规则，如果发包人与承包人就同一建设工程签订多个建设工程施工合同的，最后签订的合同才是双方当事人的真实意思表示。因此，应当参照当事人最后签订的建设工程施工合同的约定来确定建设工程价款。

在起草《建设工程施工合同司法解释（二）》的过程中，最高人民法院也积极研究这一问题，希望通过制定司法解释的方式，总结实践经验，凝聚各界共识，统一裁判标准，但起草过程中也存在一定争议。2012 年，《建设工程施工合同司法解释（二）》正式立项后，在最初的稿子中，对这一问题的规定是："当事人就同一建设工程订立的数份施工合同均被认定无效，应当参照当事人实际履行的合同约定结算工程价款。不能确定实际履行合同的，可以参照后订立的合同约定结算工程价款。"后经讨论，这一规定修为："当事人就同一建设工程订立的数份施工合同均被认定无效，应当参照当事人实际履行的合同约定结算工程价款。"可见，大家对当事人就同一建设工程订立的数份施工合同均被认定无效，应当参照当事人实际履行的合同约定结算工程价款这一点是有共识的，但对于在不能确定实际履行合同的情况下，是否可以参照后订立的合同约定结算工程价款的问题存在争议。由于存在争议，后就此问题提出两种意见。一种意见是："当事人就同一建设工程订立的数份施工合同均被认定无效，应当参照当事人真实合意并实际履行的合同约定结算工程价款。无法确定双方当事人真实合意并实际履行合同的，应当结合缔约过错、已完工程质量、利益平衡等因素分配两份或以上合同间的差价确定工程价款。"另一种意见是："承发包双方当事人订立的两份或以上价款不一致的施工合同均无效，应当结合缔约过错、已完工程质量、利益平衡等因素分配两份或以上合同间的差价确定工程价款。"可见，这一时期对这一问题的解决方式有较大转变。之前是要选择其中一份建设工程施工合同作为参照依据，而现在则倾向于发包人与承包人签订的各份建设工程施工合同都应当作为参照依据，对这一问题的关注重点落在了如何根据各份建设工程施工合同的差价确定建设工程价款上，并着眼于在确定建设工程价款时应该考虑哪些因素，提出要考虑缔约过错、已完工程质量、利益平衡等因素。这样规定的好处是解释条文不易出现漏洞，不足在于操作性仍有待加强，可能导致到底参照哪份建设工程施工合同确定工程价款的问题得不到有效解决。而且，从法理上看，似乎未将建设工程施工合同无效后的折价补偿责任的构成要件与赔偿损失的构成要件作出明确区分。之后，对该问题的规定又作了修改："当事人就同一建设工程订立的数份施工合同均被认定无效，当事人请求参照合同约定结算工程价款的，按照以下情形分别予以处理：（一）参照当事人真实合意并实际履行的合同约定结算工程价款；（二）无法确定双方当事人真实合意并实际履行合同的，应当结合缔约过错、已完工程质量、利益平衡等因素分配两份或以上合同间的差价确定工程价款；（三）依照第二项确定的工程价款与工程实际价款差距较大，按照签约时的市场价格信息确定工程价款。"为了实现公平，《建设工程施工合同司法解释（二）》起草者又将签约时的市场价格信息作为一个参考因素。但在之后更新的版本中，这一因素又被删除，主要是担心给承包人产生负面激励。最后经反复研究，认为这种情况下应当参照双方当事人实际履行的建设工程施工合同确定建设工程价款，在当事人对实际履行的建设工程施工合同有争议，无法证明哪份合同是当事人实际履行的建设工程施工合同的情况下，就参照当事人最后签订的建设工程施工合同确定建设工程价款，并将建设工程质量合格作为请求参照建设工程施工合同约定确定工程款的前提，即目前《建设工程施工合同司法解释（二）》第十一条的规定。之所以作出这样的规定，主要基于以下几点考虑。一是《建设工程施工合同司法解释》第二条规定，建设工程施工合同无效，但建设工程经竣工验收合格，承包人可以请求参照合同约定支付工程价款，目的是在建设工程施工合同无效的情况下通过一种经济、快捷且与客观事实相符合的方式来确定发包人应折价补偿承包人的数额。而发包人和承包人实际履行的合同，一方面反映了当事人的真实意思，另一方面最接近客观实际情况，参照发包人和承包人实际履行的合同确定工程价款对双方当事人都较为公平，参照该合同约定确定的工程价款与折价补偿的客观结果最为契合。二是实践中当事人对于实际履行的是哪份合同会存在争议，甚至双方当事人都很难举证证明，这种情况下参照双方当事人最后签订的合同确定工程价款，往往更符合建设工程施工合同签订后履行期间的实际情况。三是机械地规定参照中标合同、备案合同确定工程价款可能会造成不公平的结果。由于中标合同和备案合同都是当事人为规避相关法律法规的规定而签订的合同，这些合同并非当事人的真实意思表示，与建设工程价款的实际数额往往差异较大，以之作为折价补偿之参考并不合适。尤其是备案合同所约定的建设工程价款通常要作为缴纳规费、保证金等的依据，当事人通常有意压低备案合同约定的建设工程价款。此外，随着中央“放、管、服”改革的推进，建设工程施工合同备案制度也退出了历史舞台。《住房和城乡建设部关于修改部分部门规章的决定》（住建部令第 47 号）规定：“为深入推进工程建设项目审批制度改革，住房和城乡建设部决定修改下列部门规章：一、删去《房屋建筑和市政基础设施工程施工分包管理办法》（建设部令第 124 号，根据住房和城乡建设部令第 19 号修改）第十条第二款‘分包工程发包人应当在订立分包合同后 7 个工作日内，将合同送工程所在地县级以上地方人民政府住房城乡建设主管部门备案。分包合同发生重大变更的，分包工程发包人应当自变更后 7 个工作日内，将变更协议送原备案机关备案’。”《住房和城乡建设部关于修改有关文件的通知》（建法规〔2019〕3 号）第一条规定，修改《建筑工程方案设计招标投标管理办法》（建市〔2008〕63 号），删除第十八条中“招标人和招标代理机构应将加盖单位公章的招标公告或投标邀请函及招标文件，报项目所在地建设主管部门备案”的规定。第二条规定，修改《住房城乡建设部关于进一步加强建筑市场监管工作的意见》（建市〔2011〕86 号），删除“（八）推行合同备案制度。合同双方要按照有关规定，将合同报项目所在地建设主管部门备案。工程项目的规模标准、使用功能、结构形式、基础处理等方面发生重大变更的，合同双方要及时签订变更协议并报送原备案机关备案。在解决合同争议时，应当以备案合同为依据”的规定。四是如果考虑缔约过错、已完工程质量、利益平衡等因素分配两份或以上合同间的差价来确定工程价款，在实践中的可操作性不强，也可能导致裁判尺度不统一。

有人认为，《建设工程施工合同司法解释（二）》第十一条的规定实际上是采纳了关于意思表示的解释规则，有将无效合同作有效合同处理之嫌。实践中也有一种观点，认为在当事人签订的多份建设工程施工合同均无效的情况下，就应当按当事人的真实意思表示来确定建设工程价款。需要明确的是，《建设工程施工合同司法解释（二）》第十一条实际是对《建设工程施工合同司法解释》第二条规定的补充和完善，思路和逻辑与《建设工程施工合同司法解释》第二条规定一样，只是在确定一种合理、经济、便捷且适合建设工程施工合同特点的折价补偿方法。虽然《建设工程施工合同司法解释（二）》第十一条所采用的规则与合同有效的情况下意思表示解释规则近似，但目的是选择一份最符合客观情况的建设工程施工合同作为确定建设工程价款的参照，从而使折价更为合理、更为客观，并不是将无效合同作为有效合同处理。

029

转包人、违法分包人或者出借资质方是否有权请求给付管理费

建筑市场上，转包、违法分包、出借资质等违法情况大量存在。这些行为存在的一个根本原因是，建筑市场的资质管理将大量市场主体排除在建筑市场之外。建筑市场主体中有资质的建筑企业往往并不直接雇用农民工等建筑工人，自身的施工能力可能并不足以独立完成工程施工。直接雇用大量农民工等建筑工人的单位或者个人又不具备建筑工程施工资质，无法自主承揽工程。通过转包、违法分包、出借资质等违法行为，有资质的建筑企业通过“出借”建筑工程施工资质来收取管理费，在不实际参与建设工程施工的情况下获得利益；缺乏资质的单位或者个人，则获得了建筑市场准入机会，能够通过建设工程施工获利。因此，承包人与实际施工人签订的转包合同、违法分包合同、出借资质合同或者挂靠合同中，通常都会约定转包人、违法分包人或者出借资质一方有权向实际施工人收取一定比例的管理费。无论是有建筑工程施工资质的企业还是缺乏资质的单位和个人，之所以愿意从事转包、违法分包、借用资质等违法行为，根本原因还是这些行为对双方当事人都有利。那谁在承担其行为成本呢？主要是发包人和整个社会。对于转包人、违法分包人或者出借资质一方提出的要求实际施工人支付

管理费的诉讼请求，是否应当支持，实践中有不同观点。第一种观点认为，不应当支持转包人、违法分包人或者出借资质一方关于请求实际施工人支付管理费的诉讼请求，因为所谓管理费是有资质的建筑企业出借资质的对价，是违法所得，缺乏法律依据，不应支持。第二种观点认为，如果转包人、违法分包人或者出借资质一方参与了建设工程施工管理的，则应当支持其关于支付管理费的诉讼请求。同时，具体应当支持多少管理费的诉讼请求，应当根据其参与施工管理的情况而定。第三种观点认为，不仅不应当支持转包人、违法分包人或者出借资质一方要求实际施工人支付管理费的诉讼请求，实际施工人已经支付的管理费对于转包人、违法分包人或者出借资质的建筑企业而言，也属于不当得利，应当返还。第四种观点认为，转包人、违法分包人或者出借资质一方要求实际施工人支付管理费的诉讼请求，实际施工人要求转包人、违法分包人或者出借资质一方返还管理费的诉讼请求均不应当支持。《民法通则》第一百三十四条第三款规定："人民法院审理民事案件，除适用上述规定外，还可以予以训诫、责令具结悔过、收缴进行非法活动的财物和非法所得，并可以依照法律规定处以罚款、拘留。"《建设工程施工合同司法解释》第四条规定："承包人非法转包、违法分包建设工程或者没有资质的实际施工人借用有资质的建筑施工企业名义与他人签订建设工程施工合同的行为无效。人民法院可以根据民法通则第一百三十四条规定，收缴当事人已经取得的非法所得。"双方约定的管理费，对于双方而言都是非法所得，应当予以收缴。第五种观点认为，虽然《民法通则》和《建设工程施工合同司法解释》有关于收缴非法所得的规定，但实践中人民法院极少收缴当事人的非法所得，而且人民法院是司法裁判机构，在处理民事纠纷中的职责是居中裁判，由其收缴非法所得与人民法院的职能定位不符。因此，对于转包人、违法分包人或者出借资质一方要求实际施工人支付管理费的诉讼请求，实际施工人要求转包人、违法分包人或者出借资质一方返还管理费的诉讼请求均不应当支持，但可以向行政主管部门提出司法建议，由行政主管部门收缴违法所得。第六种观点认为，在转包、违法分包、借用资质的情况下，有两种法律关系，同时也存在两个当事人约定的建设工程价款。一个是发包人与有资质的建筑企业签订的建设工程施工合同约定的建设工程价款，这是发包人将工程发包给有资质的企业施工所应支付的对价。另一个是有资质的建筑企业与实际施工人签订的建设工程施工合同约定的工程价款，这是缺乏资质的单位或者个人对工程进行施工所应获得的对价。发包人将建设工程发包给具有建筑工程施工资质的企业，并支付了较高的对价，但实际上该工程却交由缺乏建筑工程施工资质的单位或者个人施工，如果发包人是善意的，就不应当按其与具有资质的建筑企业签订的建设工程施工合同所约定的较高的对价支付工程款，而应当按由缺乏资质的单位或者个人施工所应获得的对价，即转包人、违法分包人、出借资质的人与实际施工人签订的建设工程施工合同约定的较低的对价支付工程款。换言之，承包人将建设工程交由缺乏资质的单位或者个人施工，损害了发包人的利益，即使建设工程质量合格，发包人应当参照建设工程施工合同的约定支付工程价款的，也应当参照实际施工人签订的那份建设工程施工合同的约定支付工程价款。上述两个合同的差价，在实践中主要体现为管理费等出借资质的对价，应当归发包人享有，而非转包人、违法分包人、出借资质一方当事人或者实际施工人享有。上述六种观点中，第五种和第六种观点相对更为合理。仅就从民事纠纷的处理来说，第六种观点较为合理。从施工方的角度看，承包人将所承包的工程转包或者分包给缺乏资质的企业施工，违反了其与发包人签订的建设工程施工合同的约定，其无权要求发包人按双方建设工程施工合同约定支付工程价款。承包人作为转包人、违法分包人或者出借资质的建筑企业，不应当通过出借资质等违法行为获利，无权获得管理费，也无权赚取不合理的差价。缺乏资质的实际施工人也不应当按有资质的建筑企业在建筑市场上所能获得的对价请求支付工程价款，不应当主张发包人与承包人签订的建设工程施工合同项下的权利。从建设方的角度看，善意的发包人是非法转包、违法分包和出借资质行为的受害者，其所支付的建设工程价款应当与其获得的施工服务相对应。资质等级对于建设工程质量、工期等均有较大影响。发包人将建设工程交由缺乏资质的单位或者个人进行施工，所应支付的对价当然低于交由具有建筑施工资质的企业施工所应支付的对价。从建筑市场的角度看，非法转包、违法分包和出借资质等违法行为扰乱了建筑市场秩序，要杜绝此类违法行为关键是要斩断利益链条。在非法转包、违法分包和出借资质等违法行为的利益链条中，最重要的就是具有建筑工程施工资质的承包人通过非法转包、违法分包和出借资质等违法行为获利。如果在非法转包、违法分包和出借资质等违法行为中，具有资质的建筑企业无法通过收取管理费等方式获利，自然就没有开展上述违法行为的动机，有利于规范建筑市场秩序。

关于管理费的性质，实践中也有不同的看法。第一种观点认为，如果非法转包人、违法分包人或者出借资质一方派驻了项目负责人、技术负责人等人员，说明转包人、分包人、出借资质的人实际参与了建设工程施工的管理，其所收取的就是管理费。第二种观点认为，如果非法转包人、违法分包人或者出借资质一方先从发包人处收取建设工程价款，再向实际施工人支付工程款，说明其参与了项目管理，其所收取的费用或者赚取的差价属于管理费。第三种观点认为，即使非法转包人、违法分包人或者出借资质一方派驻了项目负责人、技术负责人等人员，或者直接从发包人处收取了建设工程价款，也不应认定转包人、分包人、出借资质的人实际参与了建设工程施工的管理，其所收取的费用属于出借资质的对价。首先，实践中，非法转包人、违法分包人或者出借资质一方派驻的项目负责人、技术负责人等人员，实际并不参与项目管理，目的是规避《建筑工程施工转包违法分包等违法行为认定查处管理办法（试行）》的规定。其次，单纯地从发包人处收取建设工程价款的行为不属于项目管理行为，不应当仅因此而收取管理费或者赚取工程款差价。最后，从建筑市场的情况看，实际施工人实际上并不需要具有资质的建筑企业帮助管理。实际施工人之所以承诺给具有资质的建筑企业以管理费，并非看重其管理能力，而是想要借用其建筑工程施工资质。双方约定的管理费，本质上是出借资质的对价，而不是提供专业管理的对价。结合目前建筑市场的实际看，第三种观点具有合理性。目前建筑市场上具有建筑施工资质的企业与实际施工人签订的转包合同、违法分包合同、借用资质合同或者挂靠合同中所约定的管理费，本质上属于租售建筑工程施工资质的对价，并非管理费。

此外，转包合同、违法分包合同、借用资质合同或者挂靠合同中所约定的管理费也不同于作为建设工程价款组成部分的管理费。关于建设工程价款的组成，原建设部《建设工程施工发包与承包价格管理暂行办法》第五条规定：工程价格由成本（直接成本、间接成本）、利润（酬金）和税金构成。其中管理费包含在间接成本中，主要包括办公用具、融资的财务费用、差旅费等。住建部、财政部印发的《建筑安装工程费用项目组成》第一条第一款规定："建筑安装工程费用项目按费用构成要素组成划分为人工费、材料费、施工机具使用费、企业管理费、利润、规费和税金。"根据该条规定，建筑安装工程费用项目组成中的企业管理费是指建筑安装企业组织施工生产和经营管理所需的费用。内容包括：1. 管理人员工资：是指按规定支付给管理人员的计时工资、奖金、津贴补贴、加班加点工资及特殊情况下支付的工资等。2. 办公费：是指企业管理办公用的文具、纸张、账表、印刷、邮电、书报、办公软件、现场监控、会议、水电、烧水和集体取暖降温（包括现场临时宿舍取暖降温）等费用。3. 差旅交通费：是指职工因公出差、调动工作的差旅费、住勤补助费，市内交通费和误餐补助费，职工探亲路费，劳动力招募费，职工退休、退职一次性路费，工伤人员就医路费，工地转移费以及管理部门使用的交通工具的油料、燃料等费用。4. 固定资产使用费：是指管理和试验部门及附属生产单位使用的属于固定资产的房屋、设备、仪器等的折旧、大修、维修或租赁费。5. 工具用具使用费：是指企业施工生产和管理使用的不属于固定资产的工具、器具、家具、交通工具和检验、试验、测绘、消防用具等的购置、维修和摊销费。6. 劳动保险和职工福利费：是指由企业支付的职工退职金、按规定支付给离休干部的经费，集体福利费、夏季防暑降温、冬季取暖补贴、上下班交通补贴等。7. 劳动保护费：是企业按规定发放的劳动保护用品的支出。如工作服、手套、防暑降温饮料以及在有碍身体健康的环境中施工的保健费用等。8. 检验试验费：是指施工企业按照有关标准规定，对建筑以及材料、构件和建筑安装物进行一般鉴定、检查所发生的费用，包括自设试验室进行试验所耗用的材料等费用。不包括新结构、新材料的试验费，对构件进行破坏性试验及其他特殊要求检验试验的费用和建设单位委托检测机构进行检测的费用，对此类检测发生的费用，由建设单位在工程建设其他费用中列支。但对施工企业提供的具有合格证明的材料进行检测不合格的，该检测费用由施工企业支付。9. 工会经费：是指企业按《工会法》规定的全部职工工资总额比例计提的工会经费。10. 职工教育经费：是指按职工工资总额的规定比例计提，企业为职工进行专业技术和职业技能培训，专业技术人员继续教育、职工职业技能鉴定、职业资格认定以及根据需要对职工进行各类文化教育所发生的费用。11. 财产保险费：是指施工管理用财产、车辆等的保险费用。12. 财务费：是指企业为施工生产筹集资金或提供预付款担保、履约担保、职工工资支付担保等所发生的各种费用。13. 税金：是指企业按规定缴纳的房产税、车船使用税、土地使用税、印花税等。14. 其他：包括技术转让费、技术开发费、投标费、业务招待费、绿化费、广告费、公证费、法律顾问费、审计费、咨询费、保险费等。可见，作为建设工程价款组成部分的管理费同非法转包人、违法分包人、出借资质一方与实际施工人约定的管理费并非一回事。二者不能混为一谈。

030

建设工程施工合同无效如何确定赔偿损失的数额

建设工程施工合同被认定为无效后，如果承包人所建设的工程合格，发包人已参照合同约定支付工程款，发包人或者承包人还因合同无效遭受其他损失的，则有权根据《民法总则》第一百五十七条的规定和《合同法》第五十八条的规定请求存在过错的当事人承担赔偿责任。对该问题，《建设工程施工合同司法解释（二）》第三条规定："建设工程施工合同无效，一方当事人请求对方赔偿损失的，应当就对方过错、损失大小、过错与损失之间的因果关系承担举证责任。损失大小无法确定，一方当事人请求参照合同约定的质量标准、建设工期、工程价款支付时间等内容确定损失大小的，人民法院可以结合双方过错程度、过错与损失之间的因果关系等因素作出裁判。"该条第一款是"谁主张、谁举证"原则在损害赔偿责任领域的适用原则，无须作出特别规定。因此，规定第一款的主要目的是引出第二款。该条的重心是在第二款，即在当事人的损失大小无法确定的情况下，如何计算损失数额。

司法实践中，合同无效后如何确定赔偿损失的数额是较为棘手的问题之一。合同无效后，遭受损失一方通常会起诉请求过错方赔偿损失。按照"谁主张、谁举证"的原则，遭受损失方需要对其损失数额承担举证责任。一方面，哪些损失应当由过错方赔偿在司法实践中存在争议，不同的人会有不同的认识；另一方面，即使能够明确应当赔偿的损失类型，每一类损失的具体数额往往难以证明。尤其是建设工程施工合同履行期限长、涉及因素多，需要购买的建材等材料、聘用的建筑工人等也非常多。通常一个建设工程施工合同背后还涉及多个分包合同、买卖合同等合同。在建设工程施工合同无效的情况下，受损失方通常很难就其全部损失完成举证责任。因此，司法实践中迫切需要一种适合于建设工程施工合同特点的损失计算方式。此外，《建设工程施工合同司法解释》第二条规定："建设工程施工合同无效，但建设工程经竣工验收合格，承包人请求参照合同约定支付工程价款的，应予支持。"虽然第二条规定是作为一种折价补偿的方式，在实践中对减少当事人诉累、解决当事人建设工程价款争议发挥了积极作用，但是也引发了一些问题。一是司法实践中，在建设工程合格的情况下，人民法院一般会支持承包人关于参照合同约定支付工程价款的请求。司法实践判断建设工程是否合格所依据的一般是国家标准。但有的建设工程施工合同约定的工程质量标准要高于国家标准。在这种情况下，建设工程施工合同约定的建设工程价款所对应的是较高的工程质量标准，如果承包人所施工的工程未达到合同约定的质量标准，只是达到了国家标准，发包人却需要参照建设工程施工合同约定的价款，即较高的工程质量标准所对应的对价向承包人支付工程款。这对发包人明显不公平。二是该条司法解释没有考虑工期的问题。工期对于发包人具有重要意义。建设工程早一天完工，发包人就能早一天使用、租售，也就能获得相应利益。更重要的是，发包人通常会根据建设工程施工合同约定的工期就建设工程的使用、出售、出租等作出安排，很可能已经提前签订了出售房屋或者出租房屋的协议。如果承包人未按建设工程施工合同约定的工期完工，发包人不仅要损失期限利益，还可能对外承担违约责任。建设工程施工合同约定的建设工程价款，是承包人在特定工期内完成建设工程施工的对价。承包人即使超出了该特定期限，仍有权根据《建设工程施工合同司法解释》第二条的规定，请求发包人参照合同约定支付工程价款。这对于发包人也不公平。因此，在司法实践中，在建设工程施工合同无效，承包人请求发包人参照合同约定支付工程价款的情况下，发包人也可能请求承包人赔偿其所施工工程未达到约定标准、超出建设工程施工合同约定期限交付建设工程等造成的损失。在颁布《建设工程施工合同司法解释（二）》之前，司法实践对此类问题如何处理尚需进一步统一标准。

在建设工程施工合同无效的情况下，承包人还可能存在停工、窝工等损失。如果承包人停工、窝工由发包人原因所致，则发包人也应当承担相应的赔偿责任。在起草《建设工程施工合同司法解释（二）》的过程中，就建设工程施工合同无效后的损失赔偿问题，曾作出过较为详细的规定。《建设工程施工合同司法解释（二）》（征求意见稿）用了三个条文来规定这一问题。征求意见稿第六条规定："建设工程施工合同无效，发包人可以就以下损失请求承包人予以赔偿：（一）承包人承建的工程不符合规定的质量标准造成的损失；（二）承包人承建的工程超出规定的合理期限造成的损失；（三）承包人过错导致的其他损失。上述造成的损失，发包人有过错的，应承担相应的责任。"该条是关于承包人赔偿责任的规定。第七条规定："建设工程施工合同无效，承包人可以就以下损失请求发包人予以赔偿：（一）发包人拖欠工程价款造成的损失；（二）发包人原因导致承包人停工、窝工造成的损失；（三）发包人过错导致的其他损失。上述造成的损失，承包人有过错的，应承担相应的责任。"该条是关于发包人赔偿责任的规定。第八条规定："建设工程施工合同无效，当事人一方依照《合同法》第五十八条规定，请求对方赔偿其因无效合同所受到的损失，人民法院应当综合对方过错、一方受到的损害、损害与对方过错是否具有因果关系等因素，依照诚实信用原则和公平原则，作出认定并予以裁决。"该条是关于建设工程施工合同无效后确定赔偿责任时应当考虑因素和坚持原则的规定。后来考虑到建设工程施工合同无效后赔偿责任所要考虑的因素和所应坚持的原则无须专门作出规定，以《民法总则》《侵权责任法》《合同法》等法律的规定为依据即可。承包人因迟延付款导致损失、因停工、窝工产生损失的赔偿责任在实践中争议也不大。最终，《建设工程施工合同司法解释（二）》保留了关于发包人损失数额如何确定的规定，即目前第三条的规定。虽然《建设工程施工合同司法解释（二）》未专门规定合同无效后承包人停工窝工损失赔偿问题，但如果因发包人原因造成停工窝工的，发包人也应当依法承担赔偿责任。对此，《合同法》第二百七十八条规定："隐蔽工程在隐蔽以前，承包人应当通知发包人检查。发包人没有及时检查的，承包人可以顺延工程日期，并有权要求赔偿停工、窝工等损失。"第二百八十三条规定："发包人未按照约定的时间和要求提供原材料、设备、场地、资金、技术资料的，承包人可以顺延工程日期，并有权要求赔偿停工、窝工等损失。"第二百八十四条规定："因发包人的原因致使工程中途停建、缓建的，发包人应当采取措施弥补或者减少损失，赔偿承包人因此造成的停工、窝工、倒运、机械设备调迁、材料和构件积压等损失和实际费用。"

在理解与适用《建设工程施工合同司法解释（二）》第三条的规定时，应注意把握好该规定的几个层次。首先，该条规定第一款实际体现的是"谁主张、谁举证”原则。无论是发包人还是承包人请求对方赔偿损失的，都应当就对方过错、损失大小、过错与损失之间的因果关系承担举证责任。其次，损失数额问题也应当由原告一方承担举证责任。再次，如果损失大小无法确定，原告方可以请求参照合同约定的质量标准、建设工期、工程价款支付时间等内容确定损失大小。这里主要解决的就是发包人依承包人的请求参照建设工程施工合同约定支付工程价款，而承包人又未按合同约定的质量标准和施工期限完成建设工程施工的情况下，发包人赔偿请求权如何救济的问题。这种情况下，发包人也有权按照建设工程施工合同约定的质量标准、建设工期等内容来计算损失大小。该条规定并非将无效合同作为有效合同处理。根据《民法总则》第一百五十七条和《合同法》第五十八条的规定，合同无效后，当事人在返还财产和折价补偿之后仍存在损失，或者虽无返还财产和折价补偿之必要但当事人遭受损失的，有过错的一方应当赔偿对方因此所受到的损失，双方都有过错的，应当各自承担相应的责任。建设工程施工合同所具有的特殊性导致实践中原告证明其损失数额存在困难。为保护当事人利益，《建设工程施工合同司法解释（二）》第三条的规定只是确定一种损失的计算方法而已。最后，在确定当事人损失赔偿责任大小时，应当充分考虑双方当事人过错。一般情况下，交付质量合格的建设工程是承包人的义务，但如果因发包人原因造成建设工程质量缺陷，则应当由发包人承担过错责任。《建设工程施工合同司法解释》第十二条规定：“发包人具有下列情形之一，造成建设工程质量缺陷，应当承担过错责任：（一）提供的设计有缺陷；（二）提供或者指定购买的建筑材料、建筑构配件、设备不符合强制性标准；（三）直接指定分包人分包专业工程。承包人有过错的，也应当承担相应的过错责任。”

四、建设工程施工合同的主体

031

实际施工人制度是如何产生的

我国建筑市场的不规范和社会信用制度的不完善，造成了我国建筑市场上弱势群体利益保护面临较为严峻的形势。农民工等建筑工人辛苦劳作，却可能无法获得劳动报酬。如果不加强对农民工等弱势群体利益的保护，不仅有违社会公平，也可能会阻碍建筑产业的发展。另外，现代民法相较于近代民法有了新的发展，在形式公平之上更加注重实现实质公平。我国司法也越来越注重实质公平，在很多司法解释和司法政策中，为保护弱势群体利益，对交易规则包括合同相对性原则、债权平等性原则、物权优先性原则等有所突破。在建设工程施工合同领域，为保护农民工等弱势群体利益，《合同法》设立了建设工程价款优先受偿权制度，《建设工程施工合同司法解释》设立了实际施工人权利保护制度。

我国建筑市场的不规范主要体现在两个方面。第一个不规范体现为，为了规避法律、行政法规关于资质管理等规定，实践中转包工程、违法分包工程、借用资质承包工程的现象较为突出。这导致建设工程施工合同关系中出现多个施工主体、产生多份合同。在多层转包、多层分包，借用资质承包工程后再转包、违法分包，或者转包后再违法分包等情况下，法律关系更为复杂。很多情况下，实际干活的人拿不到工程价款，拿到工程价款的人并不是实际干活的人。如何保护各方当事人的合法权益是司法实践中亟待解决的问题。建筑市场第二个不规范体现为，实际施工人既无资质管理，也无主体资格管理，既可能是资质较低的施工企业，包括法人和非法人组织，也可能是个体经营户，甚至是未经工商登记、没有营业执照的施工队。这导致实际施工人内部管理不规范，建筑工人尤其是大量农民工与实际施工人之间没有签订劳动合同，甚至没有固定的劳动关系。在这种情况下，农民工权益保护问题更加突出。农民工辛苦打工却拿不到工钱的问题一度十分突出。

社会信用机制不健全、社会信用缺失进一步加剧了建筑市场弱势群体利益保护的严峻性。在建筑市场上，资金、土地、劳动力等资源的稀缺程度决定了各要素所有人的议价能力和缔约地位。在我国建筑市场上，土地和资金整体上处于相对稀缺的地位。改革开放使大量农村剩余劳动力涌向城市。而建筑行业是吸纳农民工最多的行业之一，吸纳的农民工数量仅次于制造业。因此，劳动力属于相对过剩的生产要素。相对于发包人，承包人处于相对弱势地位。相对于转包人和分包人，实际施工人处于相对弱势地位。相对于实际施工人，广大农民工处于弱势地位。农民工的工资权益不仅依赖于实际施工人的诚实守信，之前的任何一个环节出现问题，农民工的工资权益都会受到损害。为了打通农民工权益保护的通道，人民法院有必要在特定情况下、在一定范围内，在兼顾其他当事人权益的基础上，突破债的相对性原则，对弱势方当事人尤其是广大的农民工提供司法保护，以实现实质意义上的公平。

在上述背景下，为贯彻党和国家政策，加强农民工权益保护，最高人民法院在制定《建设工程施工合同司法解释》时，着重加强了对劳务分包合同的承包人的权利保护。《建设工程施工合同司法解释》第二十六条规定："实际施工人以转包人、违法分包人为被告起诉的，人民法院应当依法受理。实际施工人以发包人为被告主张权利的，人民法院可以追加转包人或者违法分包人为本案当事人。发包人只在欠付工程价款范围内对实际施工人承担责任。"本条解释的本意是，由发包人在欠付工程价款范围内向劳务分包合同的承包人，即劳务企业承担责任。由于市场主体管理制度滞后，在起草《建设工程施工合同司法解释》时，对劳务分包企业的管理并不完善，《建设工程施工合同司法解释》就采用了实际施工人的概念。因此，《建设工程施工合同司法解释》第二十六条第二款规定的本意是调整劳务分包关系，该款所规定的实际施工人实际上应为劳务分包企业。本款规定的宗旨是允许劳务分包企业直接向发包人主张权利，主要是支付建设工程价款的权利，以达到保护劳务分包企业中农民工利益的目的。因为劳务分包企业是劳动密集型企业，自身资金势力较弱，如果劳务分包企业不能及时获得建设工程价款，建筑工人的工资权益就得不到有效保障。而在制定《建设工程施工合同司法解释》之时，农民工工资权益保护问题十分突出，需要司法机关予以特别保护。

本款规定在司法实践中对于保护农民工权益发挥了较好的作用。由于建筑市场不规范，不仅劳务公司大量招收农民工，其他建筑企业也大量使用农民工，使用的方式不限于劳务分包的方式，还包括非法转包、违法分包和出借资质等方式。对实际施工人的保护范围在司法实践中扩展至转包合同的承包人、违法分包合同的承包人和借用资质的承包人。实践中的情况更为复杂，对于多层转包、多层分包，借用资质承包工程后再转包、违法分包，或者转包后再违法分包等情况下的实际施工人如何界定，是否能够依据《建设工程施工合同司法解释》第二十六条第二款规定予以保护的问题突显。但对本款适用范围的争议并非到这一层面就结束，实践中有当事人要求对与实际施工人没有合同关系的转包人、违法分包人等也适用本款规定，要求其在欠付工程价款范围内承担责任。整体来看，由于实际施工人这一概念内涵和外延没有明确规定，同时司法实践在建设工程施工合同领域更加倾向于维护实质公正，尤其是中基层法院更多着眼于矛盾纠纷的解决，而《建设工程施工合同司法解释》第二十六条第二款规定的适用确实有利于快速、彻底解决实践中日益复杂的违法发包、非法转包、违法分包和借用资质等问题导致的复杂法律关系和矛盾纠纷。司法实践中所保护的实际施工人已远远超出了劳务分包企业的范围。

032

哪些施工人属于实际施工人

我国《合同法》《建筑法》《建设工程质量管理条例》等法律、行政法规并没有关于“实际施工人”的规定。关于实际施工人的规定主要出现在《建设工程施工合同司法解释》和《建设工程施工合同司法解释（二）》中。部分行政管理规范中也有使用。从民事主体的类型看，《民法总则》规定的民事主体包括自然人、法人和非法人组织。关于法人，《民法总则》第五十七条规定：“法人是具有民事权利能力和民事行为能力，依法独立享有民事权利和承担民事义务的组织。”第五十八条规定：“法人应当依法成立。法人应当有自己的名称、组织机构、住所、财产或者经费。法人成立的具体条件和程序，依照法律、行政法规的规定。设立法人，法律、行政法规规定须经有关机关批准的，依照其规定。”关于非法人组织，《民法总则》第一百零二条规定：“非法人组织是不具有法人资格，但是能够依法以自己的名义从事民事活动的组织。非法人组织包括个人独资企业、合伙企业、不具有法人资格的专业服务机构等。”第一百零三条规定：“非法人组织应当依照法律的规定登记。设立非法人组织，法律、行政法规规定须经有关机关批准的，依照其规定。”实际施工人并非我国现行法律规定的一种民事主体。实践中，实际施工人既可以是资质较低的施工企业，也可以是没有资质也没有企业建制的由包工头带领的农民工临时组成的施工队伍，[①] 还有可能是不具有资质的其他企业。实际施工人既可能是自然人，也可能是法人或者非法人组织。《建设工程施工合同司法解释》第一次使用了“实际施工人”的概念。《建设工程施工合同司法解释》在多个条文中对实际施工人作了规定。该解释第一条规定：“建设工程施工合同具有下列情形之一的，应当根据《合同法》第五十二条第五项的规定，认定无效：（一）承包人未取得建筑施工企业资质或者超越资质等级的；（二）没有资质的实际施工人借用有资质的建筑施工企业名义的；（三）建设工程必须进行招标而未招标或者中标无效的。”第四条规定：“承包人非法转包、违法分包建设工程或者没有资质的实际施工人借用有资质的建筑施工企业名义与他人签订建设工程施工合同的行为无效。人民法院可以根据民法通则第一百三十四条规定，收缴当事人已经取得的非法所得。”第二十五条规定：“因建设工程质量发生争议的，发包人可以以总承包人、分包人和实际施工人为共同被告提起诉讼。”第二十六条规定：“实际施工人以转包人、违法分包人为被告起诉的，人民法院应当依法受理。实际施工人以发包人为被告主张权利的，人民法院可以追加转包人或者违法分包人为本案当事人。发包人只在欠付工程价款范围内对实际施工人承担责任。”《建设工程施工合同司法解释》第一条

① 最高人民法院民一庭编著：《最高人民法院建设工程施工合同司法解释的理解与适用》，人民法院出版社2015年版，第183页。

和第四条规定的实际施工人是因缺乏相应资质而借用有资质的建筑施工企业名义与发包人签订建设工程施工合同的单位或者个人。第二十五条规定的实际施工人是与总承包人、分包人相并列的概念。关于总承包人，《合同法》第二百七十二条规定："发包人可以与总承包人订立建设工程合同，也可以分别与勘察人、设计人、施工人订立勘察、设计、施工承包合同。发包人不得将应当由一个承包人完成的建设工程肢解成若干部分发包给几个承包人。总承包人或者勘察、设计、施工承包人经发包人同意，可以将自己承包的部分工作交由第三人完成。第三人就其完成的工作成果与总承包人或者勘察、设计、施工承包人向发包人承担连带责任。承包人不得将其承包的全部建设工程转包给第三人或者将其承包的全部建设工程肢解以后以分包的名义分别转包给第三人。禁止承包人将工程分包给不具备相应资质条件的单位。禁止分包单位将其承包的工程再分包。建设工程主体结构的施工必须由承包人自行完成。"显然，总承包人不是建设工程施工合同的承包人，更不是转承包人或者分包合同的承包人。该条中的"分包人"则被理解为《合同法》第二百七十二条规定的分包单位，属于合法的分包主体。因此，《建设工程施工合同司法解释》第二十五条规定的"实际施工人"专指转包合同和违法分包合同中的承包人。①《建设工程施工合同司法解释》第二十六条规定的"实际施工人"是与转包人和违法分包人相对应的概念，因此也仅指转承包人和违法分包合同的承包人。如上所述，《建设工程施工合同司法解释》第二十六条使用实际施工人的本意是指代劳务分包合同中的劳务公司。但在司法实践中，实际施工人的内涵发生了变化，外延不断扩张。

在《建设工程施工合同司法解释》施行之后，一些国家行政主管部门的规范性文件中也开始使用"实际施工人"这一概念。如国家电监会于2012年4月17日发布的《承装（修、试）电力设施许可证监督管理实施办法》第八条规定，派出机构发现承装（修、试）电力设施单位具有如下情形的，应当对其是否存在非法转让许可证的行为进行调查核实：施工现场实际施工人与中标单位或者施工合同约定的施工单位之间不存在资产产权关系或者统一的财务核算关系

① 最高人民法院民一庭编著：《最高人民法院建设工程施工合同司法解释的理解与适用》，人民法院出版社2015年版，第178页。

的。住建部2014年11月24日发布的《〈建筑工程施工转包违法分包等违法行为认定查处管理办法（试行）〉释义》关于该管理办法第七条的释义中规定，“如果施工单位虽以自身名义在现场设立了项目管理机构，但项目管理机构的主要管理人员（包括项目负责人、技术负责人、质量管理负责人、安全管理负责人等）同施工单位间没有合法的劳动合同、工资、社会保险关系的，对施工单位的行为可认定为转包，对实际施工人可认定为挂靠”。这些规范性文件中所使用的“实际施工人”主要是指借用资质或者说借用有资质的建筑施工企业名义与发包人签订建设工程施工合同的单位或者个人，即通常所说的挂靠关系中的挂靠人。《建设工程施工合同司法解释（二）》第二十四条和第二十五条也使用了“实际施工人”的概念。其内涵和外延与《建设工程施工合同司法解释》第二十六条所规定的“实际施工人”一致。

实际施工人首先是施工人，而非承包人的管理人或者所聘用的建筑工人。由于实践中不少实际施工人是包工头，是个人，其是作为承包人的工作人员参与施工还是作为转承包人、分承包人或者借用资质的承包人进行施工，在实践中不易判断。区分实际施工人与承包人所聘用的工作人员的关键是看其与同发包人签订建设工程施工合同的承包人是什么关系。如果某一自然人与承包人是非法转包、违法分包或者借用资质关系，并依据非法转包合同、违法分包合同或者借用资质合同进行施工，则属于实际施工人。如果该自然人依据与承包人的劳动合同、雇佣合同参与建设工程施工，则属于承包人的工作人员。此外，实际施工人作为施工人，在建设工程施工过程中自主性较强，主要受其与承包人签订的非法转包合同、违法分包合同或者借用资质合同的约束，而施工所需要的人员、辅料甚至机械设备、主材都由施工人负责。作为承包人工作人员的自然人参与施工则是在承包人的安排下完成相应的职责，并且要遵守承包人内部的各项规章制度，二者之间具有管理与被管理的关系。再者，实际施工人通常以一定的价格获得整个工程或者单位工程、分部工程的施工资格。定价方式可以是固定总价、固定单价或者按定额计算。如果实际施工人在施工经营过程中经营管理得当、成本控制有效，所获得的收益就高，反之，其所获得的收益就低，甚至可能亏损。而作为承包人工作人员的自然人参与建设工程施工，获取的是固定的或者相对固定的劳动收益，不用承担经营风险，也不直接获得经营收益。实践中，容易引起混淆的是包工头或者施工班组的负责人是否属于实际施工人的问题。由包工头带领的农民工临时组成的施工队伍既不具备法人的条件，也不具备非法人组织的条件。实践中施工队伍的情况各不相同。有的施工队伍由包工头负责，包工头一方面对外揽工，向转包人、违法分包人和发包人承担保质保量完成施工任务的义务，另一方面又负责招工，向其招来的农民工承担支付工资的义务。这种情况下，实际施工人应为包工头。有的施工队伍包工头只负责招工和管理，包工头和施工队伍中的农民工都直接从施工企业领取工资。这种情况下，施工队伍就不属于实际施工人，而属于施工企业的内部施工单位，施工队伍的组成人员与施工企业之间构成劳务关系。由于施工队伍不是法律上的概念，进一步对其规范管理，使之通过工商登记成为个体工商户、私营企业等民事主体，更有利于厘清各方的法律关系。同时，对于劳务关系的法律规定也应进一步完善，在施工队伍与施工企业构成劳务关系的情况下，以明确各自的权利义务。

并非所有的施工人都属于实际施工人。实际施工人有自身的特点，实践中主要包括转承包人、违法分承包人和借用资质的单位或者个人三类。根据《建设工程施工合同司法解释》和《建设工程施工合同司法解释（二）》的规定来看，实际施工人具备下列特点：第一，实际施工人是实际履行承包人义务的人，既可能是对整个建设工程进行施工的人，也可能是对部分建设工程进行施工的人。第二，实际施工人与发包人没有直接的合同关系或者名义上的合同关系。实际施工人如果直接与发包人签订建设工程施工合同，则属于承包人、施工人，无须强调“实际”二字。第三，实际施工人所签订的建设工程施工合同无效。《合同法》第二百七十二条第二款规定：“总承包人或者勘察、设计、施工承包人经发包人同意，可以将自己承包的部分工作交由第三人完成。第三人就其完成的工作成果与总承包人或者勘察、设计、施工承包人向发包人承担连带责任。承包人不得将其承包的全部建设工程转包给第三人或者将其承包的全部建设工程肢解以后以分包的名义分别转包给第三人。”第三款规定：“禁止承包人将工程分包给不具备相应资质条件的单位。禁止分包单位将其承包的工程再分包。建设工程主体结构的施工必须由承包人自行完成。”《建设工程施工合同司法解释》第四条规定：“承包人非法转包、违法分包建设工程或者没有资质的实际施工人借用有资质的建筑施工企业名义与他人签订建设工程施工合同的行为无效。人民法院可以根据民法通则第一百三十四条规定，收缴当事人已经取得的非法所得。”因此，转包合同，再分包合同，承包人分包建设工程主体结构的合同，承包人将其承包的全部建设工程肢解以后以分包的名义分别转包给第三人而签订的分包合同，以及没有资质的实际施工人借用有资质的建筑施工企业名义与他人签订建设工程施工合同都为无效合同。上述合同中的承包人，属于实际施工人。第四，实际施工人同与其签订转包合同、违法分包合同的承包人或者出借资质的建筑施工企业之间不存在劳动人事关系或劳务关系。住建部在《〈建筑工程施工转包违法分包等违法行为认定查处管理办法（试行）〉释义》中规定，在认定实际施工人是否为挂靠、是否构成转包时，就要求查明项目管理机构的主要管理人员（包括项目负责人、技术负责人、质量管理负责人、安全管理负责人等）同施工单位间有没有合法的劳动合同、工资、社会保险关系。如果所谓的实际施工人同与其签订转包合同、违法分包合同的承包人或者出借资质的建筑施工企业之间存在劳动人事关系或劳务关系，其参加建设工程施工就属于职务行为或提供劳务的行为，而非履行承包合同的行为，对外不能作为独立的主体向发包人、转包人或者违法分包人主张建设工程价款债权。结合上述特点，根据《建设工程施工合同司法解释》《建设工程施工合同司法解释（二）》以及有关行政主管部门的规范性文件的规定，结合司法审判实践，可以归纳出三类实际施工人。一是转包合同的承包人，即转承包人。二是违法分包合同的承包人，即违法分承包人。三是缺乏相应资质而借用有资质的建筑施工企业名义与发包人签订建设工程施工合同的单位或者个人。

033

实际施工人制度是否还有继续保留的必要

通过总结多年以来的司法实践经验，可以发现《建设工程施工合同司法解释》第二十六条第二款规定对于保护农民工和实际施工人利益起到了积极作用，但由于突破了债的相对性原则，法律关系更为复杂，导致此类案件处理难度加大。由于建筑市场上多层转包、分包的情况存在，导致相关案件的处理难度更大。从部分较为极端的个案中可以看出，有的实际施工人将多层转包、分包中的法律关系已经等同于票据背书关系，只要是转包、分包的前手，都应当承担责任。唯一的区别是票据的背书人需对全部票据债务承担责任，不以欠付后手的款项为限，但依据《建设工程施工合同司法解释》第二十六条第二款的规定主张转包、分包的前手承担责任的，还需以其欠后手的建设工程价款为限。另外，由于实际施工人与转包人、违法分包人和借用资质的单位或者个人签订的承包合同，实际产生了对抗前手的效力，使得经济关系处于不稳定之中。同时，这种产生对抗第三人效力的权利缺乏有效的能够产生社会公信力的公示方式，导致道德风险增加。这可能导致虚假诉讼、恶意诉讼。

《建设工程施工合同司法解释》第二十六条第二款规定："实际施工人以发包人为被告主张权利的，人民法院可以追加转包人或者违法分包人为本案当事人。发包人只在欠付工程价款范围内对实际施工人承担责任。"该规定由于突破了债的相对性原则，在实践和理论中引起了较大的争议。争议的焦点在于，该条为保护建筑工人和农民工的利益，突破合同的相对性在价值取向上是否可取，实际操作中是否可行。同时，关于如何修改完善上述规定的问题也存在不同的观点。

关于《建设工程施工合同司法解释》第二十六条第二款规定的利弊以及存废，存在不同的观点。一种观点认为，该款规定在司法实践中弊大于利，应当修改或者废除，理由如下：第一，这一规定突破了合同相对性原则，缺乏法律依据；第二，本款规定对于保护农民工利益具有间接性，保护实际施工人难以达到直接保护农民工的司法政策目的；第三，这一规定抑制了施工合同各方的守约意识，也会产生负面激励，容易引发虚假诉讼、恶意诉讼；第四，目前保护农民工权益的法律法规政策和执法状况已有较大改善，农民工工资保证金制度、劳动监察巡查机制等制度在实践中的效果较好。当前与十多年前相比，客观环境已经发生根本性变化，农民工的利益保障更加多元化、制度化，不必再通过突破合同的相对性、破坏交易秩序的方式来保护农民工权益。另一种观点认为，该款规定在司法实践中利大于弊，应当保留，理由如下：第一，该款规定施行十多年来，社会反响整体较好，说明社会效果好。第二，加强对农民工权利尤其是工资权益的司法保护十分必要。农民工为我国城市化、工业化、现代化作出巨大贡献，应当优先保护其权利。第三，在建筑市场中，农民工处于最弱势的一方。在缔约地位明显不平等的情况下，契约自由不能达到契约公平的效果，加强司法的干预非常必要。第四，司法实践和社会已经普遍接受，如果修改或者废除，会让人误以为对农民工利益不再优先保护，社会导向不好。第五，虽然目前保护农民工权益的法律法规政策和执法状况已有较大改善，但农民工讨薪难的问题依然存在。农民工讨薪难问题的主要原因还是实际施工人不能按时、如数获得建设工程价款。第六，建设工程是包括农民工在内的广大建筑工人劳动的物化，不能仅因合同相对性就降低对建筑工人工资权益的保护力度。《合同法》第二百八十六条“建设工程的价款就该工程折价或者拍卖的价款优先受偿”的规定，就体现了这一精神。因此，《建设工程施工合同司法解释》第二十六条第二款规定符合相关法律的立法精神，有法理依据。

在制定《建设工程施工合同司法解释（二）》的过程中，关于如何修改和完善《建设工程施工合同司法解释》第二十六条第二款规定问题，曾提出过两种方案。一种方案是，实际施工人向与其没有合同关系的发包人主张工程价款的，人民法院不予支持。实际施工人根据《合同法》第七十三条规定，以转包人、违法分包人、出借资质的单位怠于向发包人、承包人行使到期的工程价款债权，对其造成损害为由，提起代位权诉讼的，人民法院应予受理。赞成这一方案的理由是：第一，坚持合同相对性是民法的基本原则，对该原则的突破应当有法律依据。《合同法》关于合同相对性原则的突破主要体现为债的保全制度。《合同法》关于债的保全制度的规定主要包括代位权制度和撤销权制度，而代位权制度最适于实际施工人的权利保护。实际施工人应当向转包人、违法分包人、出借资质的单位主张工程价款，只有当转包人、违法分包人、出借资质的单位既不向实际施工人支付工程价款，又怠于向发包人、承包人行使到期的工程价款债权，对实际施工人造成损害时，实际施工人才能向发包人提起代位权诉讼。这一方案兼顾了实际施工人、发包人的合法权益，也有《合同法》依据。第二，虽然转包人、违法分包人与实际施工人之间的合同可能无效，但该民事行为无效并不必然导致债权人对债务人的债权非法，应当依法予以保护。第三，转包人、违法分包人一方面不支付欠实际施工人的工程价款，另一方面对总承包人、发包人的债权已经到期但其没有及时行使到期债权，损害了实际施工人的利益。实际施工人有权提起代位权诉讼以救济自己的权利。第四，该债权不是专属于债务人自身的债权，实际施工人有权通过代位权诉讼予以救济。第五，方案二所确定的实际施工人向发包人主张工程价款的条件为，实际施工人有证据证明与其具有合同关系的缔约人丧失履约能力或者具有下落不明等情形，导致其劳务分包工程价款债权无法实现。一方面，实际施工人要证明与其具有合同关系的缔约人存在丧失履约能力或者具有下落不明等情形十分困难。对于企业，则涉及破产等问题，对于自然人，宣告自然人下落不明需要经过法定期间，仅限于法定情形，而且还可能涉及发包人的先诉抗辩权等问题。这会导致实际施工人权利保护问题更加复杂，成本更高，在具体操作层面更不利于实际施工人维权。另一种方案是，实际施工人根据《建设工程施工合同司法解释》第二十六条第二款规定提起诉讼的，应当符合下列条件：实际施工人有证据证明与其具有合同关系的缔约人丧失履约能力或者具有下落不明等情形，导致其劳务分包工程价款债权无法实现。赞成这一方案的理由是，第一，最高人民法院对于突破合同相对性原则始终持十分慎重的态度。《建设工程施工合同司法解释》第二十六条第二款的本意是为保护农民工合法权益，其立法目的在于解决由农民工组成的实际施工人在与其有合同关系的相对人，因下落不明、破产、资信状况严重恶化等原因导致其缺乏支付能力，实际施工人又投诉无门情况下，为实际施工人主张工程价款提供的特殊救济途径。原则上不应准许实际施工人提起以不具备合同关系的发包人为被告的诉讼，只有在实际施工人的合同相对方破产、下落不明等实际施工人不提起以发包人或者总承包人为被告的诉讼就难以保障权利实现的情况下，才准许实际施工人提起以发包人或总承包人等没有合同关系的当事人为被告的诉讼。第二，代位权诉讼的条件较为严格，并不利于实际施工人的权益保护。《合同法》第七十三条规定："因债务人怠于行使其到期债权，对债权人造成损害的，债权人可以向人民法院请求以自己的名义代位行使债务人的债权，但该债权专属于债务人自身的除外。代位权的行使范围以债权人的债权为限。债权人行使代位权的必要费用，由债务人负担。"《合同法司法解释（一）》第十一条规定："债权人依照合同法第七十三条的规定提起代位权诉讼，应当符合下列条件：（一）债权人对债务人的债权合法；（二）债务人怠于行使其到期债权，对债权人造成损害；（三）债务人的债权已到期；（四）债务人的债权不是专属于债务人自身的债权。"正是由于代位权诉讼的条件较为严格，实践中代位权诉讼并不常见。第三，建设工程施工合同当事人之间具有信赖关系。《合同法》第七十三条和《合同法司法解释（一）》第十一条均规定，债务人的债权不是专属于债务人自身的债权。本质上，建设工程价款债权不适于代位权诉讼。这两种观点争议较大。从征求意见和讨论的情况看，多数意见倾向于第一种方案，主要理由是第一种方案有《合同法》为依据，而且兼顾了实际施工人、发包人的合法权益，维护了交易规则。

上述两种方案均已对《建设工程施工合同司法解释》第二十六条第二款规定作了实质性修改，将不支持实际施工人直接向发包人主张建设工程价款债权作为基本原则，将发包人在欠付工程价款范围内对实际施工人承担责任作为例外，并附以较为严格的条件。上述两种方案都基于一个根本前提：当前与十多年前制定《建设工程施工合同司法解释》时相比，客观环境已经发生根本性变化，农民工的利益保障更加多元化、制度化，不必再通过突破合同的相对性、破坏交易秩序的方式来保护农民工权益。但对于上述前提目前还难以作出完全肯定的回答。事实上，实际施工人中很多是民营企业，有的就是由农民工组成的施工队。出于保护农民工合法权益和为民营企业营造良好营商环境的考虑，不宜对《建设工程施工合同司法解释》第二十六条第二款规定作根本性修改。因此，在《建设工程施工合同司法解释（二）》起草工作后期，仍决定继续坚持《建设工程施工合同司法解释》第二十六条第二款所体现的优先保护农民工等弱势群体利益的价值取向，对原来的两种方案加以整合，并针对《建设工程施工合同司法解释》第二十六条第二款在司法适用中出现的问题，予以完善。

鉴于我国建筑市场尚不成熟、农民工权益保护任务仍很迫切，从保护实质公平的角度出发，《建设工程施工合同司法解释（二）》最终选择承继和完善《建设工程施工合同司法解释》第二十六条第二款的规定，并未对该条规定所确定的裁判规则作根本性修改。对于方案一，删除了第一款关于“实际施工人向与其没有合同关系的发包人主张工程价款的，人民法院不予支持”的规定；原则保留了第二款关于“实际施工人根据合同法第七十三条规定，以转包人、违法分包人、出借资质的单位怠于向发包人、承包人行使到期的工程价款债权，对其造成损害为由，提起代位权诉讼的，人民法院应予受理”的规定。同时，实际施工人行使代位权的对象不再限制于转包人、违法分包人、出借资质的单位对发包人、承包人享有的到期的工程价款债权，而扩张于除专属于主债务人的债权之外的全部的到期债权。对于方案二，保留了《建设工程施工合同司法解释》第二十六条第二款规定的内容，不再要求实际施工人根据《建设工程施工合同司法解释》第二十六条第二款规定提起诉讼须以实际施工人有证据证明与其具有合同关系的缔约人丧失履约能力或者具有下落不明等情形，导致其劳务分包工程价款债权无法实现为条件。同时，《建设工程施工合同司法解释（二）》进一步明确了人民法院应当追加转包人或者违法分包人为第三人，并查明发包人欠付转包人或者违法分包人建设工程价款的数额的规定。

《建设工程施工合同司法解释（二）》第二十四条规定实际施工人可以直接向发包人主张权利，主要目的是保护农民工利益，同时也考虑到了当前建筑市场的客观情况和建筑行业的发展。第一，建筑市场是由多类主体通过各类合同，包括建设工程施工合同、转包合同、分包合同、劳务合同等共同构成的市场。由于不同主体拥有的资源种类数量不同、各类资源在市场上的供求状况不同，导致拥有不同资源的主体在市场中的地位也不相同。其中，处于最弱势地位的是农民工。另外，农民工又是建筑市场最大的群体、提供了建筑市场所需要的最基本、最重要的要素——劳动力。因此，无论是出于公平原则，还是出于保护建筑市场和建筑行业的角度考虑，人民法院都应当优先保护农民工的利益。第二，出于经营成本考虑，建筑施工企业通常不会大量雇佣农民工，在承包到建设工程后，建筑施工企业通常会将技术要求不高的一些工程转包或者分包给缺乏相应资质的企业或者施工队伍。这类企业或者施工队伍虽然缺乏相应资质，但也足以完成技术要求不太高的建设工程或者建设工程中的部分分部分项工程。不同主体有各自的比较优势，在建设同一工程中通过发挥各自的优势，共同以较低的成本完成一项工程建设。实际施工人的优势是灵活、运营成本低。这种经营模式存在于建筑市场中，有其客观原因，与我国当前经济社会所处的发展阶段有关，不会因为法律的禁止或者法院不予保护而消失。对这一现实情况，人民法院不能回避，应当积极面对，依法处理。第三，建筑行业属于劳动密集型行业。建筑施工企业、实际施工人的资源优势是掌握较丰富的劳动力，但缺乏资金。如果坚守合同的相对性原则，不允许实际施工人向发包人主张权利，在转包人或者违法分包人未获得全部工程价款的情况下，其自身的偿债能力有限，很难清偿欠付实际施工人的工程价款。而实际施工人也缺乏资金，在转包人或者违法分包人未支付工程价款的情况下，就发不了农民工的工资。建筑行业劳动密集、资金缺乏的特点，导致各方当事人之间容易形成连环债务，最终损害处于环节末端的农民工的利益。第四，建设工程的价值中相当一部分是包括农民工在内的建筑工人劳务的物化。实际施工人和农民工劳务的物化成果由发包人享有，因此，应当允许实际施工人向发包人主张权利。第五，实际施工人向发包人主张权利后，发包人、转包人或者违法分包人以及实际施工人之间的连环债务相应消灭，而且发包人对实际施工人承担责任以其欠付的建设工程价款为限，并未加重发包人的责任，对发包人是公平的。第六，实践中，转包人、违法分包人往往怠于向发包人主张建设工程价款债权。导致这一问题的原因主要有二：一是新官不理旧账。实践中转包和违法分包关系通常是基于实际施工人与有资质的建筑企业的部分管理人员存在合作关系而建立。随着有资质的建筑企业内部管理人员的变更或者实际施工人与原管理人员关系交恶，转包人或者违法分包人往往不会积极向发包人主张建设工程价款债权。二是在转包或者违法分包的情况下，转包人与违法分包人通常不参与工程施工，没有垫资，未支出相应的建设成本。在转包人或者违法分包人已经获得管理费的情况下，其往往怠于向发包人主张建设工程价款债权。有的转包人或者违法分包人虽然未获得管理费，但因其未支出建设成本，对于主张建设工程价款债权，通常持消极态度。

034

实际施工人请求发包人在欠付工程款范围内承担责任的范围如何确定

《建设工程施工合同司法解释（二）》第二十四条规定：“实际施工人以发包人为被告主张权利的，人民法院应当追加转包人或者违法分包人为本案第三人，在查明发包人欠付转包人或者违法分包人建设工程价款的数额后，判决发包人在欠付建设工程价款范围内对实际施工人承担责任。”在司法实践中，对于发包人的责任范围限定于其欠付转包人、违法分包人的工程价款范围之内，并无争议，但对于实际施工人对转包人、违法分包人享有的哪些债权可请求发包人在欠付工程款范围内承担责任，存在争议，主要有三种观点：

第一种观点认为，发包人在欠付工程款范围内仅对转包人、违法分包人欠实际施工人的工程款债务承担责任，不包括工程款的利息和其他违约责任。主要理由是，《建设工程施工合同司法解释》第二十六条第二款、《建设工程施工合同司法解释（二）》第二十四条规定突破了合同的相对性，赋予了实际施工人向发包人主张工程款债权的权利，旨在保护农民工的工资。司法实践的倾向性观点是，对实际施工人向与其没有合同关系的转包人、分包人、总承包人、发包人提起的诉讼，要严格依照法律、司法解释的规定进行审查，不能随意扩大《建设工程施工合同司法解释》第二十六条第二款、《建设工程施工合同司法解释（二）》第二十四条规定的适用范围，并且要严格依据相关司法解释规定，只有在欠付劳务分包工程款导致无法支付劳务分包关系中农民工工资时，实际施工人才可以要求发包人在欠付工程价款范围内对实际施工人承担责任，不能随意扩大发包人责任范围。因此，实际施工人向发包人主张的债权应当限定为工程款，并不包括工程款的利息、其他损失。

第二种观点认为，发包人在欠付的工程款范围内仅对实际施工人主张的工程款及法定孳息承担责任，不包括其他违约责任。主要理由是，利息属于工程款的法定孳息，既然实际施工人可就转包人、违法分包人欠付其工程款请求发包人在欠付转包人、违法分包人工程价款范围内承担责任，转包人、违法分包人欠付实际施工人的工程款利息也应当可以请求发包人在欠付转包人、违法分包人工程价款范围内承担责任。

第三种观点认为，不仅转包人、违法分包人欠付实际施工人的工程款及利息可请求发包人在欠付转包人、违法分包人工程价款范围内承担责任，转包人、违法分包人因转包合同关系或者违法分包合同关系产生的对实际施工人的一切债务，如工程款、利息、赔偿损失等债务，均可请求发包人在欠付转包人、违法分包人工程价款范围内承担责任。主要理由是，首先，从《建设工程施工合同司法解释（二）》第二十四条的文义来看，该条仅仅对发包人承担责任的范围进行了规定，即以其欠付转包人、违法分包人的工程款为限，并没有对实际施工人主张的权利范围进行限定，发包人在欠付工程款的范围内对实际施工人主张的转包人、违法分包人欠付的工程款、利息、赔偿损失等均应当承担责任。此外从立法者的目的来看，该条规定系为保护农民工利益而制定，但其请求权基础实质是代位权行使的一种方式。对实际施工人主张的工程款、利息、赔偿损失等债权均应由发包人在欠付工程款范围内承担给付责任。这并未加重发包人责任，也能够更好地实现实际施工人的债权，不至于产生新的诉累，从而能够全面解决纠纷。《建设工程施工合同司法解释（二）》第二十一条规定："承包人建设工程价款优先受偿的范围依照国务院有关行政主管部门关于建设工程价款范围的规定确定。承包人就逾期支付建设工程价款的利息、违约金、损害赔偿金等主张优先受偿的，人民法院不予支持。"该条规定针对的是建设工程价款优先受偿权的问题，而建设工程价款优先受偿权具有一定对世性，存在保护农民工利益与保护抵押权人、承包人其他债权人等第三人利益以及维护交易安全的平衡问题。但《建设工程施工合同司法解释（二）》第二十四条规定不存在这一问题，不能将《建设工程施工合同司法解释（二）》第二十一条规定类推适用于实际施工人请求发包人在欠付建设工程价款范围内对其承担责任的情形。

以上三种观点中，多数人认为第三种观点更符合《建设工程施工合同司法解释（二）》第二十一条和第二十四条的本意，更具合理性，主要理由如下：第一，《建设工程施工合同司法解释（二）》第二十四条规定："实际施工人以发包人为被告主张权利的，人民法院应当追加转包人或者违法分包人为本案第三人，在查明发包人欠付转包人或者违法分包人建设工程价款的数额后，判决发包人在欠付建设工程价款范围内对实际施工人承担责任。"该条规定并未对实际施工人主张的权利范围进行限定。如果实际施工人的权利是基于转包或者违法分包关系产生，原则上应当予以保护。第二，《建设工程施工合同司法解释（二）》第二十四条规定的目的是保护农民工等建筑工人的工资利益。在因转包人或者违法分包人原因造成工期延误等情况下，实际施工人的损失中往往也包括人员工资损失，该损失涉及建筑工人的工资利益。此外，该条规定对农民工等建筑工人工资权益的保护具有间接性，是以保护实际施工人利益为手段来保护农民工等建筑工人的工资利益，而实际施工人能否向农民工等建筑工人支付工资取决于其资产负债情况。如果不对实际施工人享有的赔偿损失请求权等债权一并保护，最终损害的仍会是农民工等建筑工人的工资权益。第三，《建设工程施工合同司法解释（二）》第二十一条第二款关于"承包人就逾期支付建设工程价款的利息、违约金、损害赔偿金等主张优先受偿的，人民法院不予支持”的规定所针对问题与前述争议问题不同，该款规定不能类推适用于实际施工人请求发包人在欠付建设工程价款范围内承担责任的情况。在制定《建设工程施工合同司法解释（二）》的过程中，对于建设工程价款优先受偿权的范围问题争议较大。其中争议最大的是建设工程价款中的利润和价款利息是否应当优先受偿。鉴于从建设工程价款中单独计算利润成本太高、不具有可行性，最后决定建设工程价款中的利润可以优先受偿。同时，依据《最高人民法院关于建设工程价款优先受偿权问题的批复》，建设工程价款优先受偿权优于抵押权和其他债权，对交易安全和第三人利益、发包人利益影响巨大，为平衡各方利益，才规定建设工程价款的利息不能优先受偿。故本款规定是平衡当事人诉讼成本、各方当事人利益的结果。此外，人民法院判决发包人在欠付建设工程价款范围内对转包人或者违法分包人欠付实际施工人的工程款、利息、赔偿损失等债务承担责任，并未加重发包人责任。发包人向实际施工人承担责任后，其与转包人或者违法分包人之间的建设工程价款债权债务关系，转包人或者违法分包人与实际施工人之间的债权债务关系相应地消灭，有利于纠纷解决。第四，《建设工程施工合同司法解释（二）》相对于《建设工程施工合同司法解释》，进一步加强了对实际施工人权利的保护。该解释第二十五条规定：“实际施工人根据合同法第七十三条规定，以转包人或者违法分包人怠于向发包人行使到期债权，对其造成损害为由，提起代位权诉讼的，人民法院应予支持。”如果实际施工人只是突破一层债的关系，请求发包人在其欠转包人或者违法分包人到期债权范围内承担责任的，且符合《合同法》第七十三条和《合同法司法解释（一）》的相关规定，就应当支持，而无须限定于建设工程价款债权或者基于建设工程施工关系产生的债权。

035

多层转包和分包情况下实际施工人是否有权请求发包人在欠付工程款范围内承担责任

规范实际施工人权利保护时，不能回避的问题是在多层转包、分包的情况下，实际施工人的权利如何救济的问题。这种情况下，实际施工人可能是多人，实际施工人之间可能也存在转包和违法分包关系。由于实际施工人本身并非一个法律概念，也不需要登记，如何判定个案中某一主体是否为实际施工人本身就可能存在争议。加之建筑市场不规范、建筑企业用工行为也不规范，违法分包关系与劳务关系之间的界限如何区分缺乏明确的法律标准。这些问题进一步增加了多层转包和分包关系中实际施工人权利救济的难度。《建设工程施工合同司法解释》第二十六条第二款规定："实际施工人以发包人为被告主张权利的，人民法院可以追加转包人或者违法分包人为本案当事人。发包人只在欠付工程价款范围内对实际施工人承担责任。"该条规定的本意是保护劳务分包关系中的劳务公司的权益，从而达到保护农民工权益的目的。但司法实践中对该条解释的适用范围已经扩大。《建设工程施工合同司法解释（二）》第二十四条规定承继了《建设工程施工合同司法解释》第二十六条第二款规定精神。从文义上看，上述司法解释既没有明确要规范多层转包和分包中的法律关系，也未明确规定多层转包和分包情况不予适用上述规定。从上述司法解释保护农民工利益的宗旨出发，只有保护了最终施工人的建设工程价款债权，才能有力保护农民工的工资权益。因此，在多层转包或者违法分包情况下，实际施工人向发包人主张权利的，人民法院应当追加各转包人或者违法分包人为第三人，在查明发包人、各转包人或者违法分包人以及实际施工人之间欠付工程价款数额的基础上确定发包人应向实际施工人承担的责任。实际施工人向发包人主张权利的范围以各方当事人欠付工程价款的数额为限。发包人向实际施工人承担责任后，各方当事人之间的建设工程价款债权债务相应部分消灭。

036

多层转包或者违法分包中的实际施工人是否有权请求与其没有合同关系的转包人或者分包人在欠付工程款范围内承担民事责任

在一次转包或者违法分包的情况下，实际施工人有权依据其与转包人或者违法分包人的转包或者分包关系，请求转包人或者违法分包人承担民事责任。在多次转包或者违法分包的情况下，实际施工人能否向与其没有合同关系的转包人或者违法分包人主张权利，则存在争议。实践中存在这样的案例。例如，发包人甲与承包人乙签订建设工程施工合同，将建设工程发包给乙。乙承包工程后并不自己施工，而是转包给丙，丙又将工程分包给丁和戊。现丁直接起诉乙，请求乙支付工程价款。在实践中对此类案件的处理存在争议，一种观点认为，此案中发包人是甲，乙不是发包人，戊只有权向甲主张权利，无权向既与其无合同关系又不是发包人的乙主张权利。另一种观点认为，此案中乙有双重身份。在与甲签订的建设工程施工合同中，乙是承包人。但在与丙签订的转包合同中，乙是发包人。因此，丁有权向乙主张权利。从目前了解的情况看，这类纠纷在一些地方并非个案，而是较为普遍的现象。对这一问题，应具体分析。丁作为实际施工人，完成了相应的建设工程，应当获得相应的工程价款。从建设工程是劳务的物化的角度看，发包人甲是该劳务物化成果的享有者，实际施工人丁有权向甲主张权利；乙并非该劳务物化成果的享有者，故原则上实际施工人不能向既不是发包人又与其无合同关系的转包人乙主张权利。但是，如果甲已经向乙支付了全部工程款，丁无权再向甲主张权利，如果不允许丁向乙主张权利，则其权利就可能落空，保护农民工合法权益的目的也可能落空。因此，在发包人甲已经向转包人乙支付全部工程价款的情况下，实际施工人丁有权向乙主张权利。

037

借用资质的实际施工人是否有权请求发包人在欠付工程款范围内承担责任

《建设工程施工合同司法解释（二）》第二十四条规定延续了《建设工程施工合同司法解释》第二十六条的规定，只规定了两类实际施工人即转包合同的承包人和违法分包合同的承包人可以请求发包人在欠付工程款范围内承担责任，而对于实践中较为常见的借用有资质的建筑施工企业名义与他人签订建设工程施工合同的实际施工人的权益保护问题没有涉及。对于《建设工程施工合同司法解释》第二十六条是否排除了对借用有资质的建筑施工企业名义与他人签订建设工程施工合同的承包人的适用问题，理论和实务中仍存在争议。一种观点认为，《建设工程施工合同司法解释》第二十六条不适用于借用有资质的建筑施工企业名义与他人签订建设工程施工合同的承包人，理由是该条只规定了实际施工人与转包人、违法分包人以及发包人之间的权利义务关系，没有规定实际施工人与出借资质的建筑施工企业之间的权利义务关系。另一种观点认为，该条适用于借用有资质的建筑施工企业名义与他人签订建设工程施工合同的承包人，理由如下：首先，《建设工程施工合同司法解释》第二十六条规定的宗旨是保护农民工的合法权益，在出借资质的情况下，为保护农民工利益，也应保护借用资质的实际施工人。其次，根据《建设工程施工合同司法解释》第一条、第四条的规定，借用有资质的建筑施工企业名义与他人签订建设工程施工合同的承包人也属于实际施工人。再次，在借用有资质的建筑施工企业名义与他人签订建设工程施工合同的情况下，出借方并不实际参与建设工程施工，借用方实际参与建设工程施工，符合实际施工人的文义。最后，由于建设工程施工合同是以出借方名义签订的，借用方履行完毕施工义务后，并不能依据《合同法》的规定和建设工程施工合同请求发包人支付工程价款，出借方通常只收取管理费，对于追索工程价款没有积极性，如果本条不适用于借用资质的实际施工人，对于保护农民工利益不利。第一种观点具有合理性。一方面，《建设工程施工合同司法解释》第二十六条和《建设工程施工合同司法解释（二）》第二十四条的表述十分明确，实际施工人以发包人为被告主张权利的，人民法院应当追加转包人或者违法分包人为本案第三人，在查明发包人欠付转包人或者违法分包人建设工程价款的数额后，判决发包人在欠付建设工程价款范围内对实际施工人承担责任。上述规定并不涉及借用资质的情形。另一方面，《建设工程施工合同司法解释（二）》第二十四条规定不适用于借用资质的实际施工人，不等于借用资质的实际施工人在履行完建设工程施工合同后不能请求发包人支付工程价款。对于在借用资质的情况下谁有权请求发包人支付建设工程价款的问题，理论和实务也存在争议，主要有三种观点。

第一种观点认为，在借用资质的情况下，实际施工人是以具有资质的建筑施工企业名义与发包人签订建设工程施工合同，在建设工程施工合同上加盖的是出借资质的建筑施工企业的公章，并由出借资质的建筑施工企业的法定代表人签字，因此出借资质的建筑施工企业才是建设工程施工合同的当事人。借用资质的实际施工人并非建设工程施工合同的当事人，借用资质的单位或者个人与发包人之间没有建设工程施工合同关系，无权直接请求发包人支付工程款。而且《建设工程施工合同司法解释》第二十六条和《建设工程施工合同司法解释（二）》第二十四条规定也不适用于借用资质的实际施工人，因此，应当严格坚持合同相对性原则。借用资质的实际施工人只能依据其与出借资质的承包人之间的合同关系向其请求支付工程款。出借资质的承包人有权依据其与发包人之间的建设工程施工合同向发包人请求支付工程款。借用资质的实际施工人与发包人之间没有合同关系，故无权向发包人请求支付工程款。

第二种观点认为，虽然实际施工人以具有资质的建筑施工企业名义与发包人签订建设工程施工合同，但实际施工人才是真实的缔约人，也是建设工程施工合同真实的承包人。对此，实际施工人、出借资质的建筑施工企业和发包人都是明知的，而且各方都认可。这属于典型的隐藏行为。《民法总则》第一百四十六条规定："行为人与相对人以虚假的意思表示实施的民事法律行为无效。以虚假的意思表示隐藏的民事法律行为的效力，依照有关法律规定处理。"实际施工人借用有资质的建筑施工企业与发包人签订建设工程施工合同，实际包含两个法律行为：一是以虚假的意思表示实施的民事法律行为，即出借资质的建筑施工企业与发包人签订建设工程施工合同的行为。依据《民法总则》第一百四十六条第一款关于"行为人与相对人以虚假的意思表示实施的民事法律行为无效"的规定，该合同无效。二是以虚假的意思表示隐藏的民事法律行为，即借用资质的实际施工人利用出借资质的建筑施工企业名义与发包人签订的建设工程施工合同。依据《民法总则》第一百四十六条第二款关于"以虚假的意思表示隐藏的民事法律行为的效力，依照有关法律规定处理"的规定，该行为并非当然无效，而应考察其是否符合法律规定的民事法律行为有效的情形。根据《建设工程施工合同司法解释》第四条的规定，没有资质的实际施工人借用有资质的建筑施工企业名义与他人签订建设工程施工合同的行为无效。因此该合同也无效。虽然这两个行为都无效，但无效之后的法律效果并不相同。《民法总则》第一百四十三条规定了民事法律行为有效所应具备的三个要件：一是行为人具有相应的民事行为能力，二是意思表示真实，三是不违反法律、行政法规的强制性规定，不违背公序良俗。出借资质的建筑施工企业与发包人签订的建设工程施工合同因不具备第二个要件，即意思表示真实，而无效。没有资质的实际施工人借用有资质的建筑施工企业名义与发包人签订建设工程施工合同因不具备第三个要件，即不违反法律、行政法规的强制性规定，而无效。缺乏第二个生效要件，说明出借资质的建筑施工企业和发包人之间并没有签订建设工程施工合同的意思，或者说缺乏就建设特定工程而相互设定权利义务的意思，双方甚至没有实质性的缔约行为。对于建设工程施工合同的标的而言，双方无实质性的法律关系。缺乏第三个生效要件，说明借用资质的实际施工人与发包人有签订建设工程施工合同的意思，或者说双方就建设特定工程而相互设定权利义务形成了合意，只是双方形成的意思表示违反了法律、行政法规的强制性规定，故不能得到法律认可，不产生合同效力，但要产生合同法上的效力。① 即借用资质的实际施工人与发包人之间就建设工程施工合同之标的产生了实质性的法律关系。因此，虽然实际施工人借用有资质的建筑施工企业名义与发包人签订建设工程施工合同无效，但双方当事人围绕合同订立、履行而形成一系列法律关系，即建设工程施工关系。在双方当事人已经履行建设工程施工合同的情况下，即使该合同无效，双方当事人之间也会基于签订、履行合同的行为以及《合同法》的规定产生债法上的请求权。具体而言，在建设工程施工合同无效的情况下，应根据《合同法》第五十八条关于“合同无效或者被撤销后，因该合同取得的财产，应当予以返还；不能返还或者没有必要返还的，应当折价补偿。有过错的一方应当赔偿对方因此所受到的损失，双方都有过错的，应当各自承担相应的责任”的规定，确定借用资质的实际施工人与发包人之间的责任。《建设工程施工合同司法解释》第二条规定：“建设工程施工合同无效，但建设工程经竣工验收合格，承包人请求参照合同约定支付工程价款的，应予支持。”故在建设工程质量合格的情况下，实际施工人直接向发包人请求参照合同约定支付工程价款，有法律和法理依据。而发包人、借用资质的实际施工人与出借资质的建筑企业之间的真实意思是出借建筑工程施工资质，三方当事人之间形成借用建筑工程施工资质的关系。在实际施工人借用出借资质的

① 合同效力与合同法上的效力并不相同。合同效力以合同有效为前提，以合同约定的权利义务为依据，表现为合同之债。合同法上的效力不以合同有效为前提，不以合同约定的权利义务为依据，而以合同法的规定为依据，不表现为合同之债。

建筑企业的名义与发包人签订的建设工程施工合同被认定为无效后，三方当事人应当就因出借资质产生的债权债务关系，如资质借用方与出借方约定的“管理费”的支付和返还、资质出借方和借用方因建设工程质量不合格等原因给发包人造成的损失赔偿等问题，进行清理，以确定各方当事人的权利义务和责任。换言之，由于出借资质的企业与发包人之间没有承包建设工程的真实意思，双方之间不存在建设工程施工合同关系，故出借资质的企业无权请求发包人支付建设工程价款，只有借用资质的实际施工人有权请求发包人支付建设工程价款。

第三种观点认为，建筑工程施工资质是建设工程施工领域特有的资质要求，缺乏这一资质，不仅发包人与承包人之间签订的建设工程施工合同无效，而且以后的各类审批手续均无法办理。对此，发包人、实际施工人均系明知。虽然在实际施工人借用资质与发包人签订建设工程施工合同的情况下，真实的承包人是借用资质的实际施工人而非出借资质的建筑企业，但是利用有资质的建筑企业的名义与发包人签合同的事实不仅为三方当事人所明知，而且是三方当事人所积极追求之目的，即三方当事人具有以具有资质的建筑企业的名义与发包人签订建设工程施工合同的效果意思。从这个意义上讲，发包人并非只是与借用资质的实际施工人一方签订建设工程施工合同，而是与借用资质的实际施工人和出借资质的建筑企业双方共同签订的建设工程施工合同，建筑工程施工资质的借用方和出借方作为一个整体构成承包人。发包人既需要出借方之名，也需要借用方之实。由借用资质方对建设工程进行施工是各方当事人之效果意思，借用出借资质方之名进行施工也是各方当事人之效果意思。故借用资质的实际承包人和出借资质的建筑企业共同构成承包人一方，与发包人签订建设工程施工合同。虽然三方当事人签订的建设工程施工合同无效，但借用资质的实际承包人和出借资质的建筑企业作为承包人，在建设工程质量合格的前提下，均有权依据《建设工程施工合同司法解释》第二条规定，请求发包人参照合同约定支付工程价款。

上述三种观点中，第一种观点也是传统的观点，在司法实践中具有一定市场，这在一定程度上与我国过去民事立法关于民事行为的制度不完善有关。但这一观点仅从表示行为解释各方当事人之间的意思表示，没有考虑发包人、出借资质的建筑企业以及借用资质的实际施工人三方的真实意思，尤其是未考虑发包人对于实际施工人借用资质签订建设工程施工合同一事明知的事实，未按照《民法总则》关于通谋虚伪和隐藏行为的规定来理解借用资质签订建设工程施工合同的行为性质。因此，这一观点缺乏明确的法律依据和坚实的法理基础。第二种观点有民法上的法律依据和法理基础，但与司法实践的传统观点反差较大，目前在司法实践中还未成为共识。第三种观点从法理上也能讲得通，并未从根本上否定传统观点，是一种相对折中的观点，也更容易为实践所接受，但仍面临建筑工程施工资质的借用方或者出借方中的一方向发包人主张建设工程价款债权后，另一方权利如何保护的问题，双方同时向发包人主张建设工程价款债权如何处理的问题，以及发包人向其中一方的清偿能否免除对另一方建设工程价款债务的问题。但无论是按第二种观点还是按第三种观点，借用资质的实际施工人均有权请求发包人支付建设工程价款。借用资质的实际施工人的请求权基础是其与发包人之间的建设工程施工合同关系，而非债的代位关系，无须以《建设工程施工合同司法解释》第二十六条和《建设工程施工合同司法解释（二）》第二十四条规定为依据，以《民法总则》和《合同法》的相关规定为依据即可。长远来看，第二种观点应当是司法实践下一步的方向，只是实践中观念的转变尚需一个过程。

038

实际施工人请求发包人给付工程价款应当具备哪些条件

实际施工人向发包人主张权利主要包括两种情形，一是转承包人和违法分承包人所施工工程质量合格的情况下请求发包人给付工程款；二是借用资质的单位或者个人在完成对建设工程的施工且所施工的工程质量合格的情况下请求发包人给付工程价款。在转包和违法分包的情况下，存在三方当事人，两个法律关系。一是承包人与发包人之间的建设工程施工合同关系；二是承包人作为转包人或者违法分包人与转包或者违法分包中的承包人之间的转包和违法分包关系。实际施工人请求发包人支付工程价款的依据有三：一是依据《建设工程施工合同司法解释（二）》第二十四条的规定，请求发包人在欠付转包人或者违法分包人工程款范围内承担责任；二是依据《建设工程施工合同司法解释（二）》第二十五条的规定，对发包人提起代位权诉讼；三是《民法总则》第一百四十六条的规定。

如果实际施工人依据《建设工程施工合同司法解释（二）》第二十四条规定，请求发包人在欠付转包人或者违法分包人工程款范围内承担责任，则需具备四个条件。

第一，实际施工人对转包人或者违法分包人基于转包、违法分包关系享有债权。该债权可能是工程价款请求权，也可能是因转包合同或者违法分包合同无效引起的赔偿损失请求权。实践中，关于实际施工人能否就其基于转包关系和违法分包关系对转包人或者违法分包人享有的、除建设工程价款之外的债权，请求发包人在欠付工程款范围内承担责任的问题，存在不同认识。对此，应持肯定意见，理由有四：首先，《建设工程施工合同司法解释（二）》第二十四条规定："实际施工人以发包人为被告主张权利的，人民法院应当追加转包人或者违法分包人为本案第三人，在查明发包人欠付转包人或者违法分包人建设工程价款的数额后，判决发包人在欠付建设工程价款范围内对实际施工人承担责任。"该条只是限定发包人在欠付建设工程价款范围内对实际施工人承担责任，并未限定发包人在欠付工程款范围内所承担的责任仅为转包人或者违法分包人欠实际施工人工程款的责任。其次，实践中，除建设工程价款涉及农民工工资保护外，其他损失赔偿责任等也可能涉及农民工工资利益，有必要纳入保护范围。再次，决定农民工工资权益是否能够落实的重要因素是实际施工人自身的资信状况或者说责任财产状况。实际施工人对转包人、违法分包人基于转包关系、违法分包关系的债权能否实现，对于实际施工人的责任财产状况具有重要影响。从这个角度上看，发包人代转包人、违法分包人对实际施工人所承担的责任是支付工程款的责任还是赔偿责任，对于本条司法解释的立法宗旨而言并无本质区别。最后，由于发包人所承担的责任并未超出其欠转包人或者违法分包人的工程款债务，因此，由其在欠付工程款范围内对转包人、违法分包人欠实际施工人工程价款债务之外的债务承担责任，并未加重发包人责任。但转包人、违法分包人欠实际施工人工程价款债务之外的债务必须基于转包关系或者违法分包关系而产生。此外，转包人、违法分包人欠实际施工人工程价款的利息属于工程款的法定孳息，实际施工人也有权请求发包人在欠付工程款范围内对转包人、违法分包人欠工程款利息承担责任。

第二，发包人欠付转包人或者违法分包人建设工程价款。转包合同和违法分包合同无效，并不意味着发包人与承包人签订的建设工程施工合同无效。承包人或者实际施工人履行完毕建设工程施工合同项下的义务后，承包人有权请求发包人支付工程价款。即使发包人与承包人签订的建设工程施工合同无效，如果承包人与实际施工人完成的建设工程经竣工验收合格，承包人也有权依据《建设工程施工合同司法解释》第二条的规定，请求发包人参照合同约定支付工程价款。但是，如果承包人与实际施工人完成的建设工程质量不合格导致承包人无权请求发包人支付工程价款，或者发包人已经全部支付欠承包人的工程价款，实际施工人就不能向发包人主张权利。此外，建设工程价款的利息属于法定孳息，实际施工人也有权请求发包人在欠付工程款及利息范围内承担责任。

第三，实际施工人对转包人或者违法分包人享有的债权数额不超出发包人欠付转包人或者违法分包人建设工程价款。如果超出工程价款，对超出部分实际施工人不能向发包人主张。

第四，实际施工人对转包人、违法分包人所享有的债权以及转包人、违法分包人对发包人所享有的建设工程价款债权真实合法且已届清偿期。发包人不仅可以向实际施工人主张其对转包人、违法分包人的抗辩，还可主张转包人、违法分包人对实际施工人的抗辩。

如果实际施工人依据《建设工程施工合同司法解释（二）》第二十五条规定，对发包人提起代位权之诉，则需具备代位权诉讼的条件。代位权诉讼并非建设工程施工合同纠纷中的特殊制度，而是《合同法》上的一项制度。因此，在理解和适用本条规定时，应以《合同法》第七十三条及《合同法司法解释（一）》的相关规定为依据。《合同法》第七十三条规定："因债务人怠于行使其到期债权，对债权人造成损害的，债权人可以向人民法院请求以自己的名义代位行使债务人的债权，但该债权专属于债务人自身的除外。代位权的行使范围以债权人的债权为限。债权人行使代位权的必要费用，由债务人负担。"《合同法司法解释（一）》第十一条规定："债权人依照合同法第七十三条的规定提起代位权诉讼，应当符合下列条件：（一）债权人对债务人的债权合法；（二）债务人怠于行使其到期债权，对债权人造成损害；（三）债务人的债权已到期；（四）债务人的债权不是专属于债务人自身的债权。"根据上述规定，实际施工人提起代位权诉讼的条件包括：

第一，实际施工人对转包人或者违法分包人享有合法的债权。转包合同或者违法分包合同因违反法律的禁止性规定，属于无效合同。合同无效后，不产生合同之债，但会产生合同法上之债。但是，如果实际施工人完成的建设工程质量合格，参照《建设工程施工合同司法解释》第二条关于“建设工程施工合同无效，但建设工程经竣工验收合格，承包人请求参照合同约定支付工程价款的，应予支持”的规定，转包人或者违法分包人仍应参照约定支付工程价款。需要注意的是，虽然《建设工程施工合同司法解释》第二条规定发包人参照合同约定支付工程价款的前提条件是“建设工程经竣工验收合格”，但从本条解释的精神看，只要建设工程质量合格，转包人或者违法分包人就应当支付相应的工程价款。而且此处所说的质量合格应当以国家标准为依据，而非以合同约定的标准为依据。如果转包合同或者违法分包合同约定的质量标准高于国家标准，实际施工人完成的建设工程达不到合同约定的较高的标准，但达到了国家规定的标准的，转包人或者违法分包人仍应当向实际施工人支付工程价款。但是，转包合同或者违法分包合同所约定的工程价款是以建设工程达到合同约定的较高的标准为对价。如果实际施工人所完成的建设工程未达到这一标准，其所能获得的工程价款相对合同约定的工程价款应相应减少。

第二，转包人或者违法分包人对发包人的债权已到期。在实际施工人对发包人提起的代位权诉讼中，发包人有权向实际施工人主张其向转包人或者违法分包人的抗辩。如果转包人或者违法分包人对发包人的债权未到期，发包人可以此为由提出抗辩，对抗实际施工人的代位权。

第三，转包人或者违法分包人怠于向发包人行使其到期债权，对实际施工人造成损害。《合同法司法解释（一）》第十三条规定：“合同法第七十三条规定的‘债务人怠于行使其到期债权，对债权人造成损害的’，是指债务人不履行其对债权人的到期债务，又不以诉讼方式或者仲裁方式向其债务人主张其享有的具有金钱给付内容的到期债权，致使债权人的到期债权未能实现。次债务人（即债务人的债务人）不认为债务人有怠于行使其到期债权情况的，应当承担举证责任。”这里需要正确理解债务人怠于行使其到期债权的含义。有观点认为，怠于行使其权利，主要表现为根本不主张权利或迟延行使权利。只要债务人已经行使自己的权利，纵使其方法不当或后果不利，债权人也不得再行使代位权，更不得依债权人的主观意愿来认定债务人行使对于第三人权利的方法适当与否，以及后果的好坏。[①] 这一观点具有合理性。判断转包人或者违法分包人怠于行使其对发包人的到期债权，关键看其是否在债权履行期限届满后仍不行使债权，其主观动机在所不论。如果由于客观原因导致转包人或者违法分包人无法向发包人行使到期债权，也不能认定转包人或者违法分包人怠于行使其对发包人的到期债权。具体而言，结合《合同法司法解释（一）》第十三条规定，转包人或者违法分包人怠于向发包人行使其到期债权，对实际施工人造成损害这一条件，可细化为以下条件：一是转包人或者违法分包人对实际施工人的债务已经到期。二是转包人或者违法分包人不向实际施工人履行该到期债务。三是转包人或者违法分包人对发包人享有具有金钱给付内容的债权。工程价款债权属于具有金钱给付内容的债权，因此对于转包人或者违法分包人对发包人享有的建设工程价款债权，实际施工人可以代位行使。在《建设工程施工合同司法解释（二）》起草过程中，本条早期的方案是，“实际施工人根据合同法第七十三条规定，以转包人、违法分包人怠于向发包人行使到期的建设工程价款债权，对其造成损害为由，提起代位权诉讼的，人民法院应予支持。”后经研究讨论，认为实际施工人代位行使的债权不应当限制为转包人、违法分包人对发包人享有的建设工程价款债权，而应包括其他金钱债权，只要不是专属于转包人、违法分包人自身的债权即可。四是转包人或者违法分包人对发包人享有的具有金钱给付内容的债权已经到期。五是转包人或者违法分包人不以诉讼方式或者仲裁方式向发包人主张已到期的具有金钱给付内容的债权。六是转包人或者违法分包人怠于向发包人主张已到期的具有金钱给付内容的债权，致使实际施工人的到期债权未能实现。

第四，转包人或者违法分包人的债权不是专属于其自身的债权。《合同法司法解释（一）》第十二条规定：“合同法第七十三条第一款规定的专属于债务人自身的债权，是指基于扶养关系、抚养关系、赡养关系、继承关系产生的给付请求权和劳动报酬、退休金、养老金、抚恤金、安置费、人寿保险、人身伤害赔偿请求权等权利。”可见，代位权诉讼中专属于债务人自身的债权是针对自然人债

---

① 崔建远：《债权人代位权的新解说》，载《法学》2017 年第 2 期。

务人而言的。在转包人或者违法分包人为建筑施工企业的情况下，转包人或者违法分包人对发包人的债权均不属于专属于其自身的债权，实际施工人均可代位行使。

综上，在实际施工人对发包人提起的代位权诉讼中，存在两个债权债务关系。一是实际施工人与转包人或者违法分包人之间的债权债务关系。由于转包合同和违法分包合同是无效合同，该债权债务关系并非合同之债。但这并不妨碍实际施工人向发包人提起代位权之诉。二是转包人或者违法分包人与发包人之间的债权债务关系。承包人转包和违法分包行为无效，并不必然导致其与发包人之间的建设工程施工合同无效。因此，转包人或者违法分包人与发包人之间的债权债务关系可能是合同之债，也可能不是合同之债。同时，转包人或者违法分包人与发包人之间的债权债务关系并不限于建设工程施工合同项下的债权债务关系。实际施工人对发包人行使代位权，须这两个债权债务关系均合法；这两个债权债务关系中的债务均已到期，且均未履行；第二个债权债务关系中的转包人或者违法分包人享有的债权以给付金钱为标的且不属于专属于其自身的债权；违法分包人与转包人未通过诉讼或者仲裁的方式向发包人主张债权。只有这两个债权债务关系同时符合这几个条件时，实际施工人才能向发包人行使代位权。

根据《民法总则》第一百四十六条的规定，借用资质的实际施工人与发包人之间存在直接的建设工程施工合同关系，虽然根据《建设工程施工合同司法解释》第一条第二项规定，该建设工程施工合同无效，但在其所施工工程质量合格的前提下，仍有权依据《建设工程施工合同司法解释》第二条规定请求发包人参照合同约定支付工程价款。在这种情况下，实际施工人请求发包人支付工程价款的条件有：第一，发包人在签订建设工程施工合同时，知道系实际施工人借用有资质的建筑企业的名义与其签订合同。换言之，发包人、承包人和实际施工人之间构成借用资质签订建设工程施工合同关系，而非转包关系。第二，实际施工人所施工工程质量合格，如果其所施工的工程质量不合格，则无权依据《建设工程施工合同司法解释》第二条规定请求发包人参照合同约定支付工程价款。第三，发包人尚欠付工程款。实践中，在借用资质签订建设工程施工合同的情况下，工程款支付方式较为复杂，有的由发包人直接支付给实际施工人；有的由发包人直接支付给出借资质的企业，再由出借资质的企业依据挂靠合同的约定支付给实际施工人；有的发包人还通过直接支付农民工工资、垫付材料款、向实际施工人出借款项等方式支付工程款。无论以何种方式支付，除非有证据证明发包人支付的不属于工程款，或者发包人支付工程款存在重大过错，发包人所付的工程款都应当从应付工程款中予以扣除。实际施工人对发包人非直接向其支付的工程款不予认可的，应结合发包人是否存在过错、其支付工程款的行为是否明显不当，是否减少实际施工人应负担的民事责任等事实，对发包人应付工程款数额作出认定。

039

谁应当就发包人欠付工程款数额承担举证责任

建设工程施工合同纠纷主要集中于发包人是否欠付工程款、欠付多少工程款。要查明发包人欠付工程数额就需要查明其应付工程款数额及已付工程款数额，二者之差就是欠付工程款数额。根据“谁主张、谁举证”原则，承包人应当对发包人应付工程款数额承担举证责任。发包人主张其已经支付部分或者全部工程款的，应当对其已付工程款数额承担举证责任。在实际施工人请求发包人在欠付工程款范围内承担责任的情况下，根据《建设工程施工合同司法解释(二)》第二十四条的规定，人民法院应当在查明发包人欠付转包人或者违法分包人建设工程价款的数额的基础上，判决发包人在欠付建设工程价款范围内对实际施工人承担责任。要查明发包人欠付转包人或者违法分包人建设工程价款的数额，一方面需要查明发包人应付工程款的数额，另一方面需要查明发包人已付工程款的数额。转包人或者违法分包人应当对发包人应付工程数额承担举证责任，发包人应当对其已付工程款数额承担举证责任。但是，在实践中，由于转包人或者违法分包人往往并未参与转包工程或者违法分包工程的施工，对工程款债权的实现无实际利益，在诉讼中处于消极地位，并不积极举证证明发包人应付工程款数额，甚至不积极参加诉讼。同时，由于转包人或者违法分包人并未实际参与工程施工，甚至也不掌握相关证据材料，无法就发包人应付工程款数额完成举证证明责任。因此，在这类诉讼中，需要由实际施工人对发包人应付违法分包人或者非法转包人的工程款数额承担举证责任，由发包人对已付工程款数额承担举证责任。

合同相对性原则是合同法的基石，除非有法律的明确规定，否则不能轻易突破。《建设工程施工合同司法解释（二）》第二十四条对合同相对性的突破仅仅表现在，在发包人欠违法分包人或者非法转包人工程款、违法分包人或者非法转包人欠实际施工工程款等债务的情况下，实际施工人有权请求发包人在欠付工程款范围内承担责任。对于发包人欠违法分包人或者非法转包人工程款债务的具体数额、是否已届清偿期等事实，应当根据发包人与违法分包人或者非法转包人之间的合同关系作出认定。对于违法分包人或者非法转包人欠实际施工人工程款等债务的数额、是否已届清偿期等问题，应当根据违法分包人或者非法转包人与实际施工人之间的合同关系作出认定。因此，无论是实际施工人还是违法分包人或者非法转包人在证明发包人应付违法分包人或者非法转包人的工程款数额时，应当以发包人与违法分包人或者非法转包人签订的建设工程施工合同以及合同履行情况为依据。实际施工人与非法转包人、违法分包人之间的约定，不能对抗发包人。实际施工人与转包人之间的工程价款结算也不能对抗发包人。发包人与非法转承包人、违法分承包人之间的约定，不能对抗非法转包人、违法分包人。

040

实际施工人只起诉请求发包人承担责任的，为什么必须追加转包人或者违法分包人为第三人

在实际施工人起诉发包人承担责任的情况下，需要查清三方当事人之间的两个法律关系。一是发包人与非法转包人、违法分包人之间的建设工程施工合同关系；二是违法分包合同与非法转包合同发包人与承包人之间的债权债务关系。实际施工人与发包人没有直接的合同关系，如果只有实际施工人和发包人参加诉讼，难以查清三方当事人之间的两层权利义务关系。如上所述，在非法转包和违法分包的情况下，实际施工人向发包人主张权利，请求权基础包括两层法律关系。一是承包人与发包人之间的建设工程施工合同关系；二是承包人作为非法转

包人或者违法分包人与非法转包或者违法分包中的承包人之间的非法转包和违法分包关系。实际施工人在完成相应的建设工程施工任务后，基于其与非法转包人或者违法分包人之间的非法转包和违法分包关系，取得向非法转包人或者违法分包人的工程价款请求权。非法转包人、违法分包人或者实际施工人完成建设工程后，非法转包人或者违法分包人基于其与发包人之间的建设工程施工合同关系，取得向发包人的建设工程价款请求权。如果依据合同相对性原则，实际施工人向非法转包人或者违法分包人的工程价款请求权不能对抗发包人，只能向非法转包人或者违法分包人主张。鉴于建筑行业是劳动密集型行业，也是薄利行业，如果非法转包人、违法分包人对发包人的工程价款债权不能实现，往往也无力履行向实际施工人给付工程价款债权的义务。《建设工程施工合同司法解释》第二十六条规定和《建设工程施工合同司法解释（二）》第二十四条规定出于保护农民工等建筑工人利益的目的，基于建设工程是建筑工人劳动物化的法理基础，赋予实际施工人对非法转包人、违法分包人享有的工程价款债权以对抗发包人的效力。但该权利必须以实际施工人对非法转包人、违法分包人享有的工程价款债权和非法转包人、违法分包人对发包人的建设工程价款债权均合法有效、且均未全部行使为条件。

要查明实际施工人对非法转包人、违法分包人享有的工程价款债权和非法转包人、违法分包人对发包人享有的建设工程价款债权是否合法有效、具体数额，就必须将相关当事人追加为当事人，以便查清相关法律事实。在《建设工程施工合同司法解释（二）》起草过程中，对于人民法院应当追加非法转包人、违法分包人为当事人没有争议，但对于是将非法转包人、违法分包人追加为第三人还是追加为被告存在争议。后经研究讨论，多数意见认为将非法转包人、违法分包人追加为被告不妥。实际施工人作为原告，有权决定选择谁作为被告。如果实际施工人一并起诉非法转包人、违法分包人和发包人，将非法转包人、违法分包人和发包人作为共同被告，人民法院应予准许。如果实际施工人只起诉发包人，人民法院追加非法转包人、违法分包人为共同被告实际侵害了实际施工人作为原告的诉权。如果人民法院将非法转包人、违法分包人追加为被告后，直接判决非法转包人、违法分包人承担法律责任，则超出了实际施工人的诉讼请求。从尊重实际施工人的意愿和遵守《中华人民共和国民事诉讼法》（以下简称《民事诉讼法》）相关规定的角度考虑，在实际施工人以发包人为被告主张权利的情况下，人民法院应当追加非法转包人或者违法分包人为本案第三人。

041

实际施工人起诉请求发包人承担责任的，为什么必须查明发包人欠付工程价款的数额

《建设工程施工合同司法解释》第二十六条第二款规定："实际施工人以发包人为被告主张权利的，人民法院可以追加非法转包人或者违法分包人为本案当事人。发包人只在欠付工程价款范围内对实际施工人承担责任。"司法实践中，有的人民法院直接在判决主文中判令发包人在欠付非法转包人或者违法分包人工程价款范围内对实际施工人承担责任，但对于发包人是否欠付非法转包人或者违法分包人工程价款，欠付工程价款的数额等事实并未查清。这导致了两方面的弊端。一方面，由于生效判决对发包人是否欠付非法转包人或者违法分包人工程价款，欠付工程价款的数额等事实并未查清，实际施工人与发包人之间的权利义务并不明确。实际施工人申请强制执行后，由于没有明确具体的执行内容，往往导致生效判决无法执行，实际施工人的权利不能及时实现。另一方面，由于对实际施工人与非法转包人或者违法分包人之间的权利义务关系以及非法转包人或者违法分包人与发包人之间的权利义务关系没有查清，加之实际施工人并非法律上的较为严谨的法律概念，在实践中不易把握，容易导致发包人陷入无休止的缠诉之中。《建设工程施工合同司法解释（二）》第二十四条针对这一问题，对《建设工程施工合同司法解释》第二十六条第二款规定作了完善，专门规定人民法院应在查明发包人欠付非法转包人或者违法分包人建设工程价款的数额后，判决发包人在欠付建设工程价款范围内对实际施工人承担责任。如果发包人不欠非法转包人或者违法分包人建设工程价款，就不应向实际施工人承担责任。实践中，在实际施工人起诉请求发包人在欠付工程款范围内承担责任后，有的法院对于发包人是否欠付非法转包人或者违法分包人工程价款，欠付工程价款的数额等事实并未审查，直接判决发包人在欠付工程款范围内承担责任。当发包人被强制执行时

才提出异议，结果经审查发现发包人确实不欠非法转包人或者违法分包人工程款，就需要撤销原判决中关于发包人在欠付工程款范围内承担责任的判项。

042

非法转包人或者违法分包人被追加为第三人后请求发包人给付建设工程价款的诉讼请求，是否可以合并审理

根据《建设工程施工合同司法解释（二）》第二十四条的规定，实际施工人以发包人为被告主张权利的，人民法院应当追加非法转包人或者违法分包人为本案第三人。非法转包人或者违法分包人被追加为第三人后，可能向发包人提出给付建设工程价款的诉讼请求。实际施工人以发包人为被告主张权利，既依据其对非法转包人或者违法分包人享有的建设工程价款给付请求权，也依据非法转包人或者违法分包人对发包人享有的建设工程价款给付请求权，因此，实际施工人对发包人提起的诉讼与非法转包人或者违法分包人对发包人提起的诉讼具有牵连关系。《民事诉讼法》第一百四十条规定：“原告增加诉讼请求，被告提出反诉，第三人提出与本案有关的诉讼请求，可以合并审理。”依据该规定，人民法院对非法转包人或者违法分包人被追加为第三人后提出请求发包人给付建设工程价款的诉讼请求，可以合并审理。这不仅有助于减少当事人的诉累，提高诉讼效率，也有利于查清案件事实，清结各方当事人之间的债权债务。

043

发包人在欠付工程款范围内对实际施工人承担责任后，哪些债权债务关系归于消灭

实际施工人起诉请求发包人在欠付工程款范围内承担责任的，人民法院应当追加非法转包人或者违法分包人为本案第三人，在查明发包人欠付非法转包人或者违法分包人建设工程价款的数额的基础上，判令发包人在欠付建设工程价款范围内对实际施工人承担责任的判决生效后，实际施工人可以直接请求发包人履行

生效判决所确定的债务。如果发包人在生效判决规定的期限内没有履行，可以申请人民法院强制执行。发包人履行生效裁判所确定的债务后，发包人对非法转包人或者违法分包人的债务以及非法转包人或者违法分包人对实际施工人的债务的相应部分消灭。

实践中，还需要处理好几个诉讼的关系。人民法院判决发包人在欠付工程款范围内向实际施工人承担责任后，实际施工人又起诉非法转包人或者违法分包人给付工程价款的，除非生效判决确定的实际施工人对发包人的债权经强制执行也不能实现，对于人民法院生效判决已经作出判决的部分工程价款，不宜支持，要避免实际施工人就同一债权双重受偿。施工人在行使诉权时，最好是将发包人和非法转包人、违法分包人作为共同被告。在缺乏资质的单位或者个人借用建筑企业资质与发包人签订建设工程施工合同的情况下，将借用资质方、出借资质方以及发包人一并作为当事人，对三方法律关系一并处理。这有利于查清案件事实，厘清法律责任。实践中，有的出借资质的建筑企业起诉请求发包人支付建设工程价款，但未追加实际进行施工的借用资质的单位或者个人为案件当事人。人民法院在判决发包人向出借资质的建筑企业支付建设工程价款后，该企业被宣告破产，实际施工人也是实际承包人的权利就很难得到保障。人民法院判决发包人在欠付工程款范围内向实际施工人承担责任后，非法转包人或者违法分包人另行起诉请求发包人给付建设工程价款的，对人民法院已判决发包人向实际施工人承担责任部分不再支持。此外，根据《最高人民法院民事诉讼证据的若干规定》（以下简称《民事诉讼证据规定》）第十条第一款第四项的规定，对于生效判决认定的发包人欠付非法转包人或者违法分包人工程价款数额等事实，非法转包人或者违法分包人不用再承担举证责任，但发包人有相反证据足以推翻的除外。

044

发包人在欠付工程款范围内向实际施工人承担责任是否应以建设工程质量合格为前提

建设工程的特殊性在于，其最终的所有人或使用人往往不是建设工程施工合同的当事人，而是购房人或者其他不特定的第三人。因此，建设工程具有公共性。这也使得建设工程施工合同涉及公共利益和第三人利益保护问题。而对公共利益和第三人利益的保护主要通过保护建设工程质量安全来实现。人民法院关于建设工程施工合同的司法解释和司法政策有多重价值取向，但各种价值取向中也存在较为明确的价值位阶。在各种价值取向中，保护建设工程质量安全始终排列第一位，这是人民法院涉建设工程司法解释和司法政策的首要价值选择。人民法院坚决维护招标投标市场秩序的目的在于此，规定非法转包、违法分包建设工程或者没有资质的实际施工人借用有资质的建筑施工企业名义与他人签订建设工程施工合同的行为无效的目的在于此，始终维护建设工程领域各类管理性规定和技术规定权威的目的在于此，在建设工程施工合同无效但建设工程经竣工验收合格的情况下支持承包人请求参照合同约定支付工程价款的诉讼请求的原因也在于此。

在建设工程施工合同中，施工人一方的主要义务是按合同约定完成工程施工，交付合格工程；发包人的主要义务是按合同约定支付工程价款。《建设工程施工合同司法解释》第二条规定："建设工程施工合同无效，但建设工程经竣工验收合格，承包人请求参照合同约定支付工程价款的，应予支持。"第三条规定："建设工程施工合同无效，且建设工程经竣工验收不合格的，按照以下情形分别处理：（一）修复后的建设工程经竣工验收合格，发包人请求承包人承担修复费用的，应予支持；（二）修复后的建设工程经竣工验收不合格，承包人请求支付工程价款的，不予支持。因建设工程不合格造成的损失，发包人有过错的，也应承担相应的民事责任。"第十条第一款规定："建设工程施工合同解除后，已经完成的建设工程质量合格的，发包人应当按照约定支付相应的工程价款；已经完成的建设工程质量不合格的，参照本解释第三条规定处理。"第十六条第三款规定："建设工程施工合同有效，但建设工程经竣工验收不合格的，工程价款结算参照本解释第三条规定处理。"可见，无论建设工程施工合同是否有效、是否被解除，建设工程质量合格，都是发包人支付工程款的前提。从价值取向看，虽然保护农民工等弱势群体的利益始终是最高人民法院制定《建设工程施工合同司法解释（二）》所坚持的价值取向，但此等保护仍然要以建设工程质量合格为前提。如果实际施工人完成的建设工程质量不合格且拒绝修复，或者经修复仍不合格的，无论是实际施工人对非法转包人或者违法分包人的建设工程价款请求权还是非法转包人或者违法分包人对发包人的建设工程价款请求权，都将失去合法性和合理性基础。

045

《建设工程施工合同司法解释（二）》对实际施工人权益保护有哪些变化

《建设工程施工合同司法解释（二）》对实际施工人权益保护规则的改变主要体现在第二十四条和第二十五条上。《建设工程施工合同司法解释（二）》第二十四条是对《建设工程施工合同司法解释》第二十六条第二款的完善。《建设工程施工合同司法解释（二）》第二十四条规定："实际施工人以发包人为被告主张权利的，人民法院应当追加转包人或者违法分包人为本案第三人，在查明发包人欠付转包人或者违法分包人建设工程价款的数额后，判决发包人在欠付建设工程价款范围内对实际施工人承担责任。"该条与《建设工程施工合同司法解释》第二十六条第二款相比，有以下变化：

第一，《建设工程施工合同司法解释》第二十六条第二款规定，实际施工人以发包人为被告主张权利的，人民法院可以追加转包人或者违法分包人为本案当事人。《建设工程施工合同司法解释（二）》第二十四条修改为，在这种情况下，人民法院应当追加转包人或者违法分包人为本案当事人。如上文所述，之所以将"可以追加"修改为"应当追加"，是因为此类案件中涉及两个法律关系，而转包人或者违法分包人是这两个法律关系的当事人，实际施工人与发包人没有直接的合同关系，因此，不追加转包人或者违法分包人就难以查清这两个基础法律关系，更难以查清发包人与实际施工人之间的关系。针对《建设工程施工合同司法解释》第二十六条第二款规定在实践中出现的问题，《建设工程施工合同司法解释（二）》第二十四条作了有针对性的修改，要求必须追加转包人或者违法分包人为案件当事人。

第二，《建设工程施工合同司法解释（二）》第二十四条规定，应当在查明发包人欠付转包人或者违法分包人建设工程价款数额后再判决发包人是否应当在欠付工程款范围内承担责任，在欠付多少工程款范围内承担责任。之所以增加这一规定，是因为在之前的很多案件中，不少判决只是写明发包人在欠付工程款范围内承担责任，但是对于发包人是否欠付工程款、欠付多少工程款等事实并没有查明。对这类判决，法院的执行部门会感到比较困惑，由于上述事实没有查明，很难强制执行。如果执行部门在强制执行过程中，还要对发包人是否欠付工程款、欠付多少工程款等事实进行查明，并对是否对发包人进行强制执行，在多大范围内对发包人进行强制执行作出判断，又超越了执行部门的职能。实践中也有这样的案例。甲将工程发包给乙，乙又将其中的部分工程违法分包给丙。工程完工后，乙未按分包合同的约定向丙支付工程款。丙就起诉请求乙支付工程款，请求甲在欠付乙的范围内承担责任。一审法院在查明乙欠付丙的工程数额后，判决乙向丙支付工程款，并判决甲在欠付乙工程款范围内承担责任。甲不服，认为其不欠乙工程款，一审判决判令其在欠付乙工程款范围内向实际施工人承担责任缺乏事实依据，故提起上诉。二审判决亦未查明发包人是否欠付工程款、欠付多少工程款等事实，即驳回上诉、维持一审判决。该案进入强制执行程序时，执行法院也将甲列为被执行人，但在决定具体执行多少工程款时，必须核实甲欠乙的工程款数额。经核实，甲并不欠乙工程款。因此，一二审判决判令甲在欠付乙的工程款范围内承担责任就存在问题。另一个案例也具有典型意义。发包人将工程发包给承包人，承包人再将其中的部分工程违法分包给实际施工人。实际施工人起诉请求承包人支付工程款，请求发包人在欠付工程款范围内承担责任。一审法院发现承包人并没有清偿能力，而发包人具备清偿能力，实际施工人存在垫资的情况，借钱施工，每月都需要支付大量利息，就决定对发包人先予执行。先予执行后才发现，发包人欠付违法分包人的工程款数额低于先予执行发包人的工程款数额。因此，在不查明发包人欠付转包人、违法分包人工程款数额的情况下，就难以对发包人是否欠付转包人、违法分包人工程款、欠付多少工程款等事实作出判断。对此，《建设工程施工合同司法解释（二）》第二十四条规定，人民法院应当在查明发包人欠付转包人或者违法分包人建设工程价款的数额后，判决发包人在欠付建设工程价款范围内对实际施工人承担责任。

关于实际施工人建设工程价款债权保护，《建设工程施工合同司法解释（二）》还增加了一条规定，即第二十五条规定。该条引入了《合同法》中的代位权诉讼制度。《建设工程施工合同司法解释（二）》第二十五条规定："实际施工人根据合同法第七十三条规定，以转包人或者违法分包人怠于向发包人行使到期债权，对其造成损害为由，提起代位权诉讼的，人民法院应予支持。"该条规定并未创设新的制度。根据《合同法》第七十三条和《合同法司法解释（一）》第十一条规定的条件，只有专属于债务人自身的债权才不能提起代位权诉讼。《合同法司法解释（一）》第十二条规定："合同法第七十三条第一款规定的专属于债务人自身的债权，是指基于扶养关系、抚养关系、赡养关系、继承关系产生的给付请求权和劳动报酬、退休金、养老金、抚恤金、安置费、人寿保险、人身伤害赔偿请求权等权利。"故建设工程价款债权并不属于专属于债务人自身的债权，在发包人欠转包人、违法分包人建设工程价款，转包人、违法分包人欠实际施工建设工程价款的情况下，实际施工人有权对发包人提起代位权诉讼。因此，即使没有《建设工程施工合同司法解释（二）》第二十五条规定，实际施工人也可以依据《合同法》和《合同法司法解释（一）》的规定对发包人提起代位权诉讼。故《建设工程施工合同司法解释（二）》第二十五条规定是指引性规定，并未创设新的实际施工人建设工程价款债权保护规则。

046

发包人在欠付工程款范围内对实际施工人承担的责任是否为连带责任

《建设工程施工合同司法解释》第二十六条和《建设工程施工合同司法解释（二）》第二十四条规定发包人在欠付工程款范围内向实际施工人承担责任。对于该责任的性质，实践中存在争议。一种观点认为，发包人向实际施工人承担的是连带责任，主要理由是，上述规定首先明确了转包人、违法分包人应向实际施工人承担给付工程款的责任，同时又规定发包人在欠付工程款范围内承担责任，故实际施工人既可以请求转包人、违法分包人承担责任，也可以请求发包人承担责任，符合《民法总则》第一百七十八条关于"二人以上依法承担连带责任的，权利人有权请求部分或者全部连带责任人承担责任"的规定。另一种观点认为，发包人向实际施工人承担的不是连带责任，主要理由是根据《民法总则》第一百七十八条的规定，连带责任由法律规定或者当事人约定，但是实践中当事人未约定发包人在欠付工程款范围内向实际施工人承担连带责任，《建设工程施工合同司法解释》和《建设工程施工合同司法解释（二）》也没有规定发包人承担连带责任。上述两种观点中，第二种观点更具有合理性。在没有当事人明确约定或者法律明确规定的情况下，不宜认定发包人与转包人或者违法分包人向实际施工人承担连带责任。连带责任应当以当事人有明确约定或者法律有明确规定为前提。《建设工程施工合同司法解释》和《建设工程施工合同司法解释（二）》均未明确规定发包人与转包人、违法分包人向实际施工人承担连带责任，故不宜认定发包人承担连带责任。

《建设工程施工合同司法解释》第二十六条和《建设工程施工合同司法解释（二）》第二十四条规定的发包人在欠付工程款范围内向实际施工人承担责任，从性质上看，更接近于代位责任，即发包人代转包人或者违法分包人向实际施工人承担责任，或者说实际施工人代转包人、违法分包人的位请求发包人履行义务。发包人承担代位责任后，发包人欠转包人、违法分包人的债务以及转包人、违法分包人欠实际施工人的债务相应消灭。如果发包人承担的是连带责任，实际施工人就可以同时请求发包人和转包人、违法分包人承担支付工程价款责任。但《建设工程施工合同司法解释》第二十六条和《建设工程施工合同司法解释（二）》第二十四条规定并不能读出这一层意思。上述规定的背景是，如果发包人不向转包人、违法分包人支付工程款，转包人、违法分包人往往也无钱支付实际施工人的工程款。而且实践中有的转包人、违法分包人对于向发包人追索工程款也没有积极性，导致实际施工人的建设工程价款债权不能实现，广大的农民工等建筑工人干完活拿不到钱，所以就赋予了实际施工人直接向发包人追索工程款的权利。如果实际施工人已经起诉请求发包人在欠付工程款范围内承担责任，则在生效判决认定的发包人欠付工程款范围内，其无权再起诉请求转包人或者违法分包人承担支付工程款的责任，除非实际施工人的债权在生效判决经强制执行后仍不能实现。因为前一诉讼涉及两个诉讼标的，一是发包人与转包人、违法分包人之间的建设工程价款关系；二是转包人、违法分包人与实际施工人的建设工程价款关系。后一关系已经为人民法院生效判决所拘束，如果实际施工人又另行提起诉讼就违反了一事不再理的原则，除非实际施工人所起诉部分超出了发包人欠付转包人、违法分包人的工程款的范围。同理，在人民法院已经判决发包人在欠付转包人工程款范围内承担责任后，违法分包人又起诉发包人支付建设工程价款的，只能就发包人向实际施工人承担责任之外的那部分债权提起诉讼，对于实际施工人提起代位权诉讼所涉那部分债权，转包人、违法分包人不应再另行对发包人提起诉讼。虽然《建设工程施工合同司法解释（二）》第二十四条和第二十五条均规定的是发包人的代位责任，但二者所针对的情况并不相同。第二十四条并不限于突破一层债的关系。在多次转包或者违法分包的情况下，应当追加各相关转包人、违法分包人为当事人，在查清各方当事人之间债权债务关系的情况下，对发包人是否应当在欠付工程款范围内承担责任、在多大范围内承担责任作出判决。第二十五条只能突破一层债的关系，但实际施工人所能代位主张的债权不限于建设工程价款债权，只要不是专属于转包人、违法分包人的债权都可代位行使。

五、建设工程施工合同的变更

047

哪些建设工程施工合同不允许当事人任意变更合同内容

根据意思自治原则和合同自由原则，合同签订后，只要双方当事人意思表示一致，就可以变更合同。但是，如果是通过招标投标方式订立的建设工程施工合同，因还涉及招标投标秩序、各投标人公平竞争权利以及防止发包人管理人员的道德风险等因素，当事人就不能任意变更。《招标投标法》第十九条第一款规定：“招标人应当根据招标项目的特点和需要编制招标文件。招标文件应当包括招标项目的技术要求、对投标人资格审查的标准、投标报价要求和评标标准等所有实质性要求和条件以及拟签订合同的主要条款。”第二十七条第一款规定：“投标人应当按照招标文件的要求编制投标文件。投标文件应当对招标文件提出的实质性要求和条件作出响应。”第三十九条规定：“评标委员会可以要求投标人对投标文件中含义不明确的内容作必要的澄清或者说明，但是澄清或者说明不得超出投标文件的范围或者改变投标文件的实质性内容。”第四十一条规定：“中标人的投标应当符合下列条件之一：（一）能够最大限度地满足招标文件中规定的各项综合评价标准；（二）能够满足招标文件的实质性要求，并且经评审的投标价格最低；但是投标价格低于成本的除外。”根据上述规定，通过招标投标方式签订建设工程施工合同与通过双方协商的方式签订建设工程施工合同不同。在招标投标程序中，招标人发布招标公告是要约邀请，投标人投标是要约，招标人向中标人发出中标通知书是承诺，因此招标投标有固定的程序，不允许当事人反复磋商。招标人编制的招标文件应当包括招标项目的技术要求、对投标人资格审查的标准、投标报价要求和评标标准等所有实质性要求和条件以及拟签订合同的主要条款。投标人的投标为要约，应当对招标文件提出的实质性要求和条件作出响应。即招标文件和投标文件已经确定了建设工程施工合同的实质性内容。投标人的投标只有在能够满足招标文件的实质性要求的情况下，才有可能被确定为中标人。不仅招标投标有固定的程序、招标文件和投标文件的内容有强制性要求，而且根据《招标投标法》第四十六条第一款规定，招标人和中标人应当自中标通知书发出之日起三十日内，按照招标文件和中标人的投标文件订立书面合同。招标人和中标人不得再行订立背离合同实质性内容的其他协议。故中标合同一旦确立，双方当事人就不能变更该合同的实质性内容。结合《招标投标法》前述规定，中标合同的实质性内容，在确定中标人时，就可以依据招标文件和中标人的投标文件予以确定。中标合同也不能变更招标文件、中标人投标文件和中标通知书的内容。

048

中标合同中的哪些内容不允许当事人变更

司法实践中，对于招标人和中标人不能另行订立背离中标合同实质性内容的其他建设工程施工合同并无异议，但是对建设工程施工合同中的哪些内容属于实质性内容有异议。对于这一问题，《建设工程施工合同司法解释（二）》第一条第一款作出规定："招标人和中标人另行签订的建设工程施工合同约定的工程范围、建设工期、工程质量、工程价款等实质性内容，与中标合同不一致，一方当事人请求按照中标合同确定权利义务的，人民法院应予支持。"该条司法解释将工程范围、建设工期、工程质量、工程价款等内容确定为实质性内容。招标人在编制招标文件、投标人在编制投标文件、评标委员会在选择中标人时，都应当围绕上述实质性内容进行。投标人对投标文件中含义不明确的内容作必要的澄清或者说明时，其澄清或者说明不得改变投标文件中关于工程范围、建设工期、工程质量、工程价款等实质性内容。此外，根据《招标投标法》第四十三条的规定，在确定中标人前，招标人不得与投标人就工程范围、建设工期、工程质量、工程价款等实质性内容进行谈判。更重要的是，根据《招标投标法》第四十六条第一款的规定，招标人和中标人不得再行订立背离中标合同关于工程范围、建设工期、工程质量、工程价款等实质性内容的约定，签订其他建设工程施工合同。

如上文所述，通过招标投标方式订立的建设工程合同，自中标通知书到达投标人时成立。招标文件、投标文件和中标通知书本身就是合同文本。根据《招标投标法》第四十六条第一款的规定，招标人和中标人应当自中标通知书发出之日起三十日内，按照招标文件和中标人的投标文件订立书面合同。由于招标文件、投标文件和中标通知书本身就是书面形式，属于书面合同。故该款所称的书面合同，应当指招标人和中标人根据招标文件、投标文件和中标通知书签订的建设工程施工合同书。实践中，建设工程施工合同书会对招标文件、投标文件记载的事项进行细化、完善，通常还约定招标文件、投标文件和中标通知书也是该合同书的组成部分。就合同关系而言，虽然招标文件、投标文件和中标通知书这一合同文本与依据该文本另行签订的建设工程施工合同书是不同的文本，甚至后者的内容可能更为全面、详细，但这并不能否定二者系同一建设工程施工合同的事实。同时，由于该建设工程施工合同关系自中标通知书到达中标人时成立，招标人与中标人依据《招标投标法》第四十六条第一款的规定，按照招标文件和中标人的投标文件订立建设工程施工合同书的行为，实际上是对前一合同文本的补充。就同一建设工程施工合同法律关系来看，对原来合同的补充实际上也属于一种变更。对于合同订立后，当事人又另行签订确认合同的书面文件这一问题，2010 年《国际商事合同通则》也作了规定。通则第 2. 1. 12 条规定："在合同订立后一段合理时间内发出的、意在确认合同的书面文件，如果载有添加或不同的条款，除非这些添加或不同条款实质性地变更了合同，或者接收方毫不迟延地拒绝了这些不符，则这些条款应构成合同的一个组成部分。"从国际商事交易规则来看，对合同的非实质性变更，一般不构成一个新要约，无须意思表示相对人作出新的承诺后合同才成立，除非意思表示的相对人毫不迟延地拒绝该变更，该变更也构成合同的一部分。究其原因，此类变更通常是为了促进交易的顺利进行而作出，并未改变交易对价，对双方当事人在合同项下的权利义务没有实质影响。根据《招标投标法》第四十六条第一款的规定，招标人和中标人另行签订的建设工程施工合同书应当以招标文件和中标人的投标文件为依据，故不能改变招标文件和中标人的投标文件的内容，尤其是不能变更招标文件、中标人的投标文件和中标通知书中关于工程范围、建设工期、工程质量、工程价款等实质性内容的约定。

在制定《建设工程施工合同司法解释（二）》的过程中，对于建设工程施工合同中哪些内容属于实质性内容的问题存在争议。有观点认为，应当参照《合同法》关于合同一般条款的规定来确定。《合同法》第十二条第一款规定："合同的内容由当事人约定，一般包括以下条款：（一）当事人的名称或者姓名和住所；（二）标的；（三）数量；（四）质量；（五）价款或者报酬；（六）履行期限、地点和方式；（七）违约责任；（八）解决争议的方法。"《合同法》第三十条对承诺的变更作了规定："承诺的内容应当与要约的内容一致。受要约人对要约的内容作出实质性变更的，为新要约。有关合同标的、数量、质量、价款或者报酬、履行期限、履行地点和方式、违约责任和解决争议方法等的变更，是对要约内容的实质性变更。"该条规定与《合同法》第十二条第一款规定基本一致。对于合同的实质性内容，《联合国国际货物销售合同公约》第十九条规定："（1）对发盘表示接受但载有添加、限制或其它更改的答复，即为拒绝该项发盘，并构成还盘。（2）但是，对发盘表示接受但载有添加或不同条件的答复，如所载的添加或不同条件在实质上并不变更该项发盘的条件，除发盘人在不过分迟延的期间内以口头或书面通知反对其间的差异外，仍构成接受。如果发盘人不做出这种反对，合同的条件就以该项发盘的条件以及接受通知内所载的更改为准。（3）有关货物价格、付款、货物质量和数量、交货地点和时间、一方当事人对另一方当事人的赔偿责任范围或解决争端等等的添加或不同条件，均视为在实质上变更发盘的条件。"通过对比上述规定，可以发现，合同主体、客体、对价、履行期限、履行地点和方式、违约责任以及解决争议方法等内容，一般都作为合同的实质内容。

关于建设工程施工合同的主要条款，《合同法》第二百七十五条规定："施工合同的内容包括工程范围、建设工期、中间交工工程的开工和竣工时间、工程质量、工程造价、技术资料交付时间、材料和设备供应责任、拨款和结算、竣工验收、质量保修范围和质量保证期、双方相互协作等条款。"《招标投标法实施条例》第五十七条第一款规定："招标人和中标人应当依照《招标投标法》和本条例的规定签订书面合同，合同的标的、价款、质量、履行期限等主要条款应当与招标文件和中标人的投标文件的内容一致。招标人和中标人不得再行订立背离合同实质性内容的其他协议。”在确定建设工程施工合同的实质内容时，既要考虑对招标投标秩序的维护，也要考虑对当事人意思自治和合同自由的尊重。如果将建设工程施工合同的实质内容限定得过窄，则招标人和投标人非常容易规避《招标投标法》等法律的强制性规定，使得招标投标制度形同虚设，不利于维护招标投标秩序、保护其他投标人公平交易的权利。如果将建设工程施工合同的实质内容规定得过宽，又会不合理地限制当事人的缔约自由。尤其是建设工程施工合同履行期限长、影响因素多、标的额大，如果过度限制当事人变更合同的权利，将会导致契约不完全问题，进而为建设工程施工合同的履行带来困难。在确定建设工程施工合同的实质性内容时，应当主要考虑以下因素：

第一，通过招标投标方式订立建设工程施工合同，在招标人向中标人发出中标通知书时，建设工程施工合同的发包人和承包人即已经确定，故当事人变更建设工程施工合同不会涉及合同主体，不必将建设工程施工合同的主体作为本条司法解释规定的内容。而且，严格意义上讲，变更合同的主体属于合同权利义务的概括转让问题，而非合同的变更问题。

第二，合同从磋商、签订、生效、变更、履行、转让到终止，是一个过程，可能体现为多个合同文本，唯因合同标的不变，方保持了合同关系的唯一性。因此，建设工程施工合同的标的应当是合同的实质性内容。建设工程施工合同的标的是建设和交付工程，因此，建设工程的范围应当作为建设工程施工合同的实质性内容。

第三，商事合同中，影响当事人是否签订合同、签订什么样的合同的最重要因素是对价。在建设工程施工合同中，发包人签订合同的目的是取得施工完毕、质量合格的建设工程，其所支付的对价是建设工程价款，因此，建设工程价款应当作为建设工程施工合同的实质性内容。承包人签订建设工程施工合同的目的是获得建设工程价款并盈利，其所要支付的对价是完成建设工程施工，并按约定的期限和质量要求交付建设工程。因此，建设工期和工程质量应当作为建设工程施工合同的实质性内容。

第四，在确定建设工程施工合同的实质性内容时，还要考虑《招标投标法》第四十六条第一款的立法目的。《招标投标法》第四十六条第一款规定招标人和中标人不得另行签订背离中标合同实质性内容的合同，主要基于两方面考虑：其一，这会对其他投标人中标造成不当影响。《招标投标法》规定的招标投标程序，既是为了保证招标人能够通过招标投标程序确定理想的中标人，也是为了保证投标人之间存在一个公开、公正、公平的竞争环境。如果允许招标人和中标人可以再行订立背离合同实质性内容的其他合同，则违背了招标投标活动的初衷，整个招标过程也就失去了意义，对参与招标投标程序的其他竞标人有失公平。所以法律不得不禁止这类行为的存在。基于这一点考虑，招标人和中标人另行签订的协议中改变中标合同的内容是否属于背离合同实质性内容，取决于这些改变是否足以影响其他竞标人能够中标或者以何种条件中标。凡是排除其他投标人中标的可能或者提高其他投标人中标条件的内容，就属于《招标投标法》第四十六条第一款规定的实质性内容。其二，合同的实质性内容对招标人与中标人的权利义务会产生较大影响。招标人与中标人另行订立其他协议如果根本上改变了双方的权利义务关系则变更了中标合同的实质性内容。招标人与中标人就建设工程施工所享有的权利义务体现在招标文件、中标文件、中标通知书以及中标合同中。[①] 综合考虑以上因素，《建设工程施工合同司法解释（二）》第一条第一款规定工程范围、建设工期、工程质量、工程价款等内容为建设工程施工合同的实质性内容。如果招标人和中标人另行签订的建设工程施工合同约定的工程范围、建设工期、工程质量、工程价款等实质性内容，与中标合同不一致，应当按照中标合同的约定确定双方的权利义务。

《建设工程施工合同司法解释（二）》第一条第一款规定的工程范围是指建设工程施工合同约定的承包人施工的范围。承包人施工的范围由建设工程施工合同书确定，如果是通过招标投标方式订立建设工程施工合同，则由招标文件、投标文件等文件确定。工程范围并不等于建设工程的物理边界。一方面，工程范围由建设工程施工合同约定承包人施工的建筑物、构筑物的种类、数量、大小、坐落位置决定。同一建设工程施工合同项下的工程可以是一个单位工程，也可以是多个单位工程。另一方面，工程范围也包括单个或者多个单位工程的地基与基础

---

① 最高人民法院民事审判第一庭编著：《最高人民法院建设工程施工合同司法解释（二）理解与适用》，人民法院出版社 2019 年版，第 47—48 页。

工程、主体结构工程、建筑装饰装修工程、建筑屋面工程、建筑给水、排水及采暖工程、建筑电气工程等分部、分项工程。同一建设工程施工合同项下的工程范围可能包含多个分部、分项工程，但各分部、分项工程应当构成一个或者多个单位工程。《合同法》《建筑法》等法律不允许将某一单位工程的分部、分项工程分别发包给不同的承包人。招标文件、投标文件确定建设工程范围后，当事人就不能再变更，既不能通过解释说明投标文件予以变更，也不能通过另行签订建设工程施工合同或者补充合同的方式予以变更。

《建设工程施工合同司法解释（二）》第一条第一款规定的建设工期指施工人完成建设工程施工的时间期限。建设工期对发包人和承包人的利益有重大影响。工期争议也是建设工程施工合同纠纷司法实践中最常见的争议之一。对于发包人而言，建设工期越短越好。建设工期越短，工程就能越早竣工，发包人就能尽早投入使用或者出租出售，实现合同目的。对于承包人而言，约定较为宽裕的建设工期更为有利。建设工程施工的时间长、影响因素多，如果约定的建设工期太短，承包人通常难以在约定工期内完成施工任务，将会导致违约。建设工程施工合同约定的工期越长，承包人就能够掌握更多的主动权。从司法实践的情况来看，由于工期对发包人而言是一个非常重要的对价，承包人在缔约时处于弱势地位，通常不能争取到一个较为宽裕的工期。这也导致实践中建设工程逾期竣工的情况较为常见。根据《招标投标法》第四十六条和《建设工程施工合同司法解释（二）》第一条规定，招标文件、中标文件和中标合同关于建设工期的约定，当事人不能嗣后变更。这是一个基本原则。但工期问题在实践中较为复杂，承包人的管理、技术、工艺、设备以及建筑工人的数量和素质会影响工程进度，发包人能否按时付款、是否变更设计、是否积极配合，劳动和建料市场环境变化、极端天气等因素也会影响施工进度，影响工期。如果中标合同签订后，在建设工程施工合同履行过程中，客观环境发生了当事人在订立契约时难以预见的根本变化，该变化导致承包人在建设工程施工合同约定的工期内不可能完成工程施工任务，双方协商延长工期的，应当结合客观条件变化情况、当事人主观有无规避《招标投标法》的恶意、是否会对招标投标秩序造成较大的破坏等因素，认定双方当事人变更工期的约定是否有效。

工程价款是承包人承包工程所获得的对价，是建设工程施工合同最核心的实质性内容，也是建设工程施工合同纠纷中争议最多的领域。实践中，建设工程施工合同关于建设工程价款的约定包括固定总价、固定单价、可调总价、可调单价、成本加酬金等形式。发包人和承包人既可以约定建设工程价款的数额，也可以约定建设工程的计价标准或者计价方法。无论建设工程施工合同以何种方式约定建设工程价款，按该约定都可以确定最终的建设工程价款数额，或者结合最终的工程量来确定建设工程价款数额。《建设工程施工合同司法解释》第十六条第一款规定："当事人对建设工程的计价标准或者计价方法有约定的，按照约定结算工程价款。"

我国建筑市场上，由于土地、资金、劳动力等资源禀赋不同。土地和资金相对紧缺，劳动力相对充沛。这也导致了占有土地和资金资源的发包人，相对于占有劳动力资源的承包人，在建筑市场上处于优势地位。承包人在缔约时议价能力较弱。尤其是在招标投标中，低价者中标是招标人选择中标人的基本原则，投标人都竞相压低报价，以争取更多的缔约机会。因此，建筑市场上呈现出一种极不诚信的现象。在承揽建设工程时，承包人竞相压低报价。在建设工程竣工验收合格后，部分承包人又会积极否定建设工程施工合同关于建设工程价款的约定，主张不按建设工程施工合同约定确定建设工程价款，而申请人民法院对建设工程价款进行鉴定。这一行为不仅违反了《招标投标法》《建设工程施工合同司法解释》和《建设工程施工合同司法解释（二）》的相关规定，也违反了诚实信用原则。

《建设工程施工合同司法解释（二）》第一条规定的工程价款，主要指建设工程价款的数额或者用以确定建设工程价款数额的计价标准和计价方法，不包括建设工程价款的支付时间、支付方式、支付条件等。依建设工程价款支付的时间节点不同，建设工程价款可分为建设工程预付款、建设工程进度款、建设工程垫资款和建设工程竣工价款。建设工程预付款是指发包人在建设工程开工之前即向承包人支付的部分建设工程价款。建设工程进度款是指发包人根据承包人的施工进度支付相应的建设工程价款。建设工程垫资款是指发包人的付款进度迟延于承包人的施工进度，承包人预先垫付了部分或者全部工程款。建设工程竣工价款是指建设工程竣工验收后，发包人依据建设工程施工合同约定或者法律规定应当支付给承包人的全部工程价款。实践中，依据发包人和承包人的约定或者法律规定，建设工程竣工价款中除依约扣留的质保金外，应当自建设工程竣工验收后或者双方当事人结算建设工程价款后支付给承包人。由于当前建筑市场上建设资金仍然较为紧缺，因此，建设工程价款的支付时间、支付方式和支付条件对发包人和承包人的利益都有较大影响。考虑到实践中建设工程施工期限较长、影响因素较多，影响建设工程价款支付进度的因素也很多，既可能是发包人原因、也可能是承包人原因，既可能是政府协调下由发包人代付建筑工人的工资、也可能是发包人或者承包人垫付建材款，既可能是金融市场环境的巨大变化、也可能是建筑市场的巨大变化。实践中，也不乏发包人以承包人所建设的部分工程，尤其是房屋抵顶建设工程价款的情况。如果不允许当事人根据变化后的情况和双方履约情况变更关于建设工程价款的支付时间、支付方式和支付条件的约定，将可能导致建设工程施工无法继续完成。而且建设工程价款的支付时间、支付方式和支付条件相对于建设工程价款数额，对发包人、承包人以及其他招标人的影响要小很多。经综合考虑，《建设工程施工合同司法解释（二）》未将建设工程价款的支付时间、支付方式和支付条件作为建设工程施工合同的实质性内容。

建设工程质量是指法律规定或者当事人约定的对工程的安全、适用、经济、环保、美观等特性的综合要求。建设工程施工合同最突出的特点是其标的物具有外部性、公共性，对社会公众的利益有重大影响。建设工程质量要求不同，承包人进行建设工程施工所付出的成本也不同。在建筑市场上，不同的建设工程质量标准往往对应不同的建设工程价款计取标准。建设工程质量越高，发包人所需支付的建设工程价款越高。如果发包人和承包人在招标文件中规定的建设工程质量较高，投标人的投标报价也会相应较高。如果发包人和中标人事后又另行签订建设工程施工合同，降低了建设工程质量标准，实际上是通过不正当手段将其他投标人的报价排除在合理的投标报价之外，对其他投标人不公平，损害了招标投标秩序，属于规避《招标投标法》规定的行为。

049

招标人和中标人在中标合同之外变相降低工程价款的合同是否有效

《建设工程施工合同司法解释（二）》第一条第一款规定："招标人和中标人另行签订的建设工程施工合同约定的工程范围、建设工期、工程质量、工程价款等实质性内容，与中标合同不一致，一方当事人请求按照中标合同确定权利义务的，人民法院应予支持。"实践中，招标人和中标人并不直接另行约定变更建设工程价款，而是通过约定捐赠、让利等方式变相降低建设工程价款。招标人和中标人背离中标合同的约定，变相降低建设工程价款的，违反了《招标投标法》第四十六条第一款的规定，属于无效协议。对此，《建设工程施工合同司法解释（二）》第一条第二款规定："招标人和中标人在中标合同之外就明显高于市场价格购买承建房产、无偿建设住房配套设施、让利、向建设单位捐赠财物等另行签订合同，变相降低工程价款，一方当事人以该合同背离中标合同实质性内容为由请求确认无效的，人民法院应予支持。"

《建设工程施工合同司法解释（二）》第一条第二款共列举了高于市场价格购买承建房产、无偿建设住房配套设施、让利、向建设单位捐赠财物四种变相降低建设工程价款的行为。承包人以高于市场价格购买承建房产，其所支付的高于市场价格的部分则属于变相降低的建设工程价款。承包人为发包人无偿建设住房配套设施，实际是以赠与住房配套设施的方式变相降低建设工程价款。承包人无偿建设住房配套设施的价值，即为变相降低建设工程价款的数额。承包人向发包人让利则属于直接减少建设工程价款。承包人向发包人捐赠财物的，所赠财物的价值即为变相降低的建设工程价款。实践中，招标人和中标人在中标合同之外另行签订建设工程施工合同变相降低工程价款的行为并不限于上述四种行为。只要招标人和中标人另行签订的合同实质上导致招标人所支付的对价减少，即属于变相降低建设工程价款。此外，招标人和中标人在中标合同之外就明显高于市场价格购买承建房产、无偿建设住房配套设施、让利、向建设单位捐赠财物等另行签订的合同，在形式上表现为独立的合同，实质上是招标人和中标人建设工程施工合同的组成部分，只是变相降低工程价款的手段。如果招标人和中标人没有建设工程施工合同关系，双方就不可能就明显高于市场价格购买承建房产、无偿建设住房配套设施、让利、向建设单位捐赠财物等另行签订合同。这类合同只是以购买承建房产、捐赠财物等方式掩盖降低建设工程价款的实质。

050

中标人和招标人就非必须招标工程签订中标合同后能否变更合同的实质性内容

《建设工程施工合同司法解释》第二十一条规定：“当事人就同一建设工程另行订立的建设工程施工合同与经过备案的中标合同实质性内容不一致的，应当以备案的中标合同作为结算工程价款的根据。”必须招标的建设工程项目，应当按照招标文件、中标人投标文件、中标通知书和中标合同关于建设工程施工合同实质性内容的约定，确定双方权利义务。实践中对这一问题争议不大。但对非必须招标的工程，发包人进行招标并与中标人签订中标合同后，又与承包人另行订立背离中标合同的实质性内容的建设工程施工合同的，应当以中标合同还是之后另行签订的建设工程施工合同为认定发包人和承包人权利义务的依据的问题，实践中争议较大。

对于非必须招标的工程，发包人本可以不通过招标投标的方式签订建设工程施工合同，而是自行选择承包人，与选择的承包人协商工程范围、工程质量、工期、工程价款数额及支付时间、支付方式等内容。虽然对于非必须招标的工程，发包人可以不通过招标方式对外发包，但实践中仍有相当一部分非必须招标的工程通过招标方式发包，究其原因有二：一是招标投标有其特有的价值和优点。招标投标方式有利于让投标人充分竞争，从而使发包人争取到更为有利的缔约条件，支付较低的建设工程价款就能获得质量较高、工期较短的建设工程。发包人还可以通过招标投标方式，使缔约过程公开、透明、公平，防止内部人员的道德风险，防范腐败行为。二是发包人对于其所发包的工程是否属于必须招标的工程并不清楚，误以为是必须招标的工程而采用了招标投标的方式与中标人签订建设工程施工合同。在前一种情况下，建筑市场变化、设计变更等因素可能会导致当事人另行签订背离中标合同实质性内容的建设工程施工合同。在后一种情况下，发包人一旦发现其所发包的工程不属于必须招标的工程，就可能否定中标合同，与承包人另行签订背离中标合同实质性内容的建设工程施工合同。此外，如果中标合同约定的工程价款过低、工期过短或者由承包人垫资，导致承包人无法按合同约定完成建设工程施工，或者发包人和承包人认为中标合同中的部分条款不合理，都可能另行签订背离中标合同实质性内容的建设工程施工合同。发包人和承包人也可能为建设工程施工合同备案，而签订只用于备案的建设工程施工合同。实践中还存在一种情况，招标人与中标人签订中标合同后，在履行合同的过程中发生争议，为促使建设工程施工继续进行，双方会针对履行过程中各自的过错以及履行中出现的新情况另行签订背离中标合同实质性内容的建设工程施工合同。

发包人将依法不属于必须招标的建设工程进行招标后，与承包人另行订立的建设工程施工合同背离中标合同的实质性内容，是应当以中标合同作为结算建设工程价款依据还是以当事人实际履行的建设工程施工合同作为结算工程价款的依据，是实践中争议较大的问题，也是在制定《建设工程施工合同司法解释（二）》过程中争论较多的问题。对这一问题，有两种截然相反的观点。《建设工程施工合同司法解释（二）》（征求意见稿）第十四条规定："发包人将依法不属于必须招标的工程进行招标后，与承包人另行订立的建设工程施工合同背离备案的中标合同实质性内容，当事人请求以备案的中标合同作为结算工程价款根据的，人民法院应予支持。"但在讨论过程中，有人对于该条征求意见稿提出不同意见，认为合同自由是合同法的基石，缔约自由是合同自由的重要方面，对于非必须招标工程，应当充分保护当事人自由缔约的权利。此外，实践中有的当事人在中标合同之外另行签订备案合同，中标合同与备案合同不一致。在这种情况下，不存在备案的中标合同，应当将哪个合同作为确定当事人权利义务的依据，需要明确。而且，根据住建部最新规定，建设工程施工合同备案制度已经取消，再规定以备案合同为准确定当事人的权利义务似缺乏法律依据。因此，在征求意见稿的基础上又提出了第二种方案。这样关于这一问题的规定就形成了两种方案。方案一是，"发包人将依法不属于必须招标的工程项目进行招标后，与承包人另行订立的建设工程施工合同背离中标合同的实质性内容，当事人请求以中标合同作为结算工程价款依据的，人民法院应予支持"。方案二是，"发包人将依法不属于必须招标的工程项目进行招标后，与承包人另行订立的建设工程施工合同背离中标合同的实质性内容，当事人请求以实际履行的合同作为结算工程价款依据的，人民法院应予支持”。支持方案一的理由如下：第一，《招标投标法》第四十六条规定：“招标人和中标人应当自中标通知书发出之日起三十日内，按照招标文件和中标人的投标文件订立书面合同。招标人和中标人不得再行订立背离合同实质性内容的其他协议。”该条规定并未区分依法必须招标的工程和自主招标工程，而是适用于一切招标投标行为。第二，当事人对非必须招标工程项目通过招标投标程序订立建设工程施工合同，不仅涉及招标人与中标人的利益，还涉及其他投标人利益及招标投标市场秩序。故不允许当事人另行订立与中标合同实质性内容不同的合同。支持方案二的理由如下：第一，通过招标投标程序订立建设工程施工合同，根本目的是为促进建筑市场公开、公平竞争，确保建设工程质量，保护社会公共利益。非必须招标工程项目，不涉及社会公共利益，应交由当事人自主决策。第二，《合同法》以合同自由为原则，合同自由原则一项重要内容就是缔约自由，包括缔约方式自由。对于非必须招标工程项目，当事人有权选择通过招标投标的方式或者其他方式缔结契约。第三，对招标人和中标人滥用招标投标程序损害他人合法权益的担心是多余的，因为当事人选择招标投标程序订立合同也会给自己带来高昂的缔约成本，任何一个理性的当事人都不会做这种损人更损己的事情。即使招标人和中标人因过错造成了其他投标人的损失，受损失方也可以要求其承担赔偿责任，不必通过限制当事人契约自由来规制。第四，对于非必须招标工程项目，当事人本就有私下订立合同的自由，其在中标合同订立之外另行订立其他合同，对市场秩序并无损害。第五，建筑市场变化较大，如果在订立中标合同之后，当事人的情况或者市场条件发生变化，不允许当事人在中标合同之外另行订立新的合同或者要求当事人只能通过新的招标投标程序订立新的合同，会对交易造成实质性阻碍，提高交易成本，与民法鼓励交易、保护交易的价值取向相悖。第六，从有关职能部门最新的规定和中央“放管服”的改革方向来看，压缩必须招标投标工程范围、弱化招标投标程序对建设工程施工合同的规制作用是未来发展的方向。如国家发改委颁布的《必须招标的工程项目规定》大幅度提高了必须招标工程项目的金额，进一步限制了必须招标工程的范围。根据《国务院办公厅关于开展工程建设项目审批制度改革试点的通知》

规定，民间投资的房屋建筑工程，试行由建设单位自主决定发包方式。故司法解释和司法政策应顺应这一改革方向，为降低企业经营成本提供服务和保障。经反复研究、讨论，《建设工程施工合同司法解释（二）》最终选择了方案一。即发包人将依法不属于必须招标的建设工程进行招标后，与承包人另行订立的建设工程施工合同背离中标合同的实质性内容的，应当以中标合同作为结算建设工程价款的依据。

细究起来，《建设工程施工合同司法解释（二）》起草过程中提出的这两种方案体现了两种价值取向。方案一强调市场主体对保护公共利益、维护市场秩序负有一定的义务，合同自由在与该义务不相冲突的情况下才具有价值。市场秩序优先于合同自由。方案二强调尊重当事人意思自治、维护合同自由，除非为了比合同自由原则更重要的公共利益，否则不能对合同自由施加不必要的限制。显然，对非必须招标的工程，招标投标方式所体现的价值和优势并不优先于合同自由的价值。这两种观点都有一定的价值，都能够自圆其说。单纯选择其中一个方案，都显得过于绝对。而且，在建设工程施工合同履行过程中，影响当事人履行合同的因素非常多，因此，司法解释有必要保持一定的弹性，以适应建筑市场发展变化情况。正基于此，《建设工程施工合同司法解释（二）》第九条又增加了但书条款，规定发包人与承包人因客观情况发生了在招标投标时难以预见的变化而另行订立的背离中标合同的实质性内容的建设工程施工合同，可以作为认定建设工程价款的依据。

在制定《建设工程施工合同司法解释（二）》第九条规定时，增加但书规定的主要原因还是建设工程施工合同工期长、影响因素多，契约不完全问题在建设工程施工合同领域更为突出。不完全契约理论[①]认为，由于人们的有限理性、信息的不完全性及交易事项的不确定性，使得明晰所有的特殊权利的成本过高，拟定完全契约是不可能的，不完全契约是必然的，也是经常存在的。合同是当事人根据现在的情况而对其将来行为、将来权利义务作出的安排。如果合同的履行期限很长，当事人预见未来事项的准确性降低，将会降低契约的合意性。如果影响

① 不完全契约理论在理论和实践中的影响非常大。新自由主义经济学派认为，在契约中，可预见、可实施的权利对资源配置并不重要，关键的应是那些契约中未提及的资产用法的控制权力，即剩余控制权。20世纪70年代末以来，新自由主义经济学一直在经济学和各主要国家经济政策中占据主导地位。

合同履行的因素很多，当事人在签订合同时充分调研、考虑各类因素的成本就会增大，但实践中当事人愿意且能够投入的成本有限，因此，在签订契约时无法充分考虑到所有的影响因素，这也会降低契约的合意性。契约不完全会增加当事人履行契约的障碍。如果不允许当事人变更契约，强制要求其履行不完全契约，通常会导致当事人权利义务失衡。在起草《建设工程施工合同司法解释（二）》第九条规定时，但书的规定并没有特指的具体情形，即对于哪些情况变化属于客观情况发生了在招标投标时难以预见的变化并没有明确的指向。司法实践在判定哪些情况变化属于客观情况发生了在招标投标时难以预见的变化时，应主要考虑以下因素。

第一，情况变化不可归因于双方当事人，属于客观情况变化。如果是双方当事人的原因导致的情况变化，则不能在中标合同之外另行签订背离中标合同实质性内容的建设工程施工合同。

第二，情况变化发生在招标投标之后。如果变化发生在招标投标之前，则属于招标人和投标人在编制招标文件和投标文件、选择中标人时应当考虑的因素，不能作为招标人和投标人另行订立背离中标合同实质性内容的建设工程施工合同的理由。

第三，对于客观情况的变化，招标人和投标人在招标投标时难以预见。招标人和投标人在招标投标时已经预见到或者能够预见到的客观情况变化，招标人和投标人应当在编制招标文件和投标文件、选择中标人时予以考虑，不能作为招标人和投标人嗣后变更中标合同实质性内容的理由。对于哪些客观情况的变化属于招标人和投标人在招标投标时难以预见的变化，应当在个案中根据案情而定，但要充分考虑建筑市场的特殊性，不宜赋予招标人和投标人以过高的注意义务。

第四，客观情况的变化须重大，即该客观情况属于作为缔约基础的重大事项。该客观情况的变化会直接导致招标人和投标人决定是否缔约、与谁缔约、缔结契约的实质内容等重要事项。如果客观情况的变化对当事人缔结、履行契约并没有重大影响，则不能作为招标人和投标人另行订立背离中标合同实质性内容的建设工程施工合同的理由。

第五，《建设工程施工合同司法解释（二）》第九条规定的“客观情况”变化，不属于不可抗力和情势变更。《合同法》第一百一十七条规定：“因不可抗力不能履行合同的，根据不可抗力的影响，部分或者全部免除责任，但法律另有规定的除外。当事人迟延履行后发生不可抗力的，不能免除责任。本法所称不可抗力，是指不能预见、不能避免并不能克服的客观情况。”不可抗力也属于影响合同缔结和履行的客观情况发生了变化，属于当事人在缔约时不能预见的变化。但不可抗力还属于当事人不能避免和不能克服的变化。实践中，不可抗力的范围很窄，适用条件较为严格。不可抗力的法律后果有二：一是可以免除当事人因不可抗力而引起的责任，二是根据《合同法》第九十四条规定，因不可抗力致使不能实现合同目的，当事人可以解除合同。根据《合同法司法解释（二）》第二十六条规定，情势变更是指，合同成立以后客观情况发生了当事人在订立合同时无法预见的、非不可抗力造成的不属于商业风险的重大变化，继续履行合同对于一方当事人明显不公平或者不能实现合同目的。情势变更的法律后果是，当事人可以请求人民法院变更或者解除合同，人民法院则应当根据公平原则，并结合案件的实际情况确定是否变更或者解除合同。如果客观情况发生的招标人和投标人在招标投标时难以预见的变化属于不可抗力或者情势变更，则应当按《合同法》和《合同法》相关司法解释的规定处理。

第六，《建设工程施工合同司法解释（二）》第九条规定的“客观情况”变化，不属于正常的商业风险。正常的商业风险是招标人和中标人在招标投标时能够且应当预见的风险，是招标人和中标人编制招标文件、投标文件以及选择中标人所应当考虑的因素，也是中标合同签订后，招标人和中标人在履行中标合同的过程中应当自行承担的风险。从某种意义上讲，该条司法解释规定的“客观情况”变化可以理解为情势变更与正常商业风险的中间地带。由于建设工程施工往往工期长、受影响因素多，异于常年的极端天气、劳动力市场、建筑材料市场和资金市场的巨大变化、相关政策的巨大变化都可能改变合同的缔约基础，如果不允许当事人变更中标合同的实质性内容，不仅会导致招标人与中标人的权利义务失衡，而且会造成建设工程施工合同无法继续履行。

实践中，下列变化可以认定为《建设工程施工合同司法解释（二）》第九条规定的“客观情况”变化。

一是劳动力市场、建筑材料市场和资金市场的巨大变化。建筑行业是薄利行业，如果劳动力市场、建筑材料市场价格大幅度上涨，导致的结果不仅是承包人减少盈利或者亏本，而是建设工程施工无法继续进行。因为建筑行业是劳动密集型行业，建筑企业或者实际施工人自有资金通常难以弥补亏损，继续完成建设工程施工。实践中，建设工程施工合同就人工费、材料费予以控制的情形也较为常见。例如，《建设工程施工合同（示范文本）》规定，承包人在已标价工程量清单或预算书中载明材料单价低于基准价格的情况下，除专用合同条款另有约定外，合同履行期间材料单价涨幅以基准价格为基础超过5%时，或材料单价跌幅以在已标价工程量清单或预算书中载明材料单价为基础超过5%时，其超过部分据实调整；承包人在已标价工程量清单或预算书中载明材料单价高于基准价格的情况下，除专用合同条款另有约定外，合同履行期间材料单价跌幅以基准价格为基础超过5%时，或材料单价涨幅以在已标价工程量清单或预算书中载明材料单价为基础超过5%时，其超过部分据实调整；承包人在已标价工程量清单或预算书中载明材料单价等于基准价格的情况下，除专用合同条款另有约定外，合同履行期间材料单价涨跌幅以基准价格为基础超过±5%时，其超过部分据实调整。近年来，我国劳动力数量和结构逐渐发生变化，建筑工人的人工单价整体上处于上升趋势。同时，随着立法和司法对农民工等建筑工人保护力度加大，建筑企业和实际施工人的缔约条件也在发生变化。相对而言，人工费变化对施工人的影响比建材价格波动的影响要小一些。资金市场的变化对建设工程施工合同的履行也会产生重大影响。从实践情况看，发包人或者承包人融资进行工程建设的情况较为常见，如果出现全球性或者系统性、区域性金融风险，融资成本可能大幅攀升，甚至无处融资，必然会对中标合同的履行带来巨大障碍。这种情况下，应当考虑允许当事人另行签订背离中标合同实质性内容的建设工程施工合同。

二是天气等施工条件发生了招标人和中标人在招标投标时不能预见的重大变化。天气因素对建设工程施工有较大影响。通常情况下，招标人和中标人在编制招标文件、中标文件时都会考虑施工地往年的天气状况。但如果中标合同履行过程中，天气发生了异于常年的变化，如雨季时间增加、寒冬时间增长，如果变化幅度过大，就会对中标合同的履行造成实质性障碍，尤其会对施工进度造成重大影响。这种情况下，也应当考虑允许当事人另行签订背离中标合同实质性内容的建设工程施工合同。

三是政策发生变化。建设工程涉及多项政府审批项目。例如，城市规划涉及城市整体利益，建设工程必须符合城市整体规划要求，在取得建设工程规划许可证后才能建设施工。如果招标人在取得建设工程规划许可证后，确定了工程位置、性质和范围，但之后政府职能部门出于公共利益需要变更了城市整体规划，相应的建设工程规划也需要重新审批，中标合同就失去了履行基础。这种情况下，招标人和中标人就可以变更中标合同的实质性内容。但是，如果建设工程由于规划变更已经完全变更，变更后的建设工程与中标合同约定的建设工程不具有同一性，招标人与中标人变更中标合同的基础已不存在，只能重新签订建设工程施工合同。如果变更后的工程属于必须招标的工程，则招标人应当重新招标。

六、建设工程施工合同的解释

051

解释建设工程施工合同应当考虑哪些因素

建设工程施工合同的条款多，通常还涉及多个合同文本，如果不同条款、不同合同文本约定不一致，或者部分条款约定在文义上有多种理解，恰当解释合同条文或者文本，正确理解当事人的真实意思表示就非常重要。需要指出的是，真实意思与真实意思表示不同。在真实意思与表示行为不一致的情况下，应当按真实意思还是表示行为确定当事人的“真实意思表示”要依据具体情况、结合诚实信用原则和保护交易安全的需要进行判断。

如果表意人在作出意思表示时知道其表示行为与真实意思不一致，但相对人善意，对此并不知情，则属于表意人真意保留。这种情况下应当依据诚实信用原则，优先保护善意相对人的利益和交易安全，以表意人的表示行为为其真实意思表示。

如果表意人在作出意思表示时不知道其表示行为与真实意思不一致，则表意人的行为属于意思表示错误，在我国民法上称为重大误解。《民法总则》第一百四十七条规定：“基于重大误解实施的民事法律行为，行为人有权请求人民法院或者仲裁机构予以撤销。”但为保护交易安全和相对人利益，表意人应当在法定期限内行使撤销权。《民法总则》第一百五十二条规定：“有下列情形之一的，撤销权消灭：（一）当事人自知道或者应当知道撤销事由之日起一年内、重大误解的当事人自知道或者应当知道撤销事由之日起三个月内没有行使撤销权；（二）当事人受胁迫，自胁迫行为终止之日起一年内没有行使撤销权；（三）当事人知道撤销事由后明确表示或者以自己的行为表明放弃撤销权。当事人自民事法律行为发生之日起五年内没有行使撤销权的，撤销权消灭。”一旦撤销权消灭，该行为则为有效民事法律行为，自始、确定、当然有效。

如果表意人和相对人均知道表示行为与真实意思不一致，则双方的表示行为属于通谋虚伪行为，双方的真实意思属于被隐藏的行为。对这类行为，《民法总则》第一百四十六条规定：“行为人与相对人以虚假的意思表示实施的民事法律行为无效。以虚假的意思表示隐藏的民事法律行为的效力，依照有关法律规定处理。”在这种情况下，由于相对人亦非善意，不再需要考虑保护善意相对人利益的问题，应当根据双方当事人的真实意思确定其法律关系。这条规定对于理解挂靠施工关系非常重要。对此问题前文已作较为全面的分析，此不再赘述。特别需要强调的是，在挂靠施工的情况下，因发包人在签订建设工程施工合同时知道或者不知道挂靠施工的事实不同，各方当事人之间的关系就不同。如果发包人在签订建设工程施工合同时知道挂靠施工的事实，则属于缺乏资质的单位或者个人借用有资质的建筑企业的名义与发包人签订建设工程施工合同。在这种情况下，只存在一个建设工程施工合同法律关系。承包人为借用资质的单位或者个人，也有人理解为承包人既包括借用资质的单位或者个人也包括出借资质的建筑企业，二者共同构成施工人一方，相对方则为发包人。该合同违反了禁止缺乏资质的单位或者个人借用资质与发包人签订建设工程施工合同的规定，属于无效合同。无论依何种理解，借用资质的单位或者个人都属于承包人，都有权直接基于其与发包人的建设工程施工合同关系请求发包人参照建设工程施工合同约定支付工程价款。此外，这种情况下借用资质的单位或者个人、出借资质的建筑企业和发包人都对出借资质签订建设工程施工合同存在过错，如果借用资质的单位或者个人建设完成的工程质量合格，应当考虑优先保护其建设工程价款债权。因为在这种情况下，发包人获得了质量合格的建设工程，依据法律规定应当给付相应的对价；出借资质的建筑企业并未实际对工程进行施工，并未支付相应的对价；借用资质的单位或者个人是实际施工人，将相应的劳务物化在建设工程中，甚至还可能垫付了建材费等费用，是实际支付对价的人，是实际的承包人和施工人。而且实践中的情况是，借用资质的单位或者个人背后通常还有很多施工班组、包工头，施工班组和包工头背后是大量的农民工。如果不保护借用资质的单位或者个人的建设工程价款权利，其投入到建设工程中的劳务和材料就无法获得回报，最终损害的是农民工等建筑工人的利益。此外，实践中部分有资质的建筑企业的资信状况不好，资产负债表堪忧，对外负债累累，但却缺少有价值的资产冲抵负债，也缺少盈利能力，甚至个别建筑企业最有价值的资产就是资质。如果直接将建设工程价款判给出借资质的建筑企业，则该工程款会立即被其他债权人强制执行走。由于发包人已经向建筑企业承担了支付建设工程价款的义务，对外不欠工程款。借用资质的单位或者个人既无法向发包人请求支付工程款，也无法从出借资质的建筑企业那里获得建设工程价款，其付出了对价却无法获得相应的回报，其背后的包工头、施工班组以及大量农民工的利益也得不到保护。对于出借资质的企业及该企业的其他债权人而言，出借资质的企业将所获得的工程款用于偿还了其他债权人，减少了部分债务，但还要负担其对借用资质的单位或者个人的债务，故其利益并不因先获得建设工程价款债权而改变，但出借资质的建筑企业的其他债权人本来只能就该企业的现有责任资产获得清偿，但出借资质的企业在未支付任何对价的情况下就获得建设工程价款，实际是增加了责任财产，相应地增加了该企业其他债权人受清偿的可能性。因此，无论是从实质的建设工程施工合同关系看、从合同对价看，还是从公平的角度看，在发包人签订建设工程施工合同时知道实际施工人挂靠施工，实际施工人所施工工程合格的情况下，应当优先保护实际施工人的建设工程价款债权。

对于民事行为的解释，《民法总则》第一百四十二条规定："有相对人的意思表示的解释，应当按照所使用的词句，结合相关条款、行为的性质和目的、习惯以及诚信原则，确定意思表示的含义。无相对人的意思表示的解释，不能完全拘泥于所使用的词句，而应当结合相关条款、行为的性质和目的、习惯以及诚信原则，确定行为人的真实意思。"建设工程施工合同属于有相对人的意思表示，应当按照意思表示所使用的词句，结合相关条款、行为的性质和目的、习惯以及诚信原则，确定意思表示的含义。合同也属于有相对人的意思表示，故对于合同的解释，《合同法》第一百二十五条规定："当事人对合同条款的理解有争议的，应当按照合同所使用的词句、合同的有关条款、合同的目的、交易习惯以及诚实信用原则，确定该条款的真实意思。合同文本采用两种以上文字订立并约定具有同等效力的，对各文本使用的词句推定具有相同含义。各文本使用的词句不一致的，应当根据合同的目的予以解释。"可见，有相对人的民事法律行为的解释与合同的解释原则一致，主要有文义解释、整体解释、目的解释、依据习惯和诚实信用原则解释等方法。

对于建设工程施工合同，首先应当按合同文义进行解释，按照合同条款所使用词句的通常含义进行解释。如果建设工程施工合同的条款所使用的词句含义明确，就应当根据条款文义来理解当事人的真实意思，这是解释建设工程施工合同的首要原则。如果根据建设工程施工合同条款的文义解释，会得出多种理解或者不能得出清晰明确的理解，则应当按照整体解释的原则，结合建设工程施工合同相关条款的上下文作出合理解释。整体解释要求对不同条款的理解应当保持一致和连贯，不应出现矛盾。在坚持整体解释的基础上还应当坚持目的解释原则。即根据当事人之合同目的进行解释。在建设工程施工合同中，发包人的目的是在约定工期内获得竣工验收合格的建设工程。承包人的目的是按建设工程施工合同的约定获得建设工程价款。合同条款的解释应当有利于当事人合同目的的实现。促成交易完成是当事人签订合同的当然目的。因此，在解释合同条款时还应当按有利于交易有效、完成的方向进行。此外，交易习惯是当事人在签订合同时必然要考虑的因素，构成交易的基础事实。在合同签订后，交易习惯对于合同的履行也有重要影响。因此，交易习惯是合同订立、履行的基础性事实，构成交易的重要背景。在解释合同条款时，就应当充分尊重交易习惯。有的建设工程施工合同约定取费标准时表述并不清晰，造成两种以上的理解，就应当选择符合交易习惯的理解。例如，如果建设工程施工合同约定，管理费按30%计取。发包人和承包人就会有不同理解。发包人会理解为应当先按定额计算出管理费，再按30%的比例计取所涉建设工程价款中的管理费。承包人则不然，会理解为不按定额规定的取费标准计取管理费，而是按合同约定的30%计取管理费。如果定额规定的管理费取费标准为25%，发包人又不能对为何按定额计算出管理费后只计算其中的30%作为所涉工程价款的管理费作出合理解释，承包人的理解就更符合行业惯例。一方面，由于工程个体差异，当事人在约定按定额取费的情况下，就其中某项取费标准单独约定符合实践情况；另一方面，按发包人的理解，实际是承包人就建设工程价款中的管理费打了三折，而按照承包人的理解只是将管理费的取费标准提高了5%。按建筑市场惯例，将管理费取费标提高几个百分点符合交易习惯，而直接将建设工程价款的管理费打三折则不符合交易习惯。诚实信用原则是《合同法》之基本原则，甚至被称为帝王原则。无论是在合同缔结前的磋商阶段，合同订立时，合同履行过程中，还是合同主要义务履行完毕后，当事人都应当坚持诚实守信、不欺不诈，不以钻合同漏洞为目的。因此，在解释合同时，也应当坚持诚实信用原则。

052

如何理解和解释建设工程施工合同中的通用条款

建设工程施工合同一般会采用示范文本。建设工程施工合同的示范文本一般包括协议书、通用条款和专用条款三部分。其中建设工程施工合同示范文本的合同协议书主要约定工程概况、合同工期、质量标准、签约合同价和合同价格形式、项目经理、合同文件构成、承诺以及合同生效条件等重要内容。协议书的内容由双方当事人协商确定，集中约定了合同当事人基本的合同权利义务。建设工程施工合同示范文本通用合同条款是合同当事人根据《建筑法》《合同法》等法律的相关规定，就工程建设的实施及相关事项，对合同当事人的权利义务作出的原则性约定。通用合同条款主要涉及一般约定、发包人、承包人、监理人、工程质量、安全文明施工与环境保护、工期和进度、材料与设备、试验与检验、变更、价格调整、合同价格、计量与支付、验收和工程试车、竣工结算、缺陷责任与保修、违约、不可抗力、保险、索赔和争议解决等内容。通用条款是起草机构对实践中建设工程施工合同常用条款的总结，集中体现了现行法律法规对工程建设的有关要求，建设工程施工管理的特殊需要和建筑市场的行业习惯等。建设工程施工合同示范文本的专用合同条款是对通用合同条款原则性约定的细化、完善、补充、修改或另行约定的条款。合同当事人可以根据不同建设工程的特点及具体情况，通过双方的谈判、协商对相应的通用合同条款进行修改补充。建设工程施工合同示范文本的三个部分中，通用条款是格式条款。

对于格式合同的解释，《合同法》第四十一条规定：“对格式条款的理解发生争议的，应当按照通常理解予以解释。对格式条款有两种以上解释的，应当作出不利于提供格式条款一方的解释。格式条款和非格式条款不一致的，应当采用非格式条款。”因此，对于通用条款，也应当坚持文义解释原则，按照通常的理解予以解释。如果对同一事项，通用条款和专用条款都有约定，而且约定不一致，应当按专用条款的约定来理解和解释。此外，与其他格式条款不同，建设工程施工合同示范文本中的格式条款既不是发包人提供的，也不是承包人提供的，而是有关机构根据《建筑法》《合同法》等法律规定以及建筑市场习惯提前制定，供发包人和承包人选择使用的。因此，《合同法》第四十一条关于对格式条款有两种以上解释的，应当作出不利于提供格式条款一方的解释的规定，并不适用于采用示范文本的建设工程施工合同的解释。但是，建筑市场上建筑企业是长期从事建设工程承包业务的市场主体，并且组成了建筑业协会等行业组织，而发包人却很分散，虽然单个发包人与单个建筑企业相比处于优势地位，但从整体来看，建筑企业形成了较为统一的力量。这种力量格局也会在一定程度上反映在示范文本的制定、定额的制定等方面。当然，这只是整体上的一种市场力量格局。这也不能否定示范文本、定额本身的客观性、中立性和专业性。但也应当注意到，采用建设工程施工合同示范文本已经是建筑市场的一种惯例，而发包人和承包人在采用示范文本时通常不对通用条款的约定进行变更或者增删，实际上发包人和承包人对通用条款往往没有进行充分协商。在理解和解释按示范文本签订的建设工程施工合同的通用条款时，应当关注到这一事实。

实践中，竣工结算是建设工程施工的一个重要环节，涉及建设工程价款数额的确定，通常是建设工程施工合同纠纷案件争议的焦点之一。在竣工结算过程中，通常先由承包人报送竣工结算文件，发包人在收到竣工结算文件后应当在合理期限内进行审核，并向承包人回复审核结果。如果发包人拖延不审核，就会影响竣工结算，进而影响承包人及时获得建设工程价款。因此，发包人和承包人通常会在建设工程施工合同中约定竣工结算的程序。对此，《建设工程施工合同司法解释》第二十条规定：“当事人约定，发包人收到竣工结算文件后，在约定期限内不予答复，视为认可竣工结算文件的，按照约定处理。承包人请求按照竣工结算文件结算工程价款的，应予支持。”该规定的目的在于督促发包人在约定期限内对发包人提交的竣工结算文件进行审核、答复，但也应当看到，这项规定对于发包人赋予了较高的注意义务和责任。从实践情况看，在竣工结算的过程中，发包人都会对承包人提交的竣工结算文件进行核减，核减去一定数额的建设工程价款。如果发包人在约定期限内对承包人不予答复，则失去了核减建设工程价款的权利，对发包人的利益影响重大。因此，当事人关于发包人收到竣工结算文件后，在约定期限内不予答复，视为认可竣工结算文件的约定，应当是当事人充分协商、明确约定的结果，而按照示范文本签订的建设工程施工合同的通用条款中就此作出规定的，由于通用条款并不是双方当事人充分协商的结果，当事人只是基于行业习惯将其纳入建设工程施工合同的范围，发包人可能并未注意到这一条款，或者在签订合同时未意识到这一条款的严重后果，因此，不宜仅因通用条款中有此规定就以发包人收到竣工结算文件后，在约定期限内不予答复，视为认可竣工结算文件，就应当按照承包人提交的竣工结算文件结算工程价款。对这一问题，最高人民法院向重庆市高级人民法院出具的《关于如何理解和适用〈最高人民法院关于审理建设工程施工合同纠纷案件适用法律问题的解释〉第二十条的复函》称："你院渝高法〔2005〕154 号《关于如何理解和适用〈最高人民法院关于审理建设工程施工合同纠纷案件适用法律问题的解释〉第二十条的请示》收悉。经研究，答复如下：同意你院审委会的第二种意见，即：适用该司法解释第二十条的前提条件是当事人之间约定了发包人收到竣工结算文件后，在约定期限内不予答复，则视为认可竣工结算文件。承包人提交的竣工结算文件可以作为工程款结算的依据。建设部制定的建设工程施工合同格式文本中的通用条款第三十三条第三款的规定，不能简单地推论出，双方当事人具有发包人收到竣工结算文件一定期限内不予答复，则视为认可承包人提交的竣工结算文件的一致意思表示，承包人提交的竣工结算文件不能作为工程款结算的依据。"

053

存在多份建设工程施工合同时应如何处理各份合同条款之间的关系

发包人和承包人就同一建设工程签订多份建设工程施工合同的情况在建筑市场上较为常见。前文对多份建设工程施工合同无效的情况下应当参照哪份合同确定建设工程价款的问题作了分析。实践中还有一种情况，即发包人和承包人就同一建设工程签订多份建设工程施工合同并不违反法律、行政法规的强制性规定，合法有效。这时也面临应当依据哪份合同来确定当事人之间的权利和义务的问题。对这一问题，应当区分不同情况进行分析。

首先，对于当事人通过招标投标方式签订的建设工程施工合同，应当严格遵守《招标投标法》的规定。在通过招标投标方式签订建设工程施工合同的情况下，有时会有四个合同文本，一是招标人的招标文件、中标人的投标文件和中标通知书；二是根据招标文件和投标文件签订的建设工程施工合同书，即中标合同；三是当事人为建设工程施工合同备案而签订的备案合同；四是当事人另行签订的背离中标合同实质性内容的建设工程施工合同。在这种情况下，应当依据哪份合同确定当事人之间的权利义务呢？对此，根据《招标投标法》的规定，应当区分实质性内容和非实质性内容。

对于建设工程施工合同中的实质性内容，《招标投标法》第四十六条第一款规定："招标人和中标人应当自中标通知书发出之日起30日内，按照招标文件和中标人的投标文件订立书面合同；招标人和中标人不得再行订立背离合同实质性内容的其他协议。"《建设工程施工合同司法解释》第二十一条规定："当事人就同一建设工程另行订立的建设工程施工合同与经过备案的中标合同实质性内容不一致的，应当以备案的中标合同作为结算工程价款的根据。"《建设工程施工合同司法解释（二）》第一条第一款规定："招标人和中标人另行签订的建设工程施工合同约定的工程范围、建设工期、工程质量、工程价款等实质性内容，与中标合同不一致，一方当事人请求按照中标合同确定权利义务的，人民法院应予支持。"第九条规定："发包人将依法不属于必须招标的建设工程进行招标后，与承包人另行订立的建设工程施工合同背离中标合同的实质性内容，当事人请求以中标合同作为结算建设工程价款依据的，人民法院应予支持，但发包人与承包人因客观情况发生了在招标投标时难以预见的变化而另行订立建设工程施工合同的除外。"因此，招标人和中标人在中标合同之外另行签订了背离中标合同实质性内容的建设工程施工合同的，应当以中标合同作为确定建设工程施工合同实质性内容的依据。《建设工程施工合同司法解释（二）》第一条规定，建设工程施工合同实质性内容包括工程范围、建设工期、工程质量、工程价款等内容。因此，对于工程范围、建设工期、工程质量、工程价款等内容，应当以中标合同为准。如果中标合同与招标人的招标文件、中标人的投标文件以及中标通知不一致的，应当以哪个合同为依据呢？对此，《招标投标法》第四十六条规定："招标人和中标人应当自中标通知书发出之日起三十日内，按照招标文件和中标人的投标文件订立书面合同。招标人和中标人不得再行订立背离合同实质性内容的其他协议。"因此，招标人和中标人应当按照招标文件和中标人的投标文件订立中标合同。如果当事人未按《招标投标法》第四十六条规定，按照招标文件和中标人的投标文件订立中标合同，就应当以招标文件和中标人的投标文件为依据确定双方当事人的权利义务。对此，《建设工程施工合同司法解释（二）》第十条规定："当事人签订的建设工程施工合同与招标文件、投标文件、中标通知书载明的工程范围、建设工期、工程质量、工程价款不一致，一方当事人请求将招标文件、投标文件、中标通知书作为结算工程价款的依据的，人民法院应予支持。"

对于建设工程施工合同中的非实质性内容，《招标投标法》并未禁止当事人在中标合同外另行签订背离中标合同非实质性内容的合同。因此，对于非实质性内容，应按当事人的真实意思表示来确定。在当事人之间存在多份建设工程施工合同的情况下，应当以当事人实际履行的建设工程施工合同作为确定非实质性内容的依据。如果无法确定当事人实际履行的建设工程施工合同，则应以最后签订的合同作为确定非实质性内容的依据。如果中标合同与招标人的招标文件、中标人的投标文件以及中标通知不一致，应当以哪个合同为依据来确定非实质性内容的依据呢？根据《招标投标法》第四十六条第一款的规定，招标人和中标人应当自中标通知书发出之日起30日内，按照招标文件和中标人的投标文件订立书面合同。严格上讲，中标合同应当只是对招标文件、中标人的投标文件形式的变更，从一种书面形式变更为另一种书面形式。因此，中标合同原则上不能改变招标文件、中标人的投标文件的内容。但实践中一般都会对招标文件、中标人的投标文件进行补充。如果对同一事项，中标合同与招标文件、中标人的投标文件约定不一致，也应当以招标文件、中标人的投标文件为准。

其次，对于当事人未通过招标投标方式签订的建设工程施工合同，这时不涉及《招标投标法》的规定，应当按意思表示的解释规则来理解和解释各份建设工程施工合同之间的关系。即在当事人之间存在多份建设工程施工合同的情况下，应当以当事人实际履行的建设工程施工合同作为确定权利义务的依据。如果无法确定当事人实际履行的建设工程施工合同的，应当以当事人最后签订的建设工程施工合同作为确定当事人权利义务的依据。

在此，可以对存在多份建设工程施工合同的情况下，依照哪份合同确定当事人权利义务的问题作一小结。首先，对于当事人通过招标投标方式签订的建设工程施工合同，工程范围、建设工期、工程质量、工程价款等实质性内容，应当以招标文件、中标人的投标文件和中标通知书为准；非实质性内容，应当按意思表示的解释规则，以当事人实际履行的建设工程施工合同为准；如果无法确定当事人实际履行的建设工程施工合同的，非实质性内容以招标人和中标人最后签订的建设工程施工合同为准。其次，对于当事人非通过招标投标方式签订的建设工程施工合同，应当按意思表示的解释规则，以当事人实际履行的建设工程施工合同为准；如果无法确定当事人实际履行的建设工程施工合同的，以招标人和中标人最后签订的建设工程施工合同为准。最后，如果发包人和承包人签订的多份建设工程施工合同均无效，应当参照当事人实际履行的建设工程施工合同的约定确定建设工程价款；如果无法确定当事人实际履行的建设工程施工合同的，应当参照发包人和承包人最后签订的建设工程施工合同确定建设工程价款。

054

如何认识和处理“黑白合同”问题

黑白合同也称阴阳合同，是当事人基于特定的动机以虚假的白合同掩盖真实的黑合同的行为。当事人的动机可以是违法动机，如规避税收、管理等方面的规定；也可以是善意动机，如为维护家庭成员之间的和谐关系，避免其他家庭成员的嫉妒和不满，亲属之间以一个虚假的买卖合同来掩盖一个真实的赠与合同。实践中，通常在前一种意义上理解黑白合同。即当事人出于违法动机签订虚假的白合同以掩盖真实的黑合同。在建设工程施工合同领域，由于管理性规定较多，发包人和承包人通常基于规避法律规定的目的签订黑白合同。其中，当事人出于规避招标投标的规定、建设工程施工合同备案的规定、资质管理的规定等原因而签订黑白合同的情况较为常见。故黑白合同主要表现为以下几种形式：

一是对于必须招标的工程，招标人和中标人违反《招标投标法》的规定，在招标投标之外另行签订背离中标合同实质性内容的建设工程施工合同。其中，中标合同是白合同，目的是让建设工程施工合同的订立过程看起来符合《招标投标法》的规定。招标人和中标人在招标投标之外另行签订的背离中标合同实质性内容的建设工程施工合同是黑合同，是招标人、中标人的真实意思，也是双方实际履行的合同。

二是当事人在备案合同之外签订背离备案合同实质性内容的建设工程施工合同。建设工程施工的主管行政机关为加强对建筑市场的管理，曾要求将建设工程施工合同报行政主管部门备案。但实践中，发包人和承包人为规避监管、少缴规费和保证金等费用，通常签订虚假的建设工程施工合同用于备案。有的当事人甚至明确约定，备案合同只用于备案，不作为认定双方当事人权利义务的依据，双方当事人只履行另行签订的黑合同。

三是缺乏资质的单位或者个人借用有资质的建筑企业的名义与发包人签订建设工程施工合同。既然是缺乏资质的实际施工人借用有资质的建筑企业的名义与发包人签订建设工程施工合同，说明该合同的双方当事人为借用资质的实际施工人和发包人，发包人对缺乏资质的实际施工人借用资质签订建设工程施工合同的行为是知道的。如果发包人并不知道缺乏资质的实际施工人借用资质与其签订建设工程施工合同的事实，而是挂靠人和被挂靠人瞒着发包人进行挂靠施工，则对发包人而言，其所签订的建设工程施工合同相对方就是出借资质的建筑企业，即被挂靠人。出借资质的建筑企业将建设工程交由借用资质的实际施工人施工的事实，并不影响发包人与出借资质的建筑企业签订的建设工程施工合同的效力。这种情况实际上属于转包行为。在缺乏资质的单位或者个人借用有资质的建筑企业的名义与发包人签订建设工程施工合同的情况下，三方当事人仍有两个行为。其中，实际施工人以有资质的建筑企业的名义与发包人签订的合同是白合同。该合同体现为出借资质的企业与发包人的表示行为，但不是三方当事人的真实意思。三方当事人的真实意思是由借用资质的实际施工人与发包人签订建设工程施工合同。这是黑合同。在缺乏资质的单位或者个人借用有资质的建筑企业的名义与发包人签订建设工程施工合同的情况下，黑合同与白合同的内容可能相同，但二者的合同主体不同。黑合同的合同主体是发包人和借用资质的实际施工人。白合同的合同主体是发包人和出借资质的建筑企业。

随着我国建筑市场的发展和行政主管部门管理方式的变化，建设工程施工合同备案制度也在发生改变。根据《住房和城乡建设部关于修改部分部门规章的决定》（住建部令第 47 号）的规定，《房屋建筑和市政基础设施工程施工分包管理办法》（建设部令第 124 号，根据住房和城乡建设部令第 19 号修改）第十条第二款关于“分包工程发包人应当在订立分包合同后 7 个工作日内，将合同送工程所在地县级以上地方人民政府住房城乡建设主管部门备案。分包合同发生重大变更的，分包工程发包人应当自变更后 7 个工作日内，将变更协议送原备案机关备案”的规定已经删除。根据《住房和城乡建设部关于修改有关文件的通知》（建法规〔2019〕3 号）第一条和第二条的规定，《建筑工程方案设计招标投标管理办法》（建市〔2008〕63 号）第十八条关于“招标人和招标代理机构应将加盖单位公章的招标公告或投标邀请函及招标文件，报项目所在地建设主管部门备案”的规定已经删除。《住房城乡建设部关于进一步加强建筑市场监管工作的意见》（建市〔2011〕86 号）关于“（八）推行合同备案制度。合同双方要按照有关规定，将合同报项目所在地建设主管部门备案。工程项目的规模标准、使用功能、结构形式、基础处理等方面发生重大变更的，合同双方要及时签订变更协议并报送原备案机关备案。在解决合同争议时，应当以备案合同为依据”的规定也已经删除。因此，今后第二种类型的黑白合同将逐渐退出历史舞台。

对黑白合同效力的认识，也在不断发生变化。无论是“黑白合同”还是“阴阳合同”，在文义上都带有非常强烈的感情色彩。这两种称谓，让黑合同、阴合同与违法行为、暗箱操作、不当利益等概念相联系，都是为了规避法律、行政法规强制性规定的行为。所以，长期以来，实践中都倾向于认定黑合同为无效合同，白合同为有效合同。但黑白合同本质上属于民法上的隐藏行为。民法上的隐藏行为属于表示行为与效果意思不一致的民事行为的一种形式。隐藏行为由两个行为组成。一个是通谋虚伪行为，即双方当事人以虚假的意思表示做出的行为。另一个是通谋虚伪行为所隐藏的行为，即双方当事人真实意思所欲达到的法律效果。在民法理论上，隐藏行为的效力并无争议。通谋虚伪行为，由于欠缺效果意思，双方当事人的意思表示不真实，故该行为无效。而当事人的通谋虚伪行为所掩盖的被隐藏行为，因是当事人的真实意思，并非当然无效。如果被隐藏行为不违反法律、行政法规的效力性强制性规定，则该行为仍然有效。由于我国

《民法通则》对民事法律行为制度未作全面规定，在体系上存在缺陷，导致实践中对于隐藏行为的效力存在误解。新编纂的《民法总则》对民事法律行为制度进行了完善，该法第一百四十六条规定："行为人与相对人以虚假的意思表示实施的民事法律行为无效。以虚假的意思表示隐藏的民事法律行为的效力，依照有关法律规定处理。"该条规定坚持了传统民法理论关于隐藏行为法律效力的观点。根据该规定，白合同属于当事人以虚假的意思表示实施的民事法律行为，为无效的民事法律行为。黑合同是以虚假的意思表示隐藏的民事法律行为。该行为并非当然无效，是否有效，应当依照有关法律规定处理。换言之，如果该黑合同不违反法律、行政法规的强制性规定，就属于有效的合同。如前所述，如果当事人签订黑白合同是出于善意，无违法目的，固然应当认定黑合同有效。即使当事人签订黑白合同是出于违法目的，如果其未违反法律、行政法规的效力性强制性规定，只违反了管理性规定，则只需要承担行政管理上的违法后果，也不会必然导致黑合同无效。

上述规则是认定黑白合同效力的一般规定。对于通过招标投标方式订立的建设工程施工合同，不仅要考虑当事人的意思表示是否真实，更要考虑维护招标投标秩序、保护其他投标人公平、公开竞争权利的问题。发包人与承包人选择招标投标方式签订建设工程施工合同的，就应当遵守《招标投标法》的相关规定。因此，《建设工程施工合同司法解释》第二十一条规定："当事人就同一建设工程另行订立的建设工程施工合同与经过备案的中标合同实质性内容不一致的，应当以备案的中标合同作为结算工程价款的根据。"鉴于实践中有些中标合同并未用于备案，有些备案的建设工程施工合同也不是中标合同。而且建设工程行政主管部门也取消了建设工程施工合同备案制度。白合同主要表现为招标文件、投标文件和中标通知书，以及依据招标文件和投标文件签订的中标合同。对此《建设工程施工合同司法解释（二）》第九条规定："发包人将依法不属于必须招标的建设工程进行招标后，与承包人另行订立的建设工程施工合同背离中标合同的实质性内容，当事人请求以中标合同作为结算建设工程价款依据的，人民法院应予支持，但发包人与承包人因客观情况发生了在招标投标时难以预见的变化而另行订立建设工程施工合同的除外。"第十条规定："当事人签订的建设工程施工合同与招标文件、投标文件、中标通知书载明的工程范围、建设工期、工程质量、工程价款不一致，一方当事人请求将招标文件、投标文件、中标通知书作为结算工程价款的依据的，人民法院应予支持。”《招标投标法实施条例》第五十七条第一款规定：“招标人和中标人应当依照招标投标法和本条例的规定签订书面合同，合同的标的、价款、质量、履行期限等主要条款应当与招标文件和中标人的投标文件的内容一致。招标人和中标人不得再行订立背离合同实质性内容的其他协议。”第七十五条规定：“招标人和中标人不按照招标文件和中标人的投标文件订立合同，合同的主要条款与招标文件、中标人的投标文件的内容不一致，或者招标人、中标人订立背离合同实质性内容的协议的，由有关行政监督部门责令改正，可以处中标项目金额5‰以上10‰以下的罚款。”根据上述规定，就建设工程施工合同的实质性内容而言，如果发包人、承包人通过招标投标方式签订建设工程施工合同的，原则上应当以白合同，即招标文件、投标人的中标文件、中标通知书和中标合同为准。如果招标人和中标人依据招标文件、投标人的中标文件、中标通知书签订的中标合同与招标文件、投标人的中标文件、中标通知书不一致，应当以后者为准。

七、建设工程施工合同的履行

建设工程施工合同是双务合同、有偿合同。对于承包人而言，其主要义务是按建设工程施工合同约定的质量标准和工期完成建设工程施工，并向发包人交付验收合格的工程。对发包人而言，其主要义务是按建设工程施工合同的约定，向承包人支付建设工程价款。建设工程施工合同的履行问题是司法实践中建设工程施工合同纠纷案件争议点最集中的领域，并主要集中在建设工程质量是否合格、是否延误工期、是否依约或者依法支付建设工程价款等方面。下文将围绕这几个领域分别进行分析阐述。

055

发包人支付建设工程价款是否应当以建设工程质量合格为前提

在建设工程施工合同中，承包人的核心义务就是向发包人交付质量合格的建设工程。如果承包人未完成这一义务，就无权请求发包人支付建设工程价款。因为如果承包人施工的建设工程质量不合格，发包人的合同目的就不能实现。根据《合同法》第九十四条第四项规定，如果承包人的违约行为致使发包人不能实现合同目的，发包人可以解除合同。根据《合同法》第一百四十八条的规定，在买卖合同中，因标的物质量不符合质量要求，致使不能实现合同目的的，买受人可以拒绝接受标的物或者解除合同。买受人拒绝接受标的物或者解除合同的，标的物毁损、灭失的风险由出卖人承担。同时，《合同法》第一百七十四条规定："法律对其他有偿合同有规定的，依照其规定；没有规定的，参照买卖合同的有关规定。"即《合同法》关于买卖合同的规定可准用于其他有偿合同。在有偿合同中，特征履行一方提供符合合同约定的质量标准或者要求的物品或者服务，原则上都是相对人支付价款的对价。

无论建设工程施工合同是否有效，建设工程质量合格都是承包人请求发包人依照建设工程施工合同约定或者参照建设工程施工合同约定支付建设工程价款的前提条件。对这一问题，《建设工程施工合同司法解释》第二条规定："建设工程施工合同无效，但建设工程经竣工验收合格，承包人请求参照合同约定支付工程价款的，应予支持。"由于建筑领域管理规定非常多，当事人出于降低成本、违法获取市场准入、非法获利等原因，可能会做出规避相关法律和行政法规的行为。如果当事人所规避的法律和行政法规的规定属于效力性强制性规定，则会导致建设工程施工合同无效。从司法实践情况看，人民法院审理的建设工程施工合同纠纷案件中，建设工程施工合同无效的情况并不少见。虽然建设工程施工合同无效，但是如果承包人施工完成、交付给发包人的建设工程质量合格，则交易已经完成。承包人所付出的劳务和建筑材料已经物化在建设工程之中。这种情况下需要对承包人所付出的劳务和建筑材料等支出进行补偿。从实践的角度看，最佳的补偿办法就是由发包人参照建设工程施工合同的约定向承包人支付工程价款。但承包人请求发包人参照建设工程施工合同的约定支付工程价款的基本前提一定是其所施工的建设工程质量合格。

债之履行，应当及时、全面、适当，否则即为不完全履行。所谓及时，是按合同约定的时间履行。所谓全面，既包括量的方面也包括质的方面。量的方面不完全履行主要是部分履行。质的方面不完全履行主要是标的不符合质量要求或合同约定或者法律规定的其他要求。不完全履行包括瑕疵履行和加害履行两种类型。不完全履行不能达到彻底消灭债务之目的，或者即使能消灭原生债务也会引发派生债务，引起新的法律责任。对于量方面的不完全履行，我国《合同法》第六十条第一款规定，当事人应该按照约定全面履行自己的义务。部分履行违反了全面履行原则，不能导致债之全部消灭。《合同法》第七十二条第一款规定，债权人原则上对于债务人部分履行债务享有拒绝的权利，但部分履行不损害债权人的利益的，则债权人不得拒绝。同时，根据该条第二款规定，债权人虽不得拒绝无害于债权的部分履行，但可向债务人请求因此而增加的费用。概言之，《合同法》对于量上的部分履行的态度是，原则上债务人得全面履行给付义务，即使债务人部分履行，也不能损害债权人之利益或增加其负担。在质的方面，不完全履行包括瑕疵履行和加害履行两个方面。瑕疵履行是指债务人虽为给付，但给付存在瑕疵。典型的瑕疵履行就是标的物质量不合格。对于瑕疵履行，债务人可补正的，得补正；不能补正的，无权要求相对人支付价款。不能补正或虽能补正但仍损害债权人权益的，还应当赔偿相对人因此遭受的损失。加害履行是指债务人所为给付不仅存在瑕疵，而且该瑕疵造成了债权人其他权益的损害。对于加害履行，债权人不仅可就不完全履行要求债务人承担补正、赔偿等民事责任，还可就所受其他损害要求债务人承担赔偿责任。如果承包人所交付的建设工程质量不合格，则属于不完全履行，应当首先通过维修等方式予以补正。如果建设工程质量不合格的问题无法补正，或者虽经补正仍不合格，承包人不仅无权请求发包人支付建设工程价款，还需要赔偿发包人因此而遭受的损失。对此问题，《合同法》第二百八十一条规定："因施工人的原因致使建设工程质量不符合约定的，发包人有权要求施工人在合理期限内无偿修理或者返工、改建。经过修理或者返工、改建后，造成逾期交付的，施工人应当承担违约责任。"第二百八十二条规定："因承包人的原因致使建设工程在合理使用期限内造成人身和财产损害的，承包人应当承担损害赔偿责任。"《建设工程施工合同司法解释》第三条规定："建设工程施工合同无效，且建设工程经竣工验收不合格的，按照以下情形分别处理：（一）修复后的建设工程经竣工验收合格，发包人请求承包人承担修复费用的，应予支持；（二）修复后的建设工程经竣工验收不合格，承包人请求支付工程价款的，不予支持。因建设工程不合格造成的损失，发包人有过错的，也应承担相应的民事责任。"

建设工程施工合同有效，承包人请求发包人依照合同约定支付建设工程价款的，也应当以建设工程质量合格为前提。《合同法》第二百七十九条规定："建设工程竣工后，发包人应当根据施工图纸及说明书、国家颁发的施工验收规范和质量检验标准及时进行验收。验收合格的，发包人应当按照约定支付价款，并接收该建设工程。建设工程竣工经验收合格后，方可交付使用；未经验收或者验收不合格的，不得交付使用。"《建设工程施工合同司法解释》第十六条第三款规定："建设工程施工合同有效，但建设工程经竣工验收不合格的，工程价款结算参照本解释第三条规定处理。"根据该条规定，建设工程施工合同有效，发包人和承包人均应当按照合同约定履行义务。如果承包人所施工的工程经竣工验收不合格，应当依照《建设工程施工合同司法解释》第三条规定，有修复可能的，应当由承包人进行修复。建设工程经修复后验收合格的，承包人有权请求发包人支付建设工程价款，但应当由承包人承担修复费用。修复后的建设工程经竣工验收仍然不合格的，承包人就无权请求发包人支付工程价款。

建设工程施工合同被解除后，如果承包人已经完成了建设工程全部或者部分施工，也存在请求发包人支付建设工程价款的问题。《合同法》第九十七条规定："合同解除后，尚未履行的，终止履行；已经履行的，根据履行情况和合同性质，当事人可以要求恢复原状、采取其他补救措施，并有权要求赔偿损失。"故在合同被解除后，对于合同已经履行部分将根据合同性质发生恢复原状、采取其他补救措施和赔偿损失等法律后果，本质上是要对合同已经履行部分进行清算。在建设工程施工合同履行部分后即被解除的情况下，也应当对发包人和承包人履行合同的情况进行清算，关键是要确定发包人所施工工程是否合格以及发包人是否欠付建设工程价款。《建设工程施工合同司法解释》第十条第一款规定："建设工程施工合同解除后，已经完成的建设工程质量合格的，发包人应当按照约定支付相应的工程价款；已经完成的建设工程质量不合格的，参照本解释第三条规定处理。"根据该条规定，在建设工程施工合同被解除前，承包人已经依据合同对建设工程进行施工，施工完成的部分或者全部建设工程归发包人享有，发包人应当按约定支付相应的建设工程价款。但发包人的付款义务也以承包人所施工工程质量合格为前提，否则发包人所获得的工程不具有相应价值。因此，如果承包人所施工的建设工程质量合格，就有权请求发包人支付工程价款；如果承包人所施工的建设工程质量不合格，应当承担修复责任，并承担修复费用；如果承包人所施工工程经修复后质量仍不合格，就无权请求发包人支付工程价款。综上，无论是建设工程施工合同有效、无效还是被解除的情况下，发包人请求承包人支付建设工程价款的前提均是其所施工的建设工程质量合格。

056

建设工程质量责任的主体有哪些

根据建设工程施工合同约定和相关法律规定，承包人有义务向发包人移交质量合格的建设工程，否则应当承担相应的民事责任，因此，承包人是建设工程质量的责任人。《建筑法》第五十八条规定："建筑施工企业对工程的施工质量负责。建筑施工企业必须按照工程设计图纸和施工技术标准施工，不得偷工减料。工程设计的修改由原设计单位负责，建筑施工企业不得擅自修改工程设计。"第六十条规定："建筑物在合理使用寿命内，必须确保地基基础工程和主体结构的质量。建筑工程竣工时，屋顶、墙面不得留有渗漏、开裂等质量缺陷；对已发现的质量缺陷，建筑施工企业应当修复。"《合同法》也对承包人对建设工程质量的责任作了规定。该法第二百六十二条规定："承揽人交付的工作成果不符合质量要求的，定作人可以要求承揽人承担修理、重作、减少报酬、赔偿损失等违约责任。"《建设工程施工合同司法解释》也规定，无论建设工程施工合同是否有效，建设工程质量合格都是发包人依照或者参照合同约定支付工程款的前提条件。如果建设工程质量不合格，发包人有权不支付或者减少支付工程款。实践中，承包人和施工人的情况较为复杂，尤其是在分包、转包、违法分包以及借用资质与发包人签订建设工程施工合同的情况下，哪些主体应当对建设工程质量不合格承担民事责任的问题，需要予以明确。

第一，在建设工程实行总承包的情况下，总承包单位应当对全部建设工程质量负责。对此，《建设工程质量管理条例》第二十六条第三款规定："建设工程实行总承包的，总承包单位应当对全部建设工程质量负责；建设工程勘察、设计、施工、设备采购的一项或者多项实行总承包的，总承包单位应当对其承包的建设工程或者采购的设备的质量负责。"

第二，在合法分包的情况下，分包人（总承包人）和分承包人都应当对分包工程质量承担责任。《建筑法》第五十五条规定："建筑工程实行总承包的，工程质量由工程总承包单位负责，总承包单位将建筑工程分包给其他单位的，应当对分包工程的质量与分包单位承担连带责任。分包单位应当接受总承包单位的质量管理。”即在分包的情况下，分包单位即分承包人作为施工人，应当对分包工程质量问题承担责任，而总承包单位即分包人对分承包人负有进行质量管理的义务，其对分包工程的质量应当与分承包人承担连带责任。

第三，在违法分包的情况下，分包人和分承包人都应当对分包工程质量承担责任。《建筑法》第五十五条只是规定，分包人应当对分包工程的质量与分承包人承担连带责任。从文义上看，该条规定未区分合法分包和违法分包。但无论如何理解，违法分包的情况下，分包人和分承包人都应当对分包工程质量承担责任。首先，如果从广义上理解，《建筑法》第五十五条所规定的分包既包括合法分包，也包括违法分包，则违法分包合同的分包人和分承包人都应当对分包工程质量承担连带责任。其次，如果从狭义上理解，《建筑法》第五十五条所规定的分包只包括合法分包，不包括违法分包，则依据举轻以明重的原则，既然合法分包合同的分包人和分承包人都应当对分包工程质量承担连带责任，违法分包合同的分包人和分承包人更应当对分包工程质量承担连带责任。结合《建筑法》第六十七条规定，从体系解释的角度看，《建筑法》第五十五条所规定的分包似应只包含合法分包。对于违法分包，应依据《建筑法》第六十七条规定处理。再次，无论是在合法分包的情况下，还是违法分包的情况下，分包人和分承包人都是广义上的施工人，都应当对其所施工的工程质量承担责任。最后，《建筑法》第六十七条规定，承包单位将承包的工程违反该法规定进行分包的，对因违法分包的工程不符合规定的质量标准造成的损失，与接受分包的单位承担连带赔偿责任。该条所规定的连带责任系承包人与实际施工人对建设工程质量承担连带赔偿责任的一种表现。

第四，在转包的情况下，转包人与转承包人应当对建设工程质量承担连带责任。转包人将其所承包的工程转包给第三人，不仅违反法律规定，而且会损害发包人的利益。发包人在与转包人签订建设工程施工合同时，对于其所发包的工程将由第三方施工的事实并不知情。转包人将其所承包的工程转包给第三人，既违反了法律的规定，也违反了建设工程施工合同的约定。而转包人和转承包人均知道或者应当知道其转包行为属于违法和违反约定的行为，在主观上均具有过错。《建筑法》第六十七条也规定：“承包单位将承包的工程转包的，或者违反本法规定进行分包的，责令改正，没收违法所得，并处罚款，可以责令停业整顿，降低资质等级；情节严重的，吊销资质证书。承包单位有前款规定的违法行为的，对因转包工程或者违法分包的工程不符合规定的质量标准造成的损失，与接受转包或者分包的单位承担连带赔偿责任。”

第五，在缺乏资质的单位或者个人借用资质签订建设工程施工合同的情况下，出借资质一方应当与借用资质一方对建设工程质量承担连带责任。《建设工程施工合同司法解释（二）》第四条规定：“缺乏资质的单位或者个人借用有资质的建筑施工企业名义签订建设工程施工合同，发包人请求出借方与借用方对建设工程质量不合格等因出借资质造成的损失承担连带赔偿责任的，人民法院应予支持。”对这一问题，已在前文作较为详细阐述，此处不再赘述。

在确定建设工程质量的责任主体时，还应当注意区分责任单位的内部责任和对外承担责任问题。《建设工程质量管理条例》第二十六条第一款和第二款规定：“施工单位对建设工程的施工质量负责。施工单位应当建立质量责任制，确定工程项目的项目经理、技术负责人和施工管理负责人。”在外部责任上，施工单位，无论是建设工程施工合同约定的承包人还是转承包人、分承包人、借用资质签订建设工程施工合同的单位或者个人，应当对建设工程质量承担责任。施工单位承担责任后，如果其项目经理、技术负责人和施工管理负责人违反单位内部管理规定，应对建设工程质量不合格承担责任的，施工单位可向其追责。在转包、分包和借用资质签订建设工程施工合同的情况下，应当先由转包人和转承包人、分包人和分承包人、出借资质的建筑企业和借用资质的单位或者个人先对外承担连带责任。在对外承担责任后，根据转包人和转承包人、分包人和分承包人、出借资质的建筑企业和借用资质的单位或者个人的过错，一方对外承担的责任超出其责任范围的，可以向另一方追偿。

原则上，施工人应当对其施工的建设工程质量承担责任，但是建设工程质量不合格，既有可能是施工人的原因，也有可能是建设单位的原因。《合同法》第二百八十一条规定：“因施工人的原因致使建设工程质量不符合约定的，发包人有权要求施工人在合理期限内无偿修理或者返工、改建。经过修理或者返工、改建后，造成逾期交付的，施工人应当承担违约责任。”

如果发包人对于建设工程质量不合格存在过错的，也应当承担相应的民事责任。《建设工程施工合同司法解释》第三条第二款规定：“因建设工程不合格造成的损失，发包人有过错的，也应承担相应的民事责任。”第十二条规定：“发包人具有下列情形之一，造成建设工程质量缺陷，应当承担过错责任：（一）提供的设计有缺陷；（二）提供或者指定购买的建筑材料、建筑构配件、设备不符合强制性标准；（三）直接指定分包人分包专业工程。承包人有过错的，也应当承担相应的过错责任。”《建设工程质量管理条例》第十条规定：“建设工程发包单位不得迫使承包方以低于成本的价格竞标，不得任意压缩合理工期。建设单位不得明示或者暗示设计单位或者施工单位违反工程建设强制性标准，降低建设工程质量。”实践中，由发包人原因导致建设工程质量不合格的情况主要包括以下情形：

一是发包人提供的设计存在缺陷，导致建设工程存在质量问题。为确保建设工程施工合同顺利履行，发包人要承担支付工程款的主要义务，还需要承担一系列辅助义务。提供建设工程的施工设计图就是发包人的一项重要协助义务。《建筑法》第五十八条规定：“建筑施工企业对工程的施工质量负责。建筑施工企业必须按照工程设计图纸和施工技术标准施工，不得偷工减料。工程设计的修改由原设计单位负责，建筑施工企业不得擅自修改工程设计。”因此，承包人必须按照发包人提供的设计图进行施工，不得擅自修改工程设计。如果发包人提供的建设工程的施工设计图存在缺陷，承包人依据设计图进行施工完成的建设工程也会出现质量问题。在这种情况下，系由发包人原因导致建设工程质量问题，故应由发包人承担相应的责任。

二是发包人提供或者指定购买的建筑材料、建筑构配件、设备不符合强制性标准。影响建设工程质量的主要因素除了设计的科学合理性外，还包括建材、配件、设备等的质量以及施工人的施工资质、能力等因素。实践中，有的建设工程施工合同约定由发包人提供建筑材料、建筑构配件、设备，或者由承包人向发包人指定的出售方购买建筑材料、建筑构配件、设备。如果发包人提供或者指定购买的建筑材料、建筑构配件、设备不符合强制性标准，则会导致建设工程质量问题。这种情况下，发包人存在过错，应当对建设工程质量负责。实践中还有一种情况，即发包人和承包人共同协商选择建筑材料、建筑构配件、设备等的出售方，或者共同进行了验收等采购行为。在这种情况下，双方当事人共同采购的建筑材料、建筑构配件、设备等质量不合格，导致建设工程质量问题的，由于双方当事人均存在过错，应由双方当事人根据各自过错承担相应的民事责任。

三是由承包人直接指定分包人分包专业工程。专业工程对施工人的专业施工资质要求较高，选择有资质、专业施工能力强、市场信誉好的专业分包人分包专业工程，对于建设工程质量具有重要意义。整体上看，发包人在建筑市场上处于优势地位，其在缔结建设工程施工合同时，通常会利用其优势地位向承包人施加一些附加条件。这类附加条件有时体现在建设工程施工合同中，有时则体现在双方的其他协议中，甚至口头协议中。《建筑工程施工转包违法分包等违法行为认定查处管理办法（试行）》第五条规定，建设单位违反施工合同约定，通过各种形式要求承包单位选择其指定分包单位的，属于违法发包。但实践中更常见的是，发包人在与承包人签订建设工程施工合同之前或者之时就已经指定了分包人。而承包人由于在缔约时的经济地位不平等，议价能力不强，通常只能接受发包人的指定。由于分承包人由发包人指定，则因分承包人造成分包工程质量不合格的，发包人也有过错，应当由发包人承担相应的责任。

四是发包人利用其在建筑市场上的优势地位，迫使承包方以低于成本的价格竞标。承包方面临激烈的市场竞争和生存压力，面对发包人让其低于成本价竞标的意志，往往只能选择屈服，先承包工程再通过偷工减料等方式完成工程施工，最终会导致建设工程质量问题。这种情况下，发包人的行为不仅违反了《招标投标法》第三十三条投标人不得以低于成本的报价竞标、第四十一条关于中标人的投标价格不得低于成本的规定，也是导致建设工程质量不合格的原因，应当承担相应的民事责任。

五是发包人违约、违规任意压缩建设工程的合理工期。工期对于发包人和承包人都具有重要意义，对于建设工程质量也具有决定性意义，不合理地压缩工期，必然会影响建设工程质量。发包人有时为尽快向第三方交付房屋或者将建设工程投入使用，会任意压缩建设工程的合理工期。对于特定工程和相应的工程量所需要的工期，建筑市场有相应惯例。承包人在承包建设工程时，也会对其是否有能力在合同约定工期内完成施工进行衡量。而且工程还有定额工期，最低工期有国家强制性标准，各方当事人都必须遵照执行。《建设工程质量管理条例》第十条第一款规定："建设工程发包单位不得迫使承包方以低于成本的价格竞标，不得任意压缩合理工期。"至于什么情况下属于"任意压缩合理工期"，实践中有观点认为，合同工期少于定额工期30%以上部分就属于压缩的合理工期。当然，如果压缩合理工期是双方当事人协商一致的结果，则双方均应对此导致的建设工程质量问题承担民事责任。但压缩合理工期通常都是由于发包人单方的意志，承包人通常是被动接受一方，因此应当由发包人承担主要或者全部责任。

六是发包人明示或者暗示设计单位或者施工单位违反工程建设强制性标准。建设工程的一个突出特点就是具有外部性，建设工程的最终所有人、使用者往往不是建设工程施工合同的当事人，发包人为实现自身利益最大化或者为了当前的短期利益可能会不惜损害他人利益或者牺牲长远利益。此外，发包人的管理者也可能会甘冒道德风险，为个人短期利益最大化而损害发包人的利益。因此，实践中发包人可能会通过明示或者暗示等方式，让设计单位或者施工单位违反工程建设强制性标准，以达到减少建设工程价款或者缩短建设工期的目的。无论是让设计单位违反工程建设强制性标准，还是让施工单位违反工程建设强制性标准，都会对建设工程质量造成负面影响。这种情况下，发包人应当对其过错行为承担责任。

057

承担建设工程质量责任的方式有哪些

在某一单项工程中，可能包含多个单位工程。一个单位工程往往又包含多个分部工程、分项工程。如果一个分部工程、分项工程不合格就可能导致整个工程质量不合格。另外，建设工程质量不合格也有程度上的区别。有的建设工程质量问题会直接导致工程不能安全使用，致使发包人的合同目的不能实现。有的建设工程质量问题不会影响工程安全使用，但会对工程正常使用带来不当的影响。建设工程质量合格虽然是承包人请求发包人支付工程款的前提条件，但并不意味着只要建设工程质量存在问题，发包人就可以一分不付，拒付全部工程款。

建设工程质量不合格，有多种救济方式。关于建设工程质量不合格的救济方式的规定较多，主要包括以下规定：《合同法》第二百六十二条规定："承揽人交付的工作成果不符合质量要求的，定作人可以要求承揽人承担修理、重作、减少报酬、赔偿损失等违约责任。"第二百八十一条规定："因施工人的原因致使建设工程质量不符合约定的，发包人有权要求施工人在合理期限内无偿修理或者返工、改建。经过修理或者返工、改建后，造成逾期交付的，施工人应当承担违约责任。”第二百八十二条规定：“因承包人的原因致使建设工程在合理使用期限内造成人身和财产损害的，承包人应当承担损害赔偿责任。”《建筑法》第六十条规定：“建筑物在合理使用寿命内，必须确保地基基础工程和主体结构的质量。建筑工程竣工时，屋顶、墙面不得留有渗漏、开裂等质量缺陷；对已发现的质量缺陷，建筑施工企业应当修复。”第六十二条规定：“建筑工程实行质量保修制度。建筑工程的保修范围应当包括地基基础工程、主体结构工程、屋面防水工程和其他土建工程，以及电气管线、上下水管线的安装工程，供热、供冷系统工程等项目；保修的期限应当按照保证建筑物合理寿命年限内正常使用，维护使用者合法权益的原则确定。具体的保修范围和最低保修期限由国务院规定。”《建设工程质量管理条例》第三十二条规定：“施工单位对施工中出现质量问题的建设工程或者竣工验收不合格的建设工程，应当负责返修。”第三十九条规定：“建设工程实行质量保修制度。建设工程承包单位在向建设单位提交工程竣工验收报告时，应当向建设单位出具质量保修书。质量保修书中应当明确建设工程的保修范围、保修期限和保修责任等。”第四十一条规定：“建设工程在保修范围和保修期限内发生质量问题的，施工单位应当履行保修义务，并对造成的损失承担赔偿责任。”《建设工程质量保证金管理办法》第九条规定：“缺陷责任期内，由承包人原因造成的缺陷，承包人应负责维修，并承担鉴定及维修费用。如承包人不维修也不承担费用，发包人可按合同约定从保证金或银行保函中扣除，费用超出保证金额的，发包人可按合同约定向承包人进行索赔。承包人维修并承担相应费用后，不免除对工程的损失赔偿责任。由他人原因造成的缺陷，发包人负责组织维修，承包人不承担费用，且发包人不得从保证金中扣除费用。”《建设工程施工合同司法解释》第三条规定：“建设工程施工合同无效，且建设工程经竣工验收不合格的，按照以下情形分别处理：（一）修复后的建设工程经竣工验收合格，发包人请求承包人承担修复费用的，应予支持；（二）修复后的建设工程经竣工验收不合格，承包人请求支付工程价款的，不予支持。因建设工程不合格造成的损失，发包人有过错的，也应承担相应的民事责任。”第八条规定：“承包人具有下列情形之一，发包人请求解除建设工程施工合同的，应予支持：

（一）明确表示或者以行为表明不履行合同主要义务的；（二）合同约定的期限内没有完工，且在发包人催告的合理期限内仍未完工的；（三）已经完成的建设工程质量不合格，并拒绝修复的；（四）将承包的建设工程非法转包、违法分包的。”第十一条规定：“因承包人的过错造成建设工程质量不符合约定，承包人拒绝修理、返工或者改建，发包人请求减少支付工程价款的，应予支持。”《建设工程施工合同司法解释（二）》第三条规定：“建设工程施工合同无效，一方当事人请求对方赔偿损失的，应当就对方过错、损失大小、过错与损失之间的因果关系承担举证责任。损失大小无法确定，一方当事人请求参照合同约定的质量标准、建设工期、工程价款支付时间等内容确定损失大小的，人民法院可以结合双方过错程度、过错与损失之间的因果关系等因素作出裁判。”根据上述规定，对建设工程质量不合格的救济主要包括以下几种途径：

一是对质量不合格部分的建设工程进行修复。承包人对质量不合格的建设工程进行修复的前提是建设工程有修复的可能。如果建设工程的基础工程、主体工程存在严重质量缺陷，无修复可能的，则无须再由承包人进行修复。这种情况下，发包人可以拒付或者少付工程款，并要求承包人赔偿损失。如果建设工程经修复后质量合格，承包人就有权请求发包人依照或者参照建设工程施工合同的约定支付建设工程价款。由于修复造成的工期延误，发包人有权请求承包人依其过错承担赔偿责任。如果承包人拒绝对质量不合格的建设工程进行修复或者建设工程经修复后质量仍不合格，发包人则有权拒付或者少付工程款，并要求承包人赔偿损失。修复的方式包括修理、返工或者改建等方式，目的是要使建设工程达到合同约定或者国家规定的质量标准。

二是发包人有权解除建设工程施工合同。通常在两种情况下发包人享有解除建设工程施工合同的权利。第一，建设工程质量严重不合格，已无修复可能，发包人的合同目的确定不能实现。《合同法》第九十四条第四项规定，如果当事人一方迟延履行债务或者有其他违约行为致使不能实现合同目的，相对人有权解除合同。第二，承包人已经完成的建设工程质量不合格，并拒绝修复。由于承包人拒绝修复质量不合格的建设工程，发包人请求承包人交付质量合格的建设工程在事实上不可能，因此《建设工程施工合同司法解释》第八条规定，在这种情况下，发包人请求解除建设工程施工合同的，应予支持。

三是发包人有权拒付或者少付建设工程价款。建设工程质量不合格，应当由承包人修理、返工或者改建责任，使之达到约定或者法律规定的质量标准。但是，如果建设工程存在严重质量问题，无修复可能的，发包人有权拒付建设工程价款；如果承包人明确表示拒绝修理、返工或者改建，或者经承包人修理、返工或者改建后建设工程质量仍不合格，发包人有权请求减少支付工程价款。除非建设工程质量存在严重质量问题，即使进行修复也不能安全使用，发包人不应拒付全部工程款。根据建设工程质量问题的严重程度和修复费用不同，发包人减少支付建设工程价款的数额也不同。发包人减少支付工程价款的数额应相当于发包人另行委托第三人进行修复所需支付的合理价款数额。

四是发包人有权扣除建设工程质量质保金。根据《建设工程质量保证金管理办法》第二条规定，建设工程质量保证金是指发包人与承包人在建设工程承包合同中约定，从应付的工程款中预留，用以保证承包人在缺陷责任期内对建设工程出现的缺陷进行维修的资金。建设工程缺陷是指建设工程质量不符合工程建设强制性标准、设计文件，以及承包合同的约定。缺陷责任期一般为 1 年，最长不超过 2 年，由发包人和承包人双方在合同中约定。有的建设工程质量问题显而易见，有的建设工程质量问题则是潜在的，在发包人使用过程中才会发现。若建设工程经竣工验收合格，发包人在缺陷责任期内发现问题，而该问题系由承包人原因造成，则承包人应负责维修，并承担鉴定及维修费用。如承包人拒不维修或承担维修费用，或者建设工程虽经维修，但质量仍不合格。发包人就有权依据合同约定从建设工程质量保证金中扣除。

五是发包人有权请求承包人承担保修责任。如果建设工程质量问题在竣工验收、缺陷责任期内都未出现或者发现，但在保修期限内发现了，承包人也应当承担保修义务。建设工程承包单位在向建设单位提交工程竣工验收报告时，应当向建设单位出具质量保修书。质量保修书中应当明确建设工程的保修范围、保修期限和保修责任等。建设工程的保修范围应当包括地基基础工程、主体结构工程、屋面防水工程和其他土建工程，以及电气管线、上下水管线的安装工程，供热、供冷系统工程等项目；保修的期限应当按照保证建筑物合理寿命年限内正常使用，维护使用者合法权益的原则确定。根据《建设工程质量管理条例》第四十条规定，在正常使用条件下，建设工程的最低保修期限为：基础设施工程、房屋建筑的地基基础工程和主体结构工程，为设计文件规定的该工程的合理使用年限；屋面防水工程、有防水要求的卫生间、房间和外墙面的防渗漏，为 5 年；供热与供冷系统，为 2 个采暖期、供冷期；电气管线、给排水管道、设备安装和装修工程，为 2 年。建设工程的保修期，自竣工验收合格之日起计算。建设工程在保修范围和保修期限内发生质量问题的，施工单位应当履行保修义务，并对造成的损失承担赔偿责任。

六是发包人有权请求承包人赔偿损失。民事责任中，赔偿损失具有兜底作用。如果其他民事责任不适合，或者承包人在承担其他民事责任后，发包人仍有损失的，发包人还有权请求承包人承担赔偿损失的责任。例如，在缺陷责任期内，由承包人原因造成质量缺陷，但承包人拒不维修或承担维修费用，或者建设工程虽经维修但质量仍不合格，发包人所支出的维修费用超出保证金的，发包人可按合同约定向承包人进行索赔。即使承包人维修并承担相应费用后，也不免除其对发包人损失的赔偿责任。在保修期内发现建设工程存在质量问题的，承包人履行保修义务后，如果对发包人造成了损失，如因维修而导致发包人不能正常营业，承包人也应对发包人的损失承担赔偿责任。承包人不仅要为其瑕疵给付承担赔偿责任，还要为其加害给付承担赔偿责任。因承包人的原因致使建设工程质量不合格，导致建设工程在合理使用期限内造成人身和财产损害的，承包人应当承担损害赔偿责任。

058

发包人未经竣工验收擅自使用建设工程后能否主张建设工程质量不合格

在建设工程施工合同中，承包人向发包人交付符合合同约定质量要求的建设工程和发包人向承包人支付建设工程价款，是双方最重要的义务，构成建设工程施工合同中最基本的对价关系。承包人请求发包人支付工程款的基本前提就是其所施工的建设工程质量合格。因此，司法实践中，承包人起诉请求发包人支付建设工程价款的，发包人多会以建设工程质量不合格为由进行抗辩。但实践中也存在发包人不诚信拖延支付工程款的情况。尤其是发包人利用其在建筑市场上的优势地位，在建设工程施工合同约定的付款方式上取得有利地位，让承包人部分甚至全部垫资施工，或者不按建设工程施工合同约定的时间支付建设工程价款，导致承包人完成全部工程施工任务后，不能按时取得建设工程价款。个别发包人一方面通过拖延对建设工程进行竣工验收的方式，以达到迟延付款或者少付不付工程款的目的，另一方面又占有使用建设工程。在司法实践中，个别发包人占有使用已完工建设工程甚至长达数十年，却以各种理由拖延竣工验收，也不向承包人支付其欠付的工程款。承包人起诉请求发包人支付工程款后，发包人又以建设工程质量不合格为由提出抗辩。有的发包人还就建设工程质量问题申请鉴定。由于发包人在使用已完工工程时往往已经对工程进行了装饰装修，有的在使用过程中也存在损毁或者改建，因此即使存在建设工程质量不合格的情况，也很难确定是何种原因导致，应由哪方当事人承担责任。造成这一困境的主要原因是发包人在建设工程未经竣工验收的情况下擅自使用该建设工程。对此，《建设工程施工合同司法解释》第十三条规定："建设工程未经竣工验收，发包人擅自使用后，又以使用部分质量不符合约定为由主张权利的，不予支持；但是承包人应当在建设工程的合理使用寿命内对地基基础工程和主体结构质量承担民事责任。"在理解和适用《建设工程施工合同司法解释》第十三条规定时，应当注意以下问题。

第一，建设工程未经竣工验收，发包人擅自使用了建设工程，才不能以使用部分质量不符合约定为由主张权利。如果不存在建设工程未经竣工验收，发包人擅自使用的事实，就不能适用该条规定。

第二，建设工程未经竣工验收，发包人擅自使用了建设工程后，只是对其所使用部分，不能以工程质量不符合约定为由主张权利。对于发包人未使用部分，不适用该条规定。

第三，发包人擅自使用建设工程之前，并无证据证明建设工程存在质量问题。如果在发包人擅自使用建设工程之前，就已经发现建设工程质量问题，发包人要求承包人修复，承包人未予修复，发包人另行联系第三方修复后才使用建设工程的，就不能适用该条规定。在这种情况下，发包人有权请求承包人赔偿其为修复而支出的合理费用。

第四，虽然发包人在建设工程未经竣工验收的情况下就擅自使用，但是如果建设工程的地基基础工程和主体结构质量在合理使用寿命内出现质量问题的，发包人仍然有权请求承包人承担相应的民事责任。一方面，地基基础工程和主体结构质量影响到建设工程的安全使用，承包人对此所应承担的瑕疵担保责任应当更重。另一方面，发包人擅自使用未经验收合格的建设工程通常不会对地基基础工程和主体结构质量造成影响。导致这两项工程质量问题的责任比较容易划分。

059

发包人在承包人提起的建设工程施工合同纠纷案件中就质量问题提出抗辩或者反诉的应如何处理

司法实践中，建设工程施工合同纠纷案件多由承包人提起。承包人提起的建设工程施工合同纠纷案件中，主要的诉讼请求是请求发包人支付建设工程价款。而发包人为达到不支付、少支付或者晚支付建设工程价款的目的，通常会以建设工程质量不合格为由进行抗辩，或者就承包人支付违约金或者赔偿修理、返工、改建的合理费用等损失提出反诉。由于建设工程质量合格是发包人向承包人支付建设工程价款的前提，在承包人起诉请求发包人支付建设工程价款的情况下，如果承包人所施工工程质量不合格，发包人有权以此为由提出抗辩。有的情况下，发包人提出的并不是抗辩，而是一个独立的诉讼请求。这时发包人就应当以另诉或者反诉的方式行使权利。无论是抗辩还是反诉，发包人的目的通常都是要对抗承包人关于给付欠付工程款的诉讼请求。司法实践对于发包人在哪些情况下是在提出抗辩，在哪些情况下是提出独立的诉讼请求的问题，存在争议。对二者进行区分十分必要。如果发包人提出的是独立的诉讼请求，就应当交纳诉讼费。诉讼费成本会限制发包人毫无根据地就工程质量问题提出修复工程、赔偿损失等诉讼请求。此外，如果发包人在承包人提起的建设工程施工合同纠纷案件中，要提起独立的修复工程、赔偿损失等诉讼请求，就必须依据《最高人民法院关于适用〈中华人民共和国民事诉讼法〉的解释》（以下简称《民事诉讼法司法解释》）第二百三十二条的规定，在案件受理后，法庭辩论结束前提出。承包人不能在法庭辩论结束后还提起反诉。如果在法庭辩论结束后，发包人欲就建设工程质量不合格提起修复工程、赔偿损失等诉讼请求的，就应当通过另行起诉进行。这就不会导致承包人提起的建设工程施工合同纠纷案件的延期。

反诉是指在一个已经开始的民事诉讼程序即本诉中，本诉被告以本诉原告为被告，向受诉法院提出的与本诉有牵连的独立的反请求。法律允许本诉被告对本诉原告提起一个新的诉讼，并与本诉一并审理，主要目的是通过反诉与本诉合并审理，减少当事人诉累，降低诉讼成本，也便于判决的执行。关于反诉的性质有不同观点，包括以下几种学说：一是“防御手段”说，该说认为，反请求是一种防御方法，可以视为被告的请求陈述，以英国为代表的国家持此观点。二是“附带诉讼说”，该说认为，“反诉在民事诉讼中是附带诉讼中的一种，将反诉置于本诉的前提之下，强调反诉的附属性，反映了本诉与反诉的前后承继关系”。以法国为代表的国家采纳此说。三是“独立诉讼请求”说，该说认为，反诉请求是被告人在已经开始的诉讼中向原告提出的诉讼请求，“反诉的性质为独立的诉讼，如果被告不利用反诉而独立另外起诉，则为完全独立的诉讼”。美国即持该观点。① 我国民事诉讼法也采用这一观点。反诉的独立性体现在以下几方面：一是反诉原告的诉讼请求具有独立性，不以本诉的存在为前提。二是本诉原告既可以在本诉中提起反诉，也可以在本诉之外另行提起诉讼。我国《民事诉讼法》第五十一条规定：“原告可以放弃或者变更诉讼请求。被告可以承认或者反驳诉讼请求，有权提起反诉。”第一百四十条规定：“原告增加诉讼请求，被告提出反诉，第三人提出与本案有关的诉讼请求，可以合并审理。”是否提起反诉是本诉被告的权利，其有权选择行使诉权的方式。三是一旦人民法院受理本诉被告提起的反诉后，反诉就可以独立存在，本诉原告撤诉的，不影响对反诉的审理。《民事诉讼法》第一百四十三条规定：“原告经传票传唤，无正当理由拒不到庭的，或者未经法庭许可中途退庭的，可以按撤诉处理；被告反诉的，可以缺席判决。”《民事诉讼法司法解释》第二百三十九条规定：“人民法院准许本诉原告撤诉的，应当对反诉继续审理；被告申请撤回反诉的，人民法院应予准许。”

反诉虽是独立的诉讼，但必须是与本诉有关联性的诉讼。如果本诉被告提起的是与本诉毫无关联的诉讼，人民法院就不应当受理，而应当告知当事人另行起

① 最高人民法院民事审判第一庭：《最高人民法院建设工程施工合同司法解释（二）理解与适用》，人民法院出版社 2019 年版，第 153—154 页。

诉。《民事诉讼法司法解释》第二百三十三条规定：“反诉的当事人应当限于本诉的当事人的范围。反诉与本诉的诉讼请求基于相同法律关系、诉讼请求之间具有因果关系，或者反诉与本诉的诉讼请求基于相同事实的，人民法院应当合并审理。反诉应由其他人民法院专属管辖，或者与本诉的诉讼标的及诉讼请求所依据的事实、理由无关联的，裁定不予受理，告知另行起诉。”根据该条规定，反诉应当符合以下条件：一是反诉的当事人应当与本诉的当事人相对应，不能超出本诉当事人的范围。二是反诉与本诉具有关联性。二者的关联性主要体现为，反诉与本诉的诉讼请求基于相同的法律关系、诉讼请求之间具有因果关系，或者反诉与本诉的诉讼请求基于相同的事实。正因为二者之间具有关联性，才有必要在一个诉讼程序中进行审理。三是人民法院受理反诉不违反民事诉讼法关于专属管辖的规定。反诉既可以在一审中提出，也可以在二审中提出。本诉被告在一审中提出反诉的，根据《民事诉讼法司法解释》第二百三十二条的规定，应当在案件受理后，法庭辩论结束前提出。本诉被告在二审中提出反诉的，根据《民事诉讼法司法解释》第三百二十八条规定，第二审人民法院可以根据当事人自愿的原则就新增加的诉讼请求或者反诉进行调解；调解不成的，告知当事人另行起诉。第二审人民法院也可在征得双方当事人同意的基础上一并裁判。因为第二审人民法院直接对本诉一审被告进行审理，损害的是当事人的审级利益。但民事诉讼的当事人有权对自己的诉讼权益和审级利益进行处分。第二审人民法院也可在征得双方当事人同意的基础上就本诉和反诉一并裁判，这是民事诉讼当事人处分其诉讼权益的结果。

反诉具有对抗性。实践中反诉的主要目的是要吞并、抵消本诉原告的诉讼请求。要达到该目的，反诉原告的首要目的是证明其诉讼请求成立。当然，反诉的范围不限于本诉的范围。《民事诉讼法》第五十一条规定：“原告可以放弃或者变更诉讼请求。被告可以承认或者反驳诉讼请求，有权提起反诉。”故被告排斥、否定原告诉讼请求的另一途径是提出抗辩。抗辩是被告否定、排斥本诉原告的诉讼请求的行为，本质上是一种反驳，目的是让原告的诉讼请求不成立，不被人民法院所支持。因此，对本诉而言，反诉和抗辩虽然都具有对抗性，但二者又存在区别。抗辩具有直接对抗性。对于本诉被告的反诉，本诉原告也可以提出抗辩。抗辩与反诉的区分主要体现在以下几方面：一是二者的性质不同，反诉是本诉被告基于与本诉诉讼请求相同法律关系、与本诉诉讼请求之间的因果关系，或者与本诉诉讼请求相同的事实提出的独立的诉讼请求。抗辩是对本诉的反驳，不是独立的诉。二是二者提出的时间不同，原则上反诉只能在一审中提出，而且应当在案件受理后，法庭辩论结束前提出。本诉被告在二审中提出反诉的，第二审人民法院只能进行调解或者在征得双方当事人同意的基础上一并裁判。而抗辩原则上可以在诉讼过程中的任何阶段提出。三是二者存续的前提不同，反诉的提出以本诉的存在为前提，但反诉的存续不以本诉的存续为前提。而抗辩必须以原告起诉存在为前提。如果原告撤回起诉，其起诉被裁定不予受理或者驳回起诉，被告则无抗辩的必要。四是二者目的不同。被告反诉首要的目的是主张自己的权利而非否定本诉原告的权利，如果被告在提出反诉的同时，也以对本诉原告的诉讼请求提出抗辩，且其抗辩成立的，本诉原告的诉讼请求已确定不能成立，但反诉原告通常仍会坚持其反诉。抗辩的目的就是直接对抗本诉，如果本诉已确定不成立，抗辩自无必要。

由于反诉与抗辩行使的条件不同、产生的法律后果亦不相同，在司法实践中对二者进行区分十分必要。尤其是在建设工程施工合同纠纷案件中，在承包人起诉发包人支付建设工程价款后，发包人通常会以工程存在质量问题为由主张少支付、晚支付或者不支付建设工程价款，甚至部分发包人要求承包人退还其已经支付的部分建设工程价款。不少发包人是在本诉法庭辩论结束后才提出建设工程质量问题，也未缴纳诉讼费。如果发包人提出的是反诉，由于未在《民事诉讼法》规定的期限内提出，或者由于未缴纳诉讼费，对本诉被告提出的反诉请求人民法院可以不予审理。如果发包人提出的是抗辩，人民法院就需要进行审理。司法实践中较为常见的是，承包人为追索工程款而提起建设工程施工合同纠纷案件后，发包人以工程质量不符合合同约定或者法律规定为由要求承包人支付违约金或者赔偿修理、返工、改建的合理费用等损失，并据此要求不付、少付、迟付所欠工程款。对于发包人的主张是反诉还是抗辩，实践中存在争议。

一种观点认为，在上述情况下，被告关于减少建设工程价款的主张属于新的诉讼请求，应当以反诉的形式提出，主要理由有：减少价款是一种违约责任，而违约责任的承担在诉讼中一般通过向违约方提出诉讼请求的方式进行；是被告向原告主张减少价款的违约责任，不受本诉是否撤回的影响。反诉与抗辩的主要区别在于，抗辩仅仅为一种针对本诉诉讼请求的防御方法，本诉如撤回，则抗辩就会因没有了防御对象，而失去存在意义。但减少价款作为一种违约责任，则不受本诉是否撤回的影响。换言之，即便原告撤回本诉，被告仍可向原告继续主张违约责任。

另一种观点认为，被告关于应当少付、晚付或者不付原告建设工程价款的主张是一种反驳，应当通过抗辩的方式行使。主要理由是，承包人提出请求发包人支付建设工程价款的诉讼请求后，被告关于少付、晚付或者不付原告建设工程价款的主张是对原告诉讼请求的直接反驳，是一种抗辩而非新诉。造成上述争议的主要原因是，未对发包人要求少付、晚付或者不付建设工程价款的原因进行区分。虽然从根源上讲，发包人提出该主张的根本原因都是质量不合格。但是，如果发包人直接以建设工程质量不合格为由主张少付、晚付或者不付建设工程价款，就属于一种抗辩。因为如上文所述，无论建设工程施工合同是否有效，发包人依照或者参照建设工程施工合同向承包人支付建设工程价款的前提均是建设工程质量合格。如果发包人并非直接以建设工程质量不合格为由主张少付、晚付或者不付建设工程价款，而是以建设工程质量不合格为由请求承包人支付违约金或者赔偿修理、返工、改建的合理费用等损失，并以该违约金或者赔偿金充抵其欠承包人的建设工程价款的，就属于提出了新的诉讼请求，应当通过提起反诉或者另诉解决。上述观点也是司法实践的通行做法。例如，《北京市高级人民法院关于审理建设工程施工合同纠纷案件若干疑难问题的解答》第二十八条规定："承包人要求支付工程款，发包人主张工程质量不符合合同约定给其造成损害的，应按以下情形分别处理：（1）建设工程已经竣工验收合格，或虽未经竣工验收，但发包人已实际使用，工程存在的质量问题一般应属于工程质量保修的范围，发包人以此为由要求拒付或减付工程款的，对其质量抗辩不予支持，但确因承包人原因导致工程的地基基础工程或主体结构质量不合格的除外；发包人反诉或另行起诉要求承包人承担保修责任或者赔偿修复费用等实际损失的，按建设工程保修的相关规定处理。（2）工程尚未进行竣工验收且未交付使用，发包人以工程质量不符合合同约定为由要求拒付或减付工程款的，可以按抗辩处理；发包人要求承包人支付违约金或者赔偿修理、返工或改建的合理费用等损失的，应告知其提起反诉或另行起诉。（3）发包人要求承包人赔偿因工程质量不符合合同约定而造成的其他财产或者人身损害的，应告知其提起反诉或另行起诉。”《浙江省高级人民法院关于审理建设工程施工合同纠纷案件若干疑难问题的解答》第九条规定：“承包人诉请给付工程价款，发包人以工程质量不符合合同约定或国家强制性的质量规范标准为由，要求减少工程价款的，按抗辩处理；发包人请求承包人赔偿损失的，按反诉处理。”《广东省高级人民法院关于审理建设工程施工合同纠纷案件若干问题的指导意见》第一条规定：“工程欠款纠纷案件中，发包人以建设工程质量不符合合同约定为由主张付款条件未成就的，可以作为抗辩处理。发包人以建设工程质量不符合合同约定为由，请求承包人承担违约责任的，应当提起反诉。”《江苏省高级人民法院建设工程施工合同案件审理指南（2010年)》第八条第一项规定：“发包人工程质量问题的主张，有的属于反诉，有的属于抗辩。发包单位（发包人）以工程质量问题为由要求施工单位（承包人）支付违约金或赔偿金的，应当提起反诉。发包人以质量不符约定为由仅请求拒付或减付工程款的，或者合同中明确约定可以直接将工程质量违约金或赔偿金从应付工程款中扣减的，属于抗辩，无需反诉。”《安徽省高级人民法院关于审理建设工程施工合同纠纷案件适用法律问题的指导意见（二)》第六条规定：“尚未竣工验收或使用的建设工程，承包人主张工程价款，发包人以工程质量不符合合同约定或者国家质量标准为由，主张减少工程价款或者扣除修复费用的，属于抗辩。工程已经竣工验收合格，发包人又以工程质量不合格为由，主张承包人承担违约责任的，应当提起反诉。”《四川省高级人民法院关于审理建设工程施工合同纠纷案件若干疑难问题的解答》第三十一条规定：承包人诉请支付工程价款，发包人主张工程质量不符合合同约定或者国家强制性质量规范标准，要求减少工程价款的，按抗辩主张处理；发包人要求承包人赔偿损失的，应以反诉的方式提出或另行起诉。上述规定都明确区分了发包人直接以建设工程质量问题为抗辩主张拒付或减付工程款和发包人以建设工程质量问题为由请求承包人支付违约金或者赔偿修理、返工或改建的合理费用等损失两种情况。前者为发包人的抗辩，后者则需发包人提出独立的诉讼请求，通过反诉或者另诉主张权利。上述规则并不因瑕疵给付或者加害给付而有所区别。无论是承包人交付给发包人的建设工程质量不合格，发包人请求承包人支付违约金或者赔偿损失，还是承包人交付给发包人的建设工程质量不合格造成了发包人其他财产或者人身损害，发包人请求承包人赔偿损失，都应当通过提起反诉或者另诉解决。对于这一问题，《建设工程施工合同司法解释（二）》第七条规定："发包人在承包人提起的建设工程施工合同纠纷案件中，以建设工程质量不符合合同约定或者法律规定为由，就承包人支付违约金或者赔偿修理、返工、改建的合理费用等损失提出反诉的，人民法院可以合并审理。"

《建设工程施工合同司法解释（二）》第七条的宗旨是，发包人在承包人提起的建设工程施工合同纠纷案件中，以建设工程质量不符合合同约定或者法律规定为由，要求承包人支付违约金或者赔偿修理、返工、改建的合理费用等损失的，不能通过抗辩的方式行使，而必须通过反诉或者另诉的方式行使。《建设工程施工合同司法解释（二）》（征求意见稿）第十二条规定："承包人提起的建设工程施工合同纠纷案件中，发包人以工程质量不符合合同约定或者规定为由，要求承包人支付违约金或者赔偿修理、返工或者改建的合理费用等损失的，告知其提起反诉或者另行提起诉讼解决。"在讨论期间仍有观点就这种情况是属于抗辩还是新诉存在疑虑，但多数意见认为这是新的诉讼，应当通过反诉或者另诉解决，并采用了目前的表述。在适用《建设工程施工合同司法解释（二）》第七条规定时，关键是要区分抗辩和新诉。区分的关键在于发包人是直接以建设工程质量不合格为由直接对抗承包人关于支付欠付工程款的诉讼请求，还是主张承包人承担违约金责任及赔偿损失责任，并以承包人应承担的违约责任、赔偿责任抵顶建设工程价款。前者为抗辩，后者则包含了由承包人承担违约金责任及赔偿损失责任的诉讼请求，属于新诉，应当通过反诉或者另诉解决。

060

谁应对建设工程质量不合格承担举证责任

在建设工程施工合同关系中，承包人具有向发包人交付质量符合约定或者法律规定的建设工程的义务。承包人应当对其交付的建设工程质量合格承担举证责任。依据当事人约定和法律规定，承包人在向发包人交付建设工程之前，应当先由发包人进行验收。根据《合同法》第二百七十五条的规定，施工合同的内容包括工程质量、竣工验收等条款。

《合同法》第二百七十九条规定："建设工程竣工后，发包人应当根据施工图纸及说明书、国家颁发的施工验收规范和质量检验标准及时进行验收。验收合格的，发包人应当按照约定支付价款，并接收该建设工程。建设工程竣工经验收合格后，方可交付使用；未经验收或者验收不合格的，不得交付使用。"《建筑法》第六十一条规定："交付竣工验收的建筑工程，必须符合规定的建筑工程质量标准，有完整的工程技术经济资料和经签署的工程保修书，并具备国家规定的其他竣工条件。建筑工程竣工经验收合格后，方可交付使用；未经验收或者验收不合格的，不得交付使用。"《建设工程质量管理条例》第十六条规定："建设单位收到建设工程竣工报告后，应当组织设计、施工、工程监理等有关单位进行竣工验收。建设工程竣工验收应当具备下列条件：（一）完成建设工程设计和合同约定的各项内容；（二）有完整的技术档案和施工管理资料；（三）有工程使用的主要建筑材料、建筑构配件和设备的进场试验报告；（四）有勘察、设计、施工、工程监理等单位分别签署的质量合格文件；（五）有施工单位签署的工程保修书。建设工程经验收合格的，方可交付使用。"根据上述规定，建设工程竣工后，应当由承包人向发包人提交建设工程竣工报告。发包人收到承包人提交的建设工程竣工报告后，应当根据施工图纸及说明书、国家颁发的施工验收规范和质量检验标准及时进行验收。只有在经竣工验收合格后，承包人才能将建设工程交付发包人使用。如果建设工程经发包人验收合格后，发包人又提出建设工程质量不合格的，应当对其主张承担举证责任。

司法实践中的情况更为复杂，主要存在以下情形。一是当事人诉至法院时，建设工程尚未竣工验收，亦未交付发包人使用。尚未竣工验收的原因主要是建设工程还未到双方当事人约定的竣工验收的条件或者时间；建设工程虽已经具备双方当事人约定的竣工验收的条件，或者已经到了应当竣工验收的时间，但因一方当事人不配合或者双方当事人难以就竣工验收问题进行有效沟通而不能按时进行竣工验收。二是当事人诉至法院时，建设工程虽未竣工验收，但已经交付发包人使用。三是当事人诉至法院时，建设工程已经竣工验收，但发包人主张建设工程还存在部分质量问题，影响工程的正常使用。四是当事人诉至法院时，建设工程已经竣工验收，但发包人主张其只是在名义上对建设工程进行了验收，目的是及时使用或办理相关手续，但未对建设工程进行实质上的竣工验收。五是当事人诉至法院时，建设工程尚未完工，因双方当事人发生纠纷，承包人已经停止施工。在第一种情形下，应当根据当事人过错认定过错方应向相对人承担相应的民事责任。在第二种情形下，根据《建设工程施工合同司法解释》第十三条关于“建设工程未经竣工验收，发包人擅自使用后，又以使用部分质量不符合约定为由主张权利的，不予支持；但是承包人应当在建设工程的合理使用寿命内对地基基础工程和主体结构质量承担民事责任”的规定，除地基基础工程和主体结构质量问题外，发包人原则上不能以使用部分质量不符合约定为由主张权利。在第三种和第四种情形下，发包人应当对建设工程质量不合格承担举证责任。需要注意的是，虽然发包人已经作出了建设工程经竣工验收合格的意思表示，但如果其表示与真实意思不一致，或者表示与客观事实不一致，在当事人对建设工程质量合格提出异议的情况下，仍应当对建设工程质量问题进行查明。建设工程质量是否合格，不仅关系到发包人的利益还关系到不特定或者众多群众的利益，涉及社会公共利益。对建设工程经发包人竣工验收合格的事实，只是对建设工程质量的初步证明，不是唯一证明，也不是最终证明。在第五种情形下，由于建设工程未竣工，发包人不可能进行竣工验收，原则上应当由承包人对其已施工工程质量合格承担举证责任。但实践中，并不是发包人一旦提出建设工程存在质量问题，就需要承包人申请鉴定机构对建设工程质量进行鉴定，以证明其所施工工程的质量合格。按照“谁主张谁举证”的原则，如果发包人主张建设工程质量存在问题，应当对建设工程质量存在问题提出初步证据，例如建设工程存在渗水、地基下沉、墙面或者地面出现裂缝等表面瑕疵，或者经鉴定机构或者专业机构现场勘验，提出建材不符合约定或者法律规定的质量标准、施工工艺不符合约定的专业意见等。在这种情况下，承包人应提出证据证明其施工的建设工程质量合格的事实。

在处理涉及建设工程质量是否合格的问题时，通常会涉及是否应对建设工程质量进行鉴定的问题。实践中有一种不正确的观点，认为建设工程质量问题属于专业问题，必须经过鉴定机构出具鉴定意见才能认定。建设工程质量问题一般可分为两种类型。一种是表面即可见的质量问题，一种是表面不可见的潜在的质量问题。对于前者，并不一定要经过鉴定才能对建设工程质量是否合格作出认定。例如，承包人完成建设工程施工后，发包人在对建设工程进行竣工验收时发现存在地下室渗水等质量问题，请求承包人进行维修，承包人就应当进行维修。再如，承包人在主体工程施工完毕后，由于发包人不能按时支付工程款，工程停工。之后，双方协议解除建设工程施工合同。由于建设工程尚未完工，发包人未进行竣工验收，但在移交未完工工程时，发包人发现墙体、屋顶存在明确裂痕，要求承包人进行修复，承包人未予修复，直接起诉请求发包人支付建设工程价款。发包人以建设工程质量不合格进行抗辩。这种情况下，就不宜再要求发包人对建设工程质量进行鉴定。发包人提供的照片、录像，以及人民法院到现场勘察等方式都可以发现建设工程的质量问题。实践中，处理建设工程纠纷案件，应当避免以鉴代审的不良倾向。实践中的以鉴代审问题主要体现在两个方面。一是凡是涉及建设工程价款或者质量问题，都要求当事人申请鉴定；二是只要鉴定机构出具了鉴定意见，就一律按鉴定意见处理，对于双方争议事项不作分析判断。鉴定机构出具的鉴定意见只是帮助法官对专业问题作出判断的参考意见。有的情况下，无须专业意见法官就可以作出判断，则不必要求当事人申请鉴定。有的情况下，是否采纳鉴定意见，采纳鉴定意见中的哪些部分，需要法院根据当事人举证、质证、辩论的情况以及鉴定人员出庭接受询问的情况作出判断。

061

建设工程质量保证金应自何时返还

建设工程施工合同履行期限长、涉及因素多、涉及的利益主体也多，行政机关基于行政管理需要、发包人为确保建设工程施工顺利进行，通常会收取承包人一定数额的保证金。实践中，保证金名目繁多，如招投标保证金、履约保证金、农民工工资保证金、工程质量保证金、文明施工保证金、诚信保证金、安全生产保证金、人员到位保证金、优质工程保证金、劳动统筹保证金、企业注册保证金、登记备案保证金、信誉保证金、廉洁保证金、差额保证金，等等。[①] 这些保证金给建筑企业造成了很大的负担。实践中还有一些建设单位收取多家建筑企业

---

① 最高人民法院民事审判第一庭：《最高人民法院建设工程施工合同司法解释（二）的理解与适用》，人民法院出版社 2019 年版，第 171 页。

保证金，承包人收取多家分承包人、转承包人保证金的情况。为降低企业成本，营造公平竞争环境，清理规范工程建设领域保证金，国务院下发了《国务院办公厅关于清理规范工程建设领域保证金的通知》（国办发〔2016〕49 号），明确了除依法依规设立的投标保证金、履约保证金、工程质量保证金、农民工工资保证金外，其他保证金一律取消和停止收取；要转变保证金缴纳方式，推行银行保函制度；要按时返还保证金，未按规定或合同约定返还保证金，保证金收取方应向建筑企业支付逾期返还违约金；要严格工程质量保证金管理，预留比例上限不得高于工程价款结算总额的 5%，在工程项目竣工前，已经缴纳履约保证金的，建设单位不得同时预留工程质量保证金；严禁新设保证金项目。《建设工程质量保证金管理办法》又进一步对质量保证金问题作了规范。该办法第七条规定："发包人应按照合同约定方式预留保证金，保证金总预留比例不得高于工程价款结算总额的 3%。合同约定由承包人以银行保函替代预留保证金的，保函金额不得高于工程价款结算总额的 3%。"

建设工程施工合同一般都会约定发包人在建设工程竣工验收合格后，有权保留一定比例的建设工程价款，作为建设工程质量保证金，待缺陷责任期满后，再支付给承包人。住建部《建设工程施工合同（示范文本）》（GF－2017－0201）第二部分通用合同条款第 1. 1. 5. 7 项约定："质量保证金：是指按照第 15. 3 款〔质量保证金〕约定承包人用于保证其在缺陷责任期内履行缺陷修补义务的担保。"第 15. 3. 1 项约定："承包人提供质量保证金的方式承包人提供质量保证金有以下三种方式：（1）质量保证金保函；（2）相应比例的工程款；（3）双方约定的其他方式。除专用合同条款另有约定外，质量保证金原则上采用上述第（1）种方式。"第 15. 3. 2 项约定："质量保证金的扣留质量保证金的扣留有以下三种方式：（1）在支付工程进度款时逐次扣留，在此情形下，质量保证金的计算基数不包括预付款的支付、扣回以及价格调整的金额；（2）工程竣工结算时一次性扣留质量保证金；（3）双方约定的其他扣留方式。除专用合同条款另有约定外，质量保证金的扣留原则上采用上述第（1）种方式。发包人累计扣留的质量保证金不得超过工程价款结算总额的 3%。如承包人在发包人签发竣工付款证书后 28 天内提交质量保证金保函，发包人应同时退还扣留的作为质量保证金的工程价款；保函金额不得超过工程价款结算总额的 3%。发包人在退还质量保证金的同时按照中国人民银行发布的同期同类贷款基准利率支付利息。”第15.3.3项规定，缺陷责任期内，承包人认真履行合同约定的责任，到期后，承包人可向发包人申请返还保证金。实践中，当事人采用的最常见的方式是按建设工程价款的一定比例计取建设工程质量保证金，通常是在工程竣工结算时一次性扣留质量保证金。对于缺陷责任期届满后，发包人应当返还质量保证金，实践中没有争议。争议的焦点集中于缺陷责任期自何时届满。

对于缺陷责任期的问题，《建设工程质量保证金管理办法》第二条第三款规定，缺陷责任期一般为1年，最长不超过2年，由发、承包双方在合同中约定。当事人对工程质量保证金的返还有约定的，承包人有权请求按照约定返还工程质量保证金；没有约定的，发包人返还承包人质量保证金的期限不超过两年。对于起算时点，应当自工程竣工验收时起算。工程未竣工验收的，《建设工程质量保证金管理办法》第八条规定，由于发包人原因导致工程无法按规定期限进行竣工验收的，在承包人提交竣工验收报告90日后，开始计算缺陷责任期。结合《建设工程质量保证金管理办法》的规定和司法实践情况，《建设工程施工合同司法解释（二）》第八条规定：“有下列情形之一，承包人请求发包人返还工程质量保证金的，人民法院应予支持：（一）当事人约定的工程质量保证金返还期限届满。（二）当事人未约定工程质量保证金返还期限的，自建设工程通过竣工验收之日起满二年。（三）因发包人原因建设工程未按约定期限进行竣工验收的，自承包人提交工程竣工验收报告90日后起当事人约定的工程质量保证金返还期限届满；当事人未约定工程质量保证金返还期限的，自承包人提交工程竣工验收报告九十日后起满二年。发包人返还工程质量保证金后，不影响承包人根据合同约定或者法律规定履行工程保修义务。”根据该规定，当事人对缺陷责任期有约定的，从约定；没有约定的，按《建设工程质量保证金管理办法》第二条规定的最长期限，即两年计算。关于缺陷责任期的起算点，应当自建设工程通过竣工验收之日起算。如果建设工程未按约定期限进行竣工验收，系由发包人原因造成，则自承包人提交工程竣工验收报告九十日后起算缺陷责任期。当事人约定或者法律规定缺陷责任期届满，发包人就应当返还工程质量保证金。

这里需要注意的是如何正确处理《建设工程施工合同司法解释（二）》第八条第一款第三项规定与《建设工程施工合同司法解释》第十四条第二项规定之

间的关系。《建设工程施工合同司法解释（二）》第八条第一款第三项规定："因发包人原因建设工程未按约定期限进行竣工验收的，自承包人提交工程竣工验收报告九十日后起当事人约定的工程质量保证金返还期限届满；当事人未约定工程质量保证金返还期限的，自承包人提交工程竣工验收报告九十日后起满二年。"《建设工程施工合同司法解释》第十四条第二项规定："承包人已经提交竣工验收报告，发包人拖延验收的，以承包人提交验收报告之日为竣工日期。"显然，发包人拖延验收也属于因发包人原因建设工程未按约定期限进行竣工验收的情形，依据《建设工程施工合同司法解释（二）》第八条第一款第三项规定，应当自承包人提交工程竣工验收报告九十日后视为竣工日期，但依据《建设工程施工合同司法解释》第十四条第二项规定，应当自承包人提交验收报告之日为竣工日期。二者之间有 90 日的差距，似乎存在矛盾。在制定《建设工程施工合同司法解释（二）》时已经注意到这一问题。通常而言，从承包人提交验收报告到发包人组织、会同承包人、监理单位、设计单位、使用单位完成竣工验收需要一定时间。《建设工程质量保证金管理办法》第八条规定给予了发包人 90 日的完成竣工验收的合理期限。但《建设工程施工合同司法解释》第十四条第二项规定并没有给予发包人这一期限。前一规定符合建设工程竣工验收的实际情况，后一规定则是考虑到发包人拖延验收存在过错，未再保护其期限利益，这也有利于促使发包人积极、诚信开展建设工程竣工验收工作。经研究讨论，《建设工程施工合同司法解释（二）》规定的是因发包人原因建设工程未按约定期限进行竣工验收，既可能是因发包人主观原因，也可能是因其客观原因。建设工程未按约定期限进行竣工验收未必是发包人故意造成，而且《建设工程施工合同司法解释（二）》第八条所适用的情况与《建设工程施工合同司法解释》第十四条也不完全相同，故《建设工程施工合同司法解释（二）》第八条规定借鉴了《建设工程质量保证金管理办法》第八条规定，给予了发包人 90 日的完成竣工验收的合理期限。

062

保修期与缺陷责任期有何区别

实践中不少人不清楚保修期与缺陷责任期的区别，甚至有的人以保修期限届满作为返还建设工程质量保证金的前提条件。实际上二者是不同的概念，对应的是不同的责任，该两个期限届满的法律后果也不相同。住建部《建设工程施工合同（示范文本）》第二部分通用合同条款第 1.1.4.4 项约定："缺陷责任期：是指承包人按照合同约定承担缺陷修复义务，且发包人预留质量保证金（已缴纳履约保证金的除外）的期限，自工程实际竣工日期起计算。"第 1.1.4.5 项约定："保修期：是指承包人按照合同约定对工程承担保修责任的期限，从工程竣工验收合格之日起计算。"保修期对应的是承包人的保修责任，保修期届满，承包人不再承担保修义务。缺陷责任期对应的是瑕疵担保责任，缺陷责任期届满，发包人应当向承包人退还建设工程质量保证金，但如果缺陷责任期已经届满但保修期还没有届满，承包人仍需要承担保修责任。对同一建设工程，无论是依据法律规定还是当事人约定，通常只有一个缺陷责任期，但对于同一建设工程中的不同分部工程，保修期却并不相同。《建设工程质量管理条例》第四十条规定："在正常使用条件下，建设工程的最低保修期限为：（一）基础设施工程、房屋建筑的地基基础工程和主体结构工程，为设计文件规定的该工程的合理使用年限；（二）屋面防水工程、有防水要求的卫生间、房间和外墙面的防渗漏，为 5 年；（三）供热与供冷系统，为 2 个采暖期、供冷期；（四）电气管线、给排水管道、设备安装和装修工程，为 2 年；其他项目的保修期限由发包方与承包方约定。建设工程的保修期，自竣工验收合格之日起计算。"

从两项制度的历史发展看，我国先有保修制度，再有缺陷责任期制度。《建筑法》只规定了质量保修制度。该法第六十二条规定："建筑工程实行质量保修制度。建筑工程的保修范围应当包括地基基础工程、主体结构工程、屋面防水工程和其他土建工程，以及电气管线、上下水管线的安装工程，供热、供冷系统工程等项目；保修的期限应当按照保证建筑物合理寿命年限内正常使用，维护使用者合法权益的原则确定。具体的保修范围和最低保修期限由国务院规定。"除

《建筑法》等法律外，《建设工程质量管理条例》《房屋建筑工程质量保修办法》等行政法规、部门规章也对建设工程质量保修制度作了规定。工程质量保修金应当自保修期届满时支付，但是不同部分的建设工程保修期限并不相同。根据《建设工程质量管理条例》第四十条规定，基础设施工程、房屋建筑的地基基础工程和主体结构工程的保修期为设计文件规定的该工程的合理使用年限；屋面防水工程、有防水要求的卫生间、房间和外墙面的防渗漏保修期为 5 年；供热与供冷系统的保修期为 2 个采暖期、供冷期；电气管线、给排水管道、设备安装和装修工程的保修期为 2 年；其他项目的保修期限由发包方与承包方约定。一方面，设计文件规定的基础设施工程、房屋建筑的地基基础工程和主体结构工程的合理使用年限可能长达数十年，这样保修金就可能长期不能返还给承包人。另一方面，不同部分的建设工程的保修期不同，如何确定不同部分的保修金也易产生争议。故，我国借鉴国际做法，引入了缺陷责任期制度。2002 年 9 月 27 日，财政部颁布的《基本建设财务管理规定》规定了建设工程质量保证金制度。该规定第三十四条规定："建设单位应当严格执行工程价款结算的制度规定，坚持按照规范的工程价款结算程序支付资金。建设单位与施工单位签订的施工合同中确定的工程价款结算方式要符合财政支出预算管理的有关规定。工程建设期间，建设单位与施工单位进行工程价款结算，建设单位必须按工程价款结算总额的 5% 预留工程质量保证金，待工程竣工验收一年后再清算。"虽然财政部颁布的《基本建设财务管理规定》规定了建设单位与施工单位进行工程价款结算时应当预留工程质量保证金，但实践中对于质量保证金与保修金的关系仍不明确。2004 年 10 月 20 日，财政部和原建设部发布的《建设工程价款结算暂行办法》第七条规定，发包人和承包人应当在合同条款中对工程质量保证（保修）金的数额、预扣方式及时限进行约定。第十四条规定，发包人根据确认的竣工结算报告向承包人支付工程竣工结算价款，保留 5% 左右的质量保证（保修）金，待工程交付使用一年质保期到期后清算（合同另有约定的，从其约定），质保期内如有返修，发生费用应在质量保证（保修）金内扣除。在该办法使用了"质量保证（保修）金"的概念，并规定了一年的质保期，自工程交付使用后一年质保期届满，再进行清算。当事人对质保期有约定的，从约定。2005 年 1 月 12 日，财政部和原建设部颁布了《建设工程质量保证金管理暂行办法》。该办法第二条规定："本办法所称建设工程质量保证金（保修金）（以下简称保证金）是指发包人与承包人在建设工程承包合同中约定，从应付的工程款中预留，用以保证承包人在缺陷责任期内对建设工程出现的缺陷进行维修的资金。缺陷是指建设工程质量不符合工程建设强制性标准、设计文件，以及承包合同的约定。缺陷责任期一般为六个月、十二个月或二十四个月，具体可由发、承包双方在合同中约定。”该暂行办法提出了缺陷责任期这一概念，虽然仍然采用了“工程质量保证金（保修金）”的表述，但与我国当前所称的建设工程质量保证金已无本质区别。2016 年 6 月 27 日，国务院下发了《国务院办公厅关于清理规范工程建设领域保证金的通知》（国办发〔2016〕49 号），该通知明确只保留投标保证金、履约保证金、工程质量保证金、农民工工资保证金，同时也确定了“工程质量保证金”这一称谓。与此相应，2016 年 12 月 27 日，住建部、财政部颁布的《建设工程质量保证金管理办法》，也采用了工程质量保证金这一概念。2017 年 6 月 20 日，住建部、财政部对《建设工程质量保证金管理办法》进行了修订，将工程质量保证金预留比例由原来规定的不得高于工程价款结算总额的 5% 修订为不得高于工程价款结算总额 3%，进一步完善了工程质量保证金制度，目的是为建筑企业减负。住建部和原国家工商行政管理总局制定的《建设工程施工合同（示范文本）》（GF－2017－0201）也采用了质量保证金这一表述，并有针对性地设计了通用合同条款和专用合同条款。该示范文本也在建筑市场上广泛使用。

在制定《建设工程施工合同司法解释（二）》的过程中，也一度采用了质量保证（保修）金这一概念。《建设工程施工合同司法解释（二）》（征求意见稿）第十三条规定：“当事人对发包人在应付工程款中预留的工程质量保证（保修）金返还有约定，承包人请求按照约定返还工程质量保证（保修）金的，应予支持。当事人没有约定的，发包人返还承包人质量保证（保修）金的期限不超过 2 年，自工程竣工验收之日起算；工程因发包人原因未能竣工验收的，自承包人提交工程竣工验收报告九十日后起算。发包人返还质量保证（保修）金后，不影响承包人依照合同约定或法律规定履行工程保修义务。”在征求意见过程中，有意见指出应当将文字“质量保证（保修）金”统一修改为“质量保证金”，主要理由有二：一是实践中，“质量保证金”和“质量保修金”存在混用的情形，二者区别之处主要在于前者对应的是缺陷责任期，后者对应的是质量保修期。该解释立法本意是针对缺陷责任期期满后“质量保证金”的返还期限问题，建议统一使用“质量保证金”的表述。二是《国务院办公厅关于清理规范工程建设领域保证金的通知》（国办发〔2016〕49 号）中保留的四类保证金中没有“工程质量保修金”。最终，《建设工程施工合同司法解释（二）》采纳了这一意见，将“质量保证（保修）金”统一修改为“质量保证金”。从“保修金”到“质量保证（保修）金”，再到“质量保证金”，体现的不仅是概念和表述的变化，更是工程质量保证金制度从产生到完善的过程。至此，保修期与缺陷责任期的制度也已经较为明确。与保修期相对应的是保修责任。与缺陷责任期相对应的是瑕疵担保责任。缺陷责任期届满，建设工程无质量问题的，发包人就应当向承包人返还工程质量保证金。《建设工程施工合同司法解释（二）》第三款规定：“发包人返还工程质量保证金后，不影响承包人根据合同约定或者法律规定履行工程保修义务。”该款规定区分了质量缺陷修复义务与保修义务。缺陷责任期内，由承包人原因造成的质量缺陷，承包人负责维修，并承担鉴定及维修费用；如承包人未履行缺陷修复义务，则发包人可以按照合同约定扣除质量保证金，并由承包人承担相应的违约责任。缺陷责任期届满，发包人应当返还质量保证金。发包人返还保证金后，承包人仍应按合同约定或者法律规定的各部分工程的保修年限承担保修责任。

063

开工日期如何确定

工期延误损失赔偿是司法实践中较为常见的争议。争议的焦点主要集中于是否存在工期延误、造成工期延误的原因以及如何确定工期延误损失数额等问题。对于是否存在工期延误的问题，需要确定开工日期和竣工日期才能作出认定。《建设工程施工合同司法解释》第十四条对当事人对建设工程实际竣工日期有争议的情况下，如何认定竣工日期作出规定，但对于如何确定开工日期的问题，仍是司法实践争议的一个焦点问题。司法实践中，通常以开工通知中载明的开工日期作为认定开工日期的依据，但有时开工通知中载明的开工日期与承包人实际开工日期不一致，当事人对是以开工通知载明的日期为准还是以承包人实际进场施工的日期为准的问题往往存在争议。如果发包人或者监理人没有向承包人发出开工通知，承包人实际进场施工的时间又缺乏充分有效的证据予以证明，如何确定开工日期也是人民法院面临的较为棘手的问题。实践中，建设工程施工合同、施工许可证以及开工报告都可能载明开工日期，但这些书面材料上所载明的日期可能并不一致，也会导致争议发生。竣工验收报告或者竣工验收备案表通常也会载明开工日期。一旦记载不一致，也会发生争议。

实践中，开工日期分为计划开工日期和实际开工日期。计划开工日期是指建设工程施工合同约定的开工日期。实际开工日期是监理人按建设工程施工合同约定发出的符合法律规定的开工通知中载明的开工日期。建筑市场上通常采用的格式合同文本《建设工程施工合同（示范文本）》（GF－2017－0201）第7.3.2项约定，发包人应按照法律规定获得工程施工所需的许可。经发包人同意后，监理人发出的开工通知应符合法律规定。监理人应在计划开工日期7天前向承包人发出开工通知，工期自开工通知中载明的开工日期起算。原则上，开工日期应当以实际开工日期为准。对于当事人就建设工程开工日期的争议，人民法院应当如何认定的问题，《建设工程施工合同司法解释（二）》第五条作了规定。该条规定："当事人对建设工程开工日期有争议的，人民法院应当分别按照以下情形予以认定：（一）开工日期为发包人或者监理人发出的开工通知载明的开工日期；开工通知发出后，尚不具备开工条件的，以开工条件具备的时间为开工日期；因承包人原因导致开工时间推迟的，以开工通知载明的时间为开工日期。（二）承包人经发包人同意已经实际进场施工的，以实际进场施工时间为开工日期。（三）发包人或者监理人未发出开工通知，亦无相关证据证明实际开工日期的，应当综合考虑开工报告、合同、施工许可证、竣工验收报告或者竣工验收备案表等载明的时间，并结合是否具备开工条件的事实，认定开工日期。"根据该规定，在当事人对建设工程开工日期存在争议的情况下，应当依照以下标准确定开工日期：

第一，以发包人或者监理人发出的开工通知载明的开工日期为准。开工通知是发包人或者监理人向承包人发出的开工指令。承包人应当按开工通知载明的开工日期进场施工。因此，开工通知是证明实际开工日期的直接证据。如无足以推翻开工通知的其他证据，就应当以开工通知载明的日期为开工日期。发包人或者监理人发出开工通知后，应当给予承包人合理的准备时间，以便承包人能够按照开工通知的时间要求进场施工。

第二，发包人或者监理人虽然发出了开工通知，但承包人推迟开工的，则应根据双方当事人的过错来认定开工日期。如果推迟开工是发包人的原因造成的，则以承包人实际开工的时间为准；如果推迟开工是承包人的原因造成的，则以开工通知载明的时间为准。发包人或者监理人向承包人发出开工通知的前提是施工场地具备了开工条件。如果工程不具备开工条件，发包人或者监理人即使向承包人发出了开工通知，承包人也无法进场，或者即使进场也无法正常施工，如果按开工通知载明的时间开始计算工期，则对承包人不公平。开工条件主要包括两个方面：一是硬件方面，如已经完成土地征收，土地达到开工条件，临时设施、工棚、施工道路、施工用水、施工用电等条件，施工人员临时生活条件，安全消防设施条件，等等。硬件方面的条件可由双方当事人约定。二是材料手续方面，如依法应当办理用地批准手续的，已经办理该建筑工程用地批准手续；在城市、镇规划区的建筑工程，已经取得建设工程规划许可证；有满足施工需要的技术资料，施工图设计文件已按规定审查合格；等等。如果发包人或者监理人发出开工通知后，由于承包人原因推迟开工，则应当由承包人对其过错承担责任，以开工通知载明的时间为准。

第三，承包人经发包人同意已经实际进场施工的，以实际进场施工时间为开工日期。开工时间的确定应以双方当事人约定时间为准。如果双方当事人没有关于开工日期的书面约定，或者虽有书面约定，但当事人事后又通过履行行为达成一致意见改变了该约定，就应当依据双方均认可的履行行为来认定开工时间。即如果开工通知等书面材料所载明的开工日期与实际开工日期不一致，而承包人实际进场施工的时间和行为又得到了发包人的许可，就应当以承包人实际进场施工的日期为开工日期。

第四，发包人或者监理人未发出开工通知，亦无相关证据证明实际开工日期的，应当综合考虑开工报告、合同、施工许可证、竣工验收报告或者竣工验收备案表等载明的时间，并结合是否具备开工条件的事实，认定开工日期。开工报告是由承包人申请，经发包人批准而正式进行拟建项目永久性工程施工的报告，包括总体开工报告、分部开工报告、中间开工报告等类型。实践中，争议较多的是整个工程的工期是否延误的问题，因此较为重要的是总体开工报告中记载的开工时间。此外，建设工程施工合同、施工许可证、竣工验收报告或者竣工验收备案表等材料上通常也记载开工时间。在无开工通知，也无证据证明实际开工日期的情况下，就应当结合上述材料记载的开工时间来认定开工日期。开工日期可由双方当事人事先约定，也可由双方在履行中的一致行为确定，还可以由双方事后追认。因此，如果多份材料上记载的开工日期不同，依意思表示解释原则，原则上应当以最后一份材料上的记载为准。

064

竣工验收应当具备哪些条件

竣工验收是履行建设工程施工合同的重要环节，对发包人和承包人都具有重要意义。竣工验收时间是确定承包人是否延误工期的重要时间节点。建设工程经竣工验收后，才开始起算建设工程缺陷责任期和保修期。建设工程经竣工验收合格，承包人才能请求发包人支付剩余工程款。实践中，建设工程是否竣工验收、是否具备竣工验收的条件、因哪方当事人原因导致建设工程未验收等问题都为较常见的争议问题。关于建设工程竣工验收的条件，《建设工程质量管理条例》第十六条规定：“建设单位收到建设工程竣工报告后，应当组织设计、施工、工程监理等有关单位进行竣工验收。建设工程竣工验收应当具备下列条件：（一）完成建设工程设计和合同约定的各项内容；（二）有完整的技术档案和施工管理资料；（三）有工程使用的主要建筑材料、建筑构配件和设备的进场试验报告；（四）有勘察、设计、施工、工程监理等单位分别签署的质量合格文件；（五）有施工单位签署的工程保修书。建设工程经验收合格的，方可交付使用。”根据该规定，建设工程竣工验收通常需要具备以下条件：

第一，发包人收到承包人提交的建设工程竣工报告。承包人完成全部建设工程的施工任务后，应当向发包人提交建设工程竣工报告。发包人收到竣工报告后，才能组织相关单位进行竣工验收。

第二，建设工程竣工验收应当由发包人组织，并由设计单位、承包人、工程监理单位等单位参加。《建设工程质量管理条例》第三十七条规定："工程监理单位应当选派具备相应资格的总监理工程师和监理工程师进驻施工现场。未经监理工程师签字，建筑材料、建筑构配件和设备不得在工程上使用或者安装，施工单位不得进行下一道工序的施工。未经总监理工程师签字，建设单位不拨付工程款，不进行竣工验收。"

第三，承包人应当按照建设工程设计和建设工程施工合同的约定完成全部分部分项工程的施工。这是竣工的当然之义。

第四，应当有完整的技术档案和施工管理资料和有工程使用的主要建筑材料、建筑构配件和设备的进场试验报告。这是司法实践中争议较多的一个问题。有的发包人以承包人未提交施工资料为由，要求承包人承担建设工程不能按时竣工的责任。有的承包人担心建设工程价款还未结算，向发包人交付施工资料后，没有结算的凭证，不向发包人提交施工资料。更常见的情况是，承包人虽向发包人提交了相关资料，但发包人认为资料不全，无法进行竣工验收，而承包人则认为，在施工过程中只有这些资料，资料不全的原因在于发包人和监理方。

第五，有勘察、设计、施工、工程监理等单位分别签署的质量合格文件。就建设工程竣工验收的程序而言，一般包括建设工程竣工预验收和验收两个阶段。发包人、监理人和承包人参加建设工程竣工预验收。建设工程竣工后，监理工程师按照承包人自检验收合格后提交的《单位工程竣工预验收申请表》，审查资料并进行现场检查。如果经检查建设工程存在问题，项目监理部就存在的问题提出书面意见，并签发《监理工程师通知书》，要求承包人限期整改。承包人整改完毕后，编制《建设工程竣工验收报告》，交监理工程师检查，由项目总监签署意见后，提交建设单位。正式的建设工程竣工验收由建设单位负责组织实施，由监理单位、勘察单位、设计单位、施工单位参加。其中，承包人需提交《建设工程竣工验收报告》、工程技术资料；监理单位需提交《工程质量评估报告》；勘察单位和设计单位需要提交质量检查报告；发包人需取得规划、公安消防、环保、燃气工程等专项验收合格文件。如果建设工程未取得这些专项验收合格证明文件，也不能进行竣工验收。如《城乡规划法》第四十五条第一款规定："县级以上地方人民政府城乡规划主管部门按照国务院规定对建设工程是否符合规划条件予以核实。未经核实或者经核实不符合规划条件的，建设单位不得组织竣工验收。”

第六，承包人应当签署工程保修书。保修书是承包人就保修期内出现的建设工程质量问题进行保修的承诺。《建设工程质量管理条例》第三十九条规定：“建设工程实行质量保修制度。建设工程承包单位在向建设单位提交工程竣工验收报告时，应当向建设单位出具质量保修书。质量保修书中应当明确建设工程的保修范围、保修期限和保修责任等。”《建筑法》第六十一条第一款规定：“交付竣工验收的建筑工程，必须符合规定的建筑工程质量标准，有完整的工程技术经济资料和经签署的工程保修书，并具备国家规定的其他竣工条件。”为确保建设工程在今后的合理期限内能够正常使用，承包人必须作出保修承诺。这也是建设工程竣工验收合格的重要条件。

065

竣工日期如何确定

同开工日期一样，竣工日期对于确定建设工程施工的时间，认定承包人是否延误工期具有重要意义。与开工日期不同，竣工日期在实践中争议更大，也更难判断。在开工通知、开工报告、建设工程施工合同、施工许可证、竣工验收报告或者竣工验收备案表中，通常有关于开工日期的记载。即使上述材料中没有记载，承包人于何日进场施工，是一个客观的时点，相对而言，较易证明。建设工程竣工通常需要通过竣工验收。如果建设工程经过正常的竣工验收程序，依据竣工验收文件也可以确定竣工时间，但实践中还存在不少工程竣工后未验收的情况。这些情况下如何确定竣工时间是较为棘手的问题。建设工程竣工后未验收，既可能是发包人的原因，也可能是承包人的原因。从实践情况看，发包人拖延验收以达到拖延支付工程款目的的情况较多。因此，在确定竣工时间时，应当考虑发包人和承包人的过错因素。

对于当事人对建设工程实际竣工日期有争议的情况下，如何认定建设工程竣工时间的问题，《建设工程施工合同司法解释》第十四条作了规定。该条规定：“当事人对建设工程实际竣工日期有争议的，按照以下情形分别处理：（一）建设工程经竣工验收合格的，以竣工验收合格之日为竣工日期；（二）承包人已经提交竣工验收报告，发包人拖延验收的，以承包人提交验收报告之日为竣工日期；（三）建设工程未经竣工验收，发包人擅自使用的，以转移占有建设工程之日为竣工日期。”根据该条规定，建设工程竣工时间应当按以下标准认定。

第一，应当以竣工验收合格之日为竣工日期。发包人在收到承包人提交的建设工程竣工报告后，应当组织设计单位、承包人、监理人等有关单位进行竣工验收。如果建设工程经竣工验收合格，应出具《建设工程竣工验收报告》。该报告载明的竣工时间即为竣工日期。

第二，承包人已经提交竣工验收报告，发包人拖延验收的，以承包人提交验收报告之日为竣工日期。建设工程未经竣工验收的，应当根据具体情况来确定竣工日期。如果承包人完成了全部工程施工，并向发包人提交了工程竣工报告，发包人应当及时组织相关单位进行竣工验收。如果发包人拖延竣工验收，就应当承担相应的不利后果。这里需要注意《建设工程施工合同司法解释》第十四条第二项规定与《建设工程施工合同司法解释（二）》第八条第一款第三项规定之间的区别。《建设工程施工合同司法解释（二）》第八条第一款第三项规定：“因发包人原因建设工程未按约定期限进行竣工验收的，自承包人提交工程竣工验收报告九十日后起当事人约定的工程质量保证金返还期限届满；当事人未约定工程质量保证金返还期限的，自承包人提交工程竣工验收报告九十日后起满二年。”从实践情况看，从承包人向发包人提交工程竣工验收报告时起，到发包人组织有关单位完成竣工验收时止，有一定的期限。正常的竣工验收也需要九十日左右的时间。因此，《建设工程施工合同司法解释（二）》第八条第一款第三项规定给予了发包人九十日的期限。但《建设工程施工合同司法解释》第十四条第二项规定并未给发包人九十日的期限，体现了对发包人恶意拖延验收的惩罚，另外也是为了促使发包人积极进行竣工验收，倡导诚实守信的市场精神。因此，在确定质量保证金返还期限时，因发包人原因建设工程未按约定期限进行竣工验收的，自承包人提交工程竣工验收报告后九十日视为建设工程竣工日期。在其他情况下，承包人提交竣工验收报告后发包人拖延验收的，以承包人提交验收报告之日为竣工日期。

第三，建设工程未经竣工验收，发包人擅自使用的，以转移占有建设工程之日为竣工日期。《合同法》第二百七十九条规定：“建设工程竣工后，发包人应当根据施工图纸及说明书、国家颁发的施工验收规范和质量检验标准及时进行验收。验收合格的，发包人应当按照约定支付价款，并接收该建设工程。建设工程竣工经验收合格后，方可交付使用；未经验收或者验收不合格的，不得交付使用。”《建筑法》第六十一条规定：“交付竣工验收的建筑工程，必须符合规定的建筑工程质量标准，有完整的工程技术经济资料和经签署的工程保修书，并具备国家规定的其他竣工条件。建筑工程竣工经验收合格后，方可交付使用；未经验收或者验收不合格的，不得交付使用。”《建设工程质量管理条例》第十六条也规定，建设单位收到建设工程竣工报告后，应当组织设计、施工、工程监理等有关单位进行竣工验收。第五十八条规定：“违反本条例规定，建设单位有下列行为之一的，责令改正，处工程合同价款百分之二以上百分之四以下的罚款；造成损失的，依法承担赔偿责任；（一）未组织竣工验收，擅自交付使用的；（二）验收不合格，擅自交付使用的；（三）对不合格的建设工程按照合格工程验收的。”显然，建设工程未经竣工验收合格，承包人不应当交付使用，发包人也不应擅自使用。建设工程未经竣工验收，发包人擅自使用，违反了法律规定，存在过错。故发包人应对其擅自使用行为承担相应的不利后果。其中一个不利后果就是承包人向发包人转移占有建设工程之日即视为竣工日期。通常情况下，需要交付标的物的合同，标的物的风险转移以交付为要件。即一旦承包人向发包人交付建设工程后，相应的风险就发生了转移。在正常情况下，建设工程只有在经竣工验收合格后才能交付给发包人。实践中，有的建设工程未经竣工验收交付给了发包人。在这种情况下，建设工程的风险相应地转移。但建设工程的风险转移并不代表建设工程就可以视为经过了竣工验收。如果发包人接收了建设工程后，并未使用，仍然保留原状，则不能以转移占有建设工程之日为竣工日期。实践中，有的承包人在建设工程未竣工验收的情况下就撤场，发包人迫于无奈才接收建设工程。这种情况下，发包人并无过错，不应由其承担相应的不利后果。如果建设工程未经竣工验收，发包人擅自使用，其使用行为，尤其是不当使用行为也会影响建设工程质量。发包人擅自使用后，即使发包人组织验收发现质量问题，也很难判断是谁的原因导致的质量问题。故在这种情况下，发包人应当承担相应的不利后果，可以直接将转移占有建设工程的日期作为竣工日期。发包人不能以建设工程尚未竣工验收为由，拒付工程款。

066

哪些情况下能够顺延工期

在建设工程施工合同有效的情况下，承包人延误工期的，应当承担违约责任。在建设工程施工合同无效的情况下，《建设工程施工合同司法解释（二)》第三条也规定：“建设工程施工合同无效，一方当事人请求对方赔偿损失的，应当就对方过错、损失大小、过错与损失之间的因果关系承担举证责任。损失大小无法确定，一方当事人请求参照合同约定的质量标准、建设工期、工程价款支付时间等内容确定损失大小的，人民法院可以结合双方过错程度、过错与损失之间的因果关系等因素作出裁判。”因此，一旦延误工期，承包人原则上都要赔偿发包人因工期延误造成的损失。而面对工期延误的事实，承包人最常用的抗辩就是工期顺延。实践中，工期顺延包括三种情形：一是双方当事人协商顺延工期，二是发包人和承包人在建设工程施工合同中约定的工期顺延事由出现，三是法律规定的工期顺延的事由出现。

发包人与承包人协商顺延工期属于对建设工程施工合同的变更。《招标投标法》第四十六条规定：“招标人和中标人应当自中标通知书发出之日起30日内，按照招标文件和中标人的投标文件订立书面合同；招标人和中标人不得再行订立背离合同实质性内容的其他协议。”《建设工程施工合同司法解释（二)》第一条第一款规定：“招标人和中标人另行签订的建设工程施工合同约定的工程范围、建设工期、工程质量、工程价款等实质性内容，与中标合同不一致，一方当事人请求按照中标合同确定权利义务的，人民法院应予支持。”第十条规定：“当事人签订的建设工程施工合同与招标文件、投标文件、中标通知书载明的工程范围、建设工期、工程质量、工程价款不一致，一方当事人请求将招标文件、投标文件、中标通知书作为结算工程价款的依据的，人民法院应予支持。”依据上述规定，建设工期属于建设工程施工合同的实质性内容，为维护招标投标市场秩序，保护招标人的利益以及其他投标人公平竞争的权利，法律禁止当事人改变中标合同的实质性内容。建设工程建设施工周期长、影响因素多，发包人变更设计、未及时提供材料、未依法申请办理相关许可证件、工程施工由于拆迁遗留问题而受到阻挠、异于往年的极端天气情况等都会造成工期延误，而这些情况都不可归责于承包人。在这种情况下，当事人协商顺延工期，并不属于规避《招标投标法》和《建设工程施工合同司法解释（二）》的行为。如果不允许当事人协商顺延工期，则对承包人不公平。

实践中，发包人和承包人通常会在建设工程施工合同中约定工期的顺延事由。建设工程施工合同一般会约定发包人原因、监理人原因、客观条件变化、不可抗力等非承包人原因为工期顺延事由。例如，因发包人原因未按开工通知上载明的时间施工；到达基准日期后，因法律变化造成工期延误；因发包人修改设计造成的工期延误；因不可抗力影响承包人履行合同约定的义务，引起工期延误；因监理人、发包人未及时监查、验收隐蔽工程等原因造成的工期延误；等等。在建设工程施工过程中，是否发生了建设工程施工合同约定的工期顺延事由，工期顺延事由发生后，应当顺延多长时间工期，都是容易产生争议的领域。因此，工期顺延的事由发生后，建设工程施工合同一般会约定承包人需向发包人或者监理人提出顺延工期的申请，由发包人或者监理人以签证的方式予以确认。由于发包人在建筑市场上处于优势地位，加之实践中转包、违法分包等情形存在，导致施工人提交的工期顺延申请并不一定能得到发包人或者监理人的签证确认。对于这一问题，《建设工程施工合同司法解释（二）》第六条第一款规定："当事人约定顺延工期应当经发包人或者监理人签证等方式确认，承包人虽未取得工期顺延的确认，但能够证明在合同约定的期限内向发包人或者监理人申请过工期顺延且顺延事由符合合同约定，承包人以此为由主张工期顺延的，人民法院应予支持。"因此，人民法院在审查承包人提出的工期顺延的主张时，不能仅以发包人或者监理人作出的确认工期顺延的签证为依据，而是要对承包人是否在建设工程施工合同约定的期限内提出了工期顺延申请、承包人提出的工期顺延申请是否符合建设工程施工合同的约定等进行实质性审查。即使当事人约定顺延工期应当经发包人或者监理人签证等方式确认，而承包人提出的工期顺延申请未取得发包人或者监理人以签证等方式作出的确认，只要承包人能够证明在合同约定的期限内向发包人或者监理人提出过工期顺延的申请，而且其所提出的工期顺延事由为建设工程施工合同约定的事由，人民法院就应当支持其顺延工期的主张。

实践中，有的建设工程施工合同还会约定承包人未在规定的时限内主张顺延工期，即丧失主张顺延工期的权利。这一约定有利于促使承包人及时行使权利，当事人尽快解决争议。因为工程建设周期较长、涉及因素较多，如果工期顺延的事由发生后，承包人不及时主张，嗣后将面临难以举证证明等问题。因此，在建设工程施工合同中就当事人行使权利的期限作出限制的情况较为常见。例如，住建部《建设工程施工合同（示范文本）》（GF－2017－0201）第19.1项规定："承包人应在知道或应当知道索赔事件发生后28天内，向监理人递交索赔意向通知书，并说明发生索赔事件的事由；承包人未在前述28天内发出索赔意向通知书的，丧失要求追加付款和（或）延长工期的权利。"按意思自治原则，发包人和承包人有权就承包人未在约定期限内提出工期顺延申请的后果作出约定。司法实践一般对此类约定的效力予以肯定。例如《广东省高级人民法院关于审理建设工程合同纠纷案件疑难问题的解答》第20条规定，发包人仅以承包人未在合同约定的期限内提出工期顺延申请而主张工期不能顺延的，不予支持，但合同明确约定承包人未依约提出顺延工期申请视为放弃权利的，按照约定处理。该约定并不排除当事人嗣后就工期顺延事宜达成新的合意。如果承包人未在约定期限内提出工期顺延申请，发包人在约定期限后同意工期顺延的，属于双方就工期顺延达成了新的合意。这种情况下，应支持承包人关于工期顺延的主张。《建设工程施工合同司法解释（二）》第十一条第二款规定："当事人约定，承包人未在约定时间内提出工期顺延申请视为工期不顺延的，按照约定处理。"但是，实践中的情况较为复杂，合同不完全问题在建设工程施工合同领域较为突出。即使发包人和承包人在建设工程施工合同中约定承包人未在约定期限内提出工期顺延申请视为工期不顺延，而承包人确实未在约定期限内提出工期顺延申请，但其提出了合理抗辩的，若对其抗辩不予支持，将会造成不公平的结果。在征求意见过程中，有观点还建议删除该款规定，主要理由就是，实践中承包人未能在合同约定的期限内提出工期顺延的情况及原因较为复杂，如仅以合同约定即判定承包人丧失工期顺延的权利，有违公平原则。这一观点具有合理性。最终《建设工程施工合同司法解释（二）》采纳了该观点，在第六条第二款的但书中增加了关于"但发包人在约定期限后同意工期顺延或者承包人提出合理抗辩的除外"的规定。

除了当事人事前约定的工期顺延事由和嗣后就工程顺延事宜达成一致协议外，法律还规定了工期顺延事由。例如，《合同法》第二百五十九条规定：“承揽工作需要定作人协助的，定作人有协助的义务。定作人不履行协助义务致使承揽工作不能完成的，承揽人可以催告定作人在合理期限内履行义务，并可以顺延履行期限；定作人逾期不履行的，承揽人可以解除合同。”第二百七十八条规定：“隐蔽工程在隐蔽以前，承包人应当通知发包人检查。发包人没有及时检查的，承包人可以顺延工程日期，并有权要求赔偿停工、窝工等损失。”第二百八十三条规定：“发包人未按照约定的时间和要求提供原材料、设备、场地、资金、技术资料的，承包人可以顺延工程日期，并有权要求赔偿停工、窝工等损失。”第二百八十四条规定：“因发包人的原因致使工程中途停建、缓建的，发包人应当采取措施弥补或者减少损失，赔偿承包人因此造成的停工、窝工、倒运、机械设备调迁、材料和构件积压等损失和实际费用。”《建设工程施工合同司法解释》第十五条规定：“建设工程竣工前，当事人对工程质量发生争议，工程质量经鉴定合格的，鉴定期间为顺延工期期间。”在以上法律和司法解释有明确规定的情况下，承包人有权主张工期顺延。

067

发包人是否能够任意压缩工期

在建筑市场上，发包人在签订建设工程施工合同时通常处于优势地位。对于发包人提出的缔约条件，承包人往往缺少议价能力。发包人与承包人讨价还价的主要内容就是建设工程价款、建设工期等。依意思自治和合同自由原则，发包人与承包人可就建设工程价款、建设工期等自由协商，但建设工程施工合同所具有的外部性、公共性等特点，决定了发包人与承包人的意思自治会受到限制，发包人不能依据其优势缔约地位无底线地压低建设工程价款，也不能无限制地压缩工程建设工期。这里涉及多个工期概念。一是定额工期。定额工期是依据国家建筑工程质量检验评定标准施工及验收规范有关规定，结合各施工条件，本着平均、经济合理的原则制定的，工期定额是编制施工组织设计、安排施工计划和考核施工工期的依据，是编制招标标底，投标标书和签订建筑工程合同的重要依据。定额工期由国家建设部颁布。2000 年 2 月 16 日，原建设部下发了《关于发布〈全国统一建筑安装工程工期定额〉的通知》，根据该部《关于修订建筑安装工程工期定额的通知》（建标〔1998〕10 号）要求，其组织修订的《全国统一建筑安装工程工期定额》，已经审查，批准发布，自发布之日起施行。原城乡建设环境保护部 1985 年颁布的《建筑安装工程工期定额》停止使用。《建设工程定额管理办法》第三条规定："本办法所称定额是指在正常施工条件下完成规定计量单位的合格建筑安装工程所消耗的人工、材料、施工机具台班、工期天数及相关费率等的数量基准。定额是国有资金投资工程编制投资估算、设计概算和最高投标限价的依据，对其他工程仅供参考。"定额工期是判定发包人是否不合理地压缩工期的依据。二是经验工期。经验工期是发包人或者承包人依据以前工程建设施工的经验所确认的合理工期。实践中，大量建设工程施工合同签订时所依据的就是经验工期。三是合同工期。合同工期是发包人与承包人在建设工程合同中约定的工期。在认定当事人是否不合理地压缩工期时，主要就是看合同工期与定额工期的差距。

实践中，建设工程施工合同不合理地缩短工期、合同工期短于定额工期的现象在不同地方、不同程度地存在，究其原因，主要包括以下几方面：一是基建计划下达晚，要求实施期限较短；二是建设单位想尽快收到建设项目的综合效益；三是资金来源多渠道，为减少贷款利息，尽快偿还集资款项等；四是建设单位多认准经验工期，而不承认定额工期；五是当事人法律意识淡薄，不依据定额工期约定工期条款，个别施工企业为揽到工程，不敢坚持定额工期原则；六是行政管理部门放松了对施工工期的管理。① 造成实践中合同工期短于定额工期现象的主要原因还是发包人在建筑市场上居于优势地位，承包人在工期问题上讨价还价的余地很小。发包人提出工期要求后，承包人要么接受，要么放弃承包工程。但是，发包人不合理地压缩工期不仅对承包人不公平，导致承包人工期违约的可能性上升甚至不可避免，而且可能会对建设工程质量造成负面影响。因为根据一定

① 尹洪升：《合同工期大幅短于定额工期的分析与补偿》，载侯庆钧主编：《工商行政管理论文集萃》，辽宁人民出版社 1994 年版，第 567 页。

时期的技术条件，特定工程的最短工期是确定的。如果合同工期甚至短于这一工期，则承包人要么违约，要么通过偷工减料等方式完成建设工程施工，最终可能由社会公众或者消费者承担相应的不利后果。因此，国家法律、法规和相关政策都严厉禁止不合理地压缩工期的行为。例如，《国务院办公厅转发住房城乡建设部关于完善质量保障体系提升建筑工程品质指导意见的通知》（国办函〔2019〕92 号）转发的住建部制《关于完善质量保障体系提升建筑工程品质的指导意见》第二条第二款规定，建设单位应切实落实项目法人责任制，保证合理工期和造价。《建设工程质量管理条例》第十条规定："建设工程发包单位不得迫使承包方以低于成本的价格竞标，不得任意压缩合理工期。"第五十六条规定，建设单位任意压缩合理工期的，责令改正，处 20 万元以上 50 万元以下的罚款。国家发改委、住建部等七部委发布的《关于加强重大工程安全质量保障措施的通知》（发改投资〔2009〕3183 号）第一条也规定："科学确定并严格执行合理的工程建设周期。合理的工程建设周期是保证工程安全质量的重要前提。有关方面对此要高度重视，科学确定并严格执行合理工期。（一）科学确定合理工期。建设单位要根据实际情况对工程进行充分评估、论证，从保证工程安全和质量的角度，科学确定合理工期及每个阶段所需的合理时间。要严格基本建设程序，坚决防止边勘察、边设计、边施工。（二）严格执行合理工期。在工程招标投标时，要将合理的工期安排作为招标文件的实质性要求和条件。要严格按照施工图招标，不能预招标或边设计边招标。与中标方签订的建设工程合同应明确勘察、设计、施工等环节的合理周期，相关单位要严格执行。（三）严肃工期调整。建设工程合同要严格规定工期调整的前提和条件，坚决杜绝任何单位和个人任意压缩合同约定工期，严禁领导干部不顾客观规律随意干预工期调整。确需调整工期的，必须经过充分论证，并采取相应措施，通过优化施工组织等，确保工程安全质量。"对于发包人不得不合理地压缩工期，实践中没有争议，但对于合同工期低于定额工期达到多大幅度时才属于不合理压缩工期，尚无统一标准。有观点认为，合同工期少于定额工期的 30% 以上部分为"压缩的合理工期"。这一观点具有一定参考性。不同的工程，还有相应的临界工期。例如，住宅工程的临界工期为定额工期乘以 80%，高层建筑工程的临界工期为定额工期乘以 75%，一般框架、工业厂房等其他工程的临界工期为定额工期乘以 80%。但临界工期是强制性标准还是指导性标准实践中有争议。在实践中，还需要根据个案情况进行判断，并继续总结实践经验。关于建设单位任意压缩合理工期行为的效力问题，应当根据该行为对建设工程质量的影响程度而作出判断。如果不合理地压缩工期的行为会直接影响建设工程质量，则合同工期就不应得到保护。在进行这一判断时应当十分慎重，要防止承包人在承揽工程时不计代价压低报价和工期揽工，一旦承包到工程时或者工程施工完工后又以建设工程施工合同或者合同部分条款无效为由，争取大于合同利益的利益，要注意维护诚实信用原则和市场秩序。

068

当事人对建设工程价款有争议是否必须进行鉴定

建设工程价款是建设工程施工合同审判实践中争议最大、也是争议最多的问题。发包人与承包人就工程价款发生争议后，通常会采用鉴定的方法来确定建设工程价款。但是建设工程价款鉴定在实践中也存在诸多不足。一是鉴定费用高。当事人争议的通常只是欠付工程款数额，只是建设工程总价中的一小部分，但为查清欠付工程款数额，就需要对整个工程造价进行鉴定，在查清发包人应付工程款数额和已付工程款数额后才能计算出其欠付工程款数额。这样当事人也需要以整个工程的造价为基数交纳鉴定费。由于鉴定费用较高，关于鉴定费应当由谁承担的问题，已成为司法实践中常见的争议。二是鉴定结论的客观真实性有时并不十分可靠。我国鉴定市场尚不完善，鉴定机构和鉴定人员的责任心和鉴定能力参差不齐，导致鉴定结论并不一定都可靠。三是有的人过度依赖司法鉴定。司法鉴定只是专业机构就专业问题发表的专业意见。鉴定结论作为证据之一种，与其他证据一样需要进行质证、认证，需要人民法院对其真实性、合法性和关联性进行判断。与普通的民事证据不同，建设工程价款鉴定结论往往是多部分、多项工程价款之总和。对其中的各部分、各分项工程价款尤其是有争议部分以及鉴定机构不能确定部分，人民法院也需要进行分析认定。但实践中有人对于建设工程施工合同纠纷案件有畏难情绪，认为此类案件的专业性太强，自己吃不准，不如鉴定机构专业，容易简单以鉴定机构的判断代替司法判断，以至于实践中有“以鉴代审”的批评声音。因此，过于依赖司法鉴定也是司法实践应当避免的倾向，并不是所有的建设工程价款争议都需要通过鉴定来解决。

《建设工程施工合同司法解释》第二十二条规定：“当事人约定按照固定价结算工程价款，一方当事人请求对建设工程造价进行鉴定的，不予支持。”本条所称的固定价，一般理解包括固定总价和固定单价，实践中也常称为“包死价”“一口价”，有的建设工程施工合同表述为“一次性包死价”“一次性包定价”“平方米包干价”等。依约定的建设工程价款的计算方式不同，建设工程施工合同可以分为总价合同、单价合同和成本加酬金合同。总价合同可以分为固定总价合同和可调总价合同。单价合同可分为固定单价合同和可调单价合同。建设工程施工合同约定的建设工程价款计价方式不同，发包人和承包人所承担的风险也不相同。由于发包人和承包人在建设工程施工合同订立时、履行中、履行后的地位会发生变化，实践中存在一种不良倾向。即在签订建设工程施工合同时，发包人尽量压低建设工程价款，承包人为了承包工程，往往也选择接受发包人所要求的工程价款数额。等到建设工程完工之后，承包人又以建设工程施工合同无效、工程范围发生变化、施工过程中的市场环境发生了巨大变化、建设工程施工合同所约定价款显失公平等理由否定建设工程施工合同关于工程价款的约定，申请对建设工程价款进行鉴定。这明显是一种不诚信行为。在建设工程施工合同约定了固定价格的情况下，无论约定的是固定总价还是固定单价，都应当按照合同约定确定建设工程价款。只有当人民法院在对专业性问题需要专业性意见帮助作出判断时，才有必要进行司法鉴定。如果发包人和承包人约定的是固定总价，则直接按合同约定的价格确定发包人应付承包人建设工程价款即可。如果发包人和承包人约定的是固定单价，也可以依据建设工程量计算出建设工程总价。在这两种情况下均不需要申请鉴定机构对建设工程价款进行鉴定。因此，当事人约定按照固定价结算工程价款，一方当事人请求对建设工程造价进行鉴定的，人民法院不应当支持。本规定的落脚点在于，当事人约定按照固定价结算工程价款的，从其约定。不仅一方当事人请求对建设工程造价进行鉴定的，人民法院不应当支持，其请求对工程价款进行审计、据实结算等，也都不应当支持。

当事人约定按照固定价结算工程价款的，对于建设工程施工合同约定范围内的工程，应当按照合同约定认定建设工程价款数额。如果承包人在建设工程施工合同约定范围之外还施工了其他工程的，在固定总价合同情况下，当事人可以申请对合同外建设工程价款进行鉴定；在固定单价的情况下，如果合同内工程和合同外工程具有同质性，也可以参照建设工程施工合同约定的固定单价计算建设工程价款。实践中争议较大的问题是，当事人约定按照固定价结算工程价款。合同签订后，客观条件发生了巨大变化，如果继续按建设工程施工合同约定按照固定价结算工程价款，对当事人明显不公平的情况下，应如何处理。有观点认为，这种情况下，可以适用民法中的公平原则进行调整，但应当慎重适用公平原则。[①]实际上，司法实践中直接适用公平原则的情况十分少见。公平原则更多体现为民事纠纷调处中的一个理念，是人民法院在平衡各方当事人利益时的一根隐性标尺。原则上，只要当事人约定按照固定价结算工程价款，就应当严格遵守合同约定。合同是双方当事人经过讨价还价后订立，通常情况下，合同被视为双方当事人利益最大化的安排。从新古典经济学的角度看，理性人基于利己心出发所签订的合同，不仅是自身利益最大化的体现，也是社会利益最大化的条件，如果合同不具有负的外部性，就能够实现帕累托最优。法官不应轻易以个人的公平判断替代当事人在订立建设工程施工合同时的公平判断。

虽然当事人签订的建设工程施工合同中约定了固定价格，但是因设计变更导致建设工程的工程量或者质量标准发生变化，当事人对于变化部分的造价不能协商一致的，亦可申请进行造价鉴定。《建设工程施工合同司法解释》第十六条规定："当事人对建设工程的计价标准或者计价方法有约定的，按照约定结算工程价款。因设计变更导致建设工程的工程量或者质量标准发生变化，当事人对该部分工程价款不能协商一致的，可以参照签订建设工程施工合同时当地建设行政主管部门发布的计价方法或者计价标准结算工程价款。建设工程施工合同有效，但建设工程经竣工验收不合格的，工程价款结算参照本解释第三条规定处理。"对于变化部分进行造价鉴定时，可以参照签订建设工程施工合同时当地建设行政主管部门发布的计价方法或者计价标准。

无论是依据建设工程施工合同的约定，还是依据建设工程竣工后发包人与承

① 最高人民法院民事审判第一庭编著：《最高人民法院建设工程施工合同司法解释的理解与适用》，人民法院出版社2015年版，第165页。

包人达成的协议，只要能够依据当事人的合意确定建设工程价款的，就不必通过鉴定的方式确定建设工程价款。当事人在提起诉讼前就工程价款结算达成的协议，对各方当事人都有约束力。实践中，有的当事人在诉前已就工程价款结算方式等形成一致意见的情况下，单方否定工程价款结算协议的效力，诉讼中又申请人民法院对工程造价进行鉴定。该行为违反诚实信用原则，属于违反结算协议的行为，人民法院不应支持。故《建设工程施工合同司法解释（二）》第十二条规定："当事人在诉讼前已经对建设工程价款结算达成协议，诉讼中一方当事人申请对工程造价进行鉴定的，人民法院不予准许。"

如果建设工程竣工后，发包人与承包人约定，由第三方专业机构对建设工程价款出具咨询意见，但并未约定受该咨询意见约束的，不能认定当事人已经对建设工程价款结算达成协议。如果双方当事人同时约定依据双方共同委托的专业机构出具的建设工程价款咨询意见确定建设工程价款的，则属于当事人已经对建设工程价款结算达成协议。如果一方或者双方当事人委托专业机构作出建设工程价款咨询意见后，发包人和承包人均签章表示认可的，也属于当事人已经对建设工程价款结算达成协议。当事人对建设工程价款结算达成协议既包括对建设工程价款数额达成一致，也包括就建设工程价款的计算方法和标准达成一致，只要依据双方当事人的约定能够较为简单、明确地计算出建设工程价款数额，就不必通过鉴定的方式确定建设工程价款。

司法鉴定应当针对有争议的案件事实进行。司法鉴定，是指在诉讼过程中，为查明案件事实，人民法院依据职权，或者应当事人及其他诉讼参与人的申请，指派或委托具有专门知识人，对专门性问题进行检验、鉴别和评定的活动。司法鉴定只是帮助法官就专门性问题作出判断的手段。但司法鉴定具有一定的成本。一是时间成本，司法鉴定会花费一定时间，导致当事人纠纷解决时间增加；二是金钱成本，鉴定机构进行司法鉴定要收取一定的鉴定费用，该笔费用需要当事人承担。在建设工程施工合同纠纷中，司法鉴定费用依据建设工程价款数额收取，数额较大，对当事人而言是一笔较为沉重的负担。因此，进行司法鉴定，应当以必要为原则。如果法官无须司法鉴定就可以对专门性问题作出准确判断，当事人所争议的问题不属于专门性问题，就不需要进行鉴定。当事人仅对部分专业性问题有争议的，应当仅就有争议部分的专业性问题进行鉴定。对此，《建设工程施工合同司法解释》第二十三条规定："当事人对部分案件事实有争议的，仅对有争议的事实进行鉴定，但争议事实范围不能确定，或者双方当事人请求对全部事实鉴定的除外。"依该规定，人民法院只应对有争议的案件事实进行鉴定，不宜不适当地增加鉴定的次数和范围，能不鉴定则不鉴定，能少鉴定则少鉴定。实践中，当事人对争议事实范围可能会存在争议，争议事实范围难以确定，就需要对与争议事实相关的事实一并进行鉴定。如果双方当事人请求对全部事实鉴定的，可尊重其意愿。

069

当事人诉前委托专业机构或人员对建设工程造价出具的咨询意见能否作为认定建设工程价款的依据

建设工程价款问题是发包人与承包人经常发生争议的领域。实践中，部分发包人与承包人发生争议后，通常优先选择协商解决争议。但是，建设工程价款具有专业性，发包人和承包人通常会委托专业机构就建设工程造价出具咨询意见作为自己主张建设工程价款数额的依据。有的情况下，发包人或者承包人会单方委托专业机构就建设工程造价出具咨询意见，有的情况下是双方协商后共同委托或者双方协商由一方委托专业机构就建设工程造价出具咨询意见。无论是单方委托还是双方协商委托专业机构就建设工程造价出具的咨询意见都只是帮助当事人作出决策的专业咨询意见。该咨询意见能否直接作为认定工程价款的依据的问题，在《建设工程施工合同司法解释（二）》制定前，实践中存在争议。《建设工程施工合同司法解释（二）》（征求意见稿）第二十条规定："当事人在提起诉讼前，共同委托的鉴定人已经对建设工程造价出具鉴定意见，诉讼中一方当事人申请重新鉴定的，不予准许。但当事人有证据证明鉴定意见具有《民事诉讼证据规定》第四十条第一款规定情形，且不能通过该条第二款规定方法解决的除外。"《民事诉讼证据规定》第四十条第一款规定："当事人申请重新鉴定，存在下列情形之一的，人民法院应予准许：（一）鉴定人不具备相关的鉴定资格的；（二）鉴定程序严重违法的；（三）鉴定结论明显依据不足的；（四）鉴定意见不能作为证据使用的其他情形。”该条第二款规定：“对有缺陷的鉴定结论，可以通过补充鉴定、重新质证或者补充质证等方法解决的，不予重新鉴定。”根据上述规定，《建设工程施工合同司法解释（二）》（征求意见稿）对于当事人诉前自行共同委托鉴定单位就建设工程价款所出具的意见作为诉讼中的鉴定意见对待。如果当事人已经共同委托鉴定单位就建设工程价款出具意见，该意见可以作为认定建设工程价款的依据，人民法院自然不必要再准许一方当事人的造价鉴定申请。由于征求意见稿将当事人诉前自行共同委托鉴定单位就建设工程价款所出具的意见视作鉴定意见，当事人在诉讼中申请鉴定就属于“申请重新鉴定”，所以就必须符合重新鉴定的条件。而《民事诉讼证据规定》第四十条所规定的正是重新鉴定的条件。这一观点最大的问题是未对诉讼中的鉴定意见和鉴定机构在案外就建设工程价款问题出具的咨询意见进行区分。虽然《民事诉讼证据规定》第四十一条规定：“对于一方当事人就专门性问题自行委托有关机构或者人员出具的意见，另一方当事人有证据或者理由足以反驳并申请鉴定的，人民法院应予准许。”该条规定将一方当事人自行委托有关部门就专门性问题作出的结论也表述为“鉴定结论”，但该“鉴定结论”与《民事诉讼法》第六十三条第一款第七项规定的“鉴定意见”不是一回事。《全国人民代表大会常务委员会关于司法鉴定管理问题的决定》第一条规定，鉴定意见是指在诉讼活动中鉴定人运用科学技术或者专门知识对诉讼涉及的专门性问题进行鉴别和判断并提供鉴定意见的活动。依据该条规定，鉴定意见具有以下特点：鉴定发生时间为在诉讼活动中；出具鉴定意见的主体为鉴定人，必须具有相应的鉴定资格；鉴定意见所要解决的是诉讼涉及的专门性问题；鉴定意见是鉴定人员运用科学技术或专门知识所作的鉴别和判断。在司法实践中，一方当事人自行委托有关部门作出的“鉴定结论”，实际上只是当事人委托专业机构出具的咨询意见，该意见通常只是帮助当事人就专门性问题作出判断的参考。具备相应资格的鉴定机构在诉讼中作出的鉴定意见和有关专业机构或者人员在诉前就建设工程价款问题出具的咨询意见的区别主要体现在以下几方面：

第一，作出的机构不同。《民事诉讼证据规定》第三十二条规定：“人民法院准许鉴定申请的应当组织双方当事人协商确定具备相应资格的鉴定人。当事人协商不成的，由人民法院指定。”《民事诉讼法》第七十六条规定：“当事人可以就查明事实的专门性问题向人民法院申请鉴定。当事人申请鉴定的，由双方当事人协商确定具备资格的鉴定人；协商不成的，由人民法院指定。当事人未申请鉴定，人民法院对专门性问题认为需要鉴定的，应当委托具备资格的鉴定人进行鉴定。”《民事诉讼法司法解释》第一百二十一条规定：“当事人申请鉴定，可以在举证期限届满前提出。申请鉴定的事项与待证事实无关联，或者对证明待证事实无意义的，人民法院不予准许。人民法院准许当事人鉴定申请的，应当组织双方当事人协商确定具备相应资格的鉴定人。当事人协商不成的，由人民法院指定。符合依职权调查收集证据条件的，人民法院应当依职权委托鉴定，在询问当事人的意见后，指定具备相应资格的鉴定人。”依据上述规定，鉴定结论应当由具备鉴定资格的鉴定机构、鉴定人员作出，而专业的咨询意见由当事人委托的专业机构或者专业人员作出。咨询意见只是专业机构或者专业人员受当事人委托出具的意见，目的是帮助当事人就建设工程价款数额作出判断。当事人委托的专业机构或者专业人员不需具备相应的资质，只要当事人相信其专业能力即可。

第二，作出的程序不同。《民事诉讼证据规定》第三十一条规定：“当事人申请鉴定，应当在人民法院指定期间内提出。对需要鉴定的待证事项负有举证责任的当事人，在人民法院指定的期限内无正当理由不提出鉴定申请或者不预交鉴定费用，或者拒不提供相关材料，致使待证事实无法查明的，应当对该事实承担举证不能的法律后果。”《民事诉讼法》第七十六条规定：“当事人可以就查明事实的专门性问题向人民法院申请鉴定。当事人申请鉴定的，由双方当事人协商确定具备资格的鉴定人；协商不成的，由人民法院指定。当事人未申请鉴定，人民法院对专门性问题认为需要鉴定的，应当委托具备资格的鉴定人进行鉴定。”鉴定结论由人民法院委托的具备相应资格的鉴定机构作出。人民法院既可以依当事人申请启动鉴定程序，也可以在当事人未申请鉴定但认为需要就专门性问题进行鉴定的情况下委托具备资格的鉴定人进行鉴定。咨询意见由当事人委托专业机构或者人员出具，无须人民法院介入。鉴定意见系在诉讼程序中作出，司法鉴定本身就是在人民法院主持下开展的诉讼活动的组成部分；而咨询意见在诉讼程序之外作出，是当事人自发的行为。

第三，依据的材料不同。《建设工程施工合同司法解释（二）》第十五条规定：“人民法院准许当事人的鉴定申请后，应当根据当事人申请及查明案件事实的需要，确定委托鉴定的事项、范围、鉴定期限等，并组织双方当事人对争议的鉴定材料进行质证。”第十六条规定：“人民法院应当组织当事人对鉴定意见进行质证。鉴定人将当事人有争议且未经质证的材料作为鉴定依据的，人民法院应当组织当事人就该部分材料进行质证。经质证认为不能作为鉴定依据的，根据该材料作出的鉴定意见不得作为认定案件事实的依据。”鉴定依据的材料对于鉴定结论具有重大影响。实践中，当事人围绕建设工程价款鉴定结论的很多争议都是围绕鉴定依据展开。鉴定结论所依据的材料应当是经当事人核对无异议的材料，或者虽然当事人有争议，但经人民法院组织当事人进行质证并经质证后认为可作为认定建设工程价款依据的材料。通常情况下，鉴定机构会组织双方当事人对鉴定所依据的材料进行核实，当事人无异议的材料，可作为鉴定依据。如果当事人有异议，就应当由人民法院组织双方当事人进行质证，并由人民法院决定是否作为鉴定所依据的材料。当事人委托的专业机构或者专业人员作出的咨询意见所依据的材料可以是当事人一方提交的材料，或者是双方当事人核对无异议的材料。

第四，救济方式不同。《民事诉讼证据规定》第四十条规定：“当事人申请重新鉴定，存在下列情形之一的，人民法院应予准许：（一）鉴定人不具备相应资格的；（二）鉴定程序严重违法的；（三）鉴定结论明显依据不足的；（四）鉴定意见不能作为证据使用的其他情形。……对鉴定意见的瑕疵，可以通过补正、补充鉴定或者补充质证、重新质证等方法解决的，人民法院不予准许重新鉴定的申请。”对于鉴定意见，如果一方或者双方当事人有异议，可以通过补充鉴定、重新质证或者补充质证、重新鉴定等方法解决。如果当事人申请重新鉴定，只有在符合上述规定的情况下，人民法院才应当允许。对于当事人委托有关机构或者人员出具的咨询意见，如果相对人不予认可，在无其他证据证明其真实性、合法性、关联性的情况下，通常不能作为认定案件事实的依据。在这种情况下，对建设工程价款数额承担举证责任的当事人应当申请人民法院对建设工程价款进行鉴定，否则如果其未能提供证据或者提供的证据不足以证明其事实主张的，将承担不利的后果。

第五，内容不同。《民事诉讼证据规定》第三十六条第一款规定：“人民法院对鉴定人出具的鉴定书，应当审查是否具有下列内容：（一）委托法院的名称；（二）委托鉴定的内容要求；（三）鉴定材料；（四）鉴定所依据的原理、方法；（五）对鉴定过程的说明；（六）鉴定意见；（七）承诺书。”通常情况下，鉴定意见应当具备上述内容。法律对咨询意见的内容没有明确要求，可以由当事人自行确定。实践中，有的咨询意见书参照鉴定意见书的内容要求，内容较为完备。有的咨询意见的内容则较为简单。

第六，质证方式不同。《民事诉讼证据规定》第八十条规定：“鉴定人应当就鉴定事项如实答复当事人的异议和审判人员的询问。当庭答复确有困难，经人民法院准许，可以在庭审结束后书面答复。”第八十二条规定：“经法庭许可，当事人可以询问鉴定人、勘验人。询问鉴定人、勘验人不得使用威胁、侮辱等不适当的言语和方式。”《民事诉讼法》第七十八条规定：“当事人对鉴定意见有异议或者人民法院认为鉴定人有必要出庭的，鉴定人应当出庭作证。经人民法院通知，鉴定人拒不出庭作证的，鉴定意见不得作为认定事实的根据；支付鉴定费用的当事人可以要求返还鉴定费用。”第七十九条规定：“当事人可以申请人民法院通知有专门知识的人出庭，就鉴定人作出的鉴定意见或者专业问题提出意见。”《民事诉讼法司法解释》第一百二十二条规定：“当事人可以依照民事诉讼法第七十九条的规定，在举证期限届满前申请一至二名具有专门知识的人出庭，代表当事人对鉴定意见进行质证，或者对案件事实所涉及的专业问题提出意见。”对于鉴定意见，人民法院应当组织当事人进行质证，而且鉴定人员通常需要出庭接受当事人的质询。当事人还可以申请人民法院通知有专门知识的人出庭，就鉴定人作出的鉴定意见或者专业问题提出意见，协助自己发表意见。这里需要注意的问题有二：第一，关于鉴定人员出庭接受质询的问题，《民事诉讼法》对《民事诉讼证据规定》作了修改。依据《民事诉讼证据规定》第八十条规定，般情况下鉴定人一都应当出庭答复当事人的异议和审判人员的询问，只有在鉴定人当庭答复确有困难，经人民法院准许后，才可以在庭审结束后书面答复。而依据《民事诉讼法》第七十八条规定，只有在当事人对鉴定意见有异议或者人民法院认为鉴定人有必要出庭的情况下，鉴定人才应当出庭作证。而且，如果经人民法院通知，鉴定人拒不出庭作证，不仅鉴定意见不得作为认定事实的根据，支付鉴定费用的当事人还可以要求鉴定机构返还鉴定费用。第二，实践中，有的法院未组织当事人当庭对鉴定意见进行质证，而是让双方当事人发表书面质证意见。这种做法不值得提倡。首先，《民事诉讼法》第六十八条规定：

“证据应当在法庭上出示，并由当事人互相质证。对涉及国家秘密、商业秘密和个人隐私的证据应当保密，需要在法庭出示的，不得在公开开庭时出示。”《民事诉讼法》第一百零三条规定：“证据应当在法庭上出示，由当事人互相质证。未经当事人质证的证据，不得作为认定案件事实的根据。当事人在审理前的准备阶段认可的证据，经审判人员在庭审中说明后，视为质证过的证据。涉及国家秘密、商业秘密、个人隐私或者法律规定应当保密的证据，不得公开质证。”依据上述规定，人民法院组织当事人对证据进行质证的方式有两种：一是在法庭上出示，由当事人互相质证；二是在审理前的准备阶段经当事人认可，并经审判人员在庭审中说明，为可视为质证过的证据。即《民事诉讼法》和《民事诉讼法司法解释》并未规定书面质证这一方式。其次，质证是由当事人就证据的真实性、合法性、关联性发表各自意见，有时需要多轮交锋，而实践中大多数的书面质证意见并不能体现这种往复交锋。再次，不仅当事人有权在庭审过程中就鉴定意见发表质证意见，鉴定人在当事人对鉴定意见有异议或者人民法院认为其有必要出庭的，还应当出庭作证。鉴定人经人民法院通知拒不出庭作证的，鉴定意见不得作为认定事实的根据。即对鉴定意见的质证通常包含鉴定人出庭作证这一环节。在书面质证的情况下，无法让鉴定人出庭作证。最后，根据《民事诉讼法》的规定，当事人有权申请有专门知识的人出庭，就鉴定人作出的鉴定意见或者专业问题提出意见。在书面质证的情况下，当事人这一权利难以保障。咨询意见本质上属于当事人陈述或者普通书证，法律对其质证问题无特别要求。

第七，性质和效力不同。《民事诉讼法》第六十三条规定：“证据包括：（一）当事人的陈述；（二）书证；（三）物证；（四）视听资料；（五）电子数据；（六）证人证言；（七）鉴定意见；（八）勘验笔录。证据必须查证属实，才能作为认定事实的根据。”鉴定意见属于该条规定第一款第七项规定的证据类型“鉴定意见”。如果鉴定意见经质证具备真实性、合法性、关联性的要求，就可以作为认定建设工程价款的依据。咨询意见如果由一方或者双方当事人向人民法院提出，性质上更接近于该条规定第一款第一项规定的证据类型“当事人的陈述”，表明该方当事人就建设工程价款数额发表意见。如果当事人双方均向人民法院主张按咨询意见确定建设工程价款，说明双方就该问题达成了一致意见。如果只是一方当事人向人民法院主张按咨询意见确定建设工程价款，对方当事人不予认同，该意见仍只能作为提交咨询意见一方当事人的陈述，并不能仅依据该咨询意见就认定建设工程价款的数额。如果当事人提交了咨询意见和双方当事人关于以该咨询意见作为认定建设工程价款依据的协议，则该咨询意见和协议就属于《民事诉讼法》第六十三条第一款第二项规定的书证，如果其具备了真实性、合法性、关联性的要求，就可以作为认定建设工程价款数额的依据。鉴定意见作为建设工程价款的依据主要源于鉴定程序的合法性、鉴定机构和人员的专业性、鉴定所依据材料的真实性、鉴定过程和方法的科学性和合规性等。而咨询意见可作为认定建设工程价款的依据，主要源于双方当事人一致的意思表示，是双方当事人协商一致的结果。

070

哪些情况下人民法院不应准许当事人的鉴定申请

鉴定申请应当由对待证事实承担举证责任的当事人提出。《民事诉讼证据规定》第三十一条规定："当事人申请鉴定，应当在人民法院指定期间内提出……对需要鉴定的待证事实负有举证责任的当事人，在人民法院指定的期限内无正当理由不提出鉴定申请或者不预交鉴定费用，或者拒不提供相关材料，致使待证事实无法查明的，应当承担举证不能的法律后果。"实践中，当事人申请对建设工程价款、质量进行鉴定的情况较为常见。但是否当事人提出鉴定申请后，人民法院都应当准许呢？对于这一问题，《民事诉讼法司法解释》第一百二十一条第一款规定："当事人申请鉴定，可以在举证期限届满前提出。申请鉴定的事项与待证事实无关联，或者对证明待证事实无意义的，人民法院不予准许。"根据上述规定，结合司法实践，对于以下鉴定申请，人民法院可不予准许：

第一，在举证期限届满后才提出鉴定申请。鉴定意见是《民事诉讼法》第六十三条第一款规定的证据类型之一，当事人申请对专业问题进行鉴定的，应当在举证期限届满前提出。如果当事人未在举证期限届满前提出，就应当承担举证不能的法律后果。对此问题，《建设工程施工合同司法解释（二）》第十四条第一款规定："当事人对工程造价、质量、修复费用等专门性问题有争议，人民法院认为需要鉴定的，应当向负有举证责任的当事人释明。当事人经释明未申请鉴定，虽申请鉴定但未支付鉴定费用或者拒不提供相关材料的，应当承担举证不能的法律后果。”在建设工程施工合同纠纷案件中，原则上承包人应当对发包人应付工程价款承担举证责任，在未发生举证责任转移的情况下，承包人如果在举证期限届满后才提出鉴定申请，又不能提供充分有效的证据证明发包人应付建设工程价款数额的情况下，就可能面临败诉的后果。这种情况下，人民法院还应当适当行使释明权。有时，承包人认为其提交的证据足以确认建设工程价款数额，但人民法院却认为承包人就发包人应付建设工程价款数额尚未完成举证责任，需要进行鉴定的，可以向承包人释明。如果承包人经释明后仍不申请对建设工程价款进行鉴定，就应当承担举证不能的法律后果。

实践中需要注意的是，依证据失权制度，负有举证责任的诉讼当事人如果未能按照规定的时间向法庭提交证据，将视为放弃举证权利，其提交的证据人民法院不再予以组织质证，也不能作为认定案件事实的依据。对于证据失权问题，《民事诉讼法》《民事诉讼法司法解释》相对于原《民事诉讼证据规定》，态度有所转变。原《民事诉讼证据规定》第四十一条规定：“民事诉讼法第一百二十五条第一款规定的‘新的证据’，是指以下情形：（一）一审程序中的新的证据包括：当事人在一审举证期限届满后新发现的证据；当事人确因客观原因无法在举证期限内提供，经人民法院准许，在延长的期限内仍无法提供的证据。（二）二审程序中的新的证据包括：一审庭审结束后新发现的证据；当事人在一审举证期限届满前申请人民法院调查取证未获准许，二审法院经审查认为应当准许并依当事人申请调取的证据。”第四十二条规定：“当事人在一审程序中提供新的证据的，应当在一审开庭前或者开庭审理时提出。当事人在二审程序中提供新的证据的，应当在二审开庭前或者开庭审理时提出；二审不需要开庭审理的，应当在人民法院指定的期限内提出。”第四十三条规定：“当事人举证期限届满后提供的证据不是新的证据的，人民法院不予采纳。”第四十四条规定：“民事诉讼法第一百七十九条第一款第（一）项规定的‘新的证据’，是指原审庭审结束后新发现的证据。当事人在再审程序中提供新的证据的，应当在申请再审时提出。”第四十六条规定：“由于当事人的原因未能在指定期限内举证，致使案件在二审或者再审期间因提出新的证据被人民法院发回重审或者改判的，原审裁判不属于错误裁判案件。一方当事人请求提出新的证据的另一方当事人负担由此增加的差旅、误工、证人出庭作证、诉讼等合理费用以及由此扩大的直接损失，人民法院应予支持。”《民事诉讼证据规定》实际上确立了较为严格的证据失权制度。这对于规范诉讼秩序、促进诉讼诚信、保护善意诉讼当事人利益具有重要意义。但司法实践中也有不同的声音。争议的根源在于如何平衡程序正义与实体正义之间的关系。偏重于程序正义的人倾向于坚守证据失权制度，以防止当事人滥用诉讼权利，搞证据突袭，甚至恶意拖延诉讼，造成程序的冗长和拖沓。偏重于实体正义的人倾向于缓和证据失权制度，尤其是考虑到当前我国当事人诉讼能力整体不高而且存在较大差异的情况下，不宜坚持严格的证据失权制度，从而造成实体不公。对于当事人在举证时限上的过错，可以不通过由其承担举证不能的结果来承担，而通过罚款等其他方式来承担。这能够较好地兼顾实体正义和程序正义。修正后的《民事诉讼法证据规定》亦遵从了这一精神。

在制定《民事诉讼法》和《民事诉讼法司法解释》过程中，对这一问题也存在争议。但是缓和证据失权制度的声音较高，尤其是对于影响案件基本事实认定和裁判结果的证据，如果仅因当事人未在举证期限内提交就不予认定，不将其作为证明案件基本事实的依据，并不适当，也不符合人民群众朴素的公平正义观。最终，《民事诉讼法》和《民事诉讼法司法解释》采纳了较为折中的观点。《民事诉讼法》第六十五条规定：“当事人对自己提出的主张应当及时提供证据。人民法院根据当事人的主张和案件审理情况，确定当事人应当提供的证据及其期限。当事人在该期限内提供证据确有困难的，可以向人民法院申请延长期限，人民法院根据当事人的申请适当延长。当事人逾期提供证据的，人民法院应当责令其说明理由；拒不说明理由或者理由不成立的，人民法院根据不同情形可以不予采纳该证据，或者采纳该证据但予以训诫、罚款。”即对于因当事人原因，甚至当事人故意逾期提供的证据，并非一律不予采纳，而是根据不同情形可以不予采纳该证据，或者采纳该证据但予以训诫、罚款。这里需要考虑的不同情形，主要是当事人的过错程度以及当事人逾期提供的证据对案件基本事实和处理结果的影响程度。对于当事人逾期提供证据的过错，处罚的方式不限于不予采纳该证据这一种，也包括采纳该证据但对举证的当事人予以训诫或者罚款。关于人民法院如何根据不同情形，对逾期提交的证据以及逾期提交证据的当事人作出处理的问题，《民事诉讼法司法解释》第一百零二条规定："当事人因故意或者重大过失逾期提供的证据，人民法院不予采纳。但该证据与案件基本事实有关的，人民法院应当采纳，并依照民事诉讼法第六十五条、第一百一十五条第一款的规定予以训诫、罚款。当事人非因故意或者重大过失逾期提供的证据，人民法院应当采纳，并对当事人予以训诫。当事人一方要求另一方赔偿因逾期提供证据致使其增加的交通、住宿、就餐、误工、证人出庭作证等必要费用的，人民法院可予支持。"对于当事人逾期提交证据的行为，本条解释规定了三种处理办法：一是对逾期提交的证据不予采纳。对于当事人因故意或者重大过失逾期提供且与案件基本事实无关的证据，人民法院不予采纳。二是对当事人进行训诫或者罚款。如果当事人因故意或者重大过失逾期提供的证据是与案件基本事实有关的证据，人民法院应予采纳，但应当对举证一方当事人处以训诫或者罚款的处罚；如果当事人非因故意或者重大过失而逾期提供证据，人民法院对该证据应当采纳，但应对当事人予以训诫的处罚。三是借鉴了原《民事诉讼证据规定》第四十六条的规定，规定逾期提交证据的当事人应当赔偿其他当事人因逾期提供证据致使其增加的交通、住宿、就餐、误工、证人出庭作证等必要费用。《民事诉讼法司法解释》第三百八十七条规定："再审申请人提供的新的证据，能够证明原判决、裁定认定基本事实或者裁判结果错误的，应当认定为民事诉讼法第二百条第一项规定的情形。对于符合前款规定的证据，人民法院应当责令再审申请人说明其逾期提供该证据的理由；拒不说明理由或者理由不成立的，依照民事诉讼法第六十五条第二款和本解释第一百零二条的规定处理。"即对于能够证明原判决、裁定认定基本事实或者裁判结果错误的证据，原则上不采证据失权原则。对于当事人之过错，依照《民事诉讼法》第六十五条第二款和《民事诉讼法司法解释》第一百零二条规定处理。

《建设工程施工合同司法解释（二）》也承续了《民事诉讼法》《民事诉讼法司法解释》的规定精神，对于当事人未在一审中申请鉴定，但不鉴定会影响案件基本事实认定的，仍给予其申请鉴定的机会。该解释第十四条第二款规定："一审诉讼中负有举证责任的当事人未申请鉴定，虽申请鉴定但未支付鉴定费用或者拒不提供相关材料，二审诉讼中申请鉴定，人民法院认为确有必要的，应当依照民事诉讼法第一百七十条第一款第三项的规定处理。"

第二，当事人申请鉴定的事项与待证事实无关联。鉴定意见属于证据，只有具备了合法性、真实性和关联性才能作为认定案件事实的依据。如果当事人申请鉴定的事项与待证事实无关联，鉴定机构出具的鉴定意见缺乏关联性，就不能作为定案依据。

第三，当事人申请鉴定的事项对证明待证事实无意义。如果依据当事人无争议的事实和法律规定，当事人之间的权利义务已经可以确定，或者依据当事人提交的证据已经足以证明待证事实，则不需要进行鉴定。例如，《建设工程施工合同司法解释》第二十二条规定："当事人约定按照固定价结算工程价款，一方当事人请求对建设工程造价进行鉴定的，不予支持。"如果建设工程施工合同约定了固定价格，人民法院就不应准许一方当事人关于对建设工程造价进行鉴定的申请。除建设工程施工合同约定了固定价格外，下列情况下，通常也不必再进行建设工程造价鉴定：一是双方当事人在工程竣工或者停工后就已完工的工程造价或者建设工程价款结算达成一致意见；二是建设工程施工合同在非通用条款部分约定在发包人收到承包人提交建设工程价款结算报告后，逾期不完成结算审核，或者约定逾期不对审核意见提出异议，视为认可承包人提交的结算报告的，有证据证明发包人未按合同约定的时间完成审核或者提出异议；三是建设工程施工合同约定以审计结论作为结算结果，审计机构已经按合同约定就建设工程价款出具审计结论。此外，《建设工程施工合同司法解释》第十三条规定："建设工程未经竣工验收，发包人擅自使用后，又以使用部分质量不符合约定为由主张权利的，不予支持；但是承包人应当在建设工程的合理使用寿命内对地基基础工程和主体结构质量承担民事责任。"因此，发包人在建设工程未经竣工验收即擅自使用的，对其就建设工程质量提出的鉴定申请，原则上也不应予以准许，除非申请对地基基础工程和主体结构质量进行鉴定。

第四，当事人申请的鉴定在事实上或者技术上不具有可行性。实践中，有的当事人对分部分项工程的质量或者数量未及时进行验收或者核对，在后续工程已经完工的情况下，一方当事人又申请对之前基础工程或者其他分部、分项工程的工程量、工程质量申请鉴定。如果当事人提交的材料不齐备，或者双方当事人不能就争议材料或者事实达成一致意见，鉴定机构往往无法就相关问题出具鉴定意见。

第五，当事人滥用诉讼权利，恶意拖延诉讼。申请鉴定，尤其是就建设工程质量申请鉴定是实践中常见的一方当事人滥用诉讼权利、恶意拖延诉讼的手段。建设工程施工合同纠纷案件涉及的争议点多，工程量问题、工程质量问题、工程价款问题、工期延误的原因及导致的损失等问题，都较为棘手。有时一个建设工程施工合同纠纷案件涉及多个司法鉴定，而每一个司法鉴定都会耗费较长时间。诉讼的时间成本对双方当事人都很高，尤其是对承包人一方。在承包人全部或者部分垫资施工的情况下，其从资金市场上获取资金的成本很高，诉讼时间每增加一天，其需要偿付的利息也会相应增加。目前司法实践中，发包人欠付工程款一般按商业银行同期同类贷款利率计算利息，但承包人从资金市场获取资金的成本通常远高于商业银行按同期同类贷款利率计算的利息，因此时间往往不站在承包人一边。对于发包人而言，及时解决纠纷有利于建设工程的及时交付、办理竣工验收手续并及时出售或者投入使用。在具体的个案中，部分当事人基于个人利益最大化考虑，可能会有意拖延诉讼。例如，极个别案件历经一审、建设工程价款鉴定，二审发回重审，第二次一审，第二次二审，从人民法院受理之日已经历时近四年，发包人又在二审期间提出对建设工程质量进行鉴定的申请。在发包人不能就建设工程质量存在缺陷提供初步证据予以证明的情况下，就不应准许当事人的鉴定申请。

071

当事人二审和再审审查期间申请鉴定的应如何处理

在一审中，当事人就对工程造价、质量、修复费用等专门性问题申请鉴定的，应当在举证期限届满前提出。鉴定申请应当由承担举证责任的一方当事人提出。如果当事人对工程造价、质量、修复费用等专门性问题有争议，负有举证责任的当事人未申请鉴定但人民法院认为需要鉴定的，应当向负有举证责任的当事人释明。如果负有举证责任的当事人经人民法院释明后仍未申请鉴定，或者虽然申请了鉴定但未支付鉴定费用或者拒不提供鉴定资料的，应当承担举证不能的法律后果。

二审中，当事人也可能就工程造价、质量、修复费用、损失数额等专门性问题申请鉴定。如果人民法院在一审中已经就相关专门性问题委托有资格的鉴定机构作出鉴定意见，则不应准许当事人在二审就相同问题提出的鉴定申请，除非申请人证明一审期间作出的鉴定意见符合法律规定的重新鉴定或者补充鉴定的条件。如果人民法院在一审未就相关专门性问题委托有资格的鉴定机构作出鉴定意见，则应区分情况处理。如果当事人在一审已经提出鉴定申请，一审法院未予准许，二审法院认为应当进行鉴定的，可以准许当事人在二审中提出的鉴定申请。如果一审中未对相关专门性问题进行鉴定是由申请人的原因所致，是否还应当准许当事人的鉴定申请呢？对此问题，《建设工程施工合同司法解释（二）》第十四条第二款规定："一审诉讼中负有举证责任的当事人未申请鉴定，虽申请鉴定但未支付鉴定费用或者拒不提供相关材料，二审诉讼中申请鉴定，人民法院认为确有必要的，应当依照民事诉讼法第一百七十条第一款第三项的规定处理。"如上文所述，《民事诉讼法》《民事诉讼法司法解释》对证据失权采取了缓和的态度。根据《民事诉讼法》第六十五条规定，当事人逾期提供证据，拒不说明理由或者理由不成立的，人民法院根据不同情形可以不予采纳该证据，或者采纳该证据但予以训诫、罚款。人民法院所应考虑的情形主要是当事人的过错程度和当事人逾期提供的证据对案件处理结果的影响程度。如果当事人逾期提供的证据对于案件基本事实认定和处理结果有重大影响，人民法院仍应采纳该证据，同时应对举证责任人处以训诫或者罚款的处罚。对于当事人逾期提出的鉴定申请也应当采取这一处理原则。依据《民事诉讼法》《民事诉讼法司法解释》的相关规定，《建设工程施工合同司法解释（二）》第十四条第二款规定的人民法院认为确有必要，就是指鉴定意见对于案件基本事实认定和处理结果有重大影响，如果不准许当事人申请鉴定，将会导致案件基本事实认定不清、案件处理结果错误。

对于当事人在二审中申请鉴定如何处理的问题，实践中存在争议。第一种观点认为，如果人民法院认为确有必要进行鉴定的，应当在二审中委托鉴定机构进行鉴定，不必将案件发回重审；第二种观点认为，如果对于必须鉴定的专门性问题一审法院没有委托鉴定机构进行鉴定，则一审认定的基本事实不清，应当发回重审，由一审法院委托鉴定机构进行鉴定；第三种观点认为，如果对于必须鉴定的专门性问题一审法院没有委托鉴定机构进行鉴定，则一审认定的基本事实不清，应当发回重审，但如果案件发回重审后承担举证责任的一方当事人不申请鉴定，或者虽申请鉴定但不支付鉴定费用或者拒不提供相关材料的，重审期间仍然难以委托鉴定机构进行鉴定，因此，只有在负有举证责任的当事人在二审中预交了鉴定费后，才应当发回重审；第四种观点认为，二审法院可以直接审理，但由一审法院委托鉴定有利于查清案件基本事实，故二审法院准许当事人的鉴定申请后，可以将案件发回一审法院委托鉴定。对该问题，《建设工程施工合同司法解释（二）》（征求意见稿）第二十一条规定："人民法院经审理认为就建设工程造价等专门性问题需要进行鉴定的，应当向负有举证责任的当事人释明。当事人经释明后未申请鉴定的，应承担不利的后果。一审诉讼中负有举证责任的当事人未对工程价款申请鉴定，二审诉讼中申请鉴定的，人民法院可予准许。人民法院准许后，可以将案件发回一审法院委托鉴定，并免除另一方当事人因此加重的负担。"在征求意见过程中，有观点对"可以将案件发回一审法院委托鉴定"提出异议。一方面，是将案件发回一审法院重审，再由一审法院委托鉴定，还是由二审法院审理，但将委托鉴定事宜发回一审法院处理，并不明确。而且，如果二审法院仅将委托鉴定事宜发回一审法院处理也缺乏法律依据。另一方面，依照《民事诉讼法》第一百七十条第一款第四项规定，只有原判决遗漏当事人或者违法缺席判决等严重违反法定程序的，二审人民法院才可将案件发回原审人民法院重审。征求意见稿的规定与《民事诉讼法》第一百七十条第一款第四项的规定不尽一致，故还应当进一步研究。针对征求意见的情况，又对《建设工程施工合同司法解释（二）》（征求意见稿）第二十一条规定作了修改，修改后的条文是："当事人对建设工程造价、质量、修复费用等专门性问题有争议，人民法院认为需要进行鉴定的，应当向负有举证证明责任的当事人释明。当事人经释明未申请鉴定或者虽申请鉴定但未缴纳鉴定费用的，应当对待证事实承担举证不能的法律后果。一审诉讼中负有举证证明责任的当事人未申请鉴定，二审诉讼中申请鉴定并预缴鉴定费用，人民法院认为确有必要的，应予准许。"即未再对是否发回重审作出规定。根据《民事诉讼法》第一百七十条的规定，除了原判决遗漏当事人或者违法缺席判决等严重违反法定程序的，二审法院可以裁定撤销原判决，发回原审人民法院重审外，原判决认定基本事实不清的，二审法院也可以裁定撤销原判决，发回原审人民法院重审。而对于一审法院未委托鉴定，而二审法院认为不鉴定则不能查清案件基本事实的情形，就属于《民事诉讼法》第一百七十条第一款第三项规定的原判决认定基本事实不清的情形，因此，最终《建设工程施工合同司法解释（二)》第十四条第二款规定：“一审诉讼中负有举证责任的当事人未申请鉴定，虽申请鉴定但未支付鉴定费用或者拒不提供相关材料，二审诉讼中申请鉴定，人民法院认为确有必要的，应当依照民事诉讼法第一百七十条第一款第三项的规定处理。”而依据《民事诉讼法》第一百七十条第一款第三项的规定，二审法院可以选择发回原审人民法院重审，或者在查清事实的基础上直接改判。无论是发回原审人民法院重审还是在查清事实的基础上改判，都需要人民法院委托鉴定机构就专门性问题进行鉴定。需要注意的是，如果二审法院发回原审人民法院重审，应当在二审中询问负有举证责任的当事人是否愿意在一审法院重审期间申请鉴定、交纳鉴定费用或者提供鉴定需要的材料。只有在当事人对上述事项表示同意、作出允诺的情况下，发回重审才有意义。

如果当事人在一审、二审中均未申请鉴定，在申请再审时才申请人民法院委托鉴定机构对专门性问题进行鉴定的，原则上不应当允许。与一审和二审程序相比，审判监督程序属于特殊救济程序。审判监督程序既承担着依法纠错的职能，也承担着依法维护生效裁判权威的职能。而且，再审审查程序是事由审，只有当再审申请人提出的再审申请符合《民事诉讼法》规定的再审事由时，人民法院才应当启动再审程序。《民事诉讼法》第二百条第一项规定，有新的证据，足以推翻原判决、裁定的，人民法院应当再审。关于本项所规定的“新的证据”，《民事诉讼法司法解释》第三百八十七条规定：“再审申请人提供的新的证据，能够证明原判决、裁定认定基本事实或者裁判结果错误的，应当认定为民事诉讼法第二百条第一项规定的情形。对于符合前款规定的证据，人民法院应当责令再审申请人说明其逾期提供该证据的理由；拒不说明理由或者理由不成立的，依照民事诉讼法第六十五条第二款和本解释第一百零二条的规定处理。”第三百八十八条规定：“再审申请人证明其提交的新的证据符合下列情形之一的，可以认定逾期提供证据的理由成立：（一）在原审庭审结束前已经存在，因客观原因于庭审结束后才发现的；（二）在原审庭审结束前已经发现，但因客观原因无法取得或者在规定的期限内不能提供的；（三）在原审庭审结束后形成，无法据此另行提起诉讼的。再审申请人提交的证据在原审中已经提供，原审人民法院未组织质证且未作为裁判根据的，视为逾期提供证据的理由成立，但原审人民法院依照民事诉讼法第六十五条规定不予采纳的除外。”根据上述规定，再审申请人提出的鉴定申请不属于《民事诉讼法》第二百条第一项规定的“新的证据”。基于此，为防止再审申请人滥用诉讼权利、恶意拖延诉讼，阻碍相对人权利的实现，《民事诉讼法司法解释》第三百九十九条规定：“审查再审申请期间，再审申请人申请人民法院委托鉴定、勘验的，人民法院不予准许。”综上，审查再审申请期间，再审申请人申请对工程造价、质量、修复费用等专门性问题委托鉴定机构进行鉴定的，原则上都不应准许。

072

哪些委托鉴定事项应当由人民法院决定

在建设工程施工合同纠纷案件审判中，哪些事项由鉴定机构出具鉴定意见，哪些事项由人民法院决定，是一个经常遇到的问题。关于建设工程价款、工程量、工程质量、损失数额等方面的鉴定在建设工程施工合同纠纷案件审判中经常遇到，实践中也有对人民法院以鉴代审的担心。有人感觉到建设工程施工合同纠纷案件事项杂、头绪多，涉及很多专业问题，也乐意将关于建设工程施工合同的相关纠纷交给鉴定机构进行鉴定，然后根据鉴定意见作出判决。实际上，鉴定意见只是证据的一种，是否可作为认定案件事实的依据、哪些部分能够作为认定案件事实的依据、在多大程度上能够证明待证事实，都需要人民法院在组织当事人质证的基础上作出认定。即使在鉴定过程中，很多事项也需要人民法院作出决定，而非全部交由鉴定机构决定。通常情况下，下列事宜应当由人民法院决定：

第一，决定是否同意进行鉴定、重新鉴定或者补充鉴定的申请。按照“谁主张、谁举证”的原则，鉴定申请应当由当事人提出。对于当事人提出的鉴定申请，人民法院认为确有必要的，应当准许其鉴定申请；认为没有必要或者不具备客观可行性的，应当不准许其鉴定申请。在当事人未提出鉴定申请的情况下，人民法院也可以委托鉴定机构对专门性问题进行鉴定。《民事诉讼法》第七十六条第二款规定：“当事人未申请鉴定，人民法院对专门性问题认为需要鉴定的，应当委托具备资格的鉴定人进行鉴定。”关于哪些事项应由人民法院依职权委托鉴定机构进行鉴定的问题，《民事诉讼法司法解释》第一百二十一条第三款规定：“符合依职权调查收集证据条件的，人民法院应当依职权委托鉴定，在询问当事人的意见后，指定具备相应资格的鉴定人。”如果当事人对人民法院委托的鉴定部门作出的鉴定结论有异议，可以申请重新鉴定。根据《民事诉讼证据规定》第四十条规定，如果作出鉴定意见的鉴定人员不具备相应的资格，鉴定程序严重违法，鉴定意见明显依据不足或者存在鉴定意见不能作为证据使用的其他情形。人民法院应当准许当事人的重新鉴定申请，但是如果对有缺陷的鉴定结论，可以通过补充鉴定、重新质证或者补充质证等方法解决的，不予重新鉴定。这种情况下，如果当事人申请补充鉴定，且符合要求的，人民法院应当准许。

第二，决定委托哪个有鉴定资格的鉴定机构进行鉴定。双方当事人有权在具备鉴定资格的鉴定机构中共同协商选择鉴定机构。人民法院准许当事人鉴定申请后，应当组织双方当事人协商确定具备相应资格的鉴定人。实践中，有时双方当事人就选择鉴定机构一事不能达成一致意见。这时，应当由人民法院在具备鉴定资格的鉴定机构中作出选择。

第三，决定哪些材料可作为鉴定所依据的材料。在建设工程施工合同纠纷案件中，哪些材料可以作为鉴定所依据的材料，将直接决定鉴定的结果，也是双方当事人争议的焦点问题。对于该问题，有不同的观点。第一种观点认为，只有经人民法院组织质证、并经认证可以作为认定案件事实的证据材料才能作为鉴定所依据的材料。这种做法较为严谨，但建设工程施工合同纠纷案件中，作为鉴定依据的证据材料非常多，如果所有的证据材料都需要人民法院开庭质证，并逐一进行认证，将会严重影响诉讼效率。第二种观点认为，人民法院不可能组织当事人对全部的作为鉴定依据的证据材料进行质证，只需要鉴定机构组织双方当事人核对作为鉴定依据的证据材料。这也是实践中的通行做法。由鉴定机构组织双方当事人对作为鉴定依据的证据材料进行核对，较为高效，也符合目前的实际情况。第三种观点认为，对于作为鉴定依据的证据材料，应当先由鉴定机构组织双方当事人进行核对。对于双方当事人经核对无异议的部分，可直接作为鉴定依据。对于双方当事人经核对有异议的部分，可由人民法院组织当事人进行质证，经人民法院认定可作为认定案件事实依据的证据材料后，再交由鉴定机构作为鉴定的依据。第三种观点较为合理。《建设工程施工合同司法解释（二）》也采纳了这一观点。该解释第十五条规定："人民法院准许当事人的鉴定申请后，应当根据当事人申请及查明案件事实的需要，确定委托鉴定的事项、范围、鉴定期限等，并组织双方当事人对争议的鉴定材料进行质证。"实践中，有法院自行组织当事人对作为鉴定依据的证据材料进行核对，对其中当事人有争议的部分，再组织当事人进行质证，最后将当事人无争议和经法院认证可以作为定案依据的材料交由鉴定机构进行鉴定。这种做法也是可取的。

第四，决定委托鉴定机构鉴定的事项。建设工程施工合同司法实践中，最常见的鉴定事项是建设工程价款数额，其次是建设工程质量是否合格。此外，建设工程质量不合格情况下发包人对建设工程的修复费用，以及建设工程质量不合格、工期延误等情况下，发包人或者承包人所遭受的损失等，也是较为常见的申请鉴定事项。人民法院应当根据当事人的申请确定鉴定事项的范围，必要时也可以对当事人就需要鉴定的事项进行释明。在人民法院自行委托鉴定机构进行的鉴定中，应当自行决定鉴定事项。

第五，决定委托鉴定机构鉴定的范围。《建设工程施工合同司法解释》第二十三条规定："当事人对部分案件事实有争议的，仅对有争议的事实进行鉴定，但争议事实范围不能确定，或者双方当事人请求对全部事实鉴定的除外。"依据该条规定，人民法院只应当委托鉴定机构对有争议的事实进行鉴定。如果当事人只对部分工程的价款有争议，就只能对争议部分工程价款进行鉴定；如果当事人只对部分工程质量或者修复费用有争议，也只能对该部分工程的质量和修复费用进行鉴定。尤其是在建设工程施工合同约定固定价格的情况下，对于合同约定范围内的工程，不应当再委托鉴定机构进行鉴定，而只应当对合同外当事人有争议的建设工程价款进行鉴定。具体的鉴定范围，应当由人民法院决定。

第六，决定鉴定的期限。鉴定期间根据鉴定事项的繁简而有所不同。虽然根据《民事诉讼法司法解释》第二百四十三条的规定，鉴定期间不计入审限，但是鉴定期间过长会导致当事人的纠纷长期得不到解决，鉴定期间过短又会导致鉴定机构无法在指定期限内完成鉴定任务，出具鉴定意见。《建设工程司法鉴定程序规范》第5.17.1条规定，司法鉴定机构应在收到委托人出具的鉴定委托书或签订《建设工程司法鉴定协议书》之日起六十个工作日内完成委托事项的鉴定。

该规范具有指导意义，但实践中鉴定期限应当由人民法院决定，而非由鉴定机构决定，以防止鉴定程序的过度拖延。

073

当事人就鉴定费用负担申请再审的是否应当支持

在建设工程施工合同纠纷案件中，鉴定费用对于双方当事人而言都是一笔较大的负担，当事人也经常围绕鉴定费用的负担产生争议。一审法院就鉴定费用作出认定后，当事人可能不服提起上诉。《诉讼费用交纳办法》第四十三条第一款规定："当事人不得单独对人民法院关于诉讼费用的决定提起上诉。"但鉴定费不属于诉讼费。《诉讼费用交纳办法》第六条规定："当事人应当向人民法院交纳的诉讼费用包括：（一）案件受理费；（二）申请费；（三）证人、鉴定人、翻译人员、理算人员在人民法院指定日期出庭发生的交通费、住宿费、生活费和误工补贴。"关于申请费的范围，《诉讼费用交纳办法》第十条规定："当事人依法向人民法院申请下列事项，应当交纳申请费：（一）申请执行人民法院发生法律效力的判决、裁定、调解书，仲裁机构依法作出的裁决和调解书，公证机构依法赋予强制执行效力的债权文书；（二）申请保全措施；（三）申请支付令；（四）申请公示催告；（五）申请撤销仲裁裁决或者认定仲裁协议效力；（六）申请破产；（七）申请海事强制令、共同海损理算、设立海事赔偿责任限制基金、海事债权登记、船舶优先权催告；（八）申请承认和执行外国法院判决、裁定和国外仲裁机构裁决。"显然，鉴定费不属于申请费和有关人员出庭所发生的费用，也不属于《诉讼费用交纳办法》第六条规定的受理费的范围，故鉴定费不属于诉讼费。关于鉴定费的交纳，《诉讼费用交纳办法》第十二条第一款规定："诉讼过程中因鉴定、公告、勘验、翻译、评估、拍卖、变卖、仓储、保管、运输、船舶监管等发生的依法应当由当事人负担的费用，人民法院根据谁主张、谁负担的原则，决定由当事人直接支付给有关机构或者单位，人民法院不得代收代付。"依据该条规定，鉴定费应当由当事人直接支付给鉴定机构，人民法院不得代收代付，但关于由谁支付的问题，由人民法院决定。人民法院决定由哪方当事人承担鉴定费的标准是谁主张、谁负担的原则。实践中，人民法院通常结合当事人诉讼请求是否得到支持、得到支持的比例等因素决定鉴定费如何在当事人之间分担，也具有一定合理性。司法实践的通说认为，既然当事人不得单独对人民法院关于诉讼费用的决定提起上诉，也不能单独对人民法院关于鉴定费的决定提起上诉。

如果当事人就鉴定费的负担问题提出再审申请，人民法院应当如何处理呢?对此问题，有不同观点。有观点认为，如果当事人单独就鉴定费负担问题提起申请再审，不应当支持。因为既然当事人无权单独对人民法院关于鉴定费的决定提起上诉，自然也无权单独对人民法院关于鉴定费的决定申请再审。这一观点在实践中争议不大。另有观点认为，当事人不仅不能单独对人民法院关于鉴定费的决定申请再审，其将鉴定费负担问题与其他再审申请理由一并提出的，对其关于鉴定费负担的再审申请理由也不应支持。虽然有人有不同看法，但这一观点也具有合理性。首先，再审审查是事由审，只有在当事人的再审申请符合《民事诉讼法》规定的再审事由时，才能启动再审程序。但《民事诉讼法》并未将鉴定费负担问题作为一项再审事由。其次，《诉讼费用交纳办法》第四十三条第二款和第三款规定："当事人单独对人民法院关于诉讼费用的决定有异议的，可以向作出决定的人民法院院长申请复核。复核决定应当自收到当事人申请之日起 15 日内作出。当事人对人民法院决定诉讼费用的计算有异议的，可以向作出决定的人民法院请求复核。计算确有错误的，作出决定的人民法院应当予以更正。"如果当事人对原审人民法院关于鉴定费的决定有异议，可以参照上述规定处理。

074

建设工程价款优先受偿权属于什么性质的权利

《合同法》第二百八十六条规定："发包人未按照约定支付价款的，承包人可以催告发包人在合理期限内支付价款。发包人逾期不支付的，除按照建设工程的性质不宜折价、拍卖的以外，承包人可以与发包人协议将该工程折价，也可以申请人民法院将该工程依法拍卖。建设工程的价款就该工程折价或者拍卖的价款优先受偿。”该条规定确定了承包人享有的建设工程价款优先受偿权。这是为适应我国社会主义市场经济发展的需要而规定的一项新的法律制度，目的是对农民工等建筑工人的工资权益予以优先保护，但此项保护并非直接指向建筑工人的工资权益，而是以保护承包人的建设工程价款债权为媒介，间接保护建筑工人的权益。建设工程价款优先受偿权虽然规定在《合同法》中，但不属于合同权利。《合同法》上的权利与合同权利并非一回事。合同权利是合同项下的权利，依当事人之间订立的合法有效的合同而确定。《合同法》上的权利则广泛得多，在合同未成立的情况下，受损害一方当事人有权请求对方承担缔约过失责任。由于合同尚未成立，该权利自然不属于合同权利，但属于《合同法》上的权利。建设工程价款优先受偿权虽然是《合同法》上的权利，但不是合同权利，而是法定权利，无须当事人专门作出约定，只要符合《合同法》规定的条件，该权利就存在。关于建设工程价款优先受偿权的性质，实践和理论上存在争议，主要有以下三种观点：

第一种观点是留置权说。该说认为，建设工程价款优先受偿权为留置权。建设工程合同在性质上属于承揽合同，《合同法》第二百八十七条规定：“本章没有规定的，适用承揽合同的有关规定。”即对于建设工程施工合同，《合同法》未作规定的，应当适用《合同法》关于承揽合同的规定。《合同法》第二百六十四条规定，承揽人享有留置权。该条规定：“定作人未向承揽人支付报酬或者材料费等价款的，承揽人对完成的工作成果享有留置权，但当事人另有约定的除外。”《合同法》第二百八十六条实际扩大了留置财产的范围，建设工程合同的债权人对不动产同样可以行使留置权。但留置权说存在弊端，这与留置权的行使对象为动产[①]相悖。而且，留置权的存续以留置人占有留置物为条件，实践中，很多承包人在未取得建设工程价款的情况下已经丧失了对建设工程的占有。如果将建设工程价款优先受偿权作为留置权，在承包人失去对建设工程的占有的情况下就得不到保护，对承包人亦不公平。

第二种观点是法定抵押权说。这一说法认为，从《合同法》立法过程可知，

---

① 《中华人民共和国担保法》第八十二条规定，该法所称留置是指依照本法第八十四条的规定，债权人按照合同约定占有债务人的动产，债务人不按照合同约定的期限履行债务的，债权人有权依照本法规定留置该财产，以该财产折价或者以拍卖、变卖的该财产的价款优先受偿。

《合同法》第二百八十六条从设计、起草、讨论、修改、审议直至最后通过，始终是指法定抵押权。法定抵押权说在理论上和实践中拥有较多支持者。这一观点的弊端在于与物权法定原则存在矛盾，而且设立于不动产之上的抵押权，于登记后才成立，但建设工程价款优先受偿权无须登记。有观点认为，建设工程价款优先受偿权作为法定抵押权，为维护交易安全和第三人利益，应当建立建设工程价款优先受偿权登记制度。即建设工程价款优先受偿权依法律规定而设立，无须当事人另行签订合同设立，但建设工程价款优先受偿权具有对世性，应当以可信之方式予以公示，以使交易相对人产生合理信赖，未经登记，建设工程价款优先受偿权不成立，即使成立能够对抗发包人也不能对抗善意相对人。这一观点具有一定合理性，但在现行法律制度下，这一观点仍缺乏法律依据。

第三种观点是优先权说。该说认为，建设工程价款优先受偿权属于优先权，符合优先权特点。首先，建设工程价款优先受偿权只要符合《合同法》第二百八十六条规定的条件即成立，既不需要以承包人占有建设工程为要件，也不需要登记；其次，我国其他法律也规定有各种类型的优先权；再次，《最高人民法院关于建设工程价款优先受偿权问题的批复》使用“建设工程承包人行使优先权”字句，是对该权利性质的肯定。

就目前我国《合同法》及相关司法解释关于建设工程价款优先受偿权的规定看，优先权说更具有合理性。《法国民法典》第 2095 条规定：“优先权是指，依据债权的性质，给予某一债权人先于其他债权人，甚至先于抵押权人，受清偿的权利。”《法国民法典》第 2103 条就建设工程的优先权作了规定。《日本民法典》则规定了先取特权，本质上也是一种优先权。《意大利民法典》也规定了优先权。《中华人民共和国企业破产法》《民事诉讼法》《中华人民共和国民用航空法》《中华人民共和国海商法》等法律也规定了优先权。这种权利系立法者基于特定政策考量，为追求实质公平而赋予了特定民事主体权利优先保护的法律效力。

075

哪些承包人享有建设工程价款优先受偿权

《合同法》第二百八十六条规定："发包人未按照约定支付价款的，承包人可以催告发包人在合理期限内支付价款。发包人逾期不支付的，除按照建设工程的性质不宜折价、拍卖的以外，承包人可以与发包人协议将该工程折价，也可以申请人民法院将该工程依法拍卖。建设工程的价款就该工程折价或者拍卖的价款优先受偿。"从文义上理解，承包人享有建设工程价款优先受偿权。《合同法》第二百六十九条规定："建设工程合同是承包人进行工程建设，发包人支付价款的合同。建设工程合同包括工程勘察、设计、施工合同。"依该条规定，建设工程的承包人包括勘察人、设计人和施工人。由于我国建筑市场不规范，存在转包、违法分包、肢解发包、借用建筑工程施工资质签订建设工程施工合同等情况。因此，建筑市场存在多种施工，包括直接与发包人订立建设工程施工合同的承包人、转包合同和分包合同的承包人、借用资质和出借资质的承包人等。实践中，对于哪些承包人享有建设工程价款优先受偿权的问题，争议较大，逐一分析如下：

第一，建设工程的勘察人和设计人不享有建设工程价款优先受偿权。建设工程价款优先受偿权制度的初衷是保护农民工等建筑工人的工资权益。建设工程是农民工等建筑工人劳动物化的成果，因此，应当对建筑工人的物化劳动予以特别优先保护。农民工等建筑工人主要受雇于建设工程施工合同的承包人。因此，原则上建设工程的勘察人和设计人不享有建设工程价款优先受偿权。实践中，需要注意的是工程总承包中勘察与设计费问题。《合同法》第二百七十二条第一款规定："发包人可以与总承包人订立建设工程合同，也可以分别与勘察人、设计人、施工人订立勘察、设计、施工承包合同。"实践中存在的总承包模式包括三种：一是设计采购施工总承包或交钥匙总承包。设计采购施工总承包（EPC：Engineering、Procurement、Construction）是指工程总承包人按照约定，承担工程项目的设计、采购、施工、试运行服务等工作，并对承包工程的质量、安全、工期、造价全面负责。这是我国目前总承包模式中最常见的一种总承包模式。交钥匙总承包是设计采购施工总承包业务和责任的延伸，最后需向业主提交一个满足使用功能、具备使用条件的工程项目。二是设计采购与施工管理总承包（EPCM：Engineering、Procurement、Construction Management）是国际建筑市场较为通行的项目支付与管理模式之一，也是我国目前推行总承包模式的一种。EPCM 承包商由业主委托或招标确定，承包商与业主直接签订合同，对工程的设计、材料设备供应、施工管理进行全面的负责。根据业主提出的投资意图和要求，通过招标为业主选择、推荐最合适的分包商来完成设计、采购、施工任务。设计、采购分包商对 EPCM 承包商负责，但不与 EPCM 承包商签订合同，只是接受 EPCM 承包商的管理，施工分包商直接与业主建立合同关系。因此，EPCM 承包商无须承担施工合同风险和经济风险。三是设计＋施工总承包（D＋B）模式，是指工程总承包企业按照合同约定，承担工程项目设计和施工，并对承包工程的质量、安全、工期、造价全面负责。在总承包模式下，建设工程总承包合同所约定的建设工程价款通常包括设计费、勘察费等费用，一般与施工款同时结算、同时支付。这种情况下，关于建设工程总承包合同所约定的建设工程价款通常包含的设计费、勘察费能否优先受偿的问题，存在争议。持肯定意见的观点认为，设计费、勘察费包含在建设工程价款中，与建设工程价款支付的时间和条件往往也相同，因此应当视为建设工程价款，可以优先受偿。持否定意见的观点认为，设计费和勘察费与施工费不同，一般不涉及农民工等建筑工人利益保护等问题，因此不应当优先受偿。对于这一问题，应当根据具体情况而定，如果根据总承包合同的约定，设计费、勘察费能够从施工费中区分出来，该部分费用不能优先受偿。如果设计费、勘察费不能从施工费中区分出来，全部的建设工程价款，包括设计费、勘察费和施工费均可优先受偿。

第二，建设工程的监理人不享有建设工程价款优先受偿权。《合同法》第二百六十九条规定："建设工程合同是承包人进行工程建设，发包人支付价款的合同。建设工程合同包括工程勘察、设计、施工合同。"依据该条规定，承包人是对工程进行建设的人，包括工程勘察人、工程设计人与工程施工人。《合同法》第二百七十六条规定："建设工程实行监理的，发包人应当与监理人采用书面形式订立委托监理合同。发包人与监理人的权利和义务以及法律责任，应当依照本法委托合同以及其他有关法律、行政法规的规定。"依据该条规定，监理合同不属于建设工程合同，而是归属于委托合同，监理人也不属于承包人，故不能依据《合同法》第二百八十六条规定享有优先受偿权。

第三，转包合同和分包合同的承包人不享有建设工程价款优先受偿权。关于建设工程价款优先受偿权的主体，《建设工程施工合同司法解释（二）》第十七条规定：“与发包人订立建设工程施工合同的承包人，根据合同法第二百八十六条规定请求其承建工程的价款就工程折价或者拍卖的价款优先受偿的，人民法院应予支持。”本条规定的本意是，与发包人没有建设工程施工合同关系的实际施工人不享有建设工程价款优先受偿权。如上文所述，实践中实际施工人包括转承包人、违法分承包人和借用资质与发包人签订建设工程施工合同的单位或者个人。之所以规定只有与发包人订立建设工程施工合同的承包人才享有建设工程价款优先受偿权，主要是基于以下考虑：一是建设工程价款优先受偿权是对世权，具有优先于设立在建设工程上的抵押权、普通债权的效力，对交易安全和第三人利益影响较大，为维护交易安全和平衡善意第三人利益，对其权利主体不宜过度放宽。第二，实际施工人并非严格的法律主体概念，实践中实际施工人身份的认定本身就是争议很大的问题。如果实际施工人均享有建设工程价款优先受偿权，则围绕建设工程建立的一系列法律关系均处于不稳定之中，不仅损害交易安全和其他相关方的利益，也会对建设工程的使用、转让等造成不良影响。第三，《合同法》第二百八十六条规定：“发包人未按照约定支付价款的，承包人可以催告发包人在合理期限内支付价款。发包人逾期不支付的，除按照建设工程的性质不宜折价、拍卖的以外，承包人可以与发包人协议将该工程折价，也可以申请人民法院将该工程依法拍卖。建设工程的价款就该工程折价或者拍卖的价款优先受偿。”从本条规定的文义理解，只有依约请求发包人支付建设工程价款的人才能行使建设工程价款优先受偿权，若实际施工人与发包人之间不具有建设工程施工合同关系，则不应当享有建设工程价款优先受偿权。第四，《建设工程施工合同司法解释》第二十六条和《建设工程施工合同司法解释（二）》第二十四条突破合同的相对性，对实际施工人的利益予以保护，是以不加重发包人的责任为前提。实际施工人与发包人未建立建设工程施工合同关系，发包人在与承包人签订建设工程施工合同时，往往并不知道实际施工人的存在。但是建设工程价款优先受偿权对发包人利益有重大影响，如果允许与发包人无合同关系的实际施工人向发包人主张建设工程价款优先受偿权，有损发包人的利益。

不仅实际施工人不能享有建设工程价款优先受偿权，合法分包合同的承包人与发包人之间也不存在建设工程施工合同关系，合法分包合同的承包人也不享有建设工程价款优先受偿权。因此，转包合同和分包合同的承包人均不应享有建设工程价款优先受偿权。实践中对于转承包人和违法分承包人不享有建设工程价款优先受偿权争议不大，但对于借用资质与发包人签订建设工程施工合同的缺乏资质的单位或者个人是否享有建设工程价款优先受偿权存在争议。对这一问题，将在下文专门分析。

第四，肢解发包情况下，承包非主体工程的承包人不享有建设工程价款优先受偿权。在肢解发包的情况下，存在多个承包人，且承包人均与发包人签订了建设工程施工合同。因此，从形式上看，肢解发包的全部承包人都是与发包人签订建设工程施工合同的承包人，依据《建设工程施工合同司法解释（二）》第十七条规定，都有权行使建设工程价款优先受偿权。肢解发包是违法行为。在肢解发包合同中，不仅发包人有过错，承包人也有过错。在存在多个承包人的情况下，如果每个承包人都享有建设工程价款优先受偿权，将会对工程的施工、利用以及交易安全造成较大的损害，尤其是承包非主体工程的承包人，其可能因为一小部分分部分项工程的价款而对全部建设工程行使建设工程价款优先受偿权，对施工秩序和交易秩序的影响都非常大。因此，综合当事人过错、各方当事人利益和建设工程施工的客观情况，在肢解发包的情况下，应当将建设工程价款优先受偿权的权利人限定为承包主体工程的承包人。这一问题在实践中尚存在争议，还需要进一步研究。

第五，与代建人签订建设工程施工合同的承包人享有建设工程价款优先受偿权。在建设工程代建合同关系中，需要分析两重法律关系：一是委托人（建设单位）与代建人之间的代建关系，这是内部法律关系；二是委托人、代建人与承包人的建设工程施工合同关系，这是外部法律关系。内部法律关系依代建合同确定双方的权利义务。外部法律关系依建设工程施工合同确定双方的权利义务。在外部关系上，有的建设工程施工合同由委托人、代建人以及使用人共同作为发包人与承包人签订建设工程施工合同。这种情况下，委托人、代建人以及使用人作为一个整体，构成发包人，承包人作为直接与发包人签订建设工程施工合同的人，依据《建设工程施工合同司法解释（二）》第十七条规定，享有建设工程价款优先受偿权。有的建设工程施工合同由代建人一方与承包人签订建设工程施工合同。这种情况下，如果建设项目均已经转移至代建人名下，承包人自然享有建设工程价款优先受偿权；如果建设项目仍在委托人（建设单位）名下，承包人原则上也享有建设工程价款优先受偿权。《合同法》第四百零二条规定："受托人以自己的名义，在委托人的授权范围内与第三人订立的合同，第三人在订立合同时知道受托人与委托人之间的代理关系的，该合同直接约束委托人和第三人，但有确切证据证明该合同只约束受托人和第三人的除外。"如果承包人与代建方签订建设工程施工合同时知道代建关系，承包人与代建人签订的建设工程施工合同直接约束承包人和委托人（建设单位）。《合同法》第四百零三条规定："受托人以自己的名义与第三人订立合同时，第三人不知道受托人与委托人之间的代理关系的，受托人因第三人的原因对委托人不履行义务，受托人应当向委托人披露第三人，委托人因此可以行使受托人对第三人的权利，但第三人与受托人订立合同时如果知道该委托人不会订立合同的除外。受托人因委托人的原因对第三人不履行义务，受托人应当向第三人披露委托人，第三人因此可以选择受托人或者委托人作为相对人主张其权利，但第三人不得变更选定的相对人。委托人行使受托人对第三人的权利的，第三人可以向委托人主张其对受托人的抗辩。第三人选定委托人作为其相对人的，委托人可以向第三人主张其对受托人的抗辩以及受托人对第三人的抗辩。"如果承包人与代建方签订建设工程施工合同时不知道代建关系，在建设工程施工合同履行出现障碍时，承包人也享有选择权，既可以选择委托人（建设方）为合同相对人，也可以选择代建人为合同相对人。实际上，由于整个项目都以委托人的名义进行开发，承包人完全有理由知道委托人与代建人之间的代建关系。因此，承包人与代建人签订建设工程施工合同的，承包人也享有建设工程价款优先受偿权。

第六，借用资质签订建设工程施工合同的情况下，缺乏资质的单位或者个人是否享有建设工程价款优先受偿权的问题，实践中存在争议。缺乏资质的单位或者个人借用有资质的建筑企业的名义与发包人签订的合同与转包合同有一个关键区别：发包人在签订建设工程施工合同时，是否知道借用资质关系亦即挂靠关系的存在。如果发包人知道，即属于借用资质签订建设工程施工合同，如果不知道，即属于转包合同。缺乏资质的单位或者个人借用有资质的建筑企业的名义与发包人签订的合同属于隐藏行为。对于隐藏行为的法律效力，《民法总则》第一百四十六条规定：“行为人与相对人以虚假的意思表示实施的民事法律行为无效。以虚假的意思表示隐藏的民事法律行为的效力，依照有关法律规定处理。”隐藏行为由两个行为组成。一个是各方当事人以虚假意思表示所作出的民事行为。该行为欠缺效果意思，系虚假意思表示，属于无效行为。一个是当事人虚假意思表示所隐藏的行为，该行为系当事人的真实意思，并非当然无效，只有在违反法律的强制性规定的情况下才无效。具体到借用资质签订建设工程施工合同的行为，出借资质的建筑企业以自己名义与发包人签订的建设工程施工合同对双方而言均是虚假意思表示，欠缺效果意思，属于通谋虚伪行为，系无效民事行为。缺乏建筑工程施工资质的单位或者个人以建筑企业名义与发包人签订建设工程施工合同的行为，系虚假意思表示所隐藏的行为，该行为是作为承包人的缺乏建筑工程施工资质的单位或者个人与发包人的真实意思，并不因为其为被隐藏的行为而无效。所谓隐藏，是对社会和第三人而言的，对于合同当事人而言则均系明知。但是该被隐藏的行为因违反了不得借用资质签订建设工程施工合同的强制性规定而无效。虽然两个行为均无效，但法律后果却因基础法律关系不同而有所区别。由此而引发出谁有权请求发包人支付建设工程价款的问题。建设工程价款优先受偿权从本质上讲是赋予了建设工程价款债权以优先受偿的效力，原则上建设工程价款优先受偿权的权利人均应当是建设工程价款债权人。由于实践中对于借用资质签订建设工程施工合同的情况下，谁享有建设工程价款债权存在争议，相应的，由谁享有建设工程价款优先受偿权也存在争议。虽然作者倾向于认为借用资质的单位或者个人享有建设工程价款债权，但出借资质的建筑企业是否享有建设工程价款债权，在实践中争议很大，目前多数意见仍认为出借资质的建筑企业有权请求发包人支付建设工程价款。随着《民法总则》的精神逐渐深入人心，单纯依据表示行为认定当事人之间真实意思表示的司法理念也会随之改变。只是这需要一个过程。如果借用资质的单位或者个人和借用资质的建筑企业均享有建设工程价款给付请求权，谁享有建设工程价款优先受偿权亦是值得研究的问题。《建设工程施工合同司法解释（二）》第十七条规定：“与发包人订立建设工程施工合同的承包人，根据合同法第二百八十六条规定请求其承建工程的价款就工程折价或者拍卖的价款优先受偿的，人民法院应予支持。”在借用资质签订建设工程施工合同的情况下，名义上的承包人是出借资质的建筑企业，实际上的承包人是借用资质的单位或者个人，从这个意义上讲借用资质与发包人签订建设工程施工合同的单位或者个人并非典型的实际施工人，而是实际承包人。名义上的承包人与实际上的承包人谁应当享有建设工程价款优先受偿权，也是存在争议的问题。总体上看，有两点需要注意：一是享有建设工程价款优先受偿权的主体原则上应当是一人而不宜为多人；二是在处理出借资质的建筑企业、借用资质的单位或者人、发包人三方之间的关系时，应当考虑《民法总则》第一百四十六条规定，以各方当事人的真实意思为基础确定各自法律关系。只是实践中的习惯需要一定时间才能改变。

076

建设工程价款优先受偿权优先于哪些民事权利

《合同法》第二百八十六条规定：“发包人未按照约定支付价款的，承包人可以催告发包人在合理期限内支付价款。发包人逾期不支付的，除按照建设工程的性质不宜折价、拍卖的以外，承包人可以与发包人协议将该工程折价，也可以申请人民法院将该工程依法拍卖。建设工程的价款就该工程折价或者拍卖的价款优先受偿。”但在实践中，围绕同一建设工程存在多种权利，涉及多个权利主体，这些权利在实现时存在冲突，某一权利实现后，其他权利的部分或者全部就可能落空。因此，在各权利中，如何确定权利效力的位阶具有重要意义。建设工程价款优先受偿权的效力层级直接决定了其在实践中实现的可能性。

对于这一问题，《最高人民法院关于建设工程价款优先受偿权问题的批复》（法释〔2002〕16号）作出规定。该批复记载：“上海市高级人民法院：你院沪高法〔2001〕14号《关于合同法第二百八十六条理解与适用问题的请示》收悉。经研究，答复如下：一、人民法院在审理房地产纠纷案件和办理执行案件中，应当依照《中华人民共和国合同法》第二百八十六条的规定，认定建筑工程的承包人的优先受偿权优于抵押权和其他债权。二、消费者交付购买商品房的全部或者大部分款项后，承包人就该商品房享有的工程价款优先受偿权不得对抗买受人。三、建筑工程价款包括承包人为建设工程应当支付的工作人员报酬、材料款等实际支出的费用，不包括承包人因发包人违约所造成的损失。四、建设工程承包人行使优先权的期限为6个月，自建设工程竣工之日或者建设工程合同约定的竣工之日起计算。五、本批复第一条至第三条自公布之日起施行，第四条自公布之日起6个月后施行。此复。”根据这一批复，围绕同一建设工程的各项权利可作如下排序：第一位的是交付购买商品房的全部或者大部分款项的消费者对建设单位（卖房人）所享有的交付房屋和转移房屋所有权的给付请求权；第二位的是承包人享有的建设工程价款优先受偿权；第三位的是抵押权人对建设工程所享有的抵押权；第四位的是发包人其他债权人所享有的普通债权。批复虽未写明，但还有一项权利排在第五位，即发包人对建设工程所享有的所有权。这一批复对司法实践有巨大影响，成为处理就同一建设工程上多种权利冲突的主要依据。

077

装饰装修工程的承包人是否享有建设工程价款优先受偿权

装饰装修是指为保护建筑物的主体结构、完善建筑物的使用功能和美化建筑物，采用装饰装修材料或饰物，对建筑物的内外表面及空间进行的各种处理过程。装饰装修工程是建设工程之一种，装饰装修工程的承包人在完成工程施工后，有权请求发包人支付工程款。装饰装修工程承包人所享有的工程款中也包含农民工等建筑工人的工资利益，依法理也应当享有建设工程价款优先受偿权。对此问题，《最高人民法院关于装饰装修工程款是否享有合同法第二百八十六条规定的优先受偿权的函复》记载：“福建省高级人民法院：你院闽高法〔2004〕143号《关于福州市康辉装修工程有限公司与福州天胜房地产开发有限公司、福州绿叶房产代理有限公司装修工程承包合同纠纷一案的请示》收悉。经研究，答复如下：装饰装修工程属于建设工程，可以适用《中华人民共和国合同法》第二百八十六条关于优先受偿权的规定，但装饰装修工程的发包人不是该建筑物的所有权人或者承包人与该建筑物的所有权人之间没有合同关系的除外。享有优先权的承包人只能在建筑物因装饰装修而增加价值的范围内优先受偿。此复。”《建设工程施工合同司法解释（二)》吸纳了上述批复的内容，并进行了修改，主要是删除了但书中关于“承包人与该建筑物的所有权人之间没有合同关系的除外”的规定。删除内容主要是针对个案中的特别案情而规定，不具有普遍性，故在制定司法解释时没有保留。最终，《建设工程施工合同司法解释（二)》第十八条规定：“装饰装修工程的承包人，请求装饰装修工程价款就该装饰装修工程折价或者拍卖的价款优先受偿的，人民法院应予支持，但装饰装修工程的发包人不是该建筑物的所有权人的除外。”

装饰装修工程的承包人仅就其施工部分享有建设工程价款优先受偿权。与一般的建设工程不同，装饰装修工程并非建设一个新的建设工程，而是为了保护建筑物的主体结构、完善建筑物的使用功能和美化建筑物，采用装饰装修材料或饰物，对建筑物的内外表面及空间进行的各种处理。故装饰装修工程本身不建成新的工程，只是在特定使用用途上增加已有建设工程之价值，装饰装修工程承包人所享有的建设工程价款优先受偿权应当限定在装饰装修工程使建筑物增加价值范围内。同时，装饰装修工程完成后，与原有工程成为一个整体，不可分割。一旦分割，即失去相应的使用价值和价值。因此，装饰装修工程的承包人在行使建设工程价款优先受偿权时，需要就整个工程协议折价或者请求人民法院进行拍卖，在折价的价款或者拍卖价款中扣除原来建设工程的价值即为装饰装修工程的价值。

由于装饰装修工程附属于原来已经存在的工程，一般情况下，装饰装修工程的价值也低于原来工程的价值。原则上，装饰装修工程的承包人行使建设工程价款优先受偿权不应损害善意的原来建设工程所有权人的利益。装饰装修工程的承包人行使建设工程价款优先受偿权时，需要对包括装饰装修工程在内的全部工程进行处分。如果装饰装修工程的发包人不是该建筑物的所有权人，装饰装修工程的承包人行使建设工程价款优先受偿权的行为就会损害到原来建设工程所有权人的利益。因此，只有当装饰装修工程的发包人就是原来建设工程所有权人的情况下，才能避免装饰装修工程承包人的建设工程价款优先受偿权与原来建设工程的所有权人之间的权利冲突问题。

078

承包人行使建设工程价款优先受偿权应当具备哪些条件

《合同法》第二百八十六条规定："发包人未按照约定支付价款的，承包人可以催告发包人在合理期限内支付价款。发包人逾期不支付的，除按照建设工程的性质不宜折价、拍卖的以外，承包人可以与发包人协议将该工程折价，也可以申请人民法院将该工程依法拍卖。建设工程的价款就该工程折价或者拍卖的价款优先受偿。"依据该规定，建设工程的价款就建设工程折价或者拍卖的价款优先受偿需要具备以下条件：一是发包人未按照建设工程施工合同约定支付建设工程价款；二是发包人经承包人催告后，在合理期限内仍未支付建设工程价款；三是建设工程依其性质，宜折价、拍卖；四是承包人与发包人协议将该工程折价，或者申请人民法院将该工程依法拍卖。在满足上述四个条件后，承包人就可以要求其对发包人享有的建设工程价款债权就该工程折价或者拍卖的价款优先受偿。实践中，承包人并非严格按照上述程序或者条件行使建设工程价款优先受偿权，通常在请求发包人支付欠付工程款时，一并主张享有或者行使建设工程价款优先受偿权。对此，司法实践一般予以认可。关于承包人行使建设工程价款优先受偿权的条件的问题，实践中争议的焦点集中于承包人行使建设工程价款优先受偿权是否应当以建设工程质量合格为条件，是否需要以建设工程施工合同有效为前提，是否需要以建设工程竣工为条件等方面，具体分析如下：

第一，承包人行使建设工程价款优先受偿权应当以建设工程质量合格为条件。建设工程施工合同是双务合同、有偿合同。发包人向承包人支付建设工程价款以承包人按合同约定的工期和质量要求向发包人交付建设工程为前提。在建设工程施工合同有效的情况下，如果承包人施工完成的建设工程质量不合格，导致发包人合同目的不能实现，就无权请求发包人依照约定支付建设工程价款。在建设工程施工合同无效的情况下，如果承包人施工完成的建设工程质量不合格，发包人亦无须折价补偿，承包人自然无权请求发包人参照合同约定支付建设工程价款。如果承包人无权请求发包人依照或者参照建设工程施工合同约定支付建设工程价款，亦不能行使建设工程价款优先受偿权。

第二，承包人行使建设工程价款优先受偿权无须以建设工程施工合同有效为条件。关于承包人行使建设工程价款优先受偿权是否必须以建设工程施工合同有效为前提的问题，实践中存在争议。在起草《建设工程施工合同司法解释（二）》的过程中，也提出过两个方案。《建设工程施工合同司法解释（二）》（征求意见稿）第二十九条规定："符合下列条件，承包人就其承建的工程主张工程价款优先受偿权，人民法院应予支持。（一）建设工程施工合同有效；（二）建设工程经竣工验收合格；（三）建设工程不属于不宜折价、拍卖范围；（四）承包人在约定或者法定期限内主张优先受偿权。"同时，征求意见稿第二十九条还提出另一种意见，即承包人行使建设工程价款优先受偿权不以建设工程合同有效为条件。主要理由是实践中因资质、招投标法律规定，存在大量无效的建设工程施工合同。作此限定，不利于无效合同中承包人权利保护。在征求意见过程中，对这一问题的争议也很大，整体来看，司法实践更倾向于第二种意见。依据征求意见的情况，该条规定又提出两种方案。第一种方案规定："已完成的建设工程质量合格，承包人主张其承建工程的价款就工程折价或者拍卖的价款优先受偿的，人民法院应予支持。"第二种方案规定："建设工程施工合同有效，且已完成的工程质量合格，承包人主张其承建工程的价款就工程折价或者拍卖的价款优先受偿的，人民法院应予支持。"

赞成第二种方案的理由是：对《合同法》第二百八十六条的规定应作体系解释。依据该条规定，承包人行使建设工程价款优先受偿权应当遵循以下程序和条件。（1）发包人未按照建设工程施工合同的约定支付建设工程价款；（2）承包人催告发包人在合理期限内支付价款；（3）发包人经承包人催告在承包人指定的合理期限内未支付建设工程价款；（4）依照建设工程的性质，该工程宜折价、拍卖；（5）承包人与发包人协议将该工程折价，或者申请人民法院将该工程依法拍卖。在满足上述程序和条件之后，承包人的建设工程价款才能就该工程折价或者拍卖的价款优先受偿。由于承包人对发包人享有的建设工程价款债权就建设工程折价或者拍卖的价款优先受偿的首要条件是发包人未按照建设工程施工合同的约定支付建设工程价款，而发包人未按照建设工程施工合同的约定支付建设工程价款的前提是建设工程施工合同合法有效，只有在合同有效的情况下才存在需要依照合同约定支付建设工程价款的问题，故承包人享有建设工程价款优先受偿权必须以建设工程施工合同有效为前提。

赞成第一种方案的主要理由有：（1）建设工程领域特有的资质与招标投标管理要求，导致实践中建设施工合同无效的情况较为普遍。若将优先受偿权的行使条件限定为合同有效，会导致大量承包人的建设工程价款优先受偿权落空；（2）在建筑市场上，承包人整体处于弱势地位，在缔约时缔约地位相对较低，缔约是否遵守招标投标程序、是否选择有资质的承包人，决策权主要在发包人一方。如果以合同有效作为承包人享有建设工程价款优先受偿权的前提条件，不仅无助于缓解建设工程施工合同无效多发的现状，甚至可能增加发包人的道德风险，形成负面激励；（3）无论是对建设资质的要求还是对招标投标管理的要求，根本目的是要保证建设工程质量，防止建设工程施工领域的道德风险，因此，建设工程价款优先受偿权的享有应当以建设工程质量是否合格为条件，而不应以合同是否有效为条件；（4）《建设工程施工合同司法解释》第二条规定，建设工程施工合同无效，但建设工程经竣工验收合格，承包人请求参照合同约定支付工程价款的，应予支持。本条解释在司法实践中的效果较好。建设工程价款优先受偿权是为保护承包人的工程价款给付请求权而设，二者的成立条件应当相同，否则建设工程价款优先受偿权制度功能就会落空；（5）从《合同法》第二百八十六条的文义来看，并不能必然得出建设工程价款优先受偿权的享有必须以建设工程施工合同有效为条件。在适用本条规定时，应当考虑建设工程施工合同纠纷的特点以及我国建筑市场的现状，不能过于机械。虽然有观点认为，从该条的文义上理解，承包人行使建设工程价款优先受偿权应当遵循以下程序和条件。（1）发包人未按照建设工程施工合同的约定支付建设工程价款；（2）承包人催告发包人在合理期限内支付价款；（3）发包人经承包人催告在承包人指定的合理期限内未支付建设工程价款；（4）依照建设工程的性质，该工程宜折价、拍卖；（5）承包人与发包人协议将该工程折价，或者申请人民法院将该工程依法拍卖。在满足上述程序和条件之后，承包人的建设工程价款才能就该工程折价或者拍卖的价款优先受偿。但是在司法实践中，几乎没有案件是按上述程序和条件来处理的，而是承包人在起诉请求发包人支付工程价款的同时一并请求行使建设工程价款优先受偿权，人民法院一并作出审判；（6）建设工程价款优先受偿权一项重要的制度价值是保护农民工工资权益，在建设工程施工合同无效的情形较常见的情况下，如果以合同有效作为承包人享有权利的前提，会影响农民工工资权益保护。

后经讨论，除个别观点坚持第二种方案外，绝大多数均赞成第一种方案。第一种方案更符合我国建筑市场的实际情况，也更契合《合同法》第二百八十六条的立法目的。最终，《建设工程施工合同司法解释（二）》第十九条规定：“建设工程质量合格，承包人请求其承建工程的价款就工程折价或者拍卖的价款优先受偿的，人民法院应予支持。”理解和适用本条解释的关键点在于，承包人享有建设工程价款优先受偿权必须以建设工程质量合格为前提，无须以建设工程施工合同有效为前提。在处理建设工程施工合同纠纷案件时，立法和司法的首要目标是保护建设工程质量安全。在建设工程质量合格的前提下，无论建设工程施工合同是否有效，发包人都将获得质量合格的建设工程，其合同目的已经实现，而且都存在农民工等建筑工人工资权益保护问题，这种情况下应当优先考虑农民工等建筑工人工资权益保护的问题。我国经济社会发展的特定阶段和改革开放中出现的特殊问题决定了我国立法和司法政策的特殊性。在现有社会经济制度下和法律制度下，农民工群体的权益受到的关照太少，其付出与权益保障不成比例。而加强对农民工群体权益的保护，不仅是实现社会公平正义的需要，更是社会经济发展的需要。我国经济发展所依靠的人口红利，主要是从农业和农村释放出来的劳动力，就是广大的农民工。加入世界贸易组织后，我国经济深度融入全球产业链，也充分发挥了劳动力成本方面的比较优势，成功承接了来自发达国家和较发达国家和地区的中低端产业。这些中低端产业，相对于发达国家和地区的高端产业生产效率偏低，但相对于传统农业，生产效率却高出很多，这正是我国经济飞速发展的原因。因此，保护农民工等建筑工人的利益，不仅是维护公平的需要，也是促进效率的需要。法律的生命既源于经验，也源于逻辑，但首先是经验。现代法律是用逻辑思维去总结社会经验，其生命力植根于对社会现实的关照。更多的时候，法律和司法的使命是服务社会经济发展，过度超前的法律和司法政策，脱离一国经济社会发展阶段、发展现状的法律和司法政策，不仅不能起到促进社会经济发展的作用，反而会带来更大的负面影响。

第三，承包人行使建设工程价款优先受偿权无须以建设工程竣工为条件。建设工程价款优先受偿权不是合同权利而是法定权利，其成立不以登记或当事人达成一致意见为条件，而是以法律规定的构成要件成就为条件。根据《合同法》第二百八十六条的规定，建设工程价款优先受偿权成立的基本条件有二，一是发包人欠付建设工程价款，二是质量合格的建设工程存在。无论建设工程是否竣工，只要承包人已完成的工程质量合格，承包人就有权对发包人尚欠的工程价款请求就建设工程的折价或拍卖的价款优先受偿。对此，《建设工程施工合同司法解释（二）》第二十条规定："未竣工的建设工程质量合格，承包人请求其承建工程的价款就其承建工程部分折价或者拍卖的价款优先受偿的，人民法院应予支持。"

对于承包人在未完成建设工程施工的情况下是否享有建设工程价款优先受偿权的问题，《建设工程施工合同司法解释（二）》（征求意见稿）第三十条作了三款规定。该条第一款规定："建设工程未竣工，承包人就发包人尚欠的工程价款请求优先受偿权的，人民法院应当综合工程质量是否合格，工程是否已由第三人续建，是否发挥工程最大效益等因素，依照诚实信用原则和公平原则予以衡量，并作出裁决。"第二款规定："建设工程由第三人续建，承包人主张待工程竣工后行使优先受偿权，就其承建的工程部分折价或者拍卖的价款优先受偿的，人民法院应予支持。"第三款规定："建设工程因发包人原因停建，或者工程虽由第三人续建，但因发包人原因停建，承包人主张就其承建的工程部分折价、拍卖的价款优先受偿的，人民法院应予支持。"第一款规定是关于在未完成建设工程施工的情况下人民法院在认定承包人是否享有建设工程价款优先受偿权问题时所需考虑因素的规定。该款规定要求人民法院综合考虑以下因素：一是工程质量是否合格，二是工程是否已由第三人续建，三是是否发挥工程最大效益，四是诚实信用原则和公平原则。承包人享有建设工程价款优先受偿权必须以建设工程质量合格为前提条件，实践中争议不大。工程是否已由第三人续建应当作为承包人行使建设工程价款优先受偿权起点时间的条件，而非承包人是否享有建设工程价款优先受偿权的条件。是否能够发挥建设工程的最大效益是一个主观性较强的判断标准，而且建设工程价款优先受偿权制度是交易规则和交易效率向公平让步的体现，在这里似不宜过度强调效益的价值取向，而且这一条件似乎也更像一个判断承包人行使建设工程价款优先受偿权起点时间的条件，因为在不同的时间行使建设工程价款优先受偿权，对建设工程效益的发挥确实会产生影响。诚实信用原则虽被称为民法的帝王条款，实际上其主要适用领域是交易规则领域，是合同法领域。建设工程价款优先受偿权是法定优先权，其价值取向与交易中的诚信原则的价值取向也有所不同。公平原则虽是民法的基本原则，也确实在个案的利益平衡中发挥着重大作用，尤其是在现行法律规则不明、不全的情况下，但该原则更多是在司法个案处理中考量的因素，而且在司法实践中直接适用公平原则的情况也是少数。在司法解释中提出要考虑诚实信用原则和公平原则，尤其是就某一问题的解决提出多个考虑因素，固然不错，但指向性和可操作性不强。鉴于关于承包人享有建设工程价款优先受偿权应当以建设工程质量合格为要件，在前一条解释中已作规定，其他条件要么可操作性不强，要么不是关于这一问题的特别裁判规则，故《建设工程施工合同司法解释（二）》未作保留，而是直接明确规定未竣工的建设工程如果质量合格，承包人就享有建设工程价款优先受偿权。

虽然《建设工程施工合同司法解释（二）》第二十条未保留征求意见稿第三十条第二款和第三款规定，但这两款规定仍是在个案处理中需要考虑的因素。《建设工程施工合同司法解释（二）》（征求意见稿）第三十条第二款规定："建设工程由第三人续建，承包人主张待工程竣工后行使优先受偿权，就其承建的工程部分折价或者拍卖的价款优先受偿的，人民法院应予支持。"第三款规定："建设工程因发包人原因停建，或者工程虽由第三人续建，但因发包人原因停建，承包人主张就其承建的工程部分折价、拍卖的价款优先受偿的，人民法院应予支持。"该两款实际是要解决建设工程价款优先受偿权行使时间的问题。司法实践中，建设工程价款优先受偿权的行使虽然不是必须要考虑当事人的过错问题，但确实需要考虑该权利行使的条件是否成就。在承包人未完成建设工程施工的情况下，发包人可能将未完工工程另行发包给其他承包人施工，也可能工程停工后无人继续施工。如果发包人将未完工工程另行发包给其他承包人施工，原来的承包人就无法对其已完工部分请求与发包人协商折价或者请求人民法院拍卖，并就折价或者拍卖的价款优先受偿，只能在全部工程完工后，就其施工部分行使建设工程价款优先受偿权。如果工程停工后无人继续施工，未完工工程作为一个独立物，具有价值和交换价值，承包人有权请求与发包人协商折价或者请求人民法院拍卖，并就折价或者拍卖的价款优先受偿。

第四，承包人行使建设工程价款优先受偿权须以建设工程宜折价、拍卖为条件。《合同法》第二百八十六条明确规定，按照其性质不宜折价、拍卖的建设工程，承包人不享有建设工程价款优先受偿权。实践中需要注意的是哪些建设工程属于不宜折价、拍卖的工程。《建设工程施工合同司法解释（二）》（征求意见稿）第三十一条专门就建设工程不宜折价、拍卖的情形作了规定。该条规定："建设工程具有下列情形之一，应当认定为不宜折价、拍卖。（一）建设工程未取得建设工程规划许可证或者未按照规划许可证的要求进行建设的；（二）建设工程经验收不合格，且无法予以修复的；（三）建设工程属于事业单位、社会团体以公益目的建设的教育设施、医疗设施及其他社会公益设施；（四）建设工程属于国家机关的办公用房或者军事建筑；（五）无法独立存在或者分割后影响主建筑使用功能的附属工程等工程。"最终，考虑到这一问题应当交由法官在个案中进行判断，未作统一规定，但是征求意见稿第三十一条规定对于司法实践仍具有积极意义。其中，该条第一项规定的未取得建设工程规划许可证或者未按照规划许可证的要求进行建设的建设工程即俗称的"违建"，如果发包人事后未及时补办相关手续或者纠正其违法行为，该建设工程就无法投入使用或者流通，难以实现其交换价值，承包人亦很难与发包人就该工程协商折价或者请求人民法院拍卖。第二项规定已经体现在《建设工程施工合同司法解释（二）》第十九条规定中，无须另作规定。第三项和第四项规定是实践中较为常见的情况，需要引起注意。第五项规定主要是考虑到附属工程与主体工程的关系问题，要注意保护主体工程所有权人及相关权利人的利益。这里也需要特别注意《建设工程施工合同司法解释（二）》第十八条关于装饰装修工程价款优先受偿权的规定。

079

承包人建设工程价款优先受偿的范围如何确定

《合同法》第二百八十六条规定："发包人未按照约定支付价款的，承包人可以催告发包人在合理期限内支付价款。发包人逾期不支付的，除按照建设工程的性质不宜折价、拍卖的以外，承包人可以与发包人协议将该工程折价，也可以申请人民法院将该工程依法拍卖。建设工程的价款可就建设工程折价或者拍卖的价款优先受偿。”从文义上理解，只要是建设工程施工合同所约定的价款，均可就建设工程折价或者拍卖的价款优先受偿。关于建设工程价款的范围，原住建部、财政部印发的《建筑安装工程费用项目组成》第一条第一款规定：“建筑安装工程费用项目按费用构成要素组成划分为人工费、材料费、施工机具使用费、企业管理费、利润、规费和税金。”原建设部《建设工程施工发包与承包价格管理暂行办法》第五条规定：工程价格由成本（直接成本、间接成本）、利润（酬金）和税金构成。二者虽然表述不同，但内涵基本一致。在确定建设工程价款优先受偿的范围时，应当依照上述规定确定。建设工程价款优先受偿权制度的初衷是保护建筑工人的工资权益。但此项保护具有间接性，并非直接保护建筑工人的工资权益，而是以保护承包人的建设工程价款债权为媒介，间接保护建筑工人的合法权益。同时，建设工程价款优先受偿权优先于设立在建设工程之上的抵押权、发包人其他债权人之普通债权，对于交易安全和第三人利益有重大影响。在确定建设工程价款优先受偿权的范围时，需要考虑各方当事人利益的平衡以及弱势群体利益保护与交易安全维护多重价值取向之间如何平衡的问题。《合同法》第二百八十六条明确规定，按照约定发包人应当支付给承包人的价款均可就建设工程折价或者拍卖的价款优先受偿，但在实践中，由于立场不同、价值取向不同，关于建设工程施工合同约定的价款中哪些部分能够就建设工程折价或者拍卖的价款优先受偿的问题，实践和理论上存在争议，主要有以下观点：

第一种观点认为，《合同法》第二百八十六条规定建设工程价款优先受偿权制度的本意是保护建筑工人的合法权益。因此，只有建设工程价款中的劳务成本部分，可就建设工程折价或者拍卖的价款优先受偿。这符合《合同法》的立法本意，也有利于最大限度地维护交易安全。

第二种观点认为，《合同法》第二百八十六条规定建设工程价款优先受偿权制度的本意是保护物化劳务成果，既然承包人投入到建设工程中的物化劳动成果应当优先保护，承包人投入到建设工程中的原材料成本也应优先保护，可就建设工程折价或者拍卖的价款优先受偿。

第三种观点认为，既然承包人投入到建设工程中的劳务成本和原材料成本都予以保护，基于同样的道理，承包人的垫资也应优先保护，可就建设工程折价或者拍卖的价款优先受偿。

第四种观点认为，除利润外，建设工程价款中的人工费、材料费、施工机具使用费、企业管理费、规费和税金都是承包人在建设工程施工过程中要承担的成本和费用，都应优先保护，可就建设工程折价或者拍卖的价款优先受偿。

第五种观点认为，建筑行业是薄利行业，承包人的利润也应优先保护，否则会实质性阻碍建筑行业的发展。而且，建设工程价款的鉴定本身在司法实践中争议很大，耗时费力、成本高昂，如果再对建设工程价款中的利润单独鉴定，成本收益不成正比，没有必要。

第六种观点认为，利息是建设工程价款的法定孳息，除非法律有特别规定或者当事人有特别约定，对本金和利息应当予以同等强度的保护。既然建设工程价款可就建设工程折价或者拍卖的价款优先受偿，则建设工程价款的利息也可就建设工程折价或者拍卖的价款优先受偿。

第七种观点认为，建设工程价款优先受偿权类似于法定抵押权，因此，建设工程价款优先受偿的范围可比照抵押权确定。关于抵押担保的范围，《担保法》第四十六条规定："抵押担保的范围包括主债权及利息、违约金、损害赔偿金和实现抵押权的费用。抵押合同另有约定的，按照约定。"

从比较法的角度看，对于建设工程价款优先受偿的范围，不同国家和地区的规定也不完全相同。总体来看，其他国家和地区确定建设工程价款优先受偿的方式主要有三：一是由法律明确规定；二是由当事人事先登记；三是由法院通过诉讼确认。不同国家和地区采用的方式不尽相同，有的国家或者地区采用其中一种方式，有的国家或者地区采用其中两种方式。其中，《日本民法》第三百二十七条规定，日本民法上的不动产工事先取特权及于"该不动产上施工事所生之费用"。建设工程价款优先受偿的范围为"因承揽关系所生之债权"。同时，日本法律要求该不动产工事先取特权因于工事开始前将其费用之预算额登记而保存其效力。但依《日本民法》第三百零八条第一项之规定，"不动产工事先取特权，其实际工事费用超过其登记之预算额时，该超过部分无先取特权"。日本法上建设工程价款优先受偿的范围依登记范围而确定，法律并不对其具体组成部分作出规定。这种保护方式的优势在于建设工程价款优先受偿权的范围通过足以产生公信力的方式公示，对第三人预期和交易秩序以较好保护。同时，建设工程价款优先受偿的范围可由当事人根据具体情况而定，有一定灵活性。其不足在于，工程价款优先受偿的范围在登记之后发生较大变化的，对登记之外的建设工程价款不能予以优先保护。但是，如果建筑市场环境较为稳定，当事人对将来之建设工程价款范围有较为稳定的预期，这种变化对当事人利益的影响就有限。在美国，经过登记的建设工程价款优先受偿权并不当然取得执行效力。优先受偿权人要行使建设工程价款优先受偿权，需要根据法律规定在法定期限内向法院提起优先受偿权行使之诉，由法院确认建设工程价款优先受偿权的效力以及建设工程价款优先受偿的范围。《美国统一建筑优先权法》第四百零三条规定：优先权申请人超出其实际债权数额主张优先权时，法庭可以宣告其优先权无效，并判令其赔偿由此对业主或者其他利害相关人造成的损失，以及更正优先受偿权登记的费用和合理的律师费用。《法国民法典》第二千三百七十四条第四项规定：建筑施工人首先需要该不动产所在地大审法院依职权指定的鉴定专家事先作成的笔录以确认与所有人宣告拟建的工程有关的现场状况，并且工程完工后最迟 6 个月内由同样依职权指定的鉴定人验收，才能就法律规定范围内的债权对该不动产享有优先权。但是优先权的数额不得超过第二份笔录所确认的价值，并且以转让不动产时已经进行的工程的增加额为限。我国台湾地区“民法”第五百一十三条第一项规定：法定抵押权担保范围为承揽人因承揽关系所生之报酬额，并规定该法定抵押权须由承揽人请求定作人为抵押权之登记或“预为抵押权登记”，故实务上认为实际报酬额超过登记之数额时，该超过登记部分之金额并非抵押权担保效力所及。台湾地区“民法”第五百一十三条修订时将原来规定“承揽人就承揽关系所生之债权”改为“承揽人就承揽关系报酬额”，将担保债权范围予以了缩小。其原因系为配合本条之抵押权登记，且得预为登记之故，若将因承揽关系所生之债权均包括在内，则其债权额于登记时尚不确定，无法登记。

关于建设工程价款优先受偿的范围问题，最高人民法院已经在对下级法院的批复中作出过答复。2002 年 6 月 20 日，最高人民法院公布了《最高人民法院关于建设工程价款优先受偿权问题的批复》。对于建设工程价款优先受偿的范围问题，该批复第三条规定，建筑工程价款包括承包人为建设工程应当支付的工作人员报酬、材料款等实际支出的费用，不包括承包人因发包人违约所造成的损失。有观点认为，限定于“实际支出的费用”，《最高人民法院关于建设工程价款优先受偿权问题的批复》没有以工程造价管理的基本规范为依据，从而导致在司法实践中难以按照司法解释的规定从建设工程价款中区分出直接支出的费用，进而确认优先受偿的债权范围。实践中不少判决都是直接把全部工程款纳入优先受偿的范围。因此，需要进一步明确建设工程价款优先受偿的范围。这一观点具有一定代表性。对于违约造成的损失不属于建设工程价款，实践中并无异议。《最高人民法院关于建设工程价款优先受偿权问题的批复》第三条将建筑工程价款限定为承包人为建设工程应当支付的工作人员报酬、材料款等实际支出的费用，目的是回归《合同法》第二百八十六条设立建设工程价款优先受偿权制度的本意。建设工程价款优先受偿权不仅优先于普通债权，而且优先于抵押权，具有对抗第三人的效力，对发包人的债权人、建设工程的抵押权人和交易安全影响巨大。根据《合同法》第二百八十六条设立建设工程价款优先受偿权制度的本意，将建设工程价款优先受偿的范围限定为承包人为建设工程应当支付的工作人员报酬、材料款等实际支出的费用，有利于进一步平衡各方当事人的权益。从价值取向和法理基础而言，《最高人民法院关于建设工程价款优先受偿权问题的批复》第三条规定是适当的。但本条规定也存在不足，即缺乏可操作性，没有考虑诉讼成本。从建设工程施工合同司法实践来看，要从建设工程价款中计算承包人为建设工程应当支付的工作人员报酬、材料款等实际支出的费用，缺乏可操作性，即使可能，成本也太高。因此，本条批复在司法实践中适用的效果并不太理想。

在起草《建设工程施工合同司法解释（二）》第二十一条的过程中，关于建设工程价款优先受偿范围的问题，争议较大。该条规定也是起草《建设工程施工合同司法解释（二）》时重点研究讨论的条文。《建设工程施工合同司法解释（二）》（征求意见稿）第二十七条规定：“合同法第二百八十六条规定的价款是指承包人就其完成的工程成果所产生的费用，包括直接费、间接费、利润、税金等，不包括承包人因发包人违约所产生的损失。”之后，该条规定又修改为：“承包人建设工程价款优先受偿的范围包括人工费、材料费、施工机具使用费、企业管理费、利润、规费和税金等，但不包括利息、违约金、损害赔偿金等。”可见，之前的方案是根据有关行政主管部门的规定，对可优先受偿的建设工程价款的范围和不可优先受偿的债权都作出详细列举。其中，可优先受偿的建设工程价款包括人工费、材料费、施工机具使用费、企业管理费、利润、规费和税金，或者表述为直接成本、间接成本、利润和税金，二者实质并无本质区别。不可优先受偿的债权包括逾期支付工程价款的利息、违约金、损害赔偿金等因发包人违约所产生的损失。从讨论的情况看，争议最大的是利润、逾期支付建设工程价款的利息、垫资款能否就建设工程折价或者拍卖的价款优先受偿。

第一，关于利润是否可就建设工程折价或者拍卖的价款优先受偿的问题，主要有三种观点。

第一种观点认为，利润可就建设工程折价或者拍卖的价款优先受偿，主要理由是，应当从《合同法》第二百八十六条的立法目的来分析利润是否可就建设工程折价或者拍卖的价款优先受偿的问题。全国人大常委会法制工作委员会认为，《合同法》第二百八十六条的立法目的在于保障承包人建设工程价款债权的实现，不能仅局限于建筑工人的工资。在建设工程施工合同中，承包人的债权就是建设工程价款债权。根据原建设部等有关行政主管部门的规定，建设工程价款的范围有两种计算方式。一种是人工费、材料费、施工机具使用费、企业管理费、利润、规费和税金；另一种是直接费，即直接成本，包括定额直接费（人工费、材料费、施工机械使用费）、其他直接费及现场管理费；间接费（管理员工资、劳动保护费等）；利润和税金。无论按哪种计算方式，利润都属于建设工程价款的组成部分，可就建设工程折价、拍卖的价款优先受偿。

第二种观点认为，利润不可就建设工程折价或者拍卖的价款优先受偿，主要理由如下：一是从理论上讲，优先受偿权的范围不仅不包括承包人的利润，还不应当包括承包人实际支出的材料费、机械费，仅应限于工人的工资。《合同法》第二百八十六条的立法目的在于保护建筑工人的权益，只是通过保障承包人建设工程价款债权的方式来实现保护建筑工人的工资权益的目的。即赋予承包人优先受偿权的依据是保障劳动者的生存权，体现劳动报酬请求权优先于企业的商业利益。只有承包人的劳务成本才能就建设工程折价或者拍卖的价款优先受偿。即使建设工程价款优先受偿权要扩张，也不能扩张至承包人的利润。因为承包人的利润与承包人其他债权人的债权相比没有特殊性。承包人实际支出的材料费是其获得商业利润的成本，此材料费与银行的贷款并无不同，承包人与银行一样，要想获得利润，就面临着成本不能收回的风险。故承包人的利润不应当优先于承包人其他债权人的债权优先受偿，更不应当优先于有抵押担保的债权受偿。二是《最高人民法院关于建设工程价款优先受偿权问题的批复》第三条规定：“建筑工程价款包括承包人为建设工程应当支付的工作人员报酬、材料款等实际支出的费用，不包括承包人因发包人违约所造成的损失。”这一批复基本符合《合同法》第二百八十六条的立法精神，也是长期以来司法实践的惯例，应当继续坚持。三是从价值取向上看，建设工程价款优先受偿权是根据生存和基本生活需要的民事权利重于或优先于其他民事权利的民事权利顺序原则规定的。建设工程承包人的利润，是一种商业利益，而不是用以满足人的生存和基本生活需要的权利，因此不应享有优先受偿权。

第三种观点认为，《最高人民法院关于建设工程价款优先受偿权问题的批复》有利于平衡各方利益，应当从严界定建设工程价款优先受偿的效力范围。该观点认为，应当将承包人能够优先受偿的债权仅限于承包人实际支出的费用，而不包括其应得的利润，同样也不包括承包人因发包人违约所造成的损失。与此同时，也不能把工程价款仅限于工人提供劳务形成的工资价款，这种理解同样是片面的。首先，司法解释已明确了工程价款的范围，仅仅将工程价款中承包人的利润和损失排除在外，故应以此为准；其次，对施工企业工人的生存权的保护也不应仅仅局限于工资，如若这样，施工企业的大量材料款、机械使用费等就得不到保障，则企业难以生存和发展，从长远看也将实质上损害施工企业人员的生存权。此外，从外国立法例来看，其优先受偿权的范围也非仅限于工人的工资。

经反复研究讨论，最终选择了第一种观点，将承包人的利润作为建设工程价款的组成部分，可就建设工程折价或者拍卖的价款优先受偿。主要基于以下考虑：一是从实践看，无论是建设工程造价鉴定还是当事人对建设工程价款的约定，都将利润作为建设工程价款的一部分。例如，住建部、财政部印发的《建筑安装工程费用项目组成》第一条第一款规定：“建筑安装工程费用项目按费用构成要素组成划分为人工费、材料费、施工机具使用费、企业管理费、利润、规费和税金。”原建设部《建设工程施工发包与承包价格管理暂行规定》规定，建设工程价款包括三部分：成本（直接成本、间接成本）、利润和税金。二是由于建设工程的项目多、周期长，工程价款计算方式较为特殊，要从建设工程价款中区分出利润未必可行，成本太高，而且根据不同计算方式和依据，结果也不相同。例如，2016 年 2 月 19 日住房城乡建设部办公厅《关于做好建筑业营改增建设工程计价依据调整准备工作的通知》规定，工程造价可按以下公式计算：工

程造价 = 税前工程造价乘以（1 + 11%），税前工程造价为人工费、材料费、施工机具使用费、企业管理费、利润和规费之和。然而，如果按 2013 年版《建设工程工程量清单计价规范》计算工程款，利润就不易确定。该规范涉及工程造价的规定如下：3.1.1 建设工程施工发承包造价由分部分项工程费、措施项目费、其他项目费、规费和税金组成。3.1.2 分部分项工程和措施项目清单应采用综合单价计价。3.1.3 招标工程量清单标明的工程量是投标人投标报价的共同基础，竣工结算的工程量按发承包双方在合同中的约定应予计量且实际完成的工程量确定。在这一计算模式下，合同价款并不包含法定的利润，也没有定额的利润率，承包人的利润来自分部分项工程费、措施项目费、其他项目费等竞争性费用，企业通过有效管理，降低工程承包和管理费开支，以获取利润。在建设工程施工合同纠纷中，仅建设工程造价鉴定一项就引起了大量争议，增加了诉讼的时间成本和经济成本，如果再在建设工程造价鉴定之外增加建设工程成本鉴定，势必进一步引发纠纷、增加诉讼成本和当事人诉累，弊大于利。三是建筑行业属于薄利行业，行业整体利润水平不高，建设工程施工企业在建筑市场中处于相对弱势地位，如果对建设工程施工的利润不予较强的保护，会阻碍建筑行业发展。四是《合同法》第二百八十六条通过赋予承包人建设工程价款优先受偿权来达到保护建筑工人合法权益的目的。但《合同法》第二百八十六条对建筑工人权益的保护具有间接性。因为发包人并不是将承包人的劳务成本单独支付给承包人，承包人再将这一部分建设工程价款全部支付给建筑工人。如果对承包人应得的全部工程价款不予优先保护，就会导致承包人的资产负债状况恶化，会造成承包人发不出工资，从而影响建筑工人的合法权益。因此，对承包人的利润以优先保护，符合《合同法》第二百八十六条的立法精神。

第二，关于建设工程价款的利息可否就建设工程折价或者拍卖的价款优先受偿的问题，实践中有正反两种观点。

第一种观点认为，建设工程价款的利息不能就建设工程折价或者拍卖的价款优先受偿，主要理由如下：一是利息不属于建设工程价款，而且《合同法》第二百八十六条规定的工程价款也并不包括利息。现行《建设工程工程量清单计价规范》也未将利息列为工程价款组成部分。二是利息不属于承包人为建设工程实际支出费用。利息并未实际投入施工生产作业，也未物化于工程本身，并不影响工程价值。三是建设工程价款优先受偿权是对承包人建设工程价款的特别保护，其效力优先于抵押权等权利，对抵押权人、发包人及其他债权人利益影响巨大，不宜过度扩大其适用范围。四是本条规定已经将利润作为工程价款一部分，赋予其可就建设工程折价或者拍卖的价款优先受偿的效力，已经偏向于承包人一方，在利息的保护上，应倾向于保护抵押权人、发包人及其他债权人等人的权益和交易安全，以实现各方当事人权利的平衡。第二种观点认为，建设工程价款的利息可就建设工程折价或者拍卖的价款优先受偿，主要理由是，利息不同于承包人其他损失，是建设工程价款的法定孳息。民法上，若无特别规定或者约定，利息与本金视为一体，应予同等保护。既然建设工程价款可就建设工程折价或者拍卖的价款优先受偿，那么建设工程价款的利息应与工程价款视为一体，同样能就建设工程折价或者拍卖的价款优先受偿。

《建设工程施工合同司法解释（二）》最终选择了前一种方案，规定承包人就逾期支付工程价款的利息主张优先受偿的，人民法院不予支持，主要是基于利益平衡的考量。建设工程价款优先受偿权不仅对发包人的利益影响巨大，对抵押权人、发包人其他债权人的利益以及交易安全也有较大影响。在坚持《合同法》第二百八十六条规定的立法精神的同时，也应做好各方当事人的利益平衡。既然为了保护建筑工人的工资利益，从减少诉讼成本和便于操作的角度出发，且已经将承包人的利润纳入建设工程价款优先受偿权的保护范围，不宜再将逾期支付工程价款的利息再纳入建设工程价款优先受偿权的保护范围。

第三，关于承包人的垫资是否属于建设工程价款优先受偿的范围的问题，也是司法实践中争议较大的问题，主要有三种观点。

第一种观点认为，工程垫资违反了原建设部、原国家计委、财政部 1996 年发布的《关于严格禁止在工程建设中带资承包的通知》，因此垫资是一种违法行为。《合同法》第五十八条规定：“合同无效或者被撤销后，因该合同取得的财产，应当予以返还；不能返还或者没有必要返还的，应当折价补偿。有过错的一方应当赔偿对方因此所受到的损失，双方都有过错的，应当各自承担相应的责任。”因此，垫资协议被认定无效后，发包人应当向承包人返还垫资款及利息。一方面，承包人此项债权不属于建设工程价款债权，故不应当就建设工程折价或者拍卖的价款优先受偿。另一方面，如果允许垫资款就建设工程折价或者拍卖的价款优先受偿，会形成不良的导向，让人误以为人民法院允许或者鼓励垫资行为。

第二种观点认为，建设工程施工垫资款可就建设工程折价或者拍卖的价款优先受偿，主要理由如下：一是在建筑市场上，垫资施工是较为常见的情况。由于发包人与承包人在建筑市场上的地位不平等，承包人如果不垫资施工，往往很难承揽到工程。因此，是否垫资施工的决定权不在承包人一方，而在发包人一方，不对垫资款优先保护，无助于减少垫资施工现象，只会让承包人处于更为不公平的境地。二是垫资行为并非必然无效。《民法总则》第十条规定："处理民事纠纷，应当依照法律；法律没有规定的，可以适用习惯，但是不得违背公序良俗。"垫资施工是建筑市场的行业习惯，应予尊重。《民法总则》第一百五十三条第一款规定："违反法律、行政法规的强制性规定的民事法律行为无效，但是该强制性规定不导致该民事法律行为无效的除外。"根据《合同法》第五十二条的规定，违反法律、行政法规的强制性规定的合同无效。原建设部、原国家计委、财政部 1996 年发布的《关于严格禁止在工程建设中带资承包的通知》不属于法律或者行政法规。因此，垫资行为虽然违反该规定，但不宜据此认定垫资行为无效。而且，《民间借贷司法解释》放宽了对企业间借贷的限制。垫资行为不宜一律认定无效。三是在建设工程施工过程中，承包人的垫资是其实际付出的成本，与劳务成本等一样，应当同等保护。而且，承包人的垫资已经物化到了建设工程之中，形成建筑物的一部分，应当予以保护。四是承包人在建筑市场上处于弱势地位，发包人要求其垫资施工，本就不公平。如果对其返还垫资的请求权不予以优先保护，有违法律的公平原则。五是建筑施工企业是劳动密集型企业，缺乏资金。在承包人垫资施工后，资产负债情况和流动性情况很可能会恶化，如果不对垫资款以优先保护，可能会导致承包人经营状况恶化，最终会损害建筑工人的利益。

第三种观点认为，对于承包人垫付的资金确实已经物化到建设工程的，应该纳入《合同法》第二百八十六条所称的"工程价款"的范围，并优先获得受偿。因为，在建设市场中，尽管有 1996 年 6 月原建设部、原国家计委、财政部联合禁止工程建设者带资承包的规定，但垫资现象非常普遍。由此，对垫资形成的债权的性质、应否加以保护以及如何保护等问题一直存有争议。最高人民法院曾有判例就以垫资的约定违反了反不正当竞争的法律规定为由认定垫资约定无效。但目前的司法实践基本达成共识，不再以三部委的上述规定来确认该垫资约定无效，《建设工程施工合同司法解释》第六条第一款明确规定：“当事人对垫资和垫资利息有约定，承包人请求按照约定返还垫资及其利息的，应予支持，但是约定的利息计算标准高于中国人民银行发布的同期同类贷款利率的部分除外。”该条第二款规定：“当事人对垫资没有约定的，按照工程欠款处理。”由此可见，无论当事人对于垫资有无约定，垫资形成的债权都是受保护的。对垫资和垫资利息是否可以纳入建设工程价款优先受偿的范围，应具体分析。从本质上看，垫资就是承包人代为支付了本应由发包人预付的工程款，该款项与承包人实际支付的费用是一样的。因此，承包人的垫资属于应予优先受偿的工程价款的范围，而没有理由将其排除在外。但是，以下两种情况下的“垫资”则不在优先受偿权的保护之列，一种情况是承包人虽然垫付了资金，但实际上并未用于工程建设，这种情况属于名为垫资实为借贷的行为，不能依《合同法》第二百八十六条受到优先保护；另一种情况是合同约定承包人垫付一定的建设资金，同时分配一定的房屋，这种情况实际上是承包人的投资行为，也不能受优先受偿权的保护。此外，对于垫资利息，有约定的属于利息的范畴，没有约定的属于损失的范畴，均不属于优先受偿的范围。

《建设工程施工合同司法解释（二）》未对垫资款是否可就建设工程折价或者拍卖的价款优先受偿的问题作明确规定。主要基于以下考虑：一是原建设部、原国家计委、财政部 1996 年发布的《关于严格禁止在工程建设中带资承包的通知》禁止垫资施工，不宜提倡。2019 年 7 月 1 日起施行的《政府投资条例》亦明确规定，政府投资项目不得由施工单位垫资建设。二是本条解释已经规定承包人建设工程价款优先受偿的范围依照国务院有关行政主管部门关于建设工程价款范围的规定确定。即有关行政主管部门规定的全部建设工程价款都可就建设工程折价或者拍卖的价款优先受偿，而发包人应付的建设工程价款足以补偿承包人的垫资。三是实践中的情况较为复杂。即使承包人垫资施工，但如果其完成的建设工程质量不合格，承包人也可能无权请求发包人支付建设工程价款。这种情况下，对承包人的垫资就不宜优先保护。

第四，关于发包人应向承包人支付的违约金、损害赔偿金等能否就建设工程折价或者拍卖的价款优先受偿的问题，在实践中争议不大。有观点认为应将建设工程价款优先受偿权视为法定抵押权，而关于抵押担保的范围《担保法》第四十六条规定：“抵押担保的范围包括主债权及利息、违约金、损害赔偿金和实现抵押权的费用。抵押合同另有约定的，按照约定。”在起草《建设工程施工合同司法解释（二）》过程中，多数意见认为违约金、损害赔偿金等不能就建设工程折价或者拍卖的价款优先受偿。主要理由是，《合同法》第二百八十六条规定的是建设工程的价款可就建设工程折价或者拍卖的价款优先受偿，但违约金、损害赔偿金都不属于建设工程的价款。而且违约金、损害赔偿金与普通债权没有本质区别，对于保护建筑工人的利益也没有特别意义。建设工程价款优先受偿权不同于抵押权，不宜参照适用《担保法》第四十六条规定。因此，承包人就违约金、损害赔偿金等主张优先受偿的，人民法院不应予以支持。

此外，发包人从建设工程价款中预扣的工程质量保证金，实质上属于建设工程价款的一部分，可就建设工程折价或者拍卖的价款优先受偿。在建设工程施工合同中，为了确保工程质量，发包人通常会要求承包人支付工程质量保证金。实践中，发包人与承包人签订建设工程施工合同时，多会约定发包人有权从应付工程款中扣留一部分作为工程质量保证金。在合同约定或者法律规定的缺陷责任期届满后未发现质量问题的，发包人再向承包人返还该笔建设工程质量保证金。对于发包人未支付的充抵质量保证金的部分工程价款能否行使优先受偿权的问题，实践中存在争议。有观点认为，根据建筑领域的行业习惯，工程价款一般包括工程预付款，工程进度款，履约过程中因支付各种费用、顺延工期、赔偿损失获得发包人确认的签证款，工程完成后的结算款，期满应返还的履约保证金等担保性质的工程价款。由于期满应返还的履约保证金是工程价款的一部分，因此，应属于优先受偿权的效力范围。另有观点认为，履约保证金与违约金类似，是发包人与承包人之间就合同履行所约定的担保措施和制裁措施，这两种债权既不涉及建筑工人的工资权益，又与建筑物自身价值没有紧密联系，因此，不应被纳入建筑工程优先受偿权的效力范围中。由于工程质量保证金本应由承包人于工程款之外以自有资金另行支付，在其与发包人约定以工程价款的一部分抵作质量保证金之后，虽然表面上看，该笔钱款是工程价款的一部分，但实际上是以该部分工程款由发包人预先支付并转为承包人的工程质量保证金，该种性质的转变，已经使得该笔款项不再是工程价款，而是作为发包人与承包人协商确定用以担保工程施工质量的保证金了。在这种情况下，当然就不能再将其作为承包人的工程款纳入优先受偿的效力范围。第一种观点更具有合理性。建设工程质量保证金虽有建设工程质量瑕疵担保作用，但这并不影响其作为建设工程价款一部分的本质。从某种意义上讲，返还建设工程价款中预扣的工程质量保证金可视为附条件的工程价款支付义务。在建设工程质量合格的情况下，发包人应当向承包人支付全部建设工程价款。考察建设工程质量是否合格的期限即为合同约定或者法律规定的缺陷责任期。因此，发包人从建设工程价款中预扣的工程质量保证金，可就建设工程折价或者拍卖的价款优先受偿。

再者，实现建设工程价款优先受偿权的费用不能就建设工程折价或者拍卖的价款优先受偿。实践中，对实现建设工程价款优先受偿权的费用能否就建设工程折价或者拍卖的价款优先受偿的问题存在争议。有观点认为，实现建设工程价款优先受偿权的费用不能就建设工程折价或者拍卖的价款优先受偿。理由是，此项费用是在实现优先权的过程中形成的，不是建设工程款的组成部分，不属于建设工程价款，根据《合同法》第二百八十六条的规定，不能就建设工程折价或者拍卖的价款优先受偿。另有观点认为，建设工程价款优先受偿权应视为法定抵押权，《担保法》第四十六条规定："抵押担保的范围包括主债权及利息、违约金、损害赔偿金和实现抵押权的费用。抵押合同另有约定的，按照约定。"根据该条规定的精神，实现建设工程价款优先受偿权的费用也能就建设工程折价或者拍卖的价款优先受偿。第一种观点具有合理性。一方面，从《合同法》第二百八十六条的文义理解，建设工程的价款可就建设工程折价或者拍卖的价款优先受偿，实现建设工程价款优先受偿权的费用显然不属于建设工程价款。另一方面，《建设工程施工合同司法解释（二）》第二十一条规定在确定建设工程价款优先受偿权的范围时，将承包人的利润纳入保护范围，利益的天平已经倾向于承包人一方。而建设工程价款优先受偿权对抵押权人等第三人、交易安全、社会关系的安定性均有较大影响，因此，不宜将其保护范围再扩大。

080

建设工程价款优先受偿权的除斥期间如何计算

《最高人民法院关于建设工程价款优先受偿权问题的批复》第四条规定，行使建设工程价款优先受偿权的期间自建设工程竣工之日或者建设工程合同约定的竣工之日起计算六个月。该条规定在实践中适用的效果并不理想，主要原因是没有考虑到从建设工程竣工到验收合格再到完成建设工程价款结算需要一定时间。实践中建设工程竣工验收和工程价款结算都是争议较大的问题，所耗费的时间也较长。这也导致上述规定缺乏可操作性，可能会导致承包人的建设工程价款优先受偿权实质上落空。在履行建设工程合同过程中，建设工程竣工后，还需要发包人组织各方当事人进行验收，如果验收不合格，则需由承包人对不合格工程进行修复。如果建设工程经竣工验收合格或者修复后经验收合格，则需要发包人与承包人进行结算。结算的方式既可以是双方依据合同约定和实际施工情况进行对账，也可能是依合同约定由相关审计单位进行审计，或者由发包人和承包人共同委托的专业机构或者人员就建设工程价款出具咨询意见，作为双方结算的依据。只有在确定建设工程价款数额之后，承包人才能行使建设工程价款优先受偿权。

以建筑市场上最常见的住建部和原国家工商行政管理总局制定的《建设工程施工合同（示范文本）》（GF－2017－0201）为例。该示范文本通用合同条款第 13.2.2 项对竣工验收程序作了约定："除专用合同条款另有约定外，承包人申请竣工验收的，应当按照以下程序进行：（1）承包人向监理人报送竣工验收申请报告，监理人应在收到竣工验收申请报告后 14 天内完成审查并报送发包人。监理人审查后认为尚不具备验收条件的，应通知承包人在竣工验收前承包人还需完成的工作内容，承包人应在完成监理人通知的全部工作内容后，再次提交竣工验收申请报告。（2）监理人审查后认为已具备竣工验收条件的，应将竣工验收申请报告提交发包人，发包人应在收到经监理人审核的竣工验收申请报告后 28 天内审批完毕并组织监理人、承包人、设计人等相关单位完成竣工验收。（3）竣工验收合格的，发包人应在验收合格后 14 天内向承包人签发工程接收证书。

发包人无正当理由逾期不颁发工程接收证书的，自验收合格后第 15 天起视为已颁发工程接收证书。（4）竣工验收不合格的，监理人应按照验收意见发出指示，要求承包人对不合格工程返工、修复或采取其他补救措施，由此增加的费用和（或）延误的工期由承包人承担。承包人在完成不合格工程的返工、修复或采取其他补救措施后，应重新提交竣工验收申请报告，并按本项约定的程序重新进行验收。（5）工程未经验收或验收不合格，发包人擅自使用的，应在转移占有工程后 7 天内向承包人颁发工程接收证书；发包人无正当理由逾期不颁发工程接收证书的，自转移占有后第 15 天起视为已颁发工程接收证书。”依据该项约定，即使在最顺利的情况下，从承包人向监理人报送竣工验收申请报告到发包人组织监理人、承包人、设计人等相关单位完成竣工验收也可能会花费 42 天（28 天 + 14 天）时间。关于竣工结算，该示范文本第 14. 1 款约定：“除专用合同条款另有约定外，承包人应在工程竣工验收合格后 28 天内向发包人和监理人提交竣工结算申请单，并提交完整的结算资料，有关竣工结算申请单的资料清单和份数等要求由合同当事人在专用合同条款中约定。”第 14. 2 款约定：“（1）除专用合同条款另有约定外，监理人应在收到竣工结算申请单后 14 天内完成核查并报送发包人。发包人应在收到监理人提交的经审核的竣工结算申请单后 14 天内完成审批，并由监理人向承包人签发经发包人签认的竣工付款证书。监理人或发包人对竣工结算申请单有异议的，有权要求承包人进行修正和提供补充资料，承包人应提交修正后的竣工结算申请单。发包人在收到承包人提交竣工结算申请书后 28 天内未完成审批且未提出异议的，视为发包人认可承包人提交的竣工结算申请单，并自发包人收到承包人提交的竣工结算申请单后第 29 天起视为已签发竣工付款证书。（2）除专用合同条款另有约定外，发包人应在签发竣工付款证书后的 14 天内，完成对承包人的竣工付款。发包人逾期支付的，按照中国人民银行发布的同期同类贷款基准利率支付违约金；逾期支付超过 56 天的，按照中国人民银行发布的同期同类贷款基准利率的两倍支付违约金。（3）承包人对发包人签认的竣工付款证书有异议的，对于有异议部分应在收到发包人签认的竣工付款证书后 7 天内提出异议，并由合同当事人按照专用合同条款约定的方式和程序进行复核，或按照第 20 条〔争议解决〕约定处理。对于无异议部分，发包人应签发临时竣工付款证书，并按本款第（2）项完成付款。承包人逾期未提出异议的，视为认可发包人的审批结果。”依据上述约定，同样在最顺利的情况下，从建设工程竣工验收合格到发包人应向承包人支付工程款之日，可能将花费70天（28天+14天+14天+14天）的时间。上述时间都是在最顺利的情况下所需花费的时间，但实践中建设工程竣工验收和建设工程竣工结算都是争议最多的领域。从起诉到人民法院的建设工程施工合同纠纷案件的情况看，多数争议工程都没有完成竣工验收和竣工结算程序，多数争议都是围绕建设工程质量是否合格和发包人是否欠付建设工程价款和欠付数额展开。如果按照《最高人民法院关于建设工程价款优先受偿权问题的批复》第四条规定，行使建设工程价款优先受偿权的期间自建设工程竣工之日或者建设工程合同约定的竣工之日起计算6个月，则很多建设工程付款条件尚未成就，承包人所享有的建设工程价款优先受偿权除斥期间已经届满。这将会导致承包人的建设工程价款优先受偿权落空。

此外，实践中有的建设工程并未竣工，发包人或者承包人就已经解除建设工程施工合同，或者虽未解除合同但因一方当事人违约，合同已无继续履行的可能。这种情况下，如果承包人已完成的建设工程质量合格，其有权请求发包人支付建设工程价款。同时，根据《建设工程施工合同司法解释（二）》第二十条规定，未竣工的建设工程质量合格，承包人请求其承建工程的价款就其承建工程部分折价或者拍卖的价款优先受偿的，人民法院应予支持。由于建设工程未竣工，如果仍按《最高人民法院关于建设工程价款优先受偿权问题的批复》第四条规定，承包人行使建设工程价款优先受偿权的期间自建设工程竣工之日或者建设工程合同约定的竣工之日起计算六个月，也会为承包人行使建设工程价款优先受偿权造成困难。

《最高人民法院关于建设工程价款优先受偿权问题的批复》第四条规定在实践中引起了两点争议：一是建设工程承包人行使优先权的期限为六个月是否合理；二是自建设工程竣工之日或者建设工程合同约定的竣工之日起计算建设工程价款优先受偿权的期间是否合理。针对上述问题，《建设工程施工合同司法解释（二）》（征求意见稿）第三十四条提出两种方案，方案一是：“承包人行使优先受偿权的期限为一年，自承包人催告发包人给付工程价款期间届满之日起算；承包人未履行催告义务的，以发包人应当给付工程价款之日起算。”方案二是：“承包人行使优先受偿权期限为六个月，自发包人应当给付工程价款之日起算。”

这两种方案的出发点是相同的，即依据《最高人民法院关于建设工程价款优先受偿权问题的批复》第四条规定，建设工程承包人行使优先权的期限自建设工程竣工之日或者建设工程合同约定的竣工之日起计算六个月，不足以保护承包人的权利，需要延长。方案一是在不改变建设工程价款优先受偿权除斥期间起算点的情况下延长期限。方案二是在不改变建设工程价款优先受偿权除斥期间期限长短的情况下延后除斥期间的起算点。后经讨论，考虑到六个月的除斥期间在司法实践中已经适用相当长一段时间，为保持司法政策的连续性，不宜改变建设工程价款优先受偿权除斥期间长度，只需将起算时点延后至发包人应付工程款之时。据此，《建设工程施工合同司法解释（二）》第二十二条规定："承包人行使建设工程价款优先受偿权的期限为六个月，自发包人应当给付建设工程价款之日起算。"在理解和适用本条解释时，应注意以下两点：

第一，应准确认定建设工程价款优先受偿权除斥期间的起算点。根据《建设工程施工合同司法解释（二）》第二十二条规定，建设工程价款优先受偿权除斥期间的起算点是发包人应当给付建设工程价款之日，但实践中发包人应当给付建设工程价款之日往往也是争议焦点。在起草《建设工程施工合同司法解释（二）》第二十二条规定时，曾试图对发包人应当给付建设工程价款之日进行类型化，并逐一作出明确规定。几经尝试，最后发现每个方案都难免挂一漏万，不规定比规定的效果更好。最终决定这一问题不在司法解释中作统一规定，交由法官在个案中根据个案情况进行判断。实践中，在认定建设工程价款优先受偿权除斥期间的起算点时，应注意以下几个问题。

一是《建设工程施工合同司法解释（二）》第二十二条规定与《建设工程施工合同司法解释》第十八条规定的关系。《建设工程施工合同司法解释》第十八条规定："利息从应付工程价款之日计付。当事人对付款时间没有约定或者约定不明的，下列时间视为应付款时间：（一）建设工程已实际交付的，为交付之日；（二）建设工程没有交付的，为提交竣工结算文件之日；（三）建设工程未交付，工程价款也未结算的，为当事人起诉之日。"如果当事人对发包人应支付建设工程价款的时间作了明确约定，且合同约定的付款条款已经成就，则按建设工程施工合同的约定确定应付工程款之日即可。实际上，由于建设工程施工合同履行期限长，受到的影响因素多，发包人在签订建设工程施工合同时又会尽量压缩工期，并在付款时间和付款条件等方面争取有利的合同条款，发包人和承包人严格按照建设工程施工合同约定期限履行各自义务的情况并不常见。不仅当事人对付款时间没有约定或者约定不明的情况下难以确定付款时间，即使在当事人对付款时间有明确约定的情况下，由于双方当事人对是否达到合同约定的付款条件、是因谁的原因导致未达到合同约定的付款条件、发包人迟延付款是行使抗辩权还是违约等问题存在争议，要对发包人应付工程款的时间作出正确判断亦非易事。有时，需要结合其他案情对发包人应付工程款时间作出推定。《建设工程施工合同司法解释》第十八条的三项规定实际上是对发包人应付工程款时间的推定。由于该条要解决的是利息计算问题，而利息计算的期限利益在承包人一方，因此，本条解释考虑了发包人存在过错的情况下对承包人作有利推定。例如，第一项规定建设工程已实际交付的，为交付之日，主要就是解决实践中发包人利用其优势地位，一方面占用已完工建设工程，另一方面又拖欠承包人建设工程价款的问题。第二项规定，建设工程没有交付的，为提交竣工结算文件之日，主要针对的也是承包人提交竣工结算文件之后，发包人拖延审核的情况。一般情况下，从承包人提交竣工结算文件到发包人审核结算文件，再到发包人应向承包人支付工程款之日都有一定期限。只是为惩罚发包人拖延审核结算文件的行为，法院不再保护其期限利益。但在认定建设工程价款优先受偿权除斥期间的起算点时，发包人存在过错的情况下，要作对承包人有利的推定，就不应当将发包人应付工程款的起算时间点提前，而是应当推迟。这样才不至于因发包人过错而导致承包人建设工程价款优先受偿权除斥期间提前到期。因此，这两条规定不能简单类比。

二是建设工程价款优先受偿权除斥期间的起算点是发包人应当支付除建设工程质量保证金外的全部建设工程价款之日，而非应支付工程进度款之日。建设工程施工合同中，当事人通常会对多种建设工程价款作出约定，例如预算工程价款、工程进度款、竣工价款、工程质量保修金等。其中最常见的是关于建设工程进度款、全部建设工程价款和建设工程质量保证金支付时间的约定。首先，发包人应当支付建设工程进度款的时间不应当作为建设工程价款优先受偿权除斥期间的起算点。根据《合同法》第二百八十六条规定，承包人行使建设工程价款优先受偿权的方式是与发包人协议将该工程折价，或者申请人民法院将该工程依法拍卖。如果建设工程施工正在进行之中，即使发包人欠付承包人的建设工程进度款，也无法与发包人协议将该工程折价，或者申请人民法院将该工程依法拍卖，并以工程折价或者拍卖的价款优先清偿建设工程进度款。此外，建设工程质量保证金应自当事人约定或者法律规定的建设工程缺陷责任期届满之时才能支付，也不应当以建设工程缺陷责任期届满之日作为建设工程价款优先受偿权除斥期间的起算点。因为这会导致建设工程价款优先受偿权长期处于未行使但可行使的状态，不仅影响交易安全和第三人利益，也会妨碍建设工程效用的发挥。

三是当事人变更建设工程价款支付时间的情况下，如何认定建设工程价款优先受偿权除斥期间的起算点。实践中，影响建设工程价款支付时间的因素非常多，其中最常见的原因就是工期延误。工期延误必然导致建设工程竣工验收和竣工结算时间往后顺延。实践中导致工期延误的原因很多，既可能是发包人原因也可能是承包人原因，还可能是不可抗力、市场环境变化和气候异常等原因。更常见的是多因一果，多重原因导致了建设工程工期延误。如果确因双方原因或者客观情况导致发包人不能按建设工程施工合同约定的期限支付建设工程价款，双方另行协商变更建设工程价款支付时间的，除非双方当事人恶意延长建设工程价款支付期限以损害抵押权人、发包人的其他债权人为目的，应当以发包人和承包人协商变更后的建设工程价款支付时间为建设工程价款优先受偿权除斥期间的起算点。

第二，《建设工程施工合同司法解释（二）》第二十二条规定的承包人行使建设工程价款优先受偿权的期限为建设工程价款优先受偿权的除斥期间，为不变期间。关于建设工程价款优先受偿权保护期间的性质，实践中存在争议。有观点认为该期限为特殊诉讼时效，应参照适用诉讼时效期间中止、中断和延长的规定。主要理由是，建设工程价款优先受偿权在性质上属于一种法定抵押权。《物权法》第二百零二条规定："抵押权人应当在主债权诉讼时效期间行使抵押权；未行使的，人民法院不予保护。"依据该条规定，抵押权人行使抵押权的期限为主债权的诉讼时效期间。另有观点则认为，建设工程价款优先受偿权类似于他物权，可以参照适用担保物权或其他优先权行使期限的规定，即将建设工程价款优先受偿权的行使期限理解为除斥期间。对于这一问题，最高人民法院（2007）执他字第 11 号函复记载，建设工程价款优先受偿权是一种法定优先权，无需当事人另行予以明示。最高人民法院《关于建设工程价款优先受偿权问题的批复》第 4 条明确规定，建设工程承包人行使优先权的期限为 6 个月，依据该条规定，建设工程承包人行使优先权的期限为6个月，且为不变期间，不存在中止、中断或延长的情形。在制定《建设工程施工合同司法解释（二）》的过程中，对于第二十二条规定的承包人行使建设工程价款优先受偿权的期限为建设工程价款优先受偿权的除斥期间的问题，并无太大争议。

081

建设工程价款优先受偿权可通过哪些方式行使

关于承包人应当以何种方式行使建设工程价款优先受偿权的问题，实践中存在争议，主要有以下几种观点：第一种观点认为，承包人应当通过诉讼的方式行使建设工程价款优先受偿权。主要理由是，承包人是否享有建设工程价款优先受偿权、在多大范围内行使建设工程价款优先受偿权、行使权利时是否超出了规定的除斥期间等问题都应当由人民法院作出认定。如果承包人不通过诉讼的方式行使建设工程价款优先受偿权，上述争议无法解决。第二种观点认为，诉讼不是承包人行使建设工程价款优先受偿权的唯一方式。承包人不仅可以通过诉讼的方式行使建设工程价款优先受偿权，还可以通过与发包人协商折价的方式行使建设工程价款优先受偿权。《合同法》第二百八十六条规定："发包人未按照约定支付价款的，承包人可以催告发包人在合理期限内支付价款。发包人逾期不支付的，除按照建设工程的性质不宜折价、拍卖的以外，承包人可以与发包人协议将该工程折价，也可以申请人民法院将该工程依法拍卖。建设工程的价款就该工程折价或者拍卖的价款优先受偿。"依据该条规定，承包人行使建设工程价款优先受偿权的方式有二：一是与发包人协议将该工程折价，二是申请人民法院将该工程依法拍卖。将承包人行使建设工程价款优先受偿权的方式限定为诉讼方式，与《合同法》第二百八十六条规定不符。第三种观点认为，承包人不应当以诉讼的方式行使建设工程价款优先受偿权。根据《合同法》第二百八十六条规定，承包人可以与发包人协议将该工程折价，也可以申请人民法院将该工程依法拍卖，其建设工程的价款债权可就该工程折价或者拍卖的价款优先受偿。该条所规定的申请人民法院将该工程依法拍卖不属于普通的民事诉讼，而是一种特殊救济程序，类似于申请人民法院强制执行公证债权文书一样，属于非诉程序。上述观点中，第二种观点具有合理性。第一种观点与《合同法》第二百八十六条规定不符，缺乏法律依据。第三种观点过于机械，也没有诉讼法上的依据。

实践中的情况更加复杂，承包人行使建设工程价款优先受偿权的方式也更加多样。例如，承包人在发现发包人其他债权人或者抵押权人申请对建设工程进行强制执行时，向执行法院主张其对建设工程享有建设工程价款优先受偿权的，也属于承包人行使建设工程价款优先受偿权的合理方式。《最高人民法院关于建设工程价款优先受偿权问题的批复》第一条规定："人民法院在审理房地产纠纷案件和办理执行案件中，应当依照《中华人民共和国合同法》第二百八十六条的规定，认定建筑工程的承包人的优先受偿权优于抵押权和其他债权。"这里需要注意的是，承包人在行使建设工程价款优先受偿权之前，发现发包人其他债权人或者抵押权人申请对建设工程进行强制执行，并认为人民法院的强制执行行为损害其权利的情况下，是否有权提起执行异议和执行异议之诉，其所享有的建设工程价款优先受偿权能否阻却人民法院强制执行。从效力的优先等级看，依据《最高人民法院关于建设工程价款优先受偿权问题的批复》第一条规定，建设工程价款优先受偿权的效力优先于设立在建设工程上的抵押权和发包人其他债权人所享有的普通债权。人民法院的强制执行行为也确实会对承包人的建设工程价款优先受偿权产生影响。承包人能否提起执行异议之诉仍取决于强制执行行为的内容。如果执行法院强制执行的内容仅是对建设工程进行拍卖，承包人所享有的建设工程价款优先受偿权不能阻却执行法院的强制执行行为。因为承包人行使建设工程价款优先受偿权也需要申请人民法院对建设工程进行拍卖。而且如果拍卖所得的价款超过发包人欠付承包人建设工程价款的情况下，抵押权人或者发包人的其他债权人仍可就剩余的拍卖价款获得清偿。如果执行法院的强制执行行为是利用拍卖价款对抵押权人或者发包人的其他债权人进行清偿的行为，却未提前清偿承包人的建设工程价款债权或者在发包人欠付承包人建设工程价款范围内进行提存的，承包人所享有的建设工程价款优先受偿权就能够阻却人民法院的强制执行行为。如果人民法院经审查认为应当优先保护承包人的建设工程价款优先受偿权的，就应当先以拍卖所得价款清偿发包人欠付承包人的建设工程价款或者进行提存，剩余部分再用于清偿抵押权人或者其他债权人。

082

承包人承诺放弃建设工程价款优先受偿权的行为是否有效

建设工程价款优先受偿权是较为特殊的民事权利。关于建设工程价款优先受偿权是否可由发包人承诺放弃的问题，实践中存在争议。一方面，依民法法理，如果不违反法律的禁止性规定和社会公序良俗，民事权利主体有权自由处分其财产权利，包括放弃财产权利或者限制该财产权利。如果民事主体放弃或者限制财产权利的行为损害第三人利益的，对第三人不发生效力。另一方面，建设工程价款优先受偿权属于法定权利，《合同法》第二百八十六条赋予承包人此项权利，目的是为保护建筑工人的利益。因此，承包人对该项权利的处分不能违背《合同法》第二百八十六条的立法宗旨，不能损害农民工等建筑工人的权益。这里较为特殊的是，农民工等建筑工人对建设工程价款和建设工程并不享有直接利益，既不享有物权，也不享有债权。发包人与承包人约定放弃或者限制建设工程价款优先受偿权，可能不会直接损害农民工等建筑工人的利益。但是，农民工等建筑工人根据承包人的要求完成建设工程，将自己的劳务投入建设工程之中，虽不对建设工程价款或者建设工程享有权利，但对承包人享有劳动报酬给付请求权。承包人放弃或者被限制其建设工程价款优先受偿权，可能会减少其责任财产，使其资产负债表恶化，从而导致不能向建筑工人支付劳动报酬，损害农民工等建筑工人的工资权益。同时，在建筑市场上，相对于承包人，发包人和发包人的债权人尤其是商业银行处于强势地位。双方缔约地位不平等，导致了实践中发包人和发包人的债权人通过与承包人签订协议或者由承包人作出单方允诺等方式，让承包人放弃建设工程价款优先受偿权或者限制建设工程价款优先受偿权的行使。例如，有些银行为了保障自身权利，在向发包人发放贷款时，要求发包人在与承包人签订建筑工程承包合同时，必须要求承包人放弃其建设工程价款优先受偿权；发包人在对工程进行招标时，将放弃建设工程价款优先受偿权作为招标文件的条款，不接受该条款的承包人则无法中标。实践中，承包人议价能力低，为了获得工程承包权，即使不情愿，也只能承诺放弃建设工程价款优先受偿权。

考察承包人放弃建设工程价款优先受偿权行为的效力问题，应区分承包人是预先放弃还是嗣后放弃。所谓预先放弃，指承包人行使建设工程价款优先受偿权之前，所作出的放弃其优先受偿权的意思表示。所谓嗣后放弃，指承包人行使建设工程价款优先受偿权之后，承包人作出的放弃其优先受偿权的意思表示。承包人嗣后放弃建设工程价款优先受偿权也体现为其不行使权利的行为。民事主体放弃民事权利的行为如果损害第三人利益或者公序良俗，法律可作否定性评价。例如，民事主体放弃生命权、自由权，允许他人剥夺自己的生命、自由，其行为效力自然不被法律所认可。但承包人消积不行使建设工程价款优先受偿的行为，却是其自由，民法无从干预，更不能强制其行使。目前，理论和实践中有一种观点，认为代位权诉讼不应当仅限于债务人对其他债务人享有的具有金钱给付内容的到期债权，而应当扩展及一切适于代位权诉讼的民事权利。如果这一观点为立法所吸纳，承包人的其他债权人，包括工资债权人，在承包人怠于行使建设工程价款优先受偿权的情况下，应可提起代位权诉讼。

对于承包人预先放弃建设工程价款优先受偿权的效力，理论和实践中争议较大。国外立法例来看，美国各州对于建筑优先权可否预先放弃的问题，立场不同。威斯康星州等州规定，潜在的优先权人在其为建筑改良完成提供劳务或者材料运送的服务之前或者之后都可以通过签订书面声明放弃其优先权。此种放弃并不需要业主提供对价，而且具有强制约束力。如果该放弃声明未限制所放弃的优先权的范围，则该潜在优先权人全部建筑优先权都一并放弃。对优先权的放弃并不影响其所享有的债权。如果双方在合同或者单方声明中对相关问题的规定模糊不清，则应当作出不利于优先权人的解释。但美国另外一部分州则禁止潜在权利人在为建筑物改良提供完劳务或者材料前放弃其建筑优先权。任何预先放弃声明都是无效的。正是基于这种分歧，《美国统一建筑优先权法》分别制定了两个不同的第二百一十五条供各州选择。《瑞士民法典》第八百三十七条第二项规定，权利人不得预先抛弃法定抵押权。在国内，理论和实务界对这一问题的认识也不相同。有观点认为，不论是法定的还是约定的权利，对承包人而言都是一项民事权利。对于权利，当事人既可以行使也可以放弃，只要出于权利人的真实意思表示，法律都不可干预，这是当事人意思自治原则的体现。建设工程价款优先受偿权虽然是法律规定的权利，不是当事人约定的权利，这并不影响承包人放弃该权利行为的效力，如没有导致承包人不能正确表示意思的情形，双方协议约定承包人在工程价款未按时清偿时，不得对建设工程折价或拍卖优先受偿的，应认定该约定有效。在遇有发包人不能支付工程价款时，承包人不能行使优先权，也不能事后反悔以优先权是法定为由主张合同约定无效。有观点认为，法律设立建设工程价款优先受偿权的目的在于保护承包人的利益，以防止发包人利用强势地位，有意拖欠工程款，如果允许通过约定而取消，与立法的初衷相违背。同时在发包人与承包人约定放弃承包人的优先受偿权时，由于双方的地位悬殊，很难保证承包人放弃权利的意思是真实的。承包人往往为了揽到建设工程项目，不得不接受发包人提出的苛刻条件，其中包括放弃对工程价款的优先受偿权。在这种情况下，表面上看似自愿放弃自己的权利，实则不是其真实意思的反映。因此，如果允许发包人与承包人约定放弃承包人的优先受偿权，实际损害的是承包人的利益。此外，法律赋予的权利，权利人是否放弃可以根据自己的意愿单方面作出决定，不需与他人约定，也不需他人同意，通过约定的方式放弃优先受偿权，与该权利本质属性相违背。有观点认为，建设工程价款优先受偿权是财产权的一种，其立法目的虽然包含了使建筑工人及时获得工作报酬以及保障工程质量等，但主要还是为了保护承包人的个体利益。既然是财产权利，原则上都可以抛弃，也是可以预先放弃的。承包人基于一定的市场情况，选择放弃建设工程价款优先受偿权，以使发包人可以及时获得银行贷款，使发包人和其自身的利益都获得保护，并无不合法之处。但是，在个案中，承包人所做出的放弃建筑工程优先受偿权的承诺是否有效，还应依照法律的规定，尤其是《合同法》的规则进行具体分析，应当考虑其承诺是否确实出于其本意。如果承包人是在迫不得已的情况下违背其本意做出的不真实表示，则其放弃优先受偿权的承诺无效。如果发包人是通过放弃优先受偿权换取更优厚的价格等契约条件，则其承诺应当是有效的。此外，无论是预先放弃，还是嗣后放弃，如果承包人抛弃建设工程价款优先受偿权的行为损害了第三人的利益，均应为法律所否定。第三种观点考虑较为全面，更具有合理性。《民法总则》第一百四十三条规定了民事法律行为有效必须具备的条件：一是行为人具有相应的民事行为能力；二是行为人意思表示真实；三是行为人的意思表示不违反法律、行政法规的强制性规定，不违背公序良俗，具有合法性。依据该条规定，在认定承包人放弃建设工程价款优先受偿权的行为是否有效时，首先要考虑该行为是否为承包人的真实意思表示。只有在双方当事人缔约地位平等的情况下，经过双方当事人讨价还价签订的合同才是双方当事人真实意思的体现，才能最大限度实现双方当事人自身的利益。这种情况下，契约自由才能带来契约公平。建筑市场的特殊性在于，承包人相对于发包人在缔约中往往处于不平等地位，而放弃建设工程价款优先受偿权显然是对承包人不利的条款。一方面，承包人作出这一承诺是出于迫不得已的无奈之举，还是基于在建设工程价款数量、工期等方面更好的对价经过精心计算后作出的合理让步，实践中很难区分。其次，承包人放弃建设工程价款优先受偿权的行为不违反法律、行政法规的强制性规定，不违背公序良俗。损害第三人利益是否属于违反法律、行政法规的强制性规定，违背公序良俗，也应当视具体案情而定。无论是承包人预先放弃还是嗣后放弃建设工程价款优先受偿权，在探讨承包人放弃建设工程价款优先受偿权效力问题时，既要维护意思自治原则，更要兼顾《合同法》第二百八十六条的立法主旨，不能损害建筑工人的工资权益。

在起草《建设工程施工合同司法解释（二)》第二十三条的过程中，最初的方案是承认承包人放弃建设工程价款优先受偿权行为的效力。最初的条文是："承包人与发包人约定放弃建设工程价款优先受偿权或者限制建设工程价款优先受偿权行使后，又请求行使优先受偿权的，人民法院不予支持。"在征求意见时，有观点建议删除本条规定，主要理由是，建筑市场发包人相对承包人处于优势地位，此规定易造成发包人借助优势地位迫使承包人在合同中承诺放弃优先受偿权，损害承包人合法权益。这一观点在实践中具有一定代表性。之后，在原来的方案上又增加了一种方案："发包人根据与承包人关于放弃建设工程价款优先受偿权或者限制建设工程价款优先受偿权行使的约定，主张承包人不享有优先受偿权的，人民法院不予支持。"因此，形成了两种截然相反的观点。一种观点认为建设工程价款优先受偿权可以事前承诺放弃或限制，因为建设工程价款优先受偿权属于私权，依意思自治原则，当事人有权处分。而且，无论是法定权利还是约定权利，只要是私权，当事人就有权处分。另一种观点认为建设工程价款优先受偿权不可以事前承诺放弃或限制。主要考虑的还是《合同法》第二百八十六条的宗旨是保护农民工等建筑工人合法权益，如果允许承包人任意处分建设工程价款优先受偿权，可能会损害农民工等建筑工人权益；建筑市场上承包人处于弱势地位，如果允许当事人任意处分建设工程价款优先受偿权，会导致发包人利用自己的优势地位强制承包人接受放弃或限制建设工程价款优先受偿权的条款，导致建设工程价款优先受偿权制度在实践中被架空；如果允许当事人事前放弃或限制优先受偿权，银行等发包人的债权人也会利用其优势地位要求发包人与承包人订立放弃或限制建设工程价款优先受偿权的条款。对这一问题，立法机关的态度是在保护意思自治的同时也要维护《合同法》第二百八十六条的立法目的，即建设工程价款优先受偿权是否可以放弃或者限制，不仅关系承包人自身的利益，还涉及建筑工人工资的支付等。对建设工程价款优先受偿权的放弃或者限制，不得影响建筑工人工资的支付。最终，《建设工程施工合同司法解释（二）》采纳了立法机关的观点，第二十三条规定：“发包人与承包人约定放弃或者限制建设工程价款优先受偿权，损害建筑工人利益，发包人根据该约定主张承包人不享有建设工程价款优先受偿权的，人民法院不予支持。”该条规定兼顾了两方面的意见，即原则上尊重意思自治，承包人与发包人有权就包括建设工程价款优先受偿权在内的各项权利进行协商。建设工程价款优先受偿权作为私权，允许当事人依法处分。同时也要维护《合同法》第二百八十六条的立法目的，承包人与发包人关于放弃或限制建设工程价款优先受偿权的约定不得损害农民工等建筑工人的合法权益，不能导致建筑工人的工资权益受到损害。

发包人与承包人约定放弃或者限制建设工程价款优先受偿权，是否会损害建筑工人利益，应从承包人整体资产负债情况出发作出判断。建设工程价款优先受偿权制度的目的是保护建筑工人的工资权益。建筑工人与建筑施工企业存在劳动或者劳务关系。建筑工人的工资由建筑施工企业发放。如果建筑施工企业的经营和资金出现困难，建筑工人的工资权益就不能得到保障。《合同法》第二百八十六条是通过赋予承包人以建设工程价款优先受偿权来达到保护建筑工人权益的目的。承包人放弃建设工程价款优先受偿权，将降低其建设工程价款债权实现的可能性，从而影响其资产负债状况。承包人的营业收入来源基本上全部来自承包建设工程的收入，都体现为建设工程价款。建设工程价款债权的实现情况，会直接决定承包人的责任财产状况。承包人的责任财产不仅是对外承担民事责任的基础，也是对内承担工资等债务的基础。如果承包人与发包人约定放弃或者限制建设工程价款优先受偿权，导致其工程价款债权不能实现，进而造成其资产负债状况恶化，以至于不能支付建筑工人的工资，则该放弃或者限制建设工程价款优先受偿权的行为就违背了《合同法》第二百八十六条设立建设工程价款优先受偿权制度的本意。根据《建设工程施工合同司法解释（二）》第二十三条规定，在这种情况下，承包人与发包人关于放弃或者限制建设工程价款优先受偿权的约定就无效。在判断承包人放弃或者限制建设工程价款优先受偿权是否损害建筑工人的利益时，要看承包人这一行为是否影响其整体的清偿能力，要将承包人整体的资产负债情况以及现金流情况是否因此恶化到影响建筑工人工资支付的程度作为主要的考虑因素。

承包人允诺放弃或限制建设工程价款优先受偿权后对建设工程价款债权对抵押权人、发包人其他债权人以及建设工程受让人的利益也会产生影响。《合同法》第二百八十六条赋予建设工程价款债权就建设工程折价或者拍卖的价款优先受偿的效力。这条规定突破了债的相对性原则，不仅对发包人的利益有影响，对发包人的其他债权人和建设工程的抵押权人的利益也有较大影响。就对建设工程的处分而言，这一制度赋予了承包人的建设工程价款债权以对抗发包人、发包人的债权人以及建设工程的抵押权人的效力。因此，承包人所享有的建设工程价款债权不再是普通的对人权，而取得了一定对世权的特性。建设工程价款债权的这一特性不仅使其在清偿顺序中居于有利地位，还使承包人获得了对抗发包人、发包人的债权人以及建设工程抵押权人的权利。鉴于承包人的建设工程价款优先受偿权具有优先于抵押权的效力，该优先受偿权也应当具有物上追及力。因此，承包人的建设工程价款优先受偿权能够对抗受让建设工程的第三人。如果承包人允诺放弃建设工程价款优先受偿权，其建设工程价款债权则失去上述效力，不能对抗发包人、发包人的债权人、建设工程的抵押权人和受让人。如果承包人允诺限制建设工程价款优先受偿权，则其建设工程价款债权在其允诺的范围内失去上述效力。

对承包人恶意拖欠工资、滥用本条解释的行为，不应予以支持。建筑市场上，有些不诚信的建筑施工企业，在投标时或者在协商签订建设工程施工合同时，尽力降低报价，在签订建设工程施工合同后，或者结算建设工程价款时，又尽量否定建设工程施工合同的有关约定，尽力提高结算工程价款的数额。对于这类不诚信行为，人民法院不应支持。理解和适用《建设工程施工合同司法解释

(二)》第二十三条规定的关键和难点在于判断发包人与承包人约定放弃或者限制建设工程价款优先受偿权是否损害建筑工人利益。如果仅因承包人存在个别的欠薪行为，就认定其与发包人约定放弃或者限制建设工程价款优先受偿权损害了建筑工人利益，进而认定该约定无效，则可能会对承包人产生负面激励，使其恶意拖欠建筑工人工资，以达到继续行使建设工程价款优先受偿权的目的。因此，对承包人恶意拖欠工资、滥用本条解释的行为，人民法院不应予以支持。

083

合作开发房地产合同各方当事人对建设工程价款债务是否应当承担连带清偿责任

在建筑市场，建设用地使用权和资金通常由不同的主体掌握。掌握不同资源的主体为获得相应利益，常常通过相互合作来共同开发房地产。这一开发形式在实践中较为常见，通常是共同出资、共享利润、共担风险。实践中，通常由合作开发房地产合同一方当事人作为发包人与承包人订立建设工程施工合同。工程完工后，发包人如果不能清偿所欠工程款，承包人能否请求合作开发房地产合同的其他合作方对建设工程施工合同债务承担连带责任，是司法实务中争论的焦点问题。目前缺乏统一裁判标准。在制定《建设工程施工合同司法解释（二)》的过程中，专门就这一问题进行了研究。《建设工程施工合同司法解释（二)》(征求意见稿）第十六条提出了两种截然不同的方案：方案一是："合作开发房地产合同一方作为发包人与承包人订立建设工程施工合同，承包人请求合作开发房地产合同的其他合作方对建设工程施工合同债务承担连带责任的，人民法院应予支持。"方案二是："合作开发房地产合同一方作为发包人与承包人订立建设工程施工合同，承包人请求合作开发房地产合同的其他合作方对建设工程施工合同债务承担连带责任的，人民法院不予支持。"赞成征求意见稿方案一的理由是，合作开发房地产合同以共同出资、共享利润、共担风险为特点。既然承包人所建设的工程带来的利益为各合作方所共同享有，就应当由各合作方向承包人对建设工程施工合同项下的债务承担连带责任。这有利于保护承包人的利益。赞成征求意见稿方案二的主要理由如下：第一，根据合同相对性原则，合作开发房地产合同的其他合作方不是建设工程施工合同的当事人，对合同项下的债务不应承担责任。第二，实践中较突出的问题是，合作开发房地产合同的双方当事人通常是一方出钱，一方出地。如果出钱的一方与承包人签订了建设工程施工合同，工程完工后不能清偿欠付工程款的，因承包人所建设的工程在出地的一方名下，不由出地一方承担连带责任对承包人不公平，但是根据《合同法》第二百八十六条规定，发包人逾期不支付工程价款的，除按照建设工程的性质不宜折价、拍卖的以外，承包人可以与发包人协议将该工程折价，也可以申请人民法院将该工程依法拍卖。建设工程的价款就该工程折价或者拍卖的价款优先受偿。承包人的工程价款给付请求权已有充分保障，不应再要求其他合作方承担连带责任。既然承包人可以追及建设工程，就不应再追及建设工程所有人。第三，合作开发房地产合同虽以共同出资、共享利润、共担风险为特点，但各合作方所共担的是合作开发房地产合同项下的责任和风险，不应承担自己不是当事人的建设工程施工合同项下的责任和风险。第四，《民法总则》第一百七十八条规定，连带责任承担由法律规定或者当事人约定。让其他合作方对建设工程施工合同项下的债务承担连带责任，于法无据。第五，任意突破合同相对性，突破法律规定扩大连带责任的适用范围，用主观的实质公平判断代替规则判断，会破坏交易秩序，损害交易效率，最终会损害社会公平。从征求意见的情况下，两种观点均具有代表性。同时，也有观点指出，实践中合作开发房地产合同的各合作方之间、各合作方与承包人之间的法律关系较为复杂，情况不一，建议不作统一规定。

后经讨论，倾向性意见认为应当保留征求意见稿的第二种方案，但征求意见稿第十六条规定的第二种方案较为绝对，应增加但书规定。同时，增加新的第二种方案，即删除该条规定。修改后的方案一表述为："合作开发房地产合同一方作为发包人与承包人订立建设工程施工合同，承包人请求合作开发房地产合同的其他合作方对建设工程施工合同债务承担连带责任的，人民法院不予支持，但承包人有理由相信发包人代表合作开发房地产合同各方当事人签订建设工程施工合同的除外。"即增加了关于表见代理的规定。最终讨论的结果是采纳了方案二，对此问题不作统一规定，主要理由是实践中的情况非常复杂，无论选择哪种观点都可能带来负面影响，应根据个案情况作出认定。实践中处理这一问题时，应当着重考虑承包人签订建设工程施工合同的合作方是否是工程建设单位。如果不是工程建设单位，就需要考虑发包人的行为是否构成表见代理或者间接代理。如果发包人的行为构成表见代理或者间接代理，其他合作方就应当根据《民法总则》和《合同法》关于表见代理和间接代理的规定承担责任。同时，还需要考虑承包人的建设工程价款债权是否可以从通过建设工程价款优先受偿权得到优先清偿，以及在坚持合同相对性的情况下，是否可以通过不当得利制度对承包人的权利予以保护。

实践中，还有一种常见的合作建房方式，即由各合作方共同出资设立一家项目公司，将土地使用权和资金投入到项目公司中，并以项目公司作为建设单位与承包人签订建设工程施工合同。各合作方依其对项目公司享有的股权数额和比例承担相应的投资义务并分配利润。这种情况下，各合作方严格按照《中华人民共和国公司法》（以下简称《公司法》）的规定设立、管理和解散项目公司即可。但实践中存在的较为突出的问题是，各合作方并未严格按《公司法》的规定对项目公司进行管理。尤其是处理项目公司名下的房产时，有的合作方直接约定将公司房产分配到自己名下，却不按《公司法》的规定进行减资或者清算。这类项目公司往往唯一的资产就是承包人建设完成的工程，由于该工程已经被各出资人无偿分配，项目公司就只剩下债务，缺少用于清偿债务的资产。有的合作方在分割完项目公司的资产后，未经清算程序，直接将公司注销。在上述情况下，各合作方应当对项目公司欠发包人的建设工程价款债务承担清偿责任。

八、建设工程施工合同的解除

084

发包人在哪些情况下有权请求解除建设工程施工合同

《合同法》第八条规定："依法成立的合同，对当事人具有法律约束力。当事人应当按照约定履行自己的义务，不得擅自变更或者解除合同。依法成立的合同，受法律保护。"建设工程施工合同成立生效后，双方当事人都应当依据约定严格遵守合同、积极履行合同，除非当事人依法解除合同。当事人有权协商一致解除合同或者通过行使解除权解除合同。合同当事人的解除权包括法定解除权和约定解除权。约定解除权由当事人通过合同方式事前约定。法定解除权由《合同法》等法律规定。对这一问题，《合同法》第九十三条规定："当事人协商一致，可以解除合同。当事人可以约定一方解除合同的条件。解除合同的条件成就时，解除权人可以解除合同。"第九十四条规定："有下列情形之一的，当事人可以解除合同：（一）因不可抗力致使不能实现合同目的；（二）在履行期限届满之前，当事人一方明确表示或者以自己的行为表明不履行主要债务；（三）当事人一方迟延履行主要债务，经催告后在合理期限内仍未履行；（四）当事人一方迟延履行债务或者有其他违约行为致使不能实现合同目的；（五）法律规定的其他情形。"根据该条规定，导致当事人享有法定解除权的原因有二：一是不可抗力，二是另一方当事人违约。不可抗力必须要达到不能实现当事人的合同目的的程度，当事人才能解除合同。关于合同相对人违约，该条主要规定了拒绝履行、迟延履行和其他违约行为三种情形。一方当事人明确表示或者通过行为表示拒绝履行合同义务的，相对人享有解除合同的权利。一方当事人迟延履行并不必然导致相对人享有法定解除权，只有当迟延履行经催告后在合理期限内仍未履行或者致使不能实现合同目的的情况下，合同相对人才享有解除权。对于其他违约行为，只有在达到致使不能实现合同目的的程度时，合同相对人才有权请求解除合同。实践中，争议较多的是当事人在什么情况下享有依法请求解除合同的权利。

关于建设工程施工合同的当事人在何种情况下有权依法请求解除合同的问题，《建设工程施工合同司法解释》第八条和第九条分别作了规定。《建设工程施工合同司法解释》第八条规定："承包人具有下列情形之一，发包人请求解除建设工程施工合同的，应予支持：（一）明确表示或者以行为表明不履行合同主要义务的；（二）合同约定的期限内没有完工，且在发包人催告的合理期限内仍未完工的；（三）已经完成的建设工程质量不合格，并拒绝修复的；（四）将承包的建设工程非法转包、违法分包的。"该条第一项规定的是承包人拒绝履行的情况。第二项规定的是承包人迟延履行，且经发包人催告后在合理期限内仍未履行的情况。需要注意的是，承包人在建设工程施工合同项下负有多种义务，本项规定的是承包人迟延履行其主要义务，即完成工程施工的任务。承包人迟延履行其他义务，尤其是从义务或者附随义务的，并不当然导致发包人享有合同解除权。第三项规定的是不完全履行，包括瑕疵给付和加害给付两种情形。向发包人移交工程质量合格的建设工程是承包人的主要义务。如果承包人施工的建设工程质量不合格，承包人应当承担修复义务。如果承包人拒绝修复，将导致发包人在建设工程施工合同项下的目的不能实现，故发包人享有解除建设工程施工合同的权利。第四项规定的是承包人将建设工程非法转包、违法分包的情形。建设工程施工对承包人的资质要求高，非法转包和违法分包不仅会拉长利益链条、层层剥利，导致实践用于工程建设的工程款低于建设工程施工合同约定的工程款，而且会导致由不具有建筑施工资质的施工人进行工程施工，既损害建筑市场秩序，又影响建设工程质量安全，损害发包人的利益。因此，多部法律、行政法规和部门规章都禁止承包人非法转包和违法分包。建设工程施工合同实际也属于一种承揽合同。承揽合同是承揽人按照定作人的要求完成工作，交付工作成果，定作人给付报酬的合同。故承揽合同的特点在于，承揽人是否能够按合同约定交付工作成果，与承揽人自身的能力、条件、设备等密切相关。定作人向承揽人支付的对价，与相应的工作成果和承揽人的劳动均成立对待给付关系。因为承揽人的劳动会直接影响其所交付的劳动成果。因此，无论是承揽合同还是建设工程施工合同，定作人或者发包人支付的价款，是要求承揽人或者承包人亲自完成相应的工作成果，未经定作人或者发包人同意，承揽人或者承包人无权将工作交由他人完成。《合同法》第二百五十三条规定："承揽人应当以自己的设备、技术和劳力，完成主要工作，但当事人另有约定的除外。承揽人将其承揽的主要工作交由第三人完成的，应当就该第三人完成的工作成果向定作人负责；未经定作人同意的，定作人也可以解除合同。"因此，在承包人将建设工程非法转包、违法分包的情况下，发包人亦享有解除建设工程施工合同的权利。

085

承包人在哪些情况下有权请求解除建设工程施工合同

建设工程施工合同中，发包人的主要义务是支付建设工程价款。多数建设工程施工合同约定发包人按承包人施工进度支付工程款。如果发包人迟延履行支付工程进度款的主要义务，不仅损害承包人利益，而且会导致承包人无法继续履行建设工程施工合同。除支付建设工程价款外，发包人还应依据合同约定、法律规定履行其他义务。例如，在当事人约定"甲供材"的情况下，发包人还具有提供合格材料的义务。如果当事人对建筑材料质量有明确约定的，发包人应当提供符合合同约定质量标准的建筑材料。如果当事人对建筑材料质量没有明确约定，发包人提供的建筑材料也应当符合强制性标准。此外，建设工程施工合同的特点是履行期限长、涉及事项多、影响因素多，发包人和承包人均承担相应的义务群。对发包人而言，在建设工程施工合同履行的不同阶段，都应承担相应的协助义务，以便于承包人顺利完成建设工程施工任务。这类协助义务既可能来源于双方约定、也可能来自法律规定或者诚实信用原则。《合同法》第六十条规定："当事人应当按照约定全面履行自己的义务。当事人应当遵循诚实信用原则，根据合同的性质、目的和交易习惯履行通知、协助、保密等义务。"第二百五十九条规定："承揽工作需要定作人协助的，定作人有协助的义务。定作人不履行协助义务致使承揽工作不能完成的，承揽人可以催告定作人在合理期限内履行义务，并可以顺延履行期限；定作人逾期不履行的，承揽人可以解除合同。"根据《合同法》第二百八十七条规定，建设工程施工合同可适用承揽合同的有关规定。实践中，发包人的协助义务主要包括提供施工图纸、办理相应审批手续、提供适于施工的施工场地、防止承包人施工受到干扰等。对此《建设工程施工合同司法解释》第九条规定："发包人具有下列情形之一，致使承包人无法施工，且在催告的合理期限内仍未履行相应义务，承包人请求解除建设工程施工合同的，应予支持：（一）未按约定支付工程价款的；（二）提供的主要建筑材料、建筑构配件和设备不符合强制性标准的；（三）不履行合同约定的协助义务的。"

关于合同解除权的行使，实践中争议较大的是一方当事人通知合同相对人解除合同后，相对人未在约定或者法定时间内提出异议并起诉的，是否还有权主张解除行为无效。《合同法司法解释（二）》第二十四条规定："当事人对合同法第九十六条、第九十九条规定的合同解除或者债务抵销虽有异议，但在约定的异议期限届满后才提出异议并向人民法院起诉的，人民法院不予支持；当事人没有约定异议期间，在解除合同或者债务抵销通知到达之日起三个月以后才向人民法院起诉的，人民法院不予支持。"有的发包人或者承包人依据合同约定和法律规定并不享有解除合同的权利，但仍通知相对人解除建设工程施工合同，相对人未在约定或者法律规定期限内起诉，请求人民法院确定解除合同的效力。双方发生争议后，一方当事人主张对方按合同约定履行义务，相对人却主张建设工程施工合同已经解除，而且以当事人未在约定或者法定的异议期限届满内提出异议并向人民法院起诉为由，主张解除合同的异议不成立。在这种情况下，一定要区分当事人是有权解除还是无权解除合同。关于合同解除，《合同法司法解释（二）》第二十四条规定指向的是《合同法》第九十六条。《合同法》第九十六条规定："当事人一方依照本法第九十三条第二款、第九十四条的规定主张解除合同的，应当通知对方。合同自通知到达对方时解除。对方有异议的，可以请求人民法院或者仲裁机构确认解除合同的效力。"《合同法》第九十三条第二款是关于约定解除权的规定，第九十四条是关于法定解除权的规定。故无论当事人一方是依照本法第九十三条第二款还是依照第九十四条的规定主张解除合同，都是在依法行使解除权。如果发包人或者承包人不享有约定或者法定的解除权，仍通知相对人解除建设工程施工合同，相对人就解除人解除合同的行为提出异议或者起诉的，不受《合同法司法解释（二）》第二十四条的影响。这种情况下，如果人民法院查明解除人不享有合同解除权，就不应仅依据《合同法司法解释（二）》第二十四条规定，认可其解除行为的效力。

086

建设工程施工合同解除后有哪些法律后果

关于合同解除的法律后果，《合同法》第九十一条规定，合同解除后，合同的权利义务终止。第九十七条规定："合同解除后，尚未履行的，终止履行；已经履行的，根据履行情况和合同性质，当事人可以要求恢复原状、采取其他补救措施，并有权要求赔偿损失。"根据上述规定，合同解除后的法律后果包括：合同的权利义务终止；尚未履行的，终止履行；已经履行的，恢复原状，采取其他补救措施，赔偿损失。相应的，建设工程施工合同解除后，如果合同尚未履行，则不再履行；如果合同已经履行，则应恢复原状，采取其他补救措施，赔偿损失。具体而言，建设工程施工合同解除后，将产生以下法律后果：

第一，建设工程施工合同权利义务终止。建设工程施工合同解除后，双方当事人不再承担合同义务，也不再享有合同权利，双方当事人均不应再依据建设工程施工合同的约定主张权利。如果当事人在建设工程施工合同之外，又就建设工程保修、工程款价款结算、支付时间和方式等达成协议的，此类协议的效力不因建设工程施工合同的解除而受影响，除非当事人另有约定或者之后签订的协议与建设工程施工合同是一个整体，不能独立存在。此外，建设工程施工合同解除后，并非所有的合同条款均不发生效力。《合同法》第五十七条规定："合同无效、被撤销或者终止的，不影响合同中独立存在的有关解决争议方法的条款的效力。"第九十八条："合同的权利义务终止，不影响合同中结算和清理条款的效力。"因此，建设工程施工合同解除后，虽然当事人的合同权利和义务终止，但合同中的结算和清理条款、独立存在的有关解决争议方法的条款仍然对当事人有拘束力。

第二，恢复原状。建设工程施工合同的特点在于，一旦承包人完成部分或者全部工程，恢复原状不仅在客观上很难实现，而且对双方当事人和社会利益而言均不利，因此，建设工程施工合同无效后，通常不适用恢复原状这一责任承担方式。但是，如果承包人所施工工程质量严重不合格，不能使用亦无法修复，发包人仍然有权请求其恢复原状。这种情况在司法实践中极为少见。建设工程施工合同解除后，恢复原状这一责任方式在实践中适用得较少。

第三，采取其他补救措施。建设工程施工合同解除后，当事人应采取的其他补救措施因具体情况不同而不同，较常见的是承包人已完成的工程质量不合格，承包人应当采取修复等补救措施。

第四，赔偿损失。合同责任和合同法责任上，赔偿损失责任具有兜底性。即其他责任不足以弥补当事人损失的情况下，需要由当事人通过承担赔偿损失责任予以补足。

此外，合同被解除后还会产生一个法律后果，即合同清算。如果当事人已经履行了部分合同，无论之后合同是被认定无效、被撤销还是被解除，都涉及对已履行合同如何进行清算的问题。实际上，《合同法》第九十七条规定也可以理解为合同清算的方式。但实践中的合同更为复杂，不同类型合同之清算方式亦不相同。机械套用《合同法》第九十七条规定并不能较好地解决当事人之间的纠纷。在建设工程施工合同中，如果建设工程已经完成部分或者全部施工任务，建设工程质量合格或者虽有质量瑕疵但可以补救，就不能适用该条规定的恢复原状的责任方式。这种情况下，由发包人占有已经完成部分的建设工程，或者由承包人履行修复义务后将建设工程移交给发包人，对双方当事人而言都更有利。发包人占有已完成的工程后，应当向承包人支付相应的对价，即相应的建设工程价款。对此，《建设工程施工合同司法解释》第十条规定："建设工程施工合同解除后，已经完成的建设工程质量合格的，发包人应当按照约定支付相应的工程价款；已经完成的建设工程质量不合格的，参照本解释第三条规定处理。"根据该条规定，建设工程施工合同解除后，将产生以下法律效果：一是承包人向发包人移交已经完成施工的建设工程。二是发包人向承包人支付相应的工程价款，即已完成工程所对应的工程价款。发包人支付工程价款的前提是其所接收的建设工程质量合格。如果建设工程质量不合格，发包人有权拒绝支付工程价款。三是承包人已完成的建设工程不合格的，应当由承包人承担修复义务，并负担修复费用。如果承包人拒不承担修复义务或者修复后的建设工程仍不合格的，承包人则无权请求发包人支付相应的工程价款。

九、建设工程施工合同违约责任

建设工程施工合同纠纷主要集中于合同效力、建设工程价款数额、建设工程质量、违约责任和赔偿损失等方面。如何确定当事人的违约责任是实践中争议较大的问题。关于违约责任的形式，《合同法》第一百零七条规定：“当事人一方不履行合同义务或者履行合同义务不符合约定的，应当承担继续履行、采取补救措施或者赔偿损失等违约责任。”根据该条规定，建设工程施工合同当事人的违约责任主要包括继续履行，包括继续支付工程款和继续完成建设工程施工任务；采取补救措施，鉴于发包人的主要义务是支付工程款，补救措施主要由承包人承担，包括对不符合设计要求的部分进行改建、对质量不合格工程进行修复等；赔偿损失，无论是继续履行合同还是采取补救措施后，如果一方当事人还有损失的，相对人应当依法或依约承担赔偿损失的责任。此外，根据《合同法》规定和建设工程施工合同约定，实践中建设工程施工合同违约责任形式通常还包括保证金返还责任、定金责任、违约金责任、保修责任、罚息责任、罚金责任等。关于建设工程施工合同的违约责任问题，在建设工程施工合同的履行一章中作了相应介绍，下面重点分析几种常见的建设工程施工合同违约责任承担方式。

087

何种情况下建设工程施工合同的当事人有权请求违约方继续履行合同

继续履行合同是实践中常见的违约责任承担方式。如果发包人违约，承包人请求其继续履行合同通常是按建设工程施工合同约定的时间或者条件支付建设工程价款。对继续履行金钱债务问题，实践中争议较小。《合同法》第一百零九条也规定："当事人一方未支付价款或者报酬的，对方可以要求其支付价款或者报酬。"实践中争议较大的是如果承包人违约，迟延履行、不完全履行或者拒绝履行建设工程施工合同的，是否应当承担继续履行的义务。长期以来，我国受大陆法系合同法影响，秉持契约必须遵守原则，在一方当事人违约的情况下，如果相对人起诉请求继续履行的，通常会判决继续履行。但是，建设工程施工合同的正常履行需要双方当事人的协作和配合，如果双方当事人已经失去了信任，缺乏合作的基础，判决继续履行后通常也难以执行。人民法院执行部门对于此类判决也感到非常棘手，很难强制执行。对于请求继续履行非金钱债务的条件，《合同法》第一百一十条规定："当事人一方不履行非金钱债务或者履行非金钱债务不符合约定的，对方可以要求履行，但有下列情形之一的除外：（一）法律上或者事实上不能履行；（二）债务的标的不适于强制履行或者履行费用过高；（三）债权人在合理期限内未要求履行。"从该规定看，《合同法》对请求继续履行非金钱债务设置的限制条件非常窄，只有履行不能、不适于强制履行或者履行费用过高、怠于请求履行三方面的限制。哪些非金钱债务不适于强制履行或者履行费用过高，是实践中争议较大的问题。承包人承担的对建设工程进行施工的义务，应当属于不适于强制履行的义务。如果承包人违约，迟延履行、不完全履行施工义务，在判决其是否继续履行时，一定要考虑继续履行的可能性和成本。例如，如果承包人已经退场，而剩余工程量很小，重新进场成本很高，就不适宜判决继续履行。如果承包人拒绝履行建设工程的施工义务，说明发包人与承包人之间的信任已经破裂，也不宜判决承包人继续履行施工义务。

如果建设工程施工合同项下的非金钱债务不适于继续履行，承包人仍应承担其他违约责任。《合同法》第一百一十一条规定："质量不符合约定的，应当按照当事人的约定承担违约责任。对违约责任没有约定或者约定不明确，依照本法第六十一条的规定仍不能确定的，受损害方根据标的的性质以及损失的大小，可以合理选择要求对方承担修理、更换、重作、退货、减少价款或者报酬等违约责任。"《建设工程施工合同司法解释》第十一条规定："因承包人的过错造成建设工程质量不符合约定，承包人拒绝修理、返工或者改建，发包人请求减少支付工程价款的，应予支持。"实践中，承包人违约，迟延履行、不完全履行施工义务，又不适于继续履行的，发包人有权请求减少相应的工程价款或者赔偿损失。

088

如何确定建设工程施工合同违约导致的损失责任

违约责任形式中，赔偿损失具有“兜底”性质，如果违约方不适于承担其他形式的违约责任或者承担其他违约责任后，相对人仍有损失的，相对人有权请求违约方承担赔偿损失的责任。《合同法》第一百一十二条规定：“当事人一方不履行合同义务或者履行合同义务不符合约定的，在履行义务或者采取补救措施后，对方还有其他损失的，应当赔偿损失。”第一百一十三条规定：“当事人一方不履行合同义务或者履行合同义务不符合约定，给对方造成损失的，损失赔偿额应当相当于因违约所造成的损失，包括合同履行后可以获得的利益，但不得超过违反合同一方订立合同时预见到或者应当预见到的因违反合同可能造成的损失。经营者对消费者提供商品或者服务有欺诈行为的，依照《中华人民共和国消费者权益保护法》的规定承担损害赔偿责任。”司法实践中，争议较多的是工期延误损失赔偿责任和建设工程质量不合格损失赔偿责任。

建设工程工期延误损失是实践争议最大的问题之一，也是建设工程施工合同纠纷司法审判面临的难点之一。建设工程施工合同最大的特点是履行期限长、影响因素多、涉及双方当事人的义务多，建设工程施工合同的顺利履行需要双方当事人的协作。而工期对于发包人和承包人均具有重大意义。对于发包人而言，工期延误意味着迟延竣工、迟延交房、迟延使用或者迟延出售；对承包人而言，工期延误意味着迟延收到建设工程价款、支付更多的成本、影响承揽其他工程，等等。导致工期延误损失责任难以确定的原因主要有三：一是影响工期的因素多。对发包人而言，发包人迟延支付工程款、变更设计施工图纸、变更工程量、不协助验收隐蔽工程、提供的建筑材料质量不合格等原因都会导致工期延误。在发包人肢解发包的情况下，发包人不能协调好各个承包人的施工活动可能导致工期延误。在发包人选定分承包人的情况下，分承包人资质、能力不足或者不配合总承包人的施工安排也可能导致工期延误。对承包人而言，承包人管理混乱、非法转包、违法分包、提供建筑材料不合格、资金链断裂等原因都可能导致工期延误。

在发包人、承包人原因之外，建筑材料市场价格的巨大波动、不可抗力、异常极端天气等原因都可能导致工期延误。二是发包人和承包人的损失数额不易确定。如果建设工程施工合同对工期延误的损失赔偿标准作了约定，则较易确定损失赔偿数额。如果建设工程施工合同未作约定，或者约定的损失赔偿标准与实际损失差异较大，如何确定建设工程施工合同当事人的损失也较为困难。实际上，在合同纠纷领域，守约方承担的损失数额的举证责任仍然较重，损失数额的计算方法尚未类型化、标准化，对于保护守约方的利益不利。三是如何确定各类原因对工期延误的因果关系，较为困难。在因果关系上，工期延误通常表现为多因一果。导致工期延误的原因既可能是发包人的原因、也可能是承包人的原因，还可能是客观原因。在多因一果的情况下，如何判定各类原因力的大小，或者如何确定某一方面的原因导致了多长的工期延误，实践中面临较多困难。

建设工程质量不合格导致的损失赔偿问题也是实践中争议较多的问题。首先，建设工程质量是否合格的问题通常就是双方当事人争议的焦点。如上文所述，实践中有的观点认为建设工程质量不合格应当通过质量鉴定来认定。实际上，有的建设工程质量问题显而易见，如漏水、裂缝等问题肉眼可见，不一定需要鉴定才能作出认定。其次，一般情况下，建设工程质量不合格导致的损失较容易确定，一般表现为修复费用，也包括因建设工程质量不合格导致的迟延竣工或者迟延交付导致的损失。再次，如果建设工程质量不合格，承包人拒绝修复或者经修复仍不合格的，发包人有权委托其他施工人修复或者自行修复，并由承包人承担修复费用。但该修复费用也应当合理，只要不是过于高于市场价格，就应当考虑予以支持。

建设工程施工合同赔偿损失问题中还涉及止损义务问题。《合同法》第一百一十九条规定："当事人一方违约后，对方应当采取适当措施防止损失的扩大；没有采取适当措施致使损失扩大的，不得就扩大的损失要求赔偿。当事人因防止损失扩大而支出的合理费用，由违约方承担。"在发包人或者承包人违约后，相对人有义务采取合理措施防止损失扩大，并由违约方承担因防止损失扩大而支出的合理费用。

089

如何确定建设工程施工合同项下的违约金责任

司法实践中，如何承担违约金责任是实践中争议较多的问题。争议焦点集中于两个方面：一是当事人是否应当承担违约金责任；二是如何确定违约金责任的范围。前者实际是判断当事人是否违约的问题，此处重点介绍后一个问题。《合同法》第一百一十四条规定："当事人可以约定一方违约时应当根据违约情况向对方支付一定数额的违约金，也可以约定因违约产生的损失赔偿额的计算方法。约定的违约金低于造成的损失的，当事人可以请求人民法院或者仲裁机构予以增加；约定的违约金过分高于造成的损失的，当事人可以请求人民法院或者仲裁机构予以适当减少。当事人就迟延履行约定违约金的，违约方支付违约金后，还应当履行债务。"实践中常见的情况是，一方当事人请求违约方承担违约金责任，而违约方则以约定的违约金过分高于造成的损失为由，请求人民法院予以适当减少。关于违约金的调整，《合同法司法解释（二）》第二十九条规定："当事人主张约定的违约金过高请求予以适当减少的，人民法院应当以实际损失为基础，兼顾合同的履行情况、当事人的过错程度以及预期利益等综合因素，根据公平原则和诚实信用原则予以衡量，并作出裁决。当事人约定的违约金超过造成损失的百分之三十的，一般可以认定为合同法第一百一十四条第二款规定的'过分高于造成的损失'。"实践中，争议较大的问题是，如何确定违约造成的实际损失。整体上看，人民法院应当充分尊重当事人的意思自治。违约金条款是当事人在缔约时对违约对价的约定，如果不存在欺诈、胁迫等情况，该约定是当事人的真实意思表示，是当事人对未来违约概率和违约成本收益充分权衡的结果，应当由当事人自负其责。即使进行调整，也应当有充分的事实依据。

对于发包人迟延支付建设工程价款违约金责任的调整，实践中有不同做法。第一种做法是按人民银行同期发布的商业银行同期贷款利率为基准，上浮 30%，作为计算违约金的标准。第二种做法是按人民银行同期发布的商业银行同期贷款利率的倍数为标准，计算违约金数额。实践中既有采两倍标准的，也有采三倍标准的。《民间借贷司法解释》施行以后，直接采四倍标准的情况较为少见。第三种做法是按《民间借贷司法解释》第二十六条的规定，按24%的年利率计算违约金。从实践情况看，第三种做法被适用的情况越来越多。实际上，实践中已经有一种倾向，即对于迟延履行金钱债务的赔偿责任（资金成本），都参照《民间借贷司法解释》第二十六条的规定，已经履行的部分以年利率36%为上限，未履行的部分按年利率24%计算。这一做法并不可取。首先，利率可分为名义利率和实际利率。名义利率 = 实际利率 + 通货膨胀率。实际利率 = 资金的时间成本 + 风险溢价。风险溢价主要是对信用风险、流动性风险和市场风险等风险的补偿。单纯的资金时间成本体现为无风险利率，可以以高信用国家的国债利率为参照。总体来看，影响利率的主要因素是通货膨胀率、无风险利率和风险溢价。其中，在同一个市场的同一时间段中，通货膨胀率和无风险利率对于不同的欠款人而言都相同，利率差异主要体现为风险利差。换言之，相对于银行信贷和资本市场融资，民间借贷的借款人风险较高，因此，民间借贷的利率通常会高于银行贷款利率和证券市场融资利率。当然，基于亲朋等熟人关系开展、小额、传统的非经营性借贷情况有所不同。此类借贷的对价不完全表现为利息，还包括人情储蓄等方面。而《民间借贷司法解释》第二十六条规定的24%的利率上限，针对的是民间借贷市场上风险最大的借款所应保护的利率，并不适用于所有的迟延履行金钱给付债务的情况。

按人民银行发布的商业银行同期同类贷款的基准利率为标准认定承包人的损失亦不合理。发包人如果迟延履行支付工程款的义务，承包人往往只能垫资施工。从目前的资金市场看，承包人按人民银行发布的商业银行同期同类贷款的基准利率从市场上获得资金的可能性很小，该利率不能反映承包人获取资金的成本。因此，对于发包人迟延支付工程款的违约金应当综合考虑承包人从资金市场融资的成本、发包人的信用风险、流动性风险等因素作出判断，单一以人民银行发布的商业银行同期同类贷款的基准利率或者《民间借贷司法解释》第二十六条规定的24%的民间借贷利率上限为标准，未必符合实际情况。

090

发包人迟延支付工程款是否应当承担利息责任

民事审判的主要职责是定分止争，即通过明确各方当事人的权利、义务、责任来解决纠纷。在认定民事责任时，应当以不同民事责任的构成要件为依据。实践中有一种错误认识，即对于各类民事责任都按侵权责任的构成要件为标准作出认定。例如，违约责任只以合同当事人存在违约行为和不存在免责事由为要件，当事人之过错在所不问。即使因第三人原因导致当事人违反合同约定，亦应当由当事人承担违约责任。对此，《合同法》第六十五条规定："当事人约定由第三人向债权人履行债务，第三人不履行债务或者履行债务不符合约定，债务人应当向债权人承担违约责任。"第一百二十一条规定："当事人一方因第三人的原因造成违约的，应当向对方承担违约责任。当事人一方和第三人之间的纠纷，依照法律规定或者按照约定解决。"此外，利息作为本金的法定孳息，依交易习惯，债务人迟延履行金钱债务的，应当给付法定孳息。利息责任的构成要件有二：一是债务人迟延履行金钱债务，二是不存在依法无须承担利息责任的情形。至于当事人的过错则在所不问。《建设工程施工合同司法解释》第十七条规定："当事人对欠付工程价款利息计付标准有约定的，按照约定处理；没有约定的，按照中国人民银行发布的同期同类贷款利率计息。"因此，发包人迟延履行支付工程款义务的，应当支付利息。发包人对于迟延履行是否有过错在所不问。实践中，有观点认为发包人对于迟延付款没有过错，不应当承担利息责任。这一观点缺乏法律和法理依据。

发包人迟延支付建设工程价款的，应按什么标准支付利息，也是实践中存在争议的问题。长期以来，我国并未完全放开商业银行的存贷款利率，人民银行发布的商业银行存贷款基准利率，对金钱债务利息计算具有指导意义。随着我国利率市场化改革的推进，利率市场化主要体现为商业银行实际执行利率在人民银行发布的商业银行存贷款基准利率上下浮动比例。在这种情况下，人民银行发布的商业银行存贷款基准利率对金融市场仍具有指导意义。之后，人民银行推出了贷款基础利率，又称为贷款市场报价利率（Loan Prime Rate，LPR），是商业银行对其最优质客户执行的贷款利率，其他贷款利率可在此基础上加减点生成。贷款基础利率的集中报价和发布机制是在报价行自主报出本行贷款基础利率的基础上，指定发布人对报价进行算术计算，形成报价行的贷款基础利率报价平均利率并对外予以公布。今年，贷款市场报价利率报价行类型在原有的全国性银行基础上增加城市商业银行、农村商业银行、外资银行和民营银行，此次由10家扩大至18家，同时改变了之前由各大银行根据基准利率上下浮动进行报价的报价方式。加之多年以来，人民银行长期未再变更存贷款基准利率。人民银行发布的商业银行存贷款基准利率对金融市场利率的指导意义大为降低。从目前的利率体系看，前端主要是人民银行提供基础货币的再贷款利率，其中较为重要的是七天期逆回购利率和中期贷款便利利率；中介主要是银行同业拆借利率；终端主要是人民银行发布的基准利率和贷款市场报价利率。终端利率最能反映迟延给付金钱债务给债权人造成的成本。2019年11月8日发布的《全国法院民商事审判工作会议纪要》也规定，人民法院裁判贷款利息的基本标准应改为全国银行间同业拆借中心公布的贷款市场报价利率。

091

发包人能否以承包人未移交建设工程施工资料为由拒付工程款

建设工程施工合同关系中，发包人的主要义务是支付工程款，承包人的主要义务是完成建设工程施工并交付质量合格的工程。二者之间形成对待给付关系。在建设工程施工合同项下，双方当事人除需承担主要义务外，还需要承担一系列从义务，主义务、从义务乃至附随义务共同形成义务群。建设工程施工合同的履行有待于这一系列义务的履行。如果当事人只履行建设工程施工合同项下的主义务，未履行从义务，仍需要承担违约责任。关于未履行或未全面履行从义务的违约责任问题，实践中存在一些争议。其中较为常见的争议是承包人未向发包人移交建设工程施工资料时，发包人是否有权拒付工程款。对于这一问题，主要有三种观点：第一种观点认为，承包人向发包人移交建设工程施工资料对于下一步工程竣工备案、办理产权证等手续具有重要意义，如果承包人未向发包人移交建设工程施工资料，发包人有权拒付工程款。第二种观点认为，承包人向发包人移交建设工程施工资料不是承包人的主要义务，与发包人向承包人支付工程款不形成对价关系，因此承包人即使未向发包人移交建设工程施工资料，只要建设工程质量合格，发包人就无权拒付工程款。第三种观点认为，承包人向发包人移交建设工程施工资料与发包人支付工程款是否形成对价关系应具体分析。承包人向发包人移交建设工程施工资料是从义务，不能与发包人支付全部工程款的义务形成对价关系，但如果承包人未向发包人移交建设工程施工资料，发包人有权相应地少付工程款。前两种观点过于绝对，最后一种观点具有合理性。

实践中还存在一种情况，双方当事人在建设工程施工合同中约定承包人向发包人移交建设工程施工资料后，发包人才有义务支付工程款。如果承包人未向发包人移交建设工程施工资料，发包人是否有权行使先履行抗辩权，拒付工程款呢？对这一问题，主要有两种观点。第一种观点认为，因建设工程施工合同明确约定了承包人移交建设工程施工资料和发包人支付工程款的先后顺序，应当尊重当事人意思自治，在承包人向发包人移交建设工程施工资料之前，发包人有权行使先履行抗辩权，拒付工程款。第二种观点认为，承包人向发包人移交建设工程施工资料与发包人支付工程款不构成对待给付，承包人的主要义务是完成施工任务并向发包人交付质量合格的建设工程。如果建设工程已经竣工验收合格，特别是如果已经移交发包人占有使用，即使承包人未依约向发包人移交建设工程施工资料，发包人亦应当向承包人支付工程款。否则，将有违公平原则。这两种观点都具有一定道理。处理这一问题时，应当注意以下几点。首先，应当考察承包人是否能够履行移交建设工程施工资料的义务。实践中，有的承包人担心向发包人移送建设工程施工资料后，失去了与发包人讨价还价的资本，故意不向发包人移送建设工程施工资料。这种情况下，应当严格按建设工程施工合同的约定处理。发包人拒付工程款并非违约行为，而是行使先履行抗辩权的行为。其次，如果因承包人管理混乱等原因，建设工程施工资料被遗失或者毁损，应由双方当事人积极协作采取补救措施。再次，如果建设工程质量合格，发包人已经占有使用建设工程，且承包人并非故意不移交建设工程施工资料，发包人仍有义务向承包人支付工程款，但有权在承包人移交全部建设工程施工资料之前少付相应的工程款。

十、相关规范

一、法律

中华人民共和国建筑法

（1997年11月1日第八届全国人民代表大会常务委员会第28次会议通过　根据2011年4月22日第十一届全国人民代表大会常务委员会第20次会议《关于修改〈中华人民共和国建筑法〉的决定》第一次修正　根据2019年4月23日第十三届全国人民代表大会常务委员会第十次会议《关于修改〈中华人民共和国建筑法〉等八部法律的决定》第二次修正）

目　　录

第一章　总　　则

第一条　为了加强对建筑活动的监督管理，维护建筑市场秩序，保证建筑工程的质量和安全，促进建筑业健康发展，制定本法。

第二条　在中华人民共和国境内从事建筑活动，实施对建筑活动的监督管理，应当遵守本法。

本法所称建筑活动，是指各类房屋建筑及其附属设施的建造和与其配套的线路、管道、设备的安装活动。

第三条　建筑活动应当确保建筑工程质量和安全，符合国家的建筑工程安全标准。

第四条　国家扶持建筑业的发展，支持建筑科学技术研究，提高房屋建筑设计水平，鼓励节约能源和保护环境，提倡采用先进技术、先进设备、先进工艺、新型建筑材料和现代管理方式。

第五条　从事建筑活动应当遵守法律、法规，不得损害社会公共利益和他人的合法权益。

任何单位和个人都不得妨碍和阻挠依法进行的建筑活动。

第六条　国务院建设行政主管部门对全

国的建筑活动实施统一监督管理。

第二章 建筑许可

第一节 建筑工程施工许可

第七条 建筑工程开工前，建设单位应当按照国家有关规定向工程所在地县级以上人民政府建设行政主管部门申请领取施工许可证；但是，国务院建设行政主管部门确定的限额以下的小型工程除外。

按照国务院规定的权限和程序批准开工报告的建筑工程，不再领取施工许可证。

第八条 申请领取施工许可证，应当具备下列条件：

（一）已经办理该建筑工程用地批准手续；

（二）依法应当办理建设工程规划许可证的，已经取得建设工程规划许可证；

（三）需要拆迁的，其拆迁进度符合施工要求；

（四）已经确定建筑施工企业；

（五）有满足施工需要的资金安排、施工图纸及技术资料；

（六）有保证工程质量和安全的具体措施。

建设行政主管部门应当自收到申请之日起七日内，对符合条件的申请颁发施工许可证。

第九条 建设单位应当自领取施工许可证之日起三个月内开工。因故不能按期开工的，应当向发证机关申请延期；延期以两次为限，每次不超过三个月。既不开工又不申请延期或者超过延期时限的，施工许可证自行废止。

第十条 在建的建筑工程因故中止施工的，建设单位应当自中止施工之日起一个月内，向发证机关报告，并按照规定做好建筑工程的维护管理工作。

建筑工程恢复施工时，应当向发证机关报告；中止施工满一年的工程恢复施工前，建设单位应当报发证机关核验施工许可证。

第十一条 按照国务院有关规定批准开工报告的建筑工程，因故不能按期开工或者中止施工的，应当及时向批准机关报告情况。因故不能按期开工超过六个月的，应当重新办理开工报告的批准手续。

第二节 从业资格

第十二条 从事建筑活动的建筑施工企业、勘察单位、设计单位和工程监理单位，应当具备下列条件：

（一）有符合国家规定的注册资本；

（二）有与其从事的建筑活动相适应的具有法定执业资格的专业技术人员；

（三）有从事相关建筑活动所应有的技术装备；

（四）法律、行政法规规定的其他条件。

第十三条 从事建筑活动的建筑施工企业、勘察单位、设计单位和工程监理单位，按照其拥有的注册资本、专业技术人员、技术装备和已完成的建筑工程业绩等资质条件，划分为不同的资质等级，经资质审查合格，取得相应等级的资质证书后，方可在其资质等级许可的范围内从事建筑活动。

第十四条 从事建筑活动的专业技术人员，应当依法取得相应的执业资格证书，并在执业资格证书许可的范围内从事建筑活动。

第三章 建筑工程发包与承包

第一节 一般规定

第十五条 建筑工程的发包单位与承包单位应当依法订立书面合同，明确双方的权利和义务。

发包单位和承包单位应当全面履行合同约定的义务。不按照合同约定履行义务的，依法承担违约责任。

第十六条 建筑工程发包与承包的招标投标活动，应当遵循公开、公正、平等竞争的原则，择优选择承包单位。

建筑工程的招标投标，本法没有规定的，

适用有关招标投标法律的规定。

第十七条 发包单位及其工作人员在建筑工程发包中不得收受贿赂、回扣或者索取其他好处。

承包单位及其工作人员不得利用向发包单位及其工作人员行贿、提供回扣或者给予其他好处等不正当手段承揽工程。

第十八条 建筑工程造价应当按照国家有关规定，由发包单位与承包单位在合同中约定。公开招标发包的，其造价的约定，须遵守招标投标法律的规定。

发包单位应当按照合同的约定，及时拨付工程款项。

第二节 发 包

第十九条 建筑工程依法实行招标发包，对不适于招标发包的可以直接发包。

第二十条 建筑工程实行公开招标的，发包单位应当依照法定程序和方式，发布招标公告，提供载有招标工程的主要技术要求、主要的合同条款、评标的标准和方法以及开标、评标、定标的程序等内容的招标文件。

开标应当在招标文件规定的时间、地点公开进行。开标后应当按照招标文件规定的评标标准和程序对标书进行评价、比较，在具备相应资质条件的投标者中，择优选定中标者。

第二十一条 建筑工程招标的开标、评标、定标由建设单位依法组织实施，并接受有关行政主管部门的监督。

第二十二条 建筑工程实行招标发包的，发包单位应当将建筑工程发包给依法中标的承包单位。建筑工程实行直接发包的，发包单位应当将建筑工程发包给具有相应资质条件的承包单位。

第二十三条 政府及其所属部门不得滥用行政权力，限定发包单位将招标发包的建筑工程发包给指定的承包单位。

第二十四条 提倡对建筑工程实行总承包，禁止将建筑工程肢解发包。

建筑工程的发包单位可以将建筑工程的勘察、设计、施工、设备采购一并发包给一个工程总承包单位，也可以将建筑工程勘察、设计、施工、设备采购的一项或者多项发包给一个工程总承包单位；但是，不得将应当由一个承包单位完成的建筑工程肢解成若干部分发包给几个承包单位。

第二十五条 按照合同约定，建筑材料、建筑构配件和设备由工程承包单位采购的，发包单位不得指定承包单位购入用于工程的建筑材料、建筑构配件和设备或者指定生产厂、供应商。

第三节 承 包

第二十六条 承包建筑工程的单位应当持有依法取得的资质证书，并在其资质等级许可的业务范围内承揽工程。

禁止建筑施工企业超越本企业资质等级许可的业务范围或者以任何形式用其他建筑施工企业的名义承揽工程。禁止建筑施工企业以任何形式允许其他单位或者个人使用本企业的资质证书、营业执照，以本企业的名义承揽工程。

第二十七条 大型建筑工程或者结构复杂的建筑工程，可以由两个以上的承包单位联合共同承包。共同承包的各方对承包合同的履行承担连带责任。

两个以上不同资质等级的单位实行联合共同承包的，应当按照资质等级低的单位的业务许可范围承揽工程。

第二十八条 禁止承包单位将其承包的全部建筑工程转包给他人，禁止承包单位将其承包的全部建筑工程肢解以后以分包的名义分别转包给他人。

第二十九条 建筑工程总承包单位可以将承包工程中的部分工程发包给具有相应资质条件的分包单位；但是，除总承包合同中约定的分包外，必须经建设单位认可。施工总承包的，建筑工程主体结构的施工必须由总承包单位自行完成。

建筑工程总承包单位按照总承包合同的约定对建设单位负责；分包单位按照分包合同的约定对总承包单位负责。总承包单位和分包单位就分包工程对建设单位承担连带责任。

禁止总承包单位将工程分包给不具备相应资质条件的单位。禁止分包单位将其承包的工程再分包。

第四章 建筑工程监理

第三十条 国家推行建筑工程监理制度。

国务院可以规定实行强制监理的建筑工程的范围。

第三十一条 实行监理的建筑工程，由建设单位委托具有相应资质条件的工程监理单位监理。建设单位与其委托的工程监理单位应当订立书面委托监理合同。

第三十二条 建筑工程监理应当依照法律、行政法规及有关的技术标准、设计文件和建筑工程承包合同，对承包单位在施工质量、建设工期和建设资金使用等方面，代表建设单位实施监督。

工程监理人员认为工程施工不符合工程设计要求、施工技术标准和合同约定的，有权要求建筑施工企业改正。

工程监理人员发现工程设计不符合建筑工程质量标准或者合同约定的质量要求的，应当报告建设单位要求设计单位改正。

第三十三条 实施建筑工程监理前，建设单位应当将委托的工程监理单位、监理的内容及监理权限，书面通知被监理的建筑施工企业。

第三十四条 工程监理单位应当在其资质等级许可的监理范围内，承担工程监理业务。

工程监理单位应当根据建设单位的委托，客观、公正地执行监理任务。

工程监理单位与被监理工程的承包单位以及建筑材料、建筑构配件和设备供应单位不得有隶属关系或者其他利害关系。

工程监理单位不得转让工程监理业务。

第三十五条 工程监理单位不按照委托监理合同的约定履行监理义务，对应当监督检查的项目不检查或者不按照规定检查，给建设单位造成损失的，应当承担相应的赔偿责任。

工程监理单位与承包单位串通，为承包单位谋取非法利益，给建设单位造成损失的，应当与承包单位承担连带赔偿责任。

第五章 建筑安全生产管理

第三十六条 建筑工程安全生产管理必须坚持安全第一、预防为主的方针，建立健全安全生产的责任制度和群防群治制度。

第三十七条 建筑工程设计应当符合按照国家规定制定的建筑安全规程和技术规范，保证工程的安全性能。

第三十八条 建筑施工企业在编制施工组织设计时，应当根据建筑工程的特点制定相应的安全技术措施；对专业性较强的工程项目，应当编制专项安全施工组织设计，并采取安全技术措施。

第三十九条 建筑施工企业应当在施工现场采取维护安全、防范危险、预防火灾等措施；有条件的，应当对施工现场实行封闭管理。

施工现场对毗邻的建筑物、构筑物和特殊作业环境可能造成损害的，建筑施工企业应当采取安全防护措施。

第四十条 建设单位应当向建筑施工企业提供与施工现场相关的地下管线资料，建筑施工企业应当采取措施加以保护。

第四十一条 建筑施工企业应当遵守有关环境保护和安全生产的法律、法规的规定，采取控制和处理施工现场的各种粉尘、废气、废水、固体废物以及噪声、振动对环境的污染和危害的措施。

第四十二条 有下列情形之一的，建设单位应当按照国家有关规定办理申请批准手续：

（一）需要临时占用规划批准范围以外场地的；

（二）可能损坏道路、管线、电力、邮电通讯等公共设施的；

（三）需要临时停水、停电、中断道路交通的；

（四）需要进行爆破作业的；

（五）法律、法规规定需要办理报批手续

的其他情形。

第四十三条 建设行政主管部门负责建筑安全生产的管理，并依法接受劳动行政主管部门对建筑安全生产的指导和监督。

第四十四条 建筑施工企业必须依法加强对建筑安全生产的管理，执行安全生产责任制度，采取有效措施，防止伤亡和其他安全生产事故的发生。

建筑施工企业的法定代表人对本企业的安全生产负责。

第四十五条 施工现场安全由建筑施工企业负责。实行施工总承包的，由总承包单位负责。分包单位向总承包单位负责，服从总承包单位对施工现场的安全生产管理。

第四十六条 建筑施工企业应当建立健全劳动安全生产教育培训制度，加强对职工安全生产的教育培训；未经安全生产教育培训的人员，不得上岗作业。

第四十七条 建筑施工企业和作业人员在施工过程中，应当遵守有关安全生产的法律、法规和建筑行业安全规章、规程，不得违章指挥或者违章作业。作业人员有权对影响人身健康的作业程序和作业条件提出改进意见，有权获得安全生产所需的防护用品。作业人员对危及生命安全和人身健康的行为有权提出批评、检举和控告。

第四十八条 建筑施工企业应当依法为职工参加工伤保险缴纳工伤保险费。鼓励企业为从事危险作业的职工办理意外伤害保险，支付保险费。

第四十九条 涉及建筑主体和承重结构变动的装修工程，建设单位应当在施工前委托原设计单位或者具有相应资质条件的设计单位提出设计方案；没有设计方案的，不得施工。

第五十条 房屋拆除应当由具备保证安全条件的建筑施工单位承担，由建筑施工单位负责人对安全负责。

第五十一条 施工中发生事故时，建筑施工企业应当采取紧急措施减少人员伤亡和事故损失，并按照国家有关规定及时向有关部门报告。

第六章 建筑工程质量管理

第五十二条 建筑工程勘察、设计、施工的质量必须符合国家有关建筑工程安全标准的要求，具体管理办法由国务院规定。

有关建筑工程安全的国家标准不能适应确保建筑安全的要求时，应当及时修订。

第五十三条 国家对从事建筑活动的单位推行质量体系认证制度。从事建筑活动的单位根据自愿原则可以向国务院产品质量监督管理部门或者国务院产品质量监督管理部门授权的部门认可的认证机构申请质量体系认证。经认证合格的，由认证机构颁发质量体系认证证书。

第五十四条 建设单位不得以任何理由，要求建筑设计单位或者建筑施工企业在工程设计或者施工作业中，违反法律、行政法规和建筑工程质量、安全标准，降低工程质量。

建筑设计单位和建筑施工企业对建设单位违反前款规定提出的降低工程质量的要求，应当予以拒绝。

第五十五条 建筑工程实行总承包的，工程质量由工程总承包单位负责，总承包单位将建筑工程分包给其他单位的，应当对分包工程的质量与分包单位承担连带责任。分包单位应当接受总承包单位的质量管理。

第五十六条 建筑工程的勘察、设计单位必须对其勘察、设计的质量负责。勘察、设计文件应当符合有关法律、行政法规的规定和建筑工程质量、安全标准、建筑工程勘察、设计技术规范以及合同的约定。设计文件选用的建筑材料、建筑构配件和设备，应当注明其规格、型号、性能等技术指标，其质量要求必须符合国家规定的标准。

第五十七条 建筑设计单位对设计文件选用的建筑材料、建筑构配件和设备，不得指定生产厂、供应商。

第五十八条 建筑施工企业对工程的施工质量负责。

建筑施工企业必须按照工程设计图纸和施工技术标准施工，不得偷工减料。工程设计的修改由原设计单位负责，建筑施工企业不得擅自修改工程设计。

第五十九条 建筑施工企业必须按照工程设计要求、施工技术标准和合同的约定，对建筑材料、建筑构配件和设备进行检验，不合格的不得使用。

第六十条 建筑物在合理使用寿命内，必须确保地基基础工程和主体结构的质量。

建筑工程竣工时，屋顶、墙面不得留有渗漏、开裂等质量缺陷；对已发现的质量缺陷，建筑施工企业应当修复。

第六十一条 交付竣工验收的建筑工程，必须符合规定的建筑工程质量标准，有完整的工程技术经济资料和经签署的工程保修书，并具备国家规定的其他竣工条件。

建筑工程竣工经验收合格后，方可交付使用；未经验收或者验收不合格的，不得交付使用。

第六十二条 建筑工程实行质量保修制度。

建筑工程的保修范围应当包括地基基础工程、主体结构工程、屋面防水工程和其他土建工程，以及电气管线、上下水管线的安装工程，供热、供冷系统工程等项目；保修的期限应当按照保证建筑物合理寿命年限内正常使用，维护使用者合法权益的原则确定。具体的保修范围和最低保修期限由国务院规定。

第六十三条 任何单位和个人对建筑工程的质量事故、质量缺陷都有权向建设行政主管部门或者其他有关部门进行检举、控告、投诉。

第七章 法律责任

第六十四条 违反本法规定，未取得施工许可证或者开工报告未经批准擅自施工的，责令改正，对不符合开工条件的责令停止施工，可以处以罚款。

第六十五条 发包单位将工程发包给不具有相应资质条件的承包单位的，或者违反本法规定将建筑工程肢解发包的，责令改正，处以罚款。

超越本单位资质等级承揽工程的，责令停止违法行为，处以罚款，可以责令停业整顿，降低资质等级；情节严重的，吊销资质证书；有违法所得的，予以没收。

未取得资质证书承揽工程的，予以取缔，并处罚款；有违法所得的，予以没收。

以欺骗手段取得资质证书的，吊销资质证书，处以罚款；构成犯罪的，依法追究刑事责任。

第六十六条 建筑施工企业转让、出借资质证书或者以其他方式允许他人以本企业的名义承揽工程的，责令改正，没收违法所得，并处罚款，可以责令停业整顿，降低资质等级；情节严重的，吊销资质证书。对因该项承揽工程不符合规定的质量标准造成的损失，建筑施工企业与使用本企业名义的单位或者个人承担连带赔偿责任。

第六十七条 承包单位将承包的工程转包的，或者违反本法规定进行分包的，责令改正，没收违法所得，并处罚款，可以责令停业整顿，降低资质等级；情节严重的，吊销资质证书。

承包单位有前款规定的违法行为的，对因转包工程或者违法分包的工程不符合规定的质量标准造成的损失，与接受转包或者分包的单位承担连带赔偿责任。

第六十八条 在工程发包与承包中索贿、受贿、行贿，构成犯罪的，依法追究刑事责任；不构成犯罪的，分别处以罚款，没收贿赂的财物，对直接负责的主管人员和其他直接责任人员给予处分。

对在工程承包中行贿的承包单位，除依照前款规定处罚外，可以责令停业整顿，降低资质等级或者吊销资质证书。

第六十九条 工程监理单位与建设单位或者建筑施工企业串通，弄虚作假、降低工程质量的，责令改正，处以罚款，降低资质等级或者吊销资质证书；有违法所得的，予以没收；造成损失的，承担连带赔偿责任；构成犯罪的，依法追究刑事责任。

工程监理单位转让监理业务的，责令改正，没收违法所得，可以责令停业整顿，降低资质等级；情节严重的，吊销资质证书。

第七十条 违反本法规定，涉及建筑主体或者承重结构变动的装修工程擅自施工的，责令改正，处以罚款；造成损失的，承担赔偿责任；构成犯罪的，依法追究刑事责任。

第七十一条 建筑施工企业违反本法规定，对建筑安全事故隐患不采取措施予以消除的，责令改正，可以处以罚款；情节严重的，责令停业整顿，降低资质等级或者吊销资质证书；构成犯罪的，依法追究刑事责任。

建筑施工企业的管理人员违章指挥、强令职工冒险作业，因而发生重大伤亡事故或者造成其他严重后果的，依法追究刑事责任。

第七十二条 建设单位违反本法规定，要求建筑设计单位或者建筑施工企业违反建筑工程质量、安全标准，降低工程质量的，责令改正，可以处以罚款；构成犯罪的，依法追究刑事责任。

第七十三条 建筑设计单位不按照建筑工程质量、安全标准进行设计的，责令改正，处以罚款；造成工程质量事故的，责令停业整顿，降低资质等级或者吊销资质证书，没收违法所得，并处罚款；造成损失的，承担赔偿责任；构成犯罪的，依法追究刑事责任。

第七十四条 建筑施工企业在施工中偷工减料的，使用不合格的建筑材料、建筑构配件和设备的，或者有其他不按照工程设计图纸或者施工技术标准施工的行为的，责令改正，处以罚款；情节严重的，责令停业整顿，降低资质等级或者吊销资质证书；造成建筑工程质量不符合规定的质量标准的，负责返工、修理，并赔偿因此造成的损失；构成犯罪的，依法追究刑事责任。

第七十五条 建筑施工企业违反本法规定，不履行保修义务或者拖延履行保修义务的，责令改正，可以处以罚款，并对在保修期内因屋顶、墙面渗漏、开裂等质量缺陷造成的损失，承担赔偿责任。

第七十六条 本法规定的责令停业整顿、降低资质等级和吊销资质证书的行政处罚，由颁发资质证书的机关决定；其他行政处罚，由建设行政主管部门或者有关部门依照法律和国务院规定的职权范围决定。

依照本法规定被吊销资质证书的，由工商行政管理部门吊销其营业执照。

第七十七条 违反本法规定，对不具备相应资质等级条件的单位颁发该等级资质证书的，由其上级机关责令收回所发的资质证书，对直接负责的主管人员和其他直接责任人员给予行政处分；构成犯罪的，依法追究刑事责任。

第七十八条 政府及其所属部门的工作人员违反本法规定，限定发包单位将招标发包的工程发包给指定的承包单位的，由上级机关责令改正；构成犯罪的，依法追究刑事责任。

第七十九条 负责颁发建筑工程施工许可证的部门及其工作人员对不符合施工条件的建筑工程颁发施工许可证的，负责工程质量监督检查或者竣工验收的部门及其工作人员对不合格的建筑工程出具质量合格文件或者按合格工程验收的，由上级机关责令改正，对责任人员给予行政处分；构成犯罪的，依法追究刑事责任；造成损失的，由该部门承担相应的赔偿责任。

第八十条 在建筑物的合理使用寿命内，因建筑工程质量不合格受到损害的，有权向责任者要求赔偿。

第八章　附　　则

第八十一条 本法关于施工许可、建筑施工企业资质审查和建筑工程发包、承包、禁止转包，以及建筑工程监理、建筑工程安全和质量管理的规定，适用于其他专业建筑工程的建筑活动，具体办法由国务院规定。

第八十二条 建设行政主管部门和其他有关部门在对建筑活动实施监督管理中，除按照国务院有关规定收取费用外，不得收取其他费用。

第八十三条 省、自治区、直辖市人民政府确定的小型房屋建筑工程的建筑活动，参照本法执行。

依法核定作为文物保护的纪念建筑物和古建筑等的修缮，依照文物保护的有关法律规定执行。

抢险救灾及其他临时性房屋建筑和农民

自建低层住宅的建筑活动，不适用本法。

第八十四条 军用房屋建筑工程建筑活动的具体管理办法，由国务院、中央军事委员会依据本法制定。

第八十五条 本法自1998年3月1日起施行。

中华人民共和国招标投标法

（1999年8月30日第九届全国人民代表大会常务委员会第十一次会议通过 根据2017年12月27日第十二届全国人民代表大会常务委员会第三十一次会议《关于修改〈中华人民共和国招标投标法〉、〈中华人民共和国计量法〉的决定》修正）

目　录

第一章　总　则

第一条 为了规范招标投标活动，保护国家利益、社会公共利益和招标投标活动当事人的合法权益，提高经济效益，保证项目质量，制定本法。

第二条 在中华人民共和国境内进行招标投标活动，适用本法。

第三条 在中华人民共和国境内进行下列工程建设项目包括项目的勘察、设计、施工、监理以及与工程建设有关的重要设备、材料等的采购，必须进行招标：

（一）大型基础设施、公用事业等关系社会公共利益、公众安全的项目；

（二）全部或者部分使用国有资金投资或者国家融资的项目；

（三）使用国际组织或者外国政府贷款、援助资金的项目。

前款所列项目的具体范围和规模标准，由国务院发展计划部门会同国务院有关部门制订，报国务院批准。

法律或者国务院对必须进行招标的其他项目的范围有规定的，依照其规定。

第四条 任何单位和个人不得将依法必须进行招标的项目化整为零或者以其他任何方式规避招标。

第五条 招标投标活动应当遵循公开、公平、公正和诚实信用的原则。

第六条 依法必须进行招标的项目，其招标投标活动不受地区或者部门的限制。任何单位和个人不得违法限制或者排斥本地区、本系统以外的法人或者其他组织参加投标，不得以任何方式非法干涉招标投标活动。

第七条 招标投标活动及其当事人应当接受依法实施的监督。

有关行政监督部门依法对招标投标活动实施监督，依法查处招标投标活动中的违法行为。

对招标投标活动的行政监督及有关部门的具体职权划分，由国务院规定。

第二章　招　标

第八条 招标人是依照本法规定提出招标项目、进行招标的法人或者其他组织。

第九条 招标项目按照国家有关规定需要履行项目审批手续的，应当先履行审批手续，取得批准。

招标人应当有进行招标项目的相应资金

或者资金来源已经落实，并应当在招标文件中如实载明。

第十条 招标分为公开招标和邀请招标。

公开招标，是指招标人以招标公告的方式邀请不特定的法人或者其他组织投标。

邀请招标，是指招标人以投标邀请书的方式邀请特定的法人或者其他组织投标。

第十一条 国务院发展计划部门确定的国家重点项目和省、自治区、直辖市人民政府确定的地方重点项目不适宜公开招标的，经国务院发展计划部门或者省、自治区、直辖市人民政府批准，可以进行邀请招标。

第十二条 招标人有权自行选择招标代理机构，委托其办理招标事宜。任何单位和个人不得以任何方式为招标人指定招标代理机构。

招标人具有编制招标文件和组织评标能力的，可以自行办理招标事宜。任何单位和个人不得强制其委托招标代理机构办理招标事宜。

依法必须进行招标的项目，招标人自行办理招标事宜的，应当向有关行政监督部门备案。

第十三条 招标代理机构是依法设立、从事招标代理业务并提供相关服务的社会中介组织。

招标代理机构应当具备下列条件：

（一）有从事招标代理业务的营业场所和相应资金；

（二）有能够编制招标文件和组织评标的相应专业力量；

第十四条 招标代理机构与行政机关和其他国家机关不得存在隶属关系或者其他利益关系。

第十五条 招标代理机构应当在招标人委托的范围内办理招标事宜，并遵守本法关于招标人的规定。

第十六条 招标人采用公开招标方式的，应当发布招标公告。依法必须进行招标的项目的招标公告，应当通过国家指定的报刊、信息网络或者其他媒介发布。

招标公告应当载明招标人的名称和地址、招标项目的性质、数量、实施地点和时间以及获取招标文件的办法等事项。

第十七条 招标人采用邀请招标方式的，应当向三个以上具备承担招标项目的能力、资信良好的特定的法人或者其他组织发出投标邀请书。

投标邀请书应当载明本法第十六条第二款规定的事项。

第十八条 招标人可以根据招标项目本身的要求，在招标公告或者投标邀请书中，要求潜在投标人提供有关资质证明文件和业绩情况，并对潜在投标人进行资格审查；国家对投标人的资格条件有规定的，依照其规定。

招标人不得以不合理的条件限制或者排斥潜在投标人，不得对潜在投标人实行歧视待遇。

第十九条 招标人应当根据招标项目的特点和需要编制招标文件。招标文件应当包括招标项目的技术要求、对投标人资格审查的标准、投标报价要求和评标标准等所有实质性要求和条件以及拟签订合同的主要条款。

国家对招标项目的技术、标准有规定的，招标人应当按照其规定在招标文件中提出相应要求。

招标项目需要划分标段、确定工期的，招标人应当合理划分标段、确定工期，并在招标文件中载明。

第二十条 招标文件不得要求或者标明特定的生产供应者以及含有倾向或者排斥潜在投标人的其他内容。

第二十一条 招标人根据招标项目的具体情况，可以组织潜在投标人踏勘项目现场。

第二十二条 招标人不得向他人透露已获取招标文件的潜在投标人的名称、数量以及可能影响公平竞争的有关招标投标的其他情况。

招标人设有标底的，标底必须保密。

第二十三条 招标人对已发出的招标文件进行必要的澄清或者修改的，应当在招标文件要求提交投标文件截止时间至少十五日前，以书面形式通知所有招标文件收受人。该澄清或者修改的内容为招标文件的组成部分。

第二十四条 招标人应当确定投标人编制投标文件所需要的合理时间；但是，依法必须进行招标的项目，自招标文件开始发出之日起至投标人提交投标文件截止之日止，最短不得少于二十日。

第三章 投 标

第二十五条 投标人是响应招标、参加投标竞争的法人或者其他组织。

依法招标的科研项目允许个人参加投标的，投标的个人适用本法有关投标人的规定。

第二十六条 投标人应当具备承担招标项目的能力；国家有关规定对投标人资格条件或者招标文件对投标人资格条件有规定的，投标人应当具备规定的资格条件。

第二十七条 投标人应当按照招标文件的要求编制投标文件。投标文件应当对招标文件提出的实质性要求和条件作出响应。

招标项目属于建设施工的，投标文件的内容应当包括拟派出的项目负责人与主要技术人员的简历、业绩和拟用于完成招标项目的机械设备等。

第二十八条 投标人应当在招标文件要求提交投标文件的截止时间前，将投标文件送达投标地点。招标人收到投标文件后，应当签收保存，不得开启。投标人少于三个的，招标人应当依照本法重新招标。

在招标文件要求提交投标文件的截止时间后送达的投标文件，招标人应当拒收。

第二十九条 投标人在招标文件要求提交投标文件的截止时间前，可以补充、修改或者撤回已提交的投标文件，并书面通知招标人。补充、修改的内容为投标文件的组成部分。

第三十条 投标人根据招标文件载明的项目实际情况，拟在中标后将中标项目的部分非主体、非关键性工作进行分包的，应当在投标文件中载明。

第三十一条 两个以上法人或者其他组织可以组成一个联合体，以一个投标人的身份共同投标。

联合体各方均应当具备承担招标项目的相应能力；国家有关规定或者招标文件对投标人资格条件有规定的，联合体各方均应当具备规定的相应资格条件。由同一专业的单位组成的联合体，按照资质等级较低的单位确定资质等级。

联合体各方应当签订共同投标协议，明确约定各方拟承担的工作和责任，并将共同投标协议连同投标文件一并提交招标人。联合体中标的，联合体各方应当共同与招标人签订合同，就中标项目向招标人承担连带责任。

招标人不得强制投标人组成联合体共同投标，不得限制投标人之间的竞争。

第三十二条 投标人不得相互串通投标报价，不得排挤其他投标人的公平竞争，损害招标人或者其他投标人的合法权益。

投标人不得与招标人串通投标，损害国家利益、社会公共利益或者他人的合法权益。

禁止投标人以向招标人或者评标委员会成员行贿的手段谋取中标。

第三十三条 投标人不得以低于成本的报价竞标，也不得以他人名义投标或者以其他方式弄虚作假，骗取中标。

第四章 开标、评标和中标

第三十四条 开标应当在招标文件确定的提交投标文件截止时间的同一时间公开进行；开标地点应当为招标文件中预先确定的地点。

第三十五条 开标由招标人主持，邀请所有投标人参加。

第三十六条 开标时，由投标人或者其推选的代表检查投标文件的密封情况，也可以由招标人委托的公证机构检查并公证；经确认无误后，由工作人员当众拆封，宣读投标人名称、投标价格和投标文件的其他主要内容。

招标人在招标文件要求提交投标文件的截止时间前收到的所有投标文件，开标时都应当当众予以拆封、宣读。

开标过程应当记录，并存档备查。

第三十七条 评标由招标人依法组建的

评标委员会负责。

依法必须进行招标的项目，其评标委员会由招标人的代表和有关技术、经济等方面的专家组成，成员人数为五人以上单数，其中技术、经济等方面的专家不得少于成员总数的三分之二。

前款专家应当从事相关领域工作满八年并具有高级职称或者具有同等专业水平，由招标人从国务院有关部门或者省、自治区、直辖市人民政府有关部门提供的专家名册或者招标代理机构的专家库内的相关专业的专家名单中确定；一般招标项目可以采取随机抽取方式，特殊招标项目可以由招标人直接确定。

与投标人有利害关系的人不得进入相关项目的评标委员会；已经进入的应当更换。

评标委员会成员的名单在中标结果确定前应当保密。

第三十八条 招标人应当采取必要的措施，保证评标在严格保密的情况下进行。

任何单位和个人不得非法干预、影响评标的过程和结果。

第三十九条 评标委员会可以要求投标人对投标文件中含义不明确的内容作必要的澄清或者说明，但是澄清或者说明不得超出投标文件的范围或者改变投标文件的实质性内容。

第四十条 评标委员会应当按照招标文件确定的评标标准和方法，对投标文件进行评审和比较；设有标底的，应当参考标底。评标委员会完成评标后，应当向招标人提出书面评标报告，并推荐合格的中标候选人。

招标人根据评标委员会提出的书面评标报告和推荐的中标候选人确定中标人。招标人也可以授权评标委员会直接确定中标人。

国务院对特定招标项目的评标有特别规定的，从其规定。

第四十一条 中标人的投标应当符合下列条件之一：

（一）能够最大限度地满足招标文件中规定的各项综合评价标准；

（二）能够满足招标文件的实质性要求，并且经评审的投标价格最低；但是投标价格低于成本的除外。

第四十二条 评标委员会经评审，认为所有投标都不符合招标文件要求的，可以否决所有投标。

依法必须进行招标的项目的所有投标被否决的，招标人应当依照本法重新招标。

第四十三条 在确定中标人前，招标人不得与投标人就投标价格、投标方案等实质性内容进行谈判。

第四十四条 评标委员会成员应当客观、公正地履行职务，遵守职业道德，对所提出的评审意见承担个人责任。

评标委员会成员不得私下接触投标人，不得收受投标人的财物或者其他好处。

评标委员会成员和参与评标的有关工作人员不得透露对投标文件的评审和比较、中标候选人的推荐情况以及与评标有关的其他情况。

第四十五条 中标人确定后，招标人应当向中标人发出中标通知书，并同时将中标结果通知所有未中标的投标人。

中标通知书对招标人和中标人具有法律效力。中标通知书发出后，招标人改变中标结果的，或者中标人放弃中标项目的，应当依法承担法律责任。

第四十六条 招标人和中标人应当自中标通知书发出之日起三十日内，按照招标文件和中标人的投标文件订立书面合同。招标人和中标人不得再行订立背离合同实质性内容的其他协议。

招标文件要求中标人提交履约保证金的，中标人应当提交。

第四十七条 依法必须进行招标的项目，招标人应当自确定中标人之日起十五日内，向有关行政监督部门提交招标投标情况的书面报告。

第四十八条 中标人应当按照合同约定履行义务，完成中标项目。中标人不得向他人转让中标项目，也不得将中标项目肢解后分别向他人转让。

中标人按照合同约定或者经招标人同意，可以将中标项目的部分非主体、非关键性工作分包给他人完成。接受分包的人应当具备相应的资格条件，并不得再次分包。

中标人应当就分包项目向招标人负责，接受分包的人就分包项目承担连带责任。

第五章 法律责任

第四十九条 违反本法规定，必须进行招标的项目而不招标的，将必须进行招标的项目化整为零或者以其他任何方式规避招标的，责令限期改正，可以处项目合同金额千分之五以上千分之十以下的罚款；对全部或者部分使用国有资金的项目，可以暂停项目执行或者暂停资金拨付；对单位直接负责的主管人员和其他直接责任人员依法给予处分。

第五十条 招标代理机构违反本法规定，泄露应当保密的与招标投标活动有关的情况和资料的，或者与招标人、投标人串通损害国家利益、社会公共利益或者他人合法权益的，处五万元以上二十五万元以下的罚款，对单位直接负责的主管人员和其他直接责任人员处单位罚款数额百分之五以上百分之十以下的罚款；有违法所得的，并处没收违法所得；情节严重的，禁止其一年至二年内代理依法必须进行招标的项目并予以公告，直至由工商行政管理机关吊销营业执照；构成犯罪的，依法追究刑事责任。给他人造成损失的，依法承担赔偿责任。

前款所列行为影响中标结果的，中标无效。

第五十一条 招标人以不合理的条件限制或者排斥潜在投标人的，对潜在投标人实行歧视待遇的，强制要求投标人组成联合体共同投标的，或者限制投标人之间竞争的，责令改正，可以处一万元以上五万元以下的罚款。

第五十二条 依法必须进行招标的项目的招标人向他人透露已获取招标文件的潜在投标人的名称、数量或者可能影响公平竞争的有关招标投标的其他情况的，或者泄露标底的，给予警告，可以并处一万元以上十万元以下的罚款；对单位直接负责的主管人员和其他直接责任人员依法给予处分；构成犯罪的，依法追究刑事责任。

前款所列行为影响中标结果的，中标无效。

第五十三条 投标人相互串通投标或者与招标人串通投标的，投标人以向招标人或者评标委员会成员行贿的手段谋取中标的，中标无效，处中标项目金额千分之五以上千分之十以下的罚款，对单位直接负责的主管人员和其他直接责任人员处单位罚款数额百分之五以上百分之十以下的罚款；有违法所得的，并处没收违法所得；情节严重的，取消其一年至二年内参加依法必须进行招标的项目的投标资格并予以公告，直至由工商行政管理机关吊销营业执照；构成犯罪的，依法追究刑事责任。给他人造成损失的，依法承担赔偿责任。

第五十四条 投标人以他人名义投标或者以其他方式弄虚作假，骗取中标的，中标无效，给招标人造成损失的，依法承担赔偿责任；构成犯罪的，依法追究刑事责任。

依法必须进行招标的项目的投标人有前款所列行为尚未构成犯罪的，处中标项目金额千分之五以上千分之十以下的罚款，对单位直接负责的主管人员和其他直接责任人员处单位罚款数额百分之五以上百分之十以下的罚款；有违法所得的，并处没收违法所得；情节严重的，取消其一年至三年内参加依法必须进行招标的项目的投标资格并予以公告，直至由工商行政管理机关吊销营业执照。

第五十五条 依法必须进行招标的项目，招标人违反本法规定，与投标人就投标价格、投标方案等实质性内容进行谈判的，给予警告，对单位直接负责的主管人员和其他直接责任人员依法给予处分。

前款所列行为影响中标结果的，中标无效。

第五十六条 评标委员会成员收受投标人的财物或者其他好处的，评标委员会成员或者参加评标的有关工作人员向他人透露对投标文件的评审和比较、中标候选人的推荐以及与评标有关的其他情况的，给予警告，没收收受的财物，可以并处三千元以上五万元以下的罚款，对有所列违法行为的评标委员会成员取消担任评标委员会成员的资格，不得再参加任何依法必须进行招标的项目的评标；构成犯罪的，依法追究刑事责任。

第五十七条 招标人在评标委员会依法推荐的中标候选人以外确定中标人的，依法必须进行招标的项目在所有投标被评标委员会否决后自行确定中标人的，中标无效。责令改正，可以处中标项目金额千分之五以上千分之十以下的罚款；对单位直接负责的主管人员和其他直接责任人员依法给予处分。

第五十八条 中标人将中标项目转让给他人的，将中标项目肢解后分别转让给他人的，违反本法规定将中标项目的部分主体、关键性工作分包给他人的，或者分包人再次分包的，转让、分包无效，处转让、分包项目金额千分之五以上千分之十以下的罚款；有违法所得的，并处没收违法所得；可以责令停业整顿；情节严重的，由工商行政管理机关吊销营业执照。

第五十九条 招标人与中标人不按照招标文件和中标人的投标文件订立合同的，或者招标人、中标人订立背离合同实质性内容的协议的，责令改正；可以处中标项目金额千分之五以上千分之十以下的罚款。

第六十条 中标人不履行与招标人订立的合同的，履约保证金不予退还，给招标人造成的损失超过履约保证金数额的，还应当对超过部分予以赔偿；没有提交履约保证金的，应当对招标人的损失承担赔偿责任。

中标人不按照与招标人订立的合同履行义务，情节严重的，取消其二年至五年内参加依法必须进行招标的项目的投标资格并予以公告，直至由工商行政管理机关吊销营业执照。

因不可抗力不能履行合同的，不适用前两款规定。

第六十一条 本章规定的行政处罚，由国务院规定的有关行政监督部门决定。本法已对实施行政处罚的机关作出规定的除外。

第六十二条 任何单位违反本法规定，限制或者排斥本地区、本系统以外的法人或者其他组织参加投标的，为招标人指定招标代理机构的，强制招标人委托招标代理机构办理招标事宜的，或者以其他方式干涉招标投标活动的，责令改正；对单位直接负责的主管人员和其他直接责任人员依法给予警告、记过、记大过的处分，情节较重的，依法给予降级、撤职、开除的处分。

个人利用职权进行前款违法行为的，依照前款规定追究责任。

第六十三条 对招标投标活动依法负有行政监督职责的国家机关工作人员徇私舞弊、滥用职权或者玩忽职守，构成犯罪的，依法追究刑事责任；不构成犯罪的，依法给予行政处分。

第六十四条 依法必须进行招标的项目违反本法规定，中标无效的，应当依照本法规定的中标条件从其余投标人中重新确定中标人或者依照本法重新进行招标。

第六章 附 则

第六十五条 投标人和其他利害关系人认为招标投标活动不符合本法有关规定的，有权向招标人提出异议或者依法向有关行政监督部门投诉。

第六十六条 涉及国家安全、国家秘密、抢险救灾或者属于利用扶贫资金实行以工代赈、需要使用农民工等特殊情况，不适宜进行招标的项目，按照国家有关规定可以不进行招标。

第六十七条 使用国际组织或者外国政府贷款、援助资金的项目进行招标，贷款方、资金提供方对招标投标的具体条件和程序有不同规定的，可以适用其规定，但违背中华人民共和国的社会公共利益的除外。

第六十八条 本法自 2000 年 1 月 1 日起施行。

二、行政法规

中华人民共和国招标投标法实施条例

（2011年12月20日中华人民共和国国务院令第613号公布　根据2017年3月1日《国务院关于修改和废止部分行政法规的决定》第一次修订　根据2018年3月19日《国务院关于修改和废止部分行政法规的决定》第二次修订　根据2019年3月2日《国务院关于修改部分行政法规的决定》第三次修订）

目　　录

第一章　总　　则

第一条　为了规范招标投标活动，根据《中华人民共和国招标投标法》（以下简称招标投标法），制定本条例。

第二条　招标投标法第三条所称工程建设项目，是指工程以及与工程建设有关的货物、服务。

前款所称工程，是指建设工程，包括建筑物和构筑物的新建、改建、扩建及其相关的装修、拆除、修缮等；所称与工程建设有关的货物，是指构成工程不可分割的组成部分，且为实现工程基本功能所必需的设备、材料等；所称与工程建设有关的服务，是指为完成工程所需的勘察、设计、监理等服务。

第三条　依法必须进行招标的工程建设项目的具体范围和规模标准，由国务院发展改革部门会同国务院有关部门制订，报国务院批准后公布施行。

第四条　国务院发展改革部门指导和协调全国招标投标工作，对国家重大建设项目的工程招标投标活动实施监督检查。国务院工业和信息化、住房城乡建设、交通运输、铁道、水利、商务等部门，按照规定的职责分工对有关招标投标活动实施监督。

县级以上地方人民政府发展改革部门指导和协调本行政区域的招标投标工作。县级以上地方人民政府有关部门按照规定的职责分工，对招标投标活动实施监督，依法查处招标投标活动中的违法行为。县级以上地方人民政府对其所属部门有关招标投标活动的监督职责分工另有规定的，从其规定。

财政部门依法对实行招标投标的政府采购工程建设项目的政府采购政策执行情况实施监督。

监察机关依法对与招标投标活动有关的监察对象实施监察。

第五条　设区的市级以上地方人民政府可以根据实际需要，建立统一规范的招标投标交易场所，为招标投标活动提供服务。招标投标交易场所不得与行政监督部门存在隶属关系，不得以营利为目的。

国家鼓励利用信息网络进行电子招标投标。

第六条　禁止国家工作人员以任何方式非法干涉招标投标活动。

第二章　招　　标

第七条　按照国家有关规定需要履行项

目审批、核准手续的依法必须进行招标的项目，其招标范围、招标方式、招标组织形式应当报项目审批、核准部门审批、核准。项目审批、核准部门应当及时将审批、核准确定的招标范围、招标方式、招标组织形式通报有关行政监督部门。

第八条 国有资金占控股或者主导地位的依法必须进行招标的项目，应当公开招标；但有下列情形之一的，可以邀请招标：

（一）技术复杂、有特殊要求或者受自然环境限制，只有少量潜在投标人可供选择；

（二）采用公开招标方式的费用占项目合同金额的比例过大。

有前款第二项所列情形，属于本条例第七条规定的项目，由项目审批、核准部门在审批、核准项目时作出认定；其他项目由招标人申请有关行政监督部门作出认定。

第九条 除招标投标法第六十六条规定的可以不进行招标的特殊情况外，有下列情形之一的，可以不进行招标：

（一）需要采用不可替代的专利或者专有技术；

（二）采购人依法能够自行建设、生产或者提供；

（三）已通过招标方式选定的特许经营项目投资人依法能够自行建设、生产或者提供；

（四）需要向原中标人采购工程、货物或者服务，否则将影响施工或者功能配套要求；

（五）国家规定的其他特殊情形。

招标人为适用前款规定弄虚作假的，属于招标投标法第四条规定的规避招标。

第十条 招标投标法第十二条第二款规定的招标人具有编制招标文件和组织评标能力，是指招标人具有与招标项目规模和复杂程度相适应的技术、经济等方面的专业人员。

第十一条 国务院住房城乡建设、商务、发展改革、工业和信息化等部门，按照规定的职责分工对招标代理机构依法实施监督管理。

第十二条 招标代理机构应当拥有一定数量的具备编制招标文件、组织评标等相应能力的专业人员。

第十三条 招标代理机构在招标人委托的范围内开展招标代理业务，任何单位和个人不得非法干涉。

招标代理机构代理招标业务，应当遵守招标投标法和本条例关于招标人的规定。招标代理机构不得在所代理的招标项目中投标或者代理投标，也不得为所代理的招标项目的投标人提供咨询。

第十四条 招标人应当与被委托的招标代理机构签订书面委托合同，合同约定的收费标准应当符合国家有关规定。

第十五条 公开招标的项目，应当依照招标投标法和本条例的规定发布招标公告、编制招标文件。

招标人采用资格预审办法对潜在投标人进行资格审查的，应当发布资格预审公告、编制资格预审文件。

依法必须进行招标的项目的资格预审公告和招标公告，应当在国务院发展改革部门依法指定的媒介发布。在不同媒介发布的同一招标项目的资格预审公告或者招标公告的内容应当一致。指定媒介发布依法必须进行招标的项目的境内资格预审公告、招标公告，不得收取费用。

编制依法必须进行招标的项目的资格预审文件和招标文件，应当使用国务院发展改革部门会同有关行政监督部门制定的标准文本。

第十六条 招标人应当按照资格预审公告、招标公告或者投标邀请书规定的时间、地点发售资格预审文件或者招标文件。资格预审文件或者招标文件的发售期不得少于5日。

招标人发售资格预审文件、招标文件收取的费用应当限于补偿印刷、邮寄的成本支出，不得以营利为目的。

第十七条 招标人应当合理确定提交资格预审申请文件的时间。依法必须进行招标的项目提交资格预审申请文件的时间，自资格预审文件停止发售之日起不得少于5日。

第十八条 资格预审应当按照资格预审文件载明的标准和方法进行。

国有资金占控股或者主导地位的依法必须进行招标的项目，招标人应当组建资格审查委员会审查资格预审申请文件。资格审查委员会及其成员应当遵守招标投标法和本条例有关评标委员会及其成员的规定。

第十九条 资格预审结束后，招标人应当及时向资格预审申请人发出资格预审结果通知书。未通过资格预审的申请人不具有投标资格。

通过资格预审的申请人少于3个的，应当重新招标。

第二十条 招标人采用资格后审办法对投标人进行资格审查的，应当在开标后由评标委员会按照招标文件规定的标准和方法对投标人的资格进行审查。

第二十一条 招标人可以对已发出的资格预审文件或者招标文件进行必要的澄清或者修改。澄清或者修改的内容可能影响资格预审申请文件或者投标文件编制的，招标人应当在提交资格预审申请文件截止时间至少3日前，或者投标截止时间至少15日前，以书面形式通知所有获取资格预审文件或者招标文件的潜在投标人；不足3日或者15日的，招标人应当顺延提交资格预审申请文件或者投标文件的截止时间。

第二十二条 潜在投标人或者其他利害关系人对资格预审文件有异议的，应当在提交资格预审申请文件截止时间2日前提出；对招标文件有异议的，应当在投标截止时间10日前提出。招标人应当自收到异议之日起3日内作出答复；作出答复前，应当暂停招标投标活动。

第二十三条 招标人编制的资格预审文件、招标文件的内容违反法律、行政法规的强制性规定，违反公开、公平、公正和诚实信用原则，影响资格预审结果或者潜在投标人投标的，依法必须进行招标的项目的招标人应当在修改资格预审文件或者招标文件后重新招标。

第二十四条 招标人对招标项目划分标段的，应当遵守招标投标法的有关规定，不得利用划分标段限制或者排斥潜在投标人。依法必须进行招标的项目的招标人不得利用划分标段规避招标。

第二十五条 招标人应当在招标文件中载明投标有效期。投标有效期从提交投标文件的截止之日起算。

第二十六条 招标人在招标文件中要求投标人提交投标保证金的，投标保证金不得超过招标项目估算价的2%。投标保证金有效期应当与投标有效期一致。

依法必须进行招标的项目的境内投标单位，以现金或者支票形式提交的投标保证金应当从其基本账户转出。

招标人不得挪用投标保证金。

第二十七条 招标人可以自行决定是否编制标底。一个招标项目只能有一个标底。标底必须保密。

接受委托编制标底的中介机构不得参加受托编制标底项目的投标，也不得为该项目的投标人编制投标文件或者提供咨询。

招标人设有最高投标限价的，应当在招标文件中明确最高投标限价或者最高投标限价的计算方法。招标人不得规定最低投标限价。

第二十八条 招标人不得组织单个或者部分潜在投标人踏勘项目现场。

第二十九条 招标人可以依法对工程以及与工程建设有关的货物、服务全部或者部分实行总承包招标。以暂估价形式包括在总承包范围内的工程、货物、服务属于依法必须进行招标的项目范围且达到国家规定规模标准的，应当依法进行招标。

前款所称暂估价，是指总承包招标时不能确定价格而由招标人在招标文件中暂时估定的工程、货物、服务的金额。

第三十条 对技术复杂或者无法精确拟定技术规格的项目，招标人可以分两阶段进行招标。

第一阶段，投标人按照招标公告或者投标邀请书的要求提交不带报价的技术建议，招标人根据投标人提交的技术建议确定技术标准和要求，编制招标文件。

第二阶段，招标人向在第一阶段提交技术建议的投标人提供招标文件，投标人按照招标文件的要求提交包括最终技术方案和投标报价的投标文件。

招标人要求投标人提交投标保证金的，

应当在第二阶段提出。

第三十一条 招标人终止招标的，应当及时发布公告，或者以书面形式通知被邀请的或者已经获取资格预审文件、招标文件的潜在投标人。已经发售资格预审文件、招标文件或者已经收取投标保证金的，招标人应当及时退还所收取的资格预审文件、招标文件的费用，以及所收取的投标保证金及银行同期存款利息。

第三十二条 招标人不得以不合理的条件限制、排斥潜在投标人或者投标人。

招标人有下列行为之一的，属于以不合理条件限制、排斥潜在投标人或者投标人：

（一）就同一招标项目向潜在投标人或者投标人提供有差别的项目信息；

（二）设定的资格、技术、商务条件与招标项目的具体特点和实际需要不相适应或者与合同履行无关；

（三）依法必须进行招标的项目以特定行政区域或者特定行业的业绩、奖项作为加分条件或者中标条件；

（四）对潜在投标人或者投标人采取不同的资格审查或者评标标准；

（五）限定或者指定特定的专利、商标、品牌、原产地或者供应商；

（六）依法必须进行招标的项目非法限定潜在投标人或者投标人的所有制形式或者组织形式；

（七）以其他不合理条件限制、排斥潜在投标人或者投标人。

第三章　投　　标

第三十三条 投标人参加依法必须进行招标的项目的投标，不受地区或者部门的限制，任何单位和个人不得非法干涉。

第三十四条 与招标人存在利害关系可能影响招标公正性的法人、其他组织或者个人，不得参加投标。

单位负责人为同一人或者存在控股、管理关系的不同单位，不得参加同一标段投标或者未划分标段的同一招标项目投标。

违反前两款规定的，相关投标均无效。

第三十五条 投标人撤回已提交的投标文件，应当在投标截止时间前书面通知招标人。招标人已收取投标保证金的，应当自收到投标人书面撤回通知之日起5日内退还。

投标截止后投标人撤销投标文件的，招标人可以不退还投标保证金。

第三十六条 未通过资格预审的申请人提交的投标文件，以及逾期送达或者不按照招标文件要求密封的投标文件，招标人应当拒收。

招标人应当如实记载投标文件的送达时间和密封情况，并存档备查。

第三十七条 招标人应当在资格预审公告、招标公告或者投标邀请书中载明是否接受联合体投标。

招标人接受联合体投标并进行资格预审的，联合体应当在提交资格预审申请文件前组成。资格预审后联合体增减、更换成员的，其投标无效。

联合体各方在同一招标项目中以自己名义单独投标或者参加其他联合体投标的，相关投标均无效。

第三十八条 投标人发生合并、分立、破产等重大变化的，应当及时书面告知招标人。投标人不再具备资格预审文件、招标文件规定的资格条件或者其投标影响招标公正性的，其投标无效。

第三十九条 禁止投标人相互串通投标。

有下列情形之一的，属于投标人相互串通投标：

（一）投标人之间协商投标报价等投标文件的实质性内容；

（二）投标人之间约定中标人；

（三）投标人之间约定部分投标人放弃投标或者中标；

（四）属于同一集团、协会、商会等组织成员的投标人按照该组织要求协同投标；

（五）投标人之间为谋取中标或者排斥特定投标人而采取的其他联合行动。

第四十条 有下列情形之一的，视为投标人相互串通投标：

（一）不同投标人的投标文件由同一单位或者个人编制；

（二）不同投标人委托同一单位或者个人办理投标事宜；

（三）不同投标人的投标文件载明的项目管理成员为同一人；

（四）不同投标人的投标文件异常一致或者投标报价呈规律性差异；

（五）不同投标人的投标文件相互混装；

（六）不同投标人的投标保证金从同一单位或者个人的账户转出。

第四十一条　禁止招标人与投标人串通投标。

有下列情形之一的，属于招标人与投标人串通投标：

（一）招标人在开标前开启投标文件并将有关信息泄露给其他投标人；

（二）招标人直接或者间接向投标人泄露标底、评标委员会成员等信息；

（三）招标人明示或者暗示投标人压低或者抬高投标报价；

（四）招标人授意投标人撤换、修改投标文件；

（五）招标人明示或者暗示投标人为特定投标人中标提供方便；

（六）招标人与投标人为谋求特定投标人中标而采取的其他串通行为。

第四十二条　使用通过受让或者租借等方式获取的资格、资质证书投标的，属于招标投标法第三十三条规定的以他人名义投标。

投标人有下列情形之一的，属于招标投标法第三十三条规定的以其他方式弄虚作假的行为：

（一）使用伪造、变造的许可证件；

（二）提供虚假的财务状况或者业绩；

（三）提供虚假的项目负责人或者主要技术人员简历、劳动关系证明；

（四）提供虚假的信用状况；

（五）其他弄虚作假的行为。

第四十三条　提交资格预审申请文件的申请人应当遵守招标投标法和本条例有关投标人的规定。

第四章　开标、评标和中标

第四十四条　招标人应当按照招标文件规定的时间、地点开标。

投标人少于3个的，不得开标；招标人应当重新招标。

投标人对开标有异议的，应当在开标现场提出，招标人应当当场作出答复，并制作记录。

第四十五条　国家实行统一的评标专家专业分类标准和管理办法。具体标准和办法由国务院发展改革部门会同国务院有关部门制定。

省级人民政府和国务院有关部门应当组建综合评标专家库。

第四十六条　除招标投标法第三十七条第三款规定的特殊招标项目外，依法必须进行招标的项目，其评标委员会的专家成员应当从评标专家库内相关专业的专家名单中以随机抽取方式确定。任何单位和个人不得以明示、暗示等任何方式指定或者变相指定参加评标委员会的专家成员。

依法必须进行招标的项目的招标人非因招标投标法和本条例规定的事由，不得更换依法确定的评标委员会成员。更换评标委员会的专家成员应当依照前款规定进行。

评标委员会成员与投标人有利害关系的，应当主动回避。

有关行政监督部门应当按照规定的职责分工，对评标委员会成员的确定方式、评标专家的抽取和评标活动进行监督。行政监督部门的工作人员不得担任本部门负责监督项目的评标委员会成员。

第四十七条　招标投标法第三十七条第三款所称特殊招标项目，是指技术复杂、专业性强或者国家有特殊要求，采取随机抽取方式确定的专家难以保证胜任评标工作的项目。

第四十八条　招标人应当向评标委员会提供评标所必需的信息，但不得明示或者暗示其倾向或者排斥特定投标人。

招标人应当根据项目规模和技术复杂程度等因素合理确定评标时间。超过三分之一的评标委员会成员认为评标时间不够的，招标人应当适当延长。

评标过程中，评标委员会成员有回避事

由、擅离职守或者因健康等原因不能继续评标的，应当及时更换。被更换的评标委员会成员作出的评审结论无效，由更换后的评标委员会成员重新进行评审。

第四十九条 评标委员会成员应当依照招标投标法和本条例的规定，按照招标文件规定的评标标准和方法，客观、公正地对投标文件提出评审意见。招标文件没有规定的评标标准和方法不得作为评标的依据。

评标委员会成员不得私下接触投标人，不得收受投标人给予的财物或者其他好处，不得向招标人征询确定中标人的意向，不得接受任何单位或者个人明示或者暗示提出的倾向或者排斥特定投标人的要求，不得有其他不客观、不公正履行职务的行为。

第五十条 招标项目设有标底的，招标人应当在开标时公布。标底只能作为评标的参考，不得以投标报价是否接近标底作为中标条件，也不得以投标报价超过标底上下浮动范围作为否决投标的条件。

第五十一条 有下列情形之一的，评标委员会应当否决其投标：

（一）投标文件未经投标单位盖章和单位负责人签字；

（二）投标联合体没有提交共同投标协议；

（三）投标人不符合国家或者招标文件规定的资格条件；

（四）同一投标人提交两个以上不同的投标文件或者投标报价，但招标文件要求提交备选投标的除外；

（五）投标报价低于成本或者高于招标文件设定的最高投标限价；

（六）投标文件没有对招标文件的实质性要求和条件作出响应；

（七）投标人有串通投标、弄虚作假、行贿等违法行为。

第五十二条 投标文件中有含义不明确的内容、明显文字或者计算错误，评标委员会认为需要投标人作出必要澄清、说明的，应当书面通知该投标人。投标人的澄清、说明应当采用书面形式，并不得超出投标文件的范围或者改变投标文件的实质性内容。

评标委员会不得暗示或者诱导投标人作出澄清、说明，不得接受投标人主动提出的澄清、说明。

第五十三条 评标完成后，评标委员会应当向招标人提交书面评标报告和中标候选人名单。中标候选人应当不超过3个，并标明排序。

评标报告应当由评标委员会全体成员签字。对评标结果有不同意见的评标委员会成员应当以书面形式说明其不同意见和理由，评标报告应当注明该不同意见。评标委员会成员拒绝在评标报告上签字又不书面说明其不同意见和理由的，视为同意评标结果。

第五十四条 依法必须进行招标的项目，招标人应当自收到评标报告之日起3日内公示中标候选人，公示期不得少于3日。

投标人或者其他利害关系人对依法必须进行招标的项目的评标结果有异议的，应当在中标候选人公示期间提出。招标人应当自收到异议之日起3日内作出答复；作出答复前，应当暂停招标投标活动。

第五十五条 国有资金占控股或者主导地位的依法必须进行招标的项目，招标人应当确定排名第一的中标候选人为中标人。排名第一的中标候选人放弃中标、因不可抗力不能履行合同、不按照招标文件要求提交履约保证金，或者被查实存在影响中标结果的违法行为等情形，不符合中标条件的，招标人可以按照评标委员会提出的中标候选人名单排序依次确定其他中标候选人为中标人，也可以重新招标。

第五十六条 中标候选人的经营、财务状况发生较大变化或者存在违法行为，招标人认为可能影响其履约能力的，应当在发出中标通知书前由原评标委员会按照招标文件规定的标准和方法审查确认。

第五十七条 招标人和中标人应当依照招标投标法和本条例的规定签订书面合同，合同的标的、价款、质量、履行期限等主要条款应当与招标文件和中标人的投标文件的内容一致。招标人和中标人不得再行订立背离合同实质性内容的其他协议。

招标人最迟应当在书面合同签订后5日内

向中标人和未中标的投标人退还投标保证金及银行同期存款利息。

第五十八条 招标文件要求中标人提交履约保证金的，中标人应当按照招标文件的要求提交。履约保证金不得超过中标合同金额的10%。

第五十九条 中标人应当按照合同约定履行义务，完成中标项目。中标人不得向他人转让中标项目，也不得将中标项目肢解后分别向他人转让。

中标人按照合同约定或者经招标人同意，可以将中标项目的部分非主体、非关键性工作分包给他人完成。接受分包的人应当具备相应的资格条件，并不得再次分包。

中标人应当就分包项目向招标人负责，接受分包的人就分包项目承担连带责任。

第五章 投诉与处理

第六十条 投标人或者其他利害关系人认为招标投标活动不符合法律、行政法规规定的，可以自知道或者应当知道之日起10日内向有关行政监督部门投诉。投诉应当有明确的请求和必要的证明材料。

就本条例第二十二条、第四十四条、第五十四条规定事项投诉的，应当先向招标人提出异议，异议答复期间不计算在前款规定的期限内。

第六十一条 投诉人就同一事项向两个以上有权受理的行政监督部门投诉的，由最先收到投诉的行政监督部门负责处理。

行政监督部门应当自收到投诉之日起3个工作日内决定是否受理投诉，并自受理投诉之日起30个工作日内作出书面处理决定；需要检验、检测、鉴定、专家评审的，所需时间不计算在内。

投诉人捏造事实、伪造材料或者以非法手段取得证明材料进行投诉的，行政监督部门应当予以驳回。

第六十二条 行政监督部门处理投诉，有权查阅、复制有关文件、资料，调查有关情况，相关单位和人员应当予以配合。必要时，行政监督部门可以责令暂停招标投标活动。

行政监督部门的工作人员对监督检查过程中知悉的国家秘密、商业秘密，应当依法予以保密。

第六章 法律责任

第六十三条 招标人有下列限制或者排斥潜在投标人行为之一的，由有关行政监督部门依照招标投标法第五十一条的规定处罚：

（一）依法应当公开招标的项目不按照规定在指定媒介发布资格预审公告或者招标公告；

（二）在不同媒介发布的同一招标项目的资格预审公告或者招标公告的内容不一致，影响潜在投标人申请资格预审或者投标。

依法必须进行招标的项目的招标人不按照规定发布资格预审公告或者招标公告，构成规避招标的，依照招标投标法第四十九条的规定处罚。

第六十四条 招标人有下列情形之一的，由有关行政监督部门责令改正，可以处10万元以下的罚款：

（一）依法应当公开招标而采用邀请招标；

（二）招标文件、资格预审文件的发售、澄清、修改的时限，或者确定的提交资格预审申请文件、投标文件的时限不符合招标投标法和本条例规定；

（三）接受未通过资格预审的单位或者个人参加投标；

（四）接受应当拒收的投标文件。

招标人有前款第一项、第三项、第四项所列行为之一的，对单位直接负责的主管人员和其他直接责任人员依法给予处分。

第六十五条 招标代理机构在所代理的招标项目中投标、代理投标或者向该项目投标人提供咨询的，接受委托编制标底的中介机构参加受托编制标底项目的投标或者为该项目的投标人编制投标文件、提供咨询的，依照招标投标法第五十条的规定追究法律责任。

第六十六条 招标人超过本条例规定的

比例收取投标保证金、履约保证金或者不按照规定退还投标保证金及银行同期存款利息的，由有关行政监督部门责令改正，可以处5万元以下的罚款；给他人造成损失的，依法承担赔偿责任。

第六十七条 投标人相互串通投标或者与招标人串通投标的，投标人向招标人或者评标委员会成员行贿谋取中标的，中标无效；构成犯罪的，依法追究刑事责任；尚不构成犯罪的，依照招标投标法第五十三条的规定处罚。投标人未中标的，对单位的罚款金额按照招标项目合同金额依照招标投标法规定的比例计算。

投标人有下列行为之一的，属于招标投标法第五十三条规定的情节严重行为，由有关行政监督部门取消其1年至2年内参加依法必须进行招标的项目的投标资格：

（一）以行贿谋取中标；

（二）3年内2次以上串通投标；

（三）串通投标行为损害招标人、其他投标人或者国家、集体、公民的合法利益，造成直接经济损失30万元以上；

（四）其他串通投标情节严重的行为。

投标人自本条第二款规定的处罚执行期限届满之日起3年内又有该款所列违法行为之一的，或者串通投标、以行贿谋取中标情节特别严重的，由工商行政管理机关吊销营业执照。

法律、行政法规对串通投标报价行为的处罚另有规定的，从其规定。

第六十八条 投标人以他人名义投标或者以其他方式弄虚作假骗取中标的，中标无效；构成犯罪的，依法追究刑事责任；尚不构成犯罪的，依照招标投标法第五十四条的规定处罚。依法必须进行招标的项目的投标人未中标的，对单位的罚款金额按照招标项目合同金额依照招标投标法规定的比例计算。

投标人有下列行为之一的，属于招标投标法第五十四条规定的情节严重行为，由有关行政监督部门取消其1年至3年内参加依法必须进行招标的项目的投标资格：

（一）伪造、变造资格、资质证书或者其他许可证件骗取中标；

（二）3年内2次以上使用他人名义投标；

（三）弄虚作假骗取中标给招标人造成直接经济损失30万元以上；

（四）其他弄虚作假骗取中标情节严重的行为。

投标人自本条第二款规定的处罚执行期限届满之日起3年内又有该款所列违法行为之一的，或者弄虚作假骗取中标情节特别严重的，由工商行政管理机关吊销营业执照。

第六十九条 出让或者出租资格、资质证书供他人投标的，依照法律、行政法规的规定给予行政处罚；构成犯罪的，依法追究刑事责任。

第七十条 依法必须进行招标的项目的招标人不按照规定组建评标委员会，或者确定、更换评标委员会成员违反招标投标法和本条例规定的，由有关行政监督部门责令改正，可以处10万元以下的罚款，对单位直接负责的主管人员和其他直接责任人员依法给予处分；违法确定或者更换的评标委员会成员作出的评审结论无效，依法重新进行评审。

国家工作人员以任何方式非法干涉选取评标委员会成员的，依照本条例第八十条的规定追究法律责任。

第七十一条 评标委员会成员有下列行为之一的，由有关行政监督部门责令改正；情节严重的，禁止其在一定期限内参加依法必须进行招标的项目的评标；情节特别严重的，取消其担任评标委员会成员的资格：

（一）应当回避而不回避；

（二）擅离职守；

（三）不按照招标文件规定的评标标准和方法评标；

（四）私下接触投标人；

（五）向招标人征询确定中标人的意向或者接受任何单位或者个人明示或者暗示提出的倾向或者排斥特定投标人的要求；

（六）对依法应当否决的投标不提出否决意见；

（七）暗示或者诱导投标人作出澄清、说明或者接受投标人主动提出的澄清、说明；

（八）其他不客观、不公正履行职务的行为。

第七十二条 评标委员会成员收受投标人的财物或者其他好处的，没收收受的财物，处3000元以上5万元以下的罚款，取消担任评标委员会成员的资格，不得再参加依法必须进行招标的项目的评标；构成犯罪的，依法追究刑事责任。

第七十三条 依法必须进行招标的项目的招标人有下列情形之一的，由有关行政监督部门责令改正，可以处中标项目金额10‰以下的罚款；给他人造成损失的，依法承担赔偿责任；对单位直接负责的主管人员和其他直接责任人员依法给予处分：

（一）无正当理由不发出中标通知书；

（二）不按照规定确定中标人；

（三）中标通知书发出后无正当理由改变中标结果；

（四）无正当理由不与中标人订立合同；

（五）在订立合同时向中标人提出附加条件。

第七十四条 中标人无正当理由不与招标人订立合同，在签订合同时向招标人提出附加条件，或者不按照招标文件要求提交履约保证金的，取消其中标资格，投标保证金不予退还。对依法必须进行招标的项目的中标人，由有关行政监督部门责令改正，可以处中标项目金额10‰以下的罚款。

第七十五条 招标人和中标人不按照招标文件和中标人的投标文件订立合同，合同的主要条款与招标文件、中标人的投标文件的内容不一致，或者招标人、中标人订立背离合同实质性内容的协议的，由有关行政监督部门责令改正，可以处中标项目金额5‰以上10‰以下的罚款。

第七十六条 中标人将中标项目转让给他人的，将中标项目肢解后分别转让给他人的，违反招标投标法和本条例规定将中标项目的部分主体、关键性工作分包给他人的，或者分包人再次分包的，转让、分包无效，处转让、分包项目金额5‰以上10‰以下的罚款；有违法所得的，并处没收违法所得；可以责令停业整顿；情节严重的，由工商行政管理机关吊销营业执照。

第七十七条 投标人或者其他利害关系人捏造事实、伪造材料或者以非法手段取得证明材料进行投诉，给他人造成损失的，依法承担赔偿责任。

招标人不按照规定对异议作出答复，继续进行招标投标活动的，由有关行政监督部门责令改正，拒不改正或者不能改正并影响中标结果的，依照本条例第八十一条的规定处理。

第七十八条 国家建立招标投标信用制度。有关行政监督部门应当依法公告对招标人、招标代理机构、投标人、评标委员会成员等当事人违法行为的行政处理决定。

第七十九条 项目审批、核准部门不依法审批、核准项目招标范围、招标方式、招标组织形式的，对单位直接负责的主管人员和其他直接责任人员依法给予处分。

有关行政监督部门不依法履行职责，对违反招标投标法和本条例规定的行为不依法查处，或者不按照规定处理投诉、不依法公告对招标投标当事人违法行为的行政处理决定的，对直接负责的主管人员和其他直接责任人员依法给予处分。

项目审批、核准部门和有关行政监督部门的工作人员徇私舞弊、滥用职权、玩忽职守，构成犯罪的，依法追究刑事责任。

第八十条 国家工作人员利用职务便利，以直接或者间接、明示或者暗示等任何方式非法干涉招标投标活动，有下列情形之一的，依法给予记过或者记大过处分；情节严重的，依法给予降级或者撤职处分；情节特别严重的，依法给予开除处分；构成犯罪的，依法追究刑事责任：

（一）要求对依法必须进行招标的项目不招标，或者要求对依法应当公开招标的项目不公开招标；

（二）要求评标委员会成员或者招标人以其指定的投标人作为中标候选人或者中标人，或者以其他方式非法干涉评标活动，影响中标结果；

（三）以其他方式非法干涉招标投标活动。

第八十一条 依法必须进行招标的项目的招标投标活动违反招标投标法和本条例的

规定，对中标结果造成实质性影响，且不能采取补救措施予以纠正的，招标、投标、中标无效，应当依法重新招标或者评标。

第七章　附　　则

第八十二条　招标投标协会按照依法制定的章程开展活动，加强行业自律和服务。

第八十三条　政府采购的法律、行政法规对政府采购货物、服务的招标投标另有规定的，从其规定。

第八十四条　本条例自2012年2月1日起施行。

建设工程质量管理条例

（2000年1月30日中华人民共和国国务院令第279号公布　根据2017年10月7日《国务院关于修改部分行政法规的决定》第一次修订　根据2019年4月23日《国务院关于修改部分行政法规的决定》第二次修订）

目　　录

第一章　总　　则

第一条　为了加强对建设工程质量的管理，保证建设工程质量，保护人民生命和财产安全，根据《中华人民共和国建筑法》，制定本条例。

第二条　凡在中华人民共和国境内从事建设工程的新建、扩建、改建等有关活动及实施对建设工程质量监督管理的，必须遵守本条例。

本条例所称建设工程，是指土木工程、建筑工程、线路管道和设备安装工程及装修工程。

第三条　建设单位、勘察单位、设计单位、施工单位、工程监理单位依法对建设工程质量负责。

第四条　县级以上人民政府建设行政主管部门和其他有关部门应当加强对建设工程质量的监督管理。

第五条　从事建设工程活动，必须严格执行基本建设程序，坚持先勘察、后设计、再施工的原则。

县级以上人民政府及其有关部门不得超越权限审批建设项目或者擅自简化基本建设程序。

第六条　国家鼓励采用先进的科学技术和管理方法，提高建设工程质量。

第二章　建设单位的质量责任和义务

第七条　建设单位应当将工程发包给具有相应资质等级的单位。

建设单位不得将建设工程肢解发包。

第八条　建设单位应当依法对工程建设项目的勘察、设计、施工、监理以及与工程建设有关的重要设备、材料等的采购进行招标。

第九条 建设单位必须向有关的勘察、设计、施工、工程监理等单位提供与建设工程有关的原始资料。

原始资料必须真实、准确、齐全。

第十条 建设工程发包单位不得迫使承包方以低于成本的价格竞标，不得任意压缩合理工期。

建设单位不得明示或者暗示设计单位或者施工单位违反工程建设强制性标准，降低建设工程质量。

第十一条 施工图设计文件审查的具体办法，由国务院建设行政主管部门、国务院其他有关部门制定。

施工图设计文件未经审查批准的，不得使用。

第十二条 实行监理的建设工程，建设单位应当委托具有相应资质等级的工程监理单位进行监理，也可以委托具有工程监理相应资质等级并与被监理工程的施工承包单位没有隶属关系或者其他利害关系的该工程的设计单位进行监理。

下列建设工程必须实行监理：

（一）国家重点建设工程；

（二）大中型公用事业工程；

（三）成片开发建设的住宅小区工程；

（四）利用外国政府或者国际组织贷款、援助资金的工程；

（五）国家规定必须实行监理的其他工程。

第十三条 建设单位在开工前，应当按照国家有关规定办理工程质量监督手续，工程质量监督手续可以与施工许可证或者开工报告合并办理。

第十四条 按照合同约定，由建设单位采购建筑材料、建筑构配件和设备的，建设单位应当保证建筑材料、建筑构配件和设备符合设计文件和合同要求。

建设单位不得明示或者暗示施工单位使用不合格的建筑材料、建筑构配件和设备。

第十五条 涉及建筑主体和承重结构变动的装修工程，建设单位应当在施工前委托原设计单位或者具有相应资质等级的设计单位提出设计方案；没有设计方案的，不得施工。

房屋建筑使用者在装修过程中，不得擅自变动房屋建筑主体和承重结构。

第十六条 建设单位收到建设工程竣工报告后，应当组织设计、施工、工程监理等有关单位进行竣工验收。

建设工程竣工验收应当具备下列条件：

（一）完成建设工程设计和合同约定的各项内容；

（二）有完整的技术档案和施工管理资料；

（三）有工程使用的主要建筑材料、建筑构配件和设备的进场试验报告；

（四）有勘察、设计、施工、工程监理等单位分别签署的质量合格文件；

（五）有施工单位签署的工程保修书。

建设工程经验收合格的，方可交付使用。

第十七条 建设单位应当严格按照国家有关档案管理的规定，及时收集、整理建设项目各环节的文件资料，建立、健全建设项目档案，并在建设工程竣工验收后，及时向建设行政主管部门或者其他有关部门移交建设项目档案。

第三章 勘察、设计单位的质量责任和义务

第十八条 从事建设工程勘察、设计的单位应当依法取得相应等级的资质证书，并在其资质等级许可的范围内承揽工程。

禁止勘察、设计单位超越其资质等级许可的范围或者以其他勘察、设计单位的名义承揽工程。禁止勘察、设计单位允许其他单位或者个人以本单位的名义承揽工程。

勘察、设计单位不得转包或者违法分包所承揽的工程。

第十九条 勘察、设计单位必须按照工程建设强制性标准进行勘察、设计，并对其勘察、设计的质量负责。

注册建筑师、注册结构工程师等注册执业人员应当在设计文件上签字，对设计文件负责。

第二十条 勘察单位提供的地质、测量、

水文等勘察成果必须真实、准确。

第二十一条 设计单位应当根据勘察成果文件进行建设工程设计。

设计文件应当符合国家规定的设计深度要求，注明工程合理使用年限。

第二十二条 设计单位在设计文件中选用的建筑材料、建筑构配件和设备，应当注明规格、型号、性能等技术指标，其质量要求必须符合国家规定的标准。

除有特殊要求的建筑材料、专用设备、工艺生产线等外，设计单位不得指定生产厂、供应商。

第二十三条 设计单位应当就审查合格的施工图设计文件向施工单位作出详细说明。

第二十四条 设计单位应当参与建设工程质量事故分析，并对因设计造成的质量事故，提出相应的技术处理方案。

第四章 施工单位的质量责任和义务

第二十五条 施工单位应当依法取得相应等级的资质证书，并在其资质等级许可的范围内承揽工程。

禁止施工单位超越本单位资质等级许可的业务范围或者以其他施工单位的名义承揽工程。禁止施工单位允许其他单位或者个人以本单位的名义承揽工程。

施工单位不得转包或者违法分包工程。

第二十六条 施工单位对建设工程的施工质量负责。

施工单位应当建立质量责任制，确定工程项目的项目经理、技术负责人和施工管理负责人。

建设工程实行总承包的，总承包单位应当对全部建设工程质量负责；建设工程勘察、设计、施工、设备采购的一项或者多项实行总承包的，总承包单位应当对其承包的建设工程或者采购的设备的质量负责。

第二十七条 总承包单位依法将建设工程分包给其他单位的，分包单位应当按照分包合同的约定对其分包工程的质量向总承包单位负责，总承包单位与分包单位对分包工程的质量承担连带责任。

第二十八条 施工单位必须按照工程设计图纸和施工技术标准施工，不得擅自修改工程设计，不得偷工减料。

施工单位在施工过程中发现设计文件和图纸有差错的，应当及时提出意见和建议。

第二十九条 施工单位必须按照工程设计要求、施工技术标准和合同约定，对建筑材料、建筑构配件、设备和商品混凝土进行检验，检验应当有书面记录和专人签字；未经检验或者检验不合格的，不得使用。

第三十条 施工单位必须建立、健全施工质量的检验制度，严格工序管理，作好隐蔽工程的质量检查和记录。隐蔽工程在隐蔽前，施工单位应当通知建设单位和建设工程质量监督机构。

第三十一条 施工人员对涉及结构安全的试块、试件以及有关材料，应当在建设单位或者工程监理单位监督下现场取样，并送具有相应资质等级的质量检测单位进行检测。

第三十二条 施工单位对施工中出现质量问题的建设工程或者竣工验收不合格的建设工程，应当负责返修。

第三十三条 施工单位应当建立、健全教育培训制度，加强对职工的教育培训；未经教育培训或者考核不合格的人员，不得上岗作业。

第五章 工程监理单位的质量责任和义务

第三十四条 工程监理单位应当依法取得相应等级的资质证书，并在其资质等级许可的范围内承担工程监理业务。

禁止工程监理单位超越本单位资质等级许可的范围或者以其他工程监理单位的名义承担工程监理业务。禁止工程监理单位允许其他单位或者个人以本单位的名义承担工程监理业务。

工程监理单位不得转让工程监理业务。

第三十五条 工程监理单位与被监理工程的施工承包单位以及建筑材料、建筑构配件和设备供应单位有隶属关系或者其他利害关系的，不得承担该项建设工程的监理业务。

第三十六条 工程监理单位应当依照法律、法规以及有关技术标准、设计文件和建设工程承包合同，代表建设单位对施工质量实施监理，并对施工质量承担监理责任。

第三十七条 工程监理单位应当选派具备相应资格的总监理工程师和监理工程师进驻施工现场。

未经监理工程师签字，建筑材料、建筑构配件和设备不得在工程上使用或者安装，施工单位不得进行下一道工序的施工。未经总监理工程师签字，建设单位不拨付工程款，不进行竣工验收。

第三十八条 监理工程师应当按照工程监理规范的要求，采取旁站、巡视和平行检验等形式，对建设工程实施监理。

第六章 建设工程质量保修

第三十九条 建设工程实行质量保修制度。

建设工程承包单位在向建设单位提交工程竣工验收报告时，应当向建设单位出具质量保修书。质量保修书中应当明确建设工程的保修范围、保修期限和保修责任等。

第四十条 在正常使用条件下，建设工程的最低保修期限为：

（一）基础设施工程、房屋建筑的地基基础工程和主体结构工程，为设计文件规定的该工程的合理使用年限；

（二）屋面防水工程、有防水要求的卫生间、房间和外墙面的防渗漏，为5年；

（三）供热与供冷系统，为2个采暖期、供冷期；

（四）电气管线、给排水管道、设备安装和装修工程，为2年。

其他项目的保修期限由发包方与承包方约定。

建设工程的保修期，自竣工验收合格之日起计算。

第四十一条 建设工程在保修范围和保修期限内发生质量问题的，施工单位应当履行保修义务，并对造成的损失承担赔偿责任。

第四十二条 建设工程在超过合理使用年限后需要继续使用的，产权所有人应当委托具有相应资质等级的勘察、设计单位鉴定，并根据鉴定结果采取加固、维修等措施，重新界定使用期。

第七章 监督管理

第四十三条 国家实行建设工程质量监督管理制度。

国务院建设行政主管部门对全国的建设工程质量实施统一监督管理。国务院铁路、交通、水利等有关部门按照国务院规定的职责分工，负责对全国的有关专业建设工程质量的监督管理。

县级以上地方人民政府建设行政主管部门对本行政区域内的建设工程质量实施监督管理。县级以上地方人民政府交通、水利等有关部门在各自的职责范围内，负责对本行政区域内的专业建设工程质量的监督管理。

第四十四条 国务院建设行政主管部门和国务院铁路、交通、水利等有关部门应当加强对有关建设工程质量的法律、法规和强制性标准执行情况的监督检查。

第四十五条 国务院发展计划部门按照国务院规定的职责，组织稽察特派员，对国家出资的重大建设项目实施监督检查。

国务院经济贸易主管部门按照国务院规定的职责，对国家重大技术改造项目实施监督检查。

第四十六条 建设工程质量监督管理，可以由建设行政主管部门或者其他有关部门委托的建设工程质量监督机构具体实施。

从事房屋建筑工程和市政基础设施工程质量监督的机构，必须按照国家有关规定经国务院建设行政主管部门或者省、自治区、直辖市人民政府建设行政主管部门考核；从事专业建设工程质量监督的机构，必须按照国家有关规定经国务院有关部门或者省、自治区、直辖市人民政府有关部门考核。经考核合格后，方可实施质量监督。

第四十七条 县级以上地方人民政府建设行政主管部门和其他有关部门应当加强对有关建设工程质量的法律、法规和强制性标准执行情况的监督检查。

第四十八条 县级以上人民政府建设行政主管部门和其他有关部门履行监督检查职责时，有权采取下列措施：

（一）要求被检查的单位提供有关工程质量的文件和资料；

（二）进入被检查单位的施工现场进行检查；

（三）发现有影响工程质量的问题时，责令改正。

第四十九条 建设单位应当自建设工程竣工验收合格之日起15日内，将建设工程竣工验收报告和规划、公安消防、环保等部门出具的认可文件或者准许使用文件报建设行政主管部门或者其他有关部门备案。

建设行政主管部门或者其他有关部门发现建设单位在竣工验收过程中有违反国家有关建设工程质量管理规定行为的，责令停止使用，重新组织竣工验收。

第五十条 有关单位和个人对县级以上人民政府建设行政主管部门和其他有关部门进行的监督检查应当支持与配合，不得拒绝或者阻碍建设工程质量监督检查人员依法执行职务。

第五十一条 供水、供电、供气、公安消防等部门或者单位不得明示或者暗示建设单位、施工单位购买其指定的生产供应单位的建筑材料、建筑构配件和设备。

第五十二条 建设工程发生质量事故，有关单位应当在24小时内向当地建设行政主管部门和其他有关部门报告。对重大质量事故，事故发生地的建设行政主管部门和其他有关部门应当按照事故类别和等级向当地人民政府和上级建设行政主管部门和其他有关部门报告。

特别重大质量事故的调查程序按照国务院有关规定办理。

第五十三条 任何单位和个人对建设工程的质量事故、质量缺陷都有权检举、控告、投诉。

第八章 罚 则

第五十四条 违反本条例规定，建设单位将建设工程发包给不具有相应资质等级的勘察、设计、施工单位或者委托给不具有相应资质等级的工程监理单位的，责令改正，处50万元以上100万元以下的罚款。

第五十五条 违反本条例规定，建设单位将建设工程肢解发包的，责令改正，处工程合同价款0.5%以上1%以下的罚款；对全部或者部分使用国有资金的项目，并可以暂停项目执行或者暂停资金拨付。

第五十六条 违反本条例规定，建设单位有下列行为之一的，责令改正，处20万元以上50万元以下的罚款：

（一）迫使承包方以低于成本的价格竞标的；

（二）任意压缩合理工期的；

（三）明示或者暗示设计单位或者施工单位违反工程建设强制性标准，降低工程质量的；

（四）施工图设计文件未经审查或者审查不合格，擅自施工的；

（五）建设项目必须实行工程监理而未实行工程监理的；

（六）未按照国家规定办理工程质量监督手续的；

（七）明示或者暗示施工单位使用不合格的建筑材料、建筑构配件和设备的；

（八）未按照国家规定将竣工验收报告、有关认可文件或者准许使用文件报送备案的。

第五十七条 违反本条例规定，建设单位未取得施工许可证或者开工报告未经批准，擅自施工的，责令停止施工，限期改正，处工程合同价款1%以上2%以下的罚款。

第五十八条 违反本条例规定，建设单位有下列行为之一的，责令改正，处工程合同价款2%以上4%以下的罚款；造成损失的，依法承担赔偿责任：

（一）未组织竣工验收，擅自交付使用的；

（二）验收不合格，擅自交付使用的；

（三）对不合格的建设工程按照合格工程验收的。

第五十九条 违反本条例规定，建设工程竣工验收后，建设单位未向建设行政主管部门或者其他有关部门移交建设项目档案的，责令改正，处1万元以上10万元以下的罚款。

第六十条 违反本条例规定，勘察、设计、施工、工程监理单位超越本单位资质等级承揽工程的，责令停止违法行为，对勘察、设计单位或者工程监理单位处合同约定的勘察费、设计费或者监理酬金1倍以上2倍以下的罚款；对施工单位处工程合同价款2%以上4%以下的罚款，可以责令停业整顿，降低资质等级；情节严重的，吊销资质证书；有违法所得的，予以没收。

未取得资质证书承揽工程的，予以取缔，依照前款规定处以罚款；有违法所得的，予以没收。

以欺骗手段取得资质证书承揽工程的，吊销资质证书，依照本条第一款规定处以罚款；有违法所得的，予以没收。

第六十一条 违反本条例规定，勘察、设计、施工、工程监理单位允许其他单位或者个人以本单位名义承揽工程的，责令改正，没收违法所得，对勘察、设计单位和工程监理单位处合同约定的勘察费、设计费和监理酬金1倍以上2倍以下的罚款；对施工单位处工程合同价款2%以上4%以下的罚款；可以责令停业整顿，降低资质等级；情节严重的，吊销资质证书。

第六十二条 违反本条例规定，承包单位将承包的工程转包或者违法分包的，责令改正，没收违法所得，对勘察、设计单位处合同约定的勘察费、设计费25%以上50%以下的罚款；对施工单位处工程合同价款0.5%以上1%以下的罚款；可以责令停业整顿，降低资质等级；情节严重的，吊销资质证书。

工程监理单位转让工程监理业务的，责令改正，没收违法所得，处合同约定的监理酬金25%以上50%以下的罚款；可以责令停业整顿，降低资质等级；情节严重的，吊销资质证书。

第六十三条 违反本条例规定，有下列行为之一的，责令改正，处10万元以上30万元以下的罚款：

（一）勘察单位未按照工程建设强制性标准进行勘察的；

（二）设计单位未根据勘察成果文件进行工程设计的；

（三）设计单位指定建筑材料、建筑构配件的生产厂、供应商的；

（四）设计单位未按照工程建设强制性标准进行设计的。

有前款所列行为，造成工程质量事故的，责令停业整顿，降低资质等级；情节严重的，吊销资质证书；造成损失的，依法承担赔偿责任。

第六十四条 违反本条例规定，施工单位在施工中偷工减料的，使用不合格的建筑材料、建筑构配件和设备的，或者有不按照工程设计图纸或者施工技术标准施工的其他行为的，责令改正，处工程合同价款2%以上4%以下的罚款；造成建设工程质量不符合规定的质量标准的，负责返工、修理，并赔偿因此造成的损失；情节严重的，责令停业整顿，降低资质等级或者吊销资质证书。

第六十五条 违反本条例规定，施工单位未对建筑材料、建筑构配件、设备和商品混凝土进行检验，或者未对涉及结构安全的试块、试件以及有关材料取样检测的，责令改正，处10万元以上20万元以下的罚款；情节严重的，责令停业整顿，降低资质等级或者吊销资质证书；造成损失的，依法承担赔偿责任。

第六十六条 违反本条例规定，施工单位不履行保修义务或者拖延履行保修义务的，责令改正，处10万元以上20万元以下的罚款，并对在保修期内因质量缺陷造成的损失承担赔偿责任。

第六十七条 工程监理单位有下列行为之一的，责令改正，处50万元以上100万元以下的罚款，降低资质等级或者吊销资质证书；有违法所得的，予以没收；造成损失的，承担连带赔偿责任：

（一）与建设单位或者施工单位串通，弄虚作假、降低工程质量的；

（二）将不合格的建设工程、建筑材料、建筑构配件和设备按照合格签字的。

第六十八条 违反本条例规定，工程监理单位与被监理工程的施工承包单位以及建筑材料、建筑构配件和设备供应单位有隶属关系或者其他利害关系承担该项建设工程的监理业务的，责令改正，处5万元以上10万元以下的罚款，降低资质等级或者吊销资质证书；有违法所得的，予以没收。

第六十九条 违反本条例规定，涉及建筑主体或者承重结构变动的装修工程，没有设计方案擅自施工的，责令改正，处50万元以上100万元以下的罚款；房屋建筑使用者在装修过程中擅自变动房屋建筑主体和承重结构的，责令改正，处5万元以上10万元以下的罚款。

有前款所列行为，造成损失的，依法承担赔偿责任。

第七十条 发生重大工程质量事故隐瞒不报、谎报或者拖延报告期限的，对直接负责的主管人员和其他责任人员依法给予行政处分。

第七十一条 违反本条例规定，供水、供电、供气、公安消防等部门或者单位明示或者暗示建设单位或者施工单位购买其指定的生产供应单位的建筑材料、建筑构配件和设备的，责令改正。

第七十二条 违反本条例规定，注册建筑师、注册结构工程师、监理工程师等注册执业人员因过错造成质量事故的，责令停止执业1年；造成重大质量事故的，吊销执业资格证书，5年以内不予注册；情节特别恶劣的，终身不予注册。

第七十三条 依照本条例规定，给予单位罚款处罚的，对单位直接负责的主管人员和其他直接责任人员处单位罚款数额5%以上10%以下的罚款。

第七十四条 建设单位、设计单位、施工单位、工程监理单位违反国家规定，降低工程质量标准，造成重大安全事故，构成犯罪的，对直接责任人员依法追究刑事责任。

第七十五条 本条例规定的责令停业整顿，降低资质等级和吊销资质证书的行政处罚，由颁发资质证书的机关决定；其他行政处罚，由建设行政主管部门或者其他有关部门依照法定职权决定。

依照本条例规定被吊销资质证书的，由工商行政管理部门吊销其营业执照。

第七十六条 国家机关工作人员在建设工程质量监督管理工作中玩忽职守、滥用职权、徇私舞弊，构成犯罪的，依法追究刑事责任；尚不构成犯罪的，依法给予行政处分。

第七十七条 建设、勘察、设计、施工、工程监理单位的工作人员因调动工作、退休等原因离开该单位后，被发现在该单位工作期间违反国家有关建设工程质量管理规定，造成重大工程质量事故的，仍应当依法追究法律责任。

第九章　附　　则

第七十八条 本条例所称肢解发包，是指建设单位将应当由一个承包单位完成的建设工程分解成若干部分发包给不同的承包单位的行为。

本条例所称违法分包，是指下列行为：

（一）总承包单位将建设工程分包给不具备相应资质条件的单位的；

（二）建设工程总承包合同中未有约定，又未经建设单位认可，承包单位将其承包的部分建设工程交由其他单位完成的；

（三）施工总承包单位将建设工程主体结构的施工分包给其他单位的；

（四）分包单位将其承包的建设工程再分包的。

本条例所称转包，是指承包单位承包建设工程后，不履行合同约定的责任和义务，将其承包的全部建设工程转给他人或者将其承包的全部建设工程肢解以后以分包的名义分别转给其他单位承包的行为。

第七十九条 本条例规定的罚款和没收的违法所得，必须全部上缴国库。

第八十条 抢险救灾及其他临时性房屋建筑和农民自建低层住宅的建设活动，不适用本条例。

第八十一条 军事建设工程的管理，按照中央军事委员会的有关规定执行。

第八十二条 本条例自发布之日起施行。

三、规章及规范性文件

房房屋建筑和市政基础设施工程 施工招标投标管理办法

（2001年6月1日建设部令第89号发布　根据2018年9月28日《住房城乡建设部关于修改〈房屋建筑和市政基础设施工程施工招标投标管理办法〉的决定》修正）

第一章　总　　则

第一条　为了规范房屋建筑和市政基础设施工程施工招标投标活动，维护招标投标当事人的合法权益，依据《中华人民共和国建筑法》、《中华人民共和国招标投标法》等法律、行政法规，制定本办法。

第二条　依法必须进行招标的房屋建筑和市政基础设施工程（以下简称工程），其施工招标投标活动，适用本办法。

本办法所称房屋建筑工程，是指各类房屋建筑及其附属设施和与其配套的线路、管道、设备安装工程及室内外装修工程。

本办法所称市政基础设施工程，是指城市道路、公共交通、供水、排水、燃气、热力、园林、环卫、污水处理、垃圾处理、防洪、地下公共设施及附属设施的土建、管道、设备安装工程。

第三条　国务院建设行政主管部门负责全国工程施工招标投标活动的监督管理。

县级以上地方人民政府建设行政主管部门负责本行政区域内工程施工招标投标活动的监督管理。具体的监督管理工作，可以委托工程招标投标监督管理机构负责实施。

第四条　任何单位和个人不得违反法律、行政法规规定，限制或者排斥本地区、本系统以外的法人或者其他组织参加投标，不得以任何方式非法干涉施工招标投标活动。

第五条　施工招标投标活动及其当事人应当依法接受监督。

建设行政主管部门依法对施工招标投标活动实施监督，查处施工招标投标活动中的违法行为。

第二章　招　　标

第六条　工程施工招标由招标人依法组织实施。招标人不得以不合理条件限制或者排斥潜在投标人，不得对潜在投标人实行歧视待遇，不得对潜在投标人提出与招标工程实际要求不符的过高的资质等级要求和其他要求。

第七条　工程施工招标应当具备下列条件：

（一）按照国家有关规定需要履行项目审批手续的，已经履行审批手续；

（二）工程资金或者资金来源已经落实；

（三）有满足施工招标需要的设计文件及其他技术资料；

（四）法律、法规、规章规定的其他条件。

第八条　工程施工招标分为公开招标和邀请招标。

依法必须进行施工招标的工程，全部使用国有资金投资或者国有资金投资占控股或者主导地位的，应当公开招标，但经国家计委或者省、自治区、直辖市人民政府依法批准可以进行邀请招标的重点建设项目除外；其他工程可以实行邀请招标。

第九条 工程有下列情形之一的，经县级以上地方人民政府建设行政主管部门批准，可以不进行施工招标：

（一）停建或者缓建后恢复建设的单位工程，且承包人未发生变更的；

（二）施工企业自建自用的工程，且该施工企业资质等级符合工程要求的；

（三）在建工程追加的附属小型工程或者主体加层工程，且承包人未发生变更的；

（四）法律、法规、规章规定的其他情形。

第十条 依法必须进行施工招标的工程，招标人自行办理施工招标事宜的，应当具有编制招标文件和组织评标的能力：

（一）有专门的施工招标组织机构；

（二）有与工程规模、复杂程度相适应并具有同类工程施工招标经验、熟悉有关工程施工招标法律法规的工程技术、概预算及工程管理的专业人员。

不具备上述条件的，招标人应当委托工程招标代理机构代理施工招标。

第十一条 招标人自行办理施工招标事宜的，应当在发布招标公告或者发出投标邀请书的5日前，向工程所在地县级以上地方人民政府建设行政主管部门备案，并报送下列材料：

（一）按照国家有关规定办理审批手续的各项批准文件；

（二）本办法第十条所列条件的证明材料，包括专业技术人员的名单、职称证书或者执业资格证书及其工作经历的证明材料；

（三）法律、法规、规章规定的其他材料。

招标人不具备自行办理施工招标事宜条件的，建设行政主管部门应当自收到备案材料之日起5日内责令招标人停止自行办理施工招标事宜。

第十二条 全部使用国有资金投资或者国有资金投资占控股或者主导地位，依法必须进行施工招标的工程项目，应当进入有形建筑市场进行招标投标活动。

政府有关管理机关可以在有形建筑市场集中办理有关手续，并依法实施监督。

第十三条 依法必须进行施工公开招标的工程项目，应当在国家或者地方指定的报刊、信息网络或者其他媒介上发布招标公告，并同时在中国工程建设和建筑业信息网上发布招标公告。

招标公告应当载明招标人的名称和地址，招标工程的性质、规模、地点以及获取招标文件的办法等事项。

第十四条 招标人采用邀请招标方式的，应当向3个以上符合资质条件的施工企业发出投标邀请书。

投标邀请书应当载明本办法第十三条第二款规定的事项。

第十五条 招标人可以根据招标工程的需要，对投标申请人进行资格预审，也可以委托工程招标代理机构对投标申请人进行资格预审。实行资格预审的招标工程，招标人应当在招标公告或者投标邀请书中载明资格预审的条件和获取资格预审文件的办法。

资格预审文件一般应当包括资格预审申请书格式、申请人须知，以及需要投标申请人提供的企业资质、业绩、技术装备、财务状况和拟派出的项目经理与主要技术人员的简历、业绩等证明材料。

第十六条 经资格预审后，招标人应当向资格预审合格的投标申请人发出资格预审合格通知书，告知获取招标文件的时间、地点和方法，并同时向资格预审不合格的投标申请人告知资格预审结果。

在资格预审合格的投标申请人过多时，可以由招标人从中选择不少于7家资格预审合格的投标申请人。

第十七条 招标人应当根据招标工程的特点和需要，自行或者委托工程招标代理机构编制招标文件。招标文件应当包括下列内容：

（一）投标须知，包括工程概况，招标范围，资格审查条件，工程资金来源或者落实情况，标段划分，工期要求，质量标准，现场踏勘和答疑安排，投标文件编制、提交、修改、撤回的要求，投标报价要求，投标有效期，开标的时间和地点，评标的方法和标准等；

（二）招标工程的技术要求和设计文件；

（三）采用工程量清单招标的，应当提供工程量清单；

（四）投标函的格式及附录；

（五）拟签订合同的主要条款；

（六）要求投标人提交的其他材料。

第十八条 依法必须进行施工招标的工程，招标人应当在招标文件发出的同时，将招标文件报工程所在地的县级以上地方人民政府建设行政主管部门备案。建设行政主管部门发现招标文件有违反法律、法规内容的，应当责令招标人改正。

第十九条 招标人对已发出的招标文件进行必要的澄清或者修改的，应当在招标文件要求提交投标文件截止时间至少 15 日前，以书面形式通知所有招标文件收受人，并同时报工程所在地的县级以上地方人民政府建设行政主管部门备案。该澄清或者修改的内容为招标文件的组成部分。

第二十条 招标人设有标底的，应当依据国家规定的工程量计算规则及招标文件规定的计价方法和要求编制标底，并在开标前保密。一个招标工程只能编制一个标底。

第二十一条 招标人对于发出的招标文件可以酌收工本费。其中的设计文件，招标人可以酌收押金。对于开标后将设计文件退还的，招标人应当退还押金。

第三章 投　　标

第二十二条 施工招标的投标人是响应施工招标、参与投标竞争的施工企业。

投标人应当具备相应的施工企业资质，并在工程业绩、技术能力、项目经理资格条件、财务状况等方面满足招标文件提出的要求。

第二十三条 投标人对招标文件有疑问需要澄清的，应当以书面形式向招标人提出。

第二十四条 投标人应当按照招标文件的要求编制投标文件，对招标文件提出的实质性要求和条件作出响应。

招标文件允许投标人提供备选标的，投标人可以按照招标文件的要求提交替代方案，并作出相应报价作备选标。

第二十五条 投标文件应当包括下列内容：

（一）投标函；

（二）施工组织设计或者施工方案；

（三）投标报价；

（四）招标文件要求提供的其他材料。

第二十六条 招标人可以在招标文件中要求投标人提交投标担保。投标担保可以采用投标保函或者投标保证金的方式。投标保证金可以使用支票、银行汇票等，一般不得超过投标总价的 2%，最高不得超过 50 万元。

投标人应当按照招标文件要求的方式和金额，将投标保函或者投标保证金随投标文件提交招标人。

第二十七条 投标人应当在招标文件要求提交投标文件的截止时间前，将投标文件密封送达投标地点。招标人收到投标文件后，应当向投标人出具标明签收人和签收时间的凭证，并妥善保存投标文件。在开标前，任何单位和个人均不得开启投标文件。在招标文件要求提交投标文件的截止时间后送达的投标文件，为无效的投标文件，招标人应当拒收。

提交投标文件的投标人少于 3 个的，招标人应当依法重新招标。

第二十八条 投标人在招标文件要求提交投标文件的截止时间前，可以补充、修改或者撤回已提交的投标文件。补充、修改的内容为投标文件的组成部分，并应当按照本办法第二十七条第一款的规定送达、签收和保管。在招标文件要求提交投标文件的截止时间后送达的补充或者修改的内容无效。

第二十九条 两个以上施工企业可以组成一个联合体，签订共同投标协议，以一个投标人的身份共同投标。联合体各方均应当具备承担招标工程的相应资质条件。相同专业的施工企业组成的联合体，按照资质等级低的施工企业的业务许可范围承揽工程。

招标人不得强制投标人组成联合体共同投标，不得限制投标人之间的竞争。

第三十条 投标人不得相互串通投标，不得排挤其他投标人的公平竞争，损害招标人或者其他投标人的合法权益。

投标人不得与招标人串通投标，损害国家利益、社会公共利益或者他人的合法权益。

禁止投标人以向招标人或者评标委员会成员行贿的手段谋取中标。

第三十一条 投标人不得以低于其企业成本的报价竞标，不得以他人名义投标或者以其他方式弄虚作假，骗取中标。

第四章 开标、评标和中标

第三十二条 开标应当在招标文件确定的提交投标文件截止时间的同一时间公开进行；开标地点应当为招标文件中预先确定的地点。

第三十三条 开标由招标人主持，邀请所有投标人参加。开标应当按照下列规定进行：

由投标人或者其推选的代表检查投标文件的密封情况，也可以由招标人委托的公证机构进行检查并公证。经确认无误后，由有关工作人员当众拆封，宣读投标人名称、投标价格和投标文件的其他主要内容。

招标人在招标文件要求提交投标文件的截止时间前收到的所有投标文件，开标时都应当当众予以拆封、宣读。

开标过程应当记录，并存档备查。

第三十四条 在开标时，投标文件出现下列情形之一的，应当作为无效投标文件，不得进入评标：

（一）投标文件未按照招标文件的要求予以密封的；

（二）投标文件中的投标函未加盖投标人的企业及企业法定代表人印章的，或者企业法定代表人委托代理人没有合法、有效的委托书（原件）及委托代理人印章的；

（三）投标文件的关键内容字迹模糊、无法辨认的；

（四）投标人未按照招标文件的要求提供投标保函或者投标保证金的；

（五）组成联合体投标的，投标文件未附联合体各方共同投标协议的。

第三十五条 评标由招标人依法组建的评标委员会负责。

依法必须进行施工招标的工程，其评标委员会由招标人的代表和有关技术、经济等方面的专家组成，成员人数为 5 人以上单数，其中招标人、招标代理机构以外的技术、经济等方面专家不得少于成员总数的 2/3。评标委员会的专家成员，应当由招标人从建设行政主管部门及其他有关政府部门确定的专家名册或者工程招标代理机构的专家库内相关专业的专家名单中确定。确定专家成员一般应当采取随机抽取的方式。

与投标人有利害关系的人不得进入相关工程的评标委员会。评标委员会成员的名单在中标结果确定前应当保密。

第三十六条 建设行政主管部门的专家名册应当拥有一定数量规模并符合法定资格条件的专家。省、自治区、直辖市人民政府建设行政主管部门可以将专家数量少的地区的专家名册予以合并或者实行专家名册计算机联网。

建设行政主管部门应当对进入专家名册的专家组织有关法律和业务培训，对其评标能力、廉洁公正等进行综合评估，及时取消不称职或者违法违规人员的评标专家资格。被取消评标专家资格的人员，不得再参加任何评标活动。

第三十七条 评标委员会应当按照招标文件确定的评标标准和方法，对投标文件进行评审和比较，并对评标结果签字确认；设有标底的，应当参考标底。

第三十八条 评标委员会可以用书面形式要求投标人对投标文件中含义不明确的内容作必要的澄清或者说明。投标人应当采用书面形式进行澄清或者说明，其澄清或者说明不得超出投标文件的范围或者改变投标文件的实质性内容。

第三十九条 评标委员会经评审，认为所有投标文件都不符合招标文件要求的，可以否决所有投标。

依法必须进行施工招标工程的所有投标被否决的，招标人应当依法重新招标。

第四十条 评标可以采用综合评估法、经评审的最低投标价法或者法律法规允许的其他评标方法。

采用综合评估法的，应当对投标文件提出的工程质量、施工工期、投标价格、施工组织设计或者施工方案、投标人及项目经理业绩等，能否最大限度地满足招标文件中规定的各项要求和评价标准进行评审和比较。以评分方式进行评估的，对于各种评比奖项不得额外计分。

采用经评审的最低投标价法的，应当在投标文件能够满足招标文件实质性要求的投标人中，评审出投标价格最低的投标人，但投标价格低于其企业成本的除外。

第四十一条 评标委员会完成评标后，应当向招标人提出书面评标报告，阐明评标委员会对各投标文件的评审和比较意见，并按照招标文件中规定的评标方法，推荐不超过3名有排序的合格的中标候选人。招标人根据评标委员会提出的书面评标报告和推荐的中标候选人确定中标人。

使用国有资金投资或者国家融资的工程项目，招标人应当按照中标候选人的排序确定中标人。当确定中标的中标候选人放弃中标或者因不可抗力提出不能履行合同的，招标人可以依序确定其他中标候选人为中标人。

招标人也可以授权评标委员会直接确定中标人。

第四十二条 有下列情形之一的，评标委员会可以要求投标人作出书面说明并提供相关材料：

（一）设有标底的，投标报价低于标底合理幅度的；

（二）不设标底的，投标报价明显低于其他投标报价，有可能低于其企业成本的。

经评标委员会论证，认定该投标人的报价低于其企业成本的，不能推荐为中标候选人或者中标人。

第四十三条 招标人应当在投标有效期截止时限30日前确定中标人。投标有效期应当在招标文件中载明。

第四十四条 依法必须进行施工招标的工程，招标人应当自确定中标人之日起15日内，向工程所在地的县级以上地方人民政府建设行政主管部门提交施工招标投标情况的书面报告。书面报告应当包括下列内容：

（一）施工招标投标的基本情况，包括施工招标范围、施工招标方式、资格审查、开评标过程和确定中标人的方式及理由等。

（二）相关的文件资料，包括招标公告或者投标邀请书、投标报名表、资格预审文件、招标文件、评标委员会的评标报告（设有标底的，应当附标底）、中标人的投标文件。委托工程招标代理的，还应当附工程施工招标代理委托合同。

前款第二项中已按照本办法的规定办理了备案的文件资料，不再重复提交。

第四十五条 建设行政主管部门自收到书面报告之日起5日内未通知招标人在招标投标活动中有违法行为的，招标人可以向中标人发出中标通知书，并将中标结果通知所有未中标的投标人。

第四十六条 招标人和中标人应当自中标通知书发出之日起30日内，按照招标文件和中标人的投标文件订立书面合同；招标人和中标人不得再行订立背离合同实质性内容的其他协议。

中标人不与招标人订立合同的，投标保证金不予退还并取消其中标资格，给招标人造成的损失超过投标保证金数额的，应当对超过部分予以赔偿；没有提交投标保证金的，应当对招标人的损失承担赔偿责任。

招标人无正当理由不与中标人签订合同，给中标人造成损失的，招标人应当给予赔偿。

第四十七条 招标文件要求中标人提交履约担保的，中标人应当提交。招标人应当同时向中标人提供工程款支付担保。

第五章 罚 则

第四十八条 有违反《招标投标法》行为的，县级以上地方人民政府建设行政主管部门应当按照《招标投标法》的规定予以处罚。

第四十九条 招标投标活动中有《招标投标法》规定中标无效情形的，由县级以上地方人民政府建设行政主管部门宣布中标无效，责令重新组织招标，并依法追究有关责任人责任。

第五十条 应当招标未招标的，应当公开招标未公开招标的，县级以上地方人民政府建设行政主管部门应当责令改正，拒不改正的，不得颁发施工许可证。

第五十一条 招标人不具备自行办理施工招标事宜条件而自行招标的，县级以上地方人民政府建设行政主管部门应当责令改正，处1万元以下的罚款。

第五十二条 评标委员会的组成不符合法律、法规规定的，县级以上地方人民政府建设行政主管部门应当责令招标人重新组织评标委员会。

第五十三条 招标人未向建设行政主管部门提交施工招标投标情况书面报告的，县级以上地方人民政府建设行政主管部门应当责令改正。

第六章 附 则

第五十四条 工程施工专业分包、劳务分包采用招标方式的，参照本办法执行。

第五十五条 招标文件或者投标文件使用两种以上语言文字的，必须有一种是中文；如对不同文本的解释发生异议的，以中文文本为准。用文字表示的金额与数字表示的金额不一致的，以文字表示的金额为准。

第五十六条 涉及国家安全、国家秘密、抢险救灾或者属于利用扶贫资金实行以工代赈、需要使用农民工等特殊情况，不适宜进行施工招标的工程，按照国家有关规定可以不进行施工招标。

第五十七条 使用国际组织或者外国政府贷款、援助资金的工程进行施工招标，贷款方、资金提供方对招标投标的具体条件和程序有不同规定的，可以适用其规定，但违背中华人民共和国的社会公共利益的除外。

第五十八条 本办法由国务院建设行政主管部门负责解释。

第五十九条 本办法自发布之日起施行。1992年12月30日建设部颁布的《工程建设施工招标投标管理办法》（建设部令第23号）同时废止。

房屋建筑工程质量保修办法

（2000年6月26日经第24次部常务会议讨论通过 2000年6月30日建设部令第80号发布 自发布之日起施行）

第一条 为保护建设单位、施工单位、房屋建筑所有人和使用人的合法权益，维护公共安全和公众利益，根据《中华人民共和国建筑法》和《建设工程质量管理条例》，制订本办法。

第二条 在中华人民共和国境内新建、扩建、改建各类房屋建筑工程（包括装修工程）的质量保修，适用本办法。

第三条 本办法所称房屋建筑工程质量保修，是指对房屋建筑工程竣工验收后在保修期限内出现的质量缺陷，予以修复。

本办法所称质量缺陷，是指房屋建筑工程的质量不符合工程建设强制性标准以及合同的约定。

第四条 房屋建筑工程在保修范围和保修期限内出现质量缺陷，施工单位应当履行保修义务。

第五条 国务院建设行政主管部门负责全国房屋建筑工程质量保修的监督管理。

县级以上地方人民政府建设行政主管部门负责本行政区域内房屋建筑工程质量保修的监督管理。

第六条 建设单位和施工单位应当在工程质量保修书中约定保修范围、保修期限和保修责任等，双方约定的保修范围、保修期限必须符合国家有关规定。

第七条　在正常使用条件下，房屋建筑工程的最低保修期限为：

（一）地基基础工程和主体结构工程，为设计文件规定的该工程的合理使用年限；

（二）屋面防水工程、有防水要求的卫生间、房间和外墙面的防渗漏，为5年；

（三）供热与供冷系统，为2个采暖期、供冷期；

（四）电气管线、给排水管道、设备安装为2年；

（五）装修工程为2年。

其他项目的保修期限由建设单位和施工单位约定。

第八条　房屋建筑工程保修期从工程竣工验收合格之日起计算。

第九条　房屋建筑工程在保修期限内出现质量缺陷，建设单位或者房屋建筑所有人应当向施工单位发出保修通知。施工单位接到保修通知后，应当到现场核查情况，在保修书约定的时间内予以保修。发生涉及结构安全或者严重影响使用功能的紧急抢修事故，施工单位接到保修通知后，应当立即到达现场抢修。

第十条　发生涉及结构安全的质量缺陷，建设单位或者房屋建筑所有人应当立即向当地建设行政主管部门报告，采取安全防范措施；由原设计单位或者具有相应资质等级的设计单位提出保修方案，施工单位实施保修，原工程质量监督机构负责监督。

第十一条　保修完成后，由建设单位或者房屋建筑所有人组织验收。涉及结构安全的，应当报当地建设行政主管部门备案。

第十二条　施工单位不按工程质量保修书约定保修的，建设单位可以另行委托其他单位保修，由原施工单位承担相应责任。

第十三条　保修费用由质量缺陷的责任方承担。

第十四条　在保修期内，因房屋建筑工程质量缺陷造成房屋所有人、使用人或者第三方人身、财产损害的，房屋所有人、使用人或者第三方可以向建设单位提出赔偿要求。建设单位向造成房屋建筑工程质量缺陷的责任方追偿。

第十五条　因保修不及时造成新的人身、财产损害，由造成拖延的责任方承担赔偿责任。

第十六条　房地产开发企业售出的商品房保修，还应当执行《城市房地产开发经营管理条例》和其他有关规定。

第十七条　下列情况不属于本办法规定的保修范围：

（一）因使用不当或者第三方造成的质量缺陷；

（二）不可抗力造成的质量缺陷。

第十八条　施工单位有下列行为之一的，由建设行政主管部门责令改正，并处1万元以上3万元以下的罚款。

（一）工程竣工验收后，不向建设单位出具质量保修书的；

（二）质量保修的内容、期限违反本办法规定的。

第十九条　施工单位不履行保修义务或者拖延履行保修义务的，由建设行政主管部门责令改正，处10万元以上20万元以下的罚款。

第二十条　军事建设工程的管理，按照中央军事委员会的有关规定执行。

第二十一条　本办法由国务院建设行政主管部门负责解释。

第二十二条　本办法自发布之日起施行。

必须招标的工程项目规定

（2018 年 3 月 27 日公布　自 2018 年 6 月 1 日起施行）

第一条　为了确定必须招标的工程项目，规范招标投标活动，提高工作效率、降低企业成本、预防腐败，根据《中华人民共和国招标投标法》第三条的规定，制定本规定。

第二条　全部或者部分使用国有资金投资或者国家融资的项目包括：

（一）使用预算资金 200 万元人民币以上，并且该资金占投资额 10% 以上的项目；

（二）使用国有企业事业单位资金，并且该资金占控股或者主导地位的项目。

第三条　使用国际组织或者外国政府贷款、援助资金的项目包括：

（一）使用世界银行、亚洲开发银行等国际组织贷款、援助资金的项目；

（二）使用外国政府及其机构贷款、援助资金的项目。

第四条　不属于本规定第二条、第三条规定情形的大型基础设施、公用事业等关系社会公共利益、公众安全的项目，必须招标的具体范围由国务院发展改革部门会同国务院有关部门按照确有必要、严格限定的原则制订，报国务院批准。

第五条　本规定第二条至第四条规定范围内的项目，其勘察、设计、施工、监理以及与工程建设有关的重要设备、材料等的采购达到下列标准之一的，必须招标：

（一）施工单项合同估算价在 400 万元人民币以上；

（二）重要设备、材料等货物的采购，单项合同估算价在 200 万元人民币以上；

（三）勘察、设计、监理等服务的采购，单项合同估算价在 100 万元人民币以上。

同一项目中可以合并进行的勘察、设计、施工、监理以及与工程建设有关的重要设备、材料等的采购，合同估算价合计达到前款规定标准的，必须招标。

第六条　本规定自 2018 年 6 月 1 日起施行。

住房和城乡建设部
关于修改部分部门规章的决定

（2019 年 3 月 13 日住房和城乡建设部令第 47 号发布　自发布之日起施行）

为深入推进工程建设项目审批制度改革，住房和城乡建设部决定修改下列部门规章：

一、删去《房屋建筑和市政基础设施工程施工分包管理办法》（建设部令第 124 号，根据住房和城乡建设部令第 19 号修改）第十条第二款“分包工程发包人应当在订立分包合同后 7 个工作日内，将合同送工程所在地县级以上地方人民政府住房城乡建设主管部门备案。分包合同发生重大变更的，分包工程发包人应当自变更后 7 个工作日内，将变更协议送原备案机关备案”。

二、将《房屋建筑和市政基础设施工程施工招标投标管理办法》（建设部令第 89 号，根据住房和城乡建设部令第 43 号修改）第十八条中的“招标人应当在招标文件发出的同时，将招标文件报工程所在地的县级以上地方人民政府建设行政主管部门备案”修改为“招标人应当在招标文件发出的同时，将招标文件报工程所在地的县级以上地方人民政府建设行政主管部门备案，但实施电子招标投标的项目除外”。

将第十九条中的“并同时报工程所在地的县级以上地方人民政府建设行政主管部门备案”修改为“并同时报工程所在地的县级以上地方人民政府建设行政主管部门备案，但实施电子招标投标的项目除外”。

三、将《危险性较大的分部分项工程安全管理规定》（住房和城乡建设部令第37号）第九条“建设单位在申请办理安全监督手续时，应当提交危大工程清单及其安全管理措施等资料”修改为“建设单位在申请办理施工许可手续时，应当提交危大工程清单及其安全管理措施等资料”。

四、将《城市建设档案管理规定》（建设部令第61号，根据建设部令第90号、住房和城乡建设部令第9号修改）第八条“列入城建档案馆档案接收范围的工程，建设单位在组织竣工验收前，应当提请城建档案管理机构对工程档案进行预验收。预验收合格后，由城建档案管理机构出具工程档案认可文件”修改为“列入城建档案馆档案接收范围的工程，城建档案管理机构按照建设工程竣工联合验收的规定对工程档案进行验收”。

删去第九条“建设单位在取得工程档案认可文件后，方可组织工程竣工验收。建设行政主管部门在办理竣工验收备案时，应当查验工程档案认可文件”。

五、将《城市地下管线工程档案管理办法》（建设部令第136号，根据住房和城乡建设部令第9号修改）第九条“地下管线工程竣工验收前，建设单位应当提请城建档案管理机构对地下管线工程档案进行专项预验收”修改为“城建档案管理机构应当按照建设工程竣工联合验收的规定对地下管线工程档案进行验收”。

本决定自发布之日起施行。以上5部部门规章根据本决定作相应的修正，重新发布。

建设工程定额管理办法

（2015年12月25日　建标〔2015〕230号）

目　　录

第一章　总　　则

第一条　为规范建设工程定额（以下简称定额）管理，合理确定和有效控制工程造价，更好地为工程建设服务，依据相关法律法规，制定本办法。

第二条　国务院住房城乡建设行政主管部门、各省级住房城乡建设行政主管部门和行业主管部门（以下简称各主管部门）发布的各类定额，适用本办法。

第三条　本办法所称定额是指在正常施工条件下完成规定计量单位的合格建筑安装工程所消耗的人工、材料、施工机具台班、工期天数及相关费率等的数量基准。

定额是国有资金投资工程编制投资估算、设计概算和最高投标限价的依据，对其他工程仅供参考。

第四条　定额管理包括定额的体系与计

划、制定与修订、发布与日常管理。

第五条 定额管理应遵循统一规划、分工负责、科学编制、动态管理的原则。

第六条 国务院住房城乡建设行政主管部门负责全国统一定额管理工作，指导监督全国各类定额的实施；

行业主管部门负责本行业的定额管理工作；

省级住房城乡建设行政主管部门负责本行政区域内的定额管理工作。

定额管理具体工作由各主管部门所属建设工程造价管理机构负责。

第二章 体系与计划

第七条 各主管部门应编制和完善相应的定额体系表，并适时调整。

国务院住房城乡建设行政主管部门负责制定定额体系编制的统一要求。各行业主管部门、省级住房城乡建设行政主管部门按统一要求编制完善本行业和地区的定额体系表，并报国务院住房城乡建设行政主管部门。

国务院住房城乡建设行政主管部门根据各行业主管部门、省级住房城乡建设行政主管部门报送的定额体系表编制发布全国定额体系表。

第八条 各主管部门应根据工程建设发展的需要，按照定额体系相关要求，组织工程造价管理机构编制定额年度工作计划，明确工作任务、工作重点、主要措施、进度安排、工作经费等。

第三章 制定与修订

第九条 定额的制定与修订包括制定、全面修订、局部修订、补充。

（一）对新型工程以及建筑产业现代化、绿色建筑、建筑节能等工程建设新要求，应及时制定新定额。

（二）对相关技术规程和技术规范已全面更新且不能满足工程计价需要的定额，发布实施已满五年的定额，应全面修订。

（三）对相关技术规程和技术规范发生局部调整且不能满足工程计价需要的定额，部分子目已不适应工程计价需要的定额，应及时局部修订。

（四）对定额发布后工程建设中出现的新技术、新工艺、新材料、新设备等情况，应根据工程建设需求及时编制补充定额。

第十条 定额应按统一的规则进行编制，术语、符号、计量单位等严格执行国家相关标准和规范，做到格式规范、语言严谨、数据准确。

第十一条 定额应合理反映工程建设的实际情况，体现工程建设的社会平均水平，积极引导新技术、新工艺、新材料、新设备的应用。

第十二条 各主管部门可通过购买服务等多种方式，充分发挥企业、科研单位、社团组织等社会力量在工程定额编制中的基础作用，提高定额编制科学性、及时性。鼓励企业编制企业定额。

第十三条 定额的制定、全面修订和局部修订工作均应按准备、编制初稿、征求意见、审查、批准发布五个步骤进行。

（一）准备：建设工程造价管理机构根据定额工作计划，组织具有一定工程实践经验和专业技术水平的人员成立编制组。编制组负责拟定工作大纲，建设工程造价管理机构负责对工作大纲进行审查。工作大纲主要内容应包括：任务依据、编制目的、编制原则、编制依据、主要内容、需要解决的主要问题、编制组人员与分工、进度安排、编制经费来源等。

（二）编制初稿：编制组根据工作大纲开展调查研究工作，深入定额使用单位了解情况、广泛收集数据，对编制中的重大问题或技术问题，应进行测算验证或召开专题会议论证，并形成相应报告，在此基础上经过项目划分和水平测算后编制完成定额初稿。

（三）征求意见：建设工程造价管理机构组织专家对定额初稿进行初审。编制组根据定额初审意见修改完成定额征求意见稿。征求意见稿由各主管部门或其授权的建设工程造价管理机构公开征求意见。征求意见的期限一般为一个月。征求意见稿包括正文和编制说明。

（四）审查：建设工程造价管理机构组织编制组根据征求意见进行修改后形成定额送审文件。送审文件应包括正文、编制说明、征求意见处理汇总表等。

定额送审文件的审查一般采取审查会议的形式。审查会议应由各主管部门组织召开，参加会议的人员应由有经验的专家代表、编制组人员等组成，审查会议应形成会议纪要。

（五）批准发布：建设工程造价管理机构组织编制组根据定额送审文件审查意见进行修改后形成报批文件，报送各主管部门批准。报批文件包括正文、编制报告、审查会议纪要、审查意见处理汇总表等。

第十四条 定额制定与修订工作完成后，编制组应将计算底稿等基础资料和成果提交建设工程造价管理机构存档。

第四章 发布与日常管理

第十五条 定额应按国务院住房城乡建设主管部门制定的规则统一命名与编号。

第十六条 各省、自治区、直辖市和行业的定额发布后应由其主管部门报国务院住房城乡建设行政主管部门备案。

第十七条 建设工程造价管理机构负责定额日常管理，主要任务是：

（一）每年应面向社会公开征求意见，深入市场调查，收集公众、工程建设各方主体对定额的意见和新要求，并提出处理意见；

（二）组织开展定额的宣传贯彻；

（三）负责收集整理有关定额解释和定额实施情况的资料；

（四）组织开展定额实施情况的指导监督；

（五）负责组建定额编制专家库，加强定额管理队伍建设。

第五章 经　费

第十八条 各主管部门应按照《财政部、国家发展改革委关于公布取消和停止征收100项行政事业性收费项目的通知》（财综〔2008〕78号）要求，积极协调同级财政部门在财政预算中保障定额相关经费。

第十九条 定额经费的使用应符合国家、行业或地方财务管理制度，实行专款专用，接受有关部门的监督与检查。

第六章 附　则

第二十条 本办法由国务院住房城乡建设行政主管部门负责解释。

第二十一条 各省级住房城乡建设行政主管部门和行业主管部门可以根据本办法制定实施细则。

第二十二条 本办法自发布之日起施行。

国务院办公厅关于清理规范工程建设领域保证金的通知

（2016年6月23日　国办发〔2016〕49号）

清理规范工程建设领域保证金，是推进简政放权、放管结合、优化服务改革的必要措施，有利于减轻企业负担、激发市场活力，有利于发展信用经济、建设统一市场、促进公平竞争、加快建筑业转型升级。为做好清理规范工程建设领域保证金工作，经国务院同意，现就有关事项通知如下：

一、全面清理各类保证金。对建筑业企业在工程建设中需缴纳的保证金，除依法依规设立的投标保证金、履约保证金、工程质量保证金、农民工工资保证金外，其他保证金一律取消。对取消的保证金，自本通知印发之日起，一律停止收取。

二、转变保证金缴纳方式。对保留的投标保证金、履约保证金、工程质量保证金、农民工工资保证金，推行银行保函制度，建筑业企业可以银行保函方式缴纳。

三、按时返还保证金。对取消的保证金，各地要抓紧制定具体可行的办法，于2016年底前退还相关企业；对保留的保证金，要严格执行相关规定，确保按时返还。未按规定或合同约定返还保证金的，保证金收取方应向建筑业企业支付逾期返还违约金。

四、严格工程质量保证金管理。工程质量保证金的预留比例上限不得高于工程价款结算总额的5%。在工程项目竣工前，已经缴纳履约保证金的，建设单位不得同时预留工程质量保证金。

五、实行农民工工资保证金差异化缴存办法。对一定时期内未发生工资拖欠的企业，实行减免措施；对发生工资拖欠的企业，适当提高缴存比例。

六、规范保证金管理制度。对保留的保证金，要抓紧修订相关法律法规，完善保证金管理制度和具体办法。对取消的保证金，要抓紧修订或废止与清理规范工作要求不一致的制度规定。在清理规范保证金的同时，要通过纳入信用体系等方式，逐步建立监督约束建筑业企业的新机制。

七、严禁新设保证金项目。未经国务院批准，各地区、各部门一律不得以任何形式在工程建设领域新设保证金项目。要全面推进工程建设领域保证金信息公开，建立举报查处机制，定期公布查处结果，曝光违规收取保证金的典型案例。

各地区、各部门要加强组织领导，制定具体方案，强化监督检查，积极稳妥推进，切实将清理规范工程建设领域保证金工作落实到位。各地区要明确责任分工和时限要求，并于2017年1月底前将落实情况报送住房城乡建设部、财政部。住房城乡建设部、财政部要会同有关部门密切跟踪进展，加强统筹协调，对不按要求清理规范、瞒报保证金收取等情况的，要严肃追究责任，确保清理规范工作取得实效，并及时将落实情况上报国务院。

建设工程质量保证金管理办法

（2017年6月20日　建质〔2017〕138号）

第一条　为规范建设工程质量保证金管理，落实工程在缺陷责任期内的维修责任，根据《中华人民共和国建筑法》《建设工程质量管理条例》《国务院办公厅关于清理规范工程建设领域保证金的通知》和《基本建设财务管理规则》等相关规定，制定本办法。

第二条　本办法所称建设工程质量保证金（以下简称保证金）是指发包人与承包人在建设工程承包合同中约定，从应付的工程款中预留，用以保证承包人在缺陷责任期内对建设工程出现的缺陷进行维修的资金。

缺陷是指建设工程质量不符合工程建设强制性标准、设计文件，以及承包合同的约定。

缺陷责任期一般为1年，最长不超过2年，由发、承包双方在合同中约定。

第三条　发包人应当在招标文件中明确保证金预留、返还等内容，并与承包人在合同条款中对涉及保证金的下列事项进行约定：

（一）保证金预留、返还方式；

（二）保证金预留比例、期限；

（三）保证金是否计付利息，如计付利息，利息的计算方式；

（四）缺陷责任期的期限及计算方式；

（五）保证金预留、返还及工程维修质量、费用等争议的处理程序；

（六）缺陷责任期内出现缺陷的索赔方式；

（七）逾期返还保证金的违约金支付办法及违约责任。

第四条 缺陷责任期内，实行国库集中支付的政府投资项目，保证金的管理应按国库集中支付的有关规定执行。其他政府投资项目，保证金可以预留在财政部门或发包方。缺陷责任期内，如发包方被撤销，保证金随交付使用资产一并移交使用单位管理，由使用单位代行发包人职责。

社会投资项目采用预留保证金方式的，发、承包双方可以约定将保证金交由第三方金融机构托管。

第五条 推行银行保函制度，承包人可以银行保函替代预留保证金。

第六条 在工程项目竣工前，已经缴纳履约保证金的，发包人不得同时预留工程质量保证金。

采用工程质量保证担保、工程质量保险等其他保证方式的，发包人不得再预留保证金。

第七条 发包人应按照合同约定方式预留保证金，保证金总预留比例不得高于工程价款结算总额的3%。合同约定由承包人以银行保函替代预留保证金的，保函金额不得高于工程价款结算总额的3%。

第八条 缺陷责任期从工程通过竣工验收之日起计。由于承包人原因导致工程无法按规定期限进行竣工验收的，缺陷责任期从实际通过竣工验收之日起计。由于发包人原因导致工程无法按规定期限进行竣工验收的，在承包人提交竣工验收报告90天后，工程自动进入缺陷责任期。

第九条 缺陷责任期内，由承包人原因造成的缺陷，承包人应负责维修，并承担鉴定及维修费用。如承包人不维修也不承担费用，发包人可按合同约定从保证金或银行保函中扣除，费用超出保证金额的，发包人可按合同约定向承包人进行索赔。承包人维修并承担相应费用后，不免除对工程的损失赔偿责任。

由他人原因造成的缺陷，发包人负责组织维修，承包人不承担费用，且发包人不得从保证金中扣除费用。

第十条 缺陷责任期内，承包人认真履行合同约定的责任，到期后，承包人向发包人申请返还保证金。

第十一条 发包人在接到承包人返还保证金申请后，应于14天内会同承包人按照合同约定的内容进行核实。如无异议，发包人应当按照约定将保证金返还给承包人。对返还期限没有约定或者约定不明确的，发包人应当在核实后14天内将保证金返还承包人，逾期未返还的，依法承担违约责任。发包人在接到承包人返还保证金申请后14天内不予答复，经催告后14天内仍不予答复，视同认可承包人的返还保证金申请。

第十二条 发包人和承包人对保证金预留、返还以及工程维修质量、费用有争议的，按承包合同约定的争议和纠纷解决程序处理。

第十三条 建设工程实行工程总承包的，总承包单位与分包单位有关保证金的权利与义务的约定，参照本办法关于发包人与承包人相应权利与义务的约定执行。

第十四条 本办法由住房城乡建设部、财政部负责解释。

第十五条 本办法自2017年7月1日起施行，原《建设工程质量保证金管理办法》（建质［2016］295号）同时废止。

国务院办公厅关于开展工程建设项目审批制度改革试点的通知

（2018 年 5 月 14 日　国办发〔2018〕33 号）

各省、自治区、直辖市人民政府，国务院各部委、各直属机构：

为贯彻落实党中央、国务院关于深化“放管服”改革和优化营商环境的部署要求，推动政府职能转向减审批、强监管、优服务，促进市场公平竞争，国务院决定开展工程建设项目审批制度改革试点。经国务院同意，现就试点工作有关事项通知如下：

一、总体要求

（一）指导思想。全面深入贯彻党的十九大和十九届二中、三中全会精神，以习近平新时代中国特色社会主义思想为指导，按照党中央、国务院关于深化“放管服”改革和优化营商环境的部署要求，以推进政府治理体系和治理能力现代化为目标，对工程建设项目审批制度进行全流程、全覆盖改革，努力构建科学、便捷、高效的工程建设项目审批和管理体系。

（二）试点地区。北京市、天津市、上海市、重庆市、沈阳市、大连市、南京市、厦门市、武汉市、广州市、深圳市、成都市、贵阳市、渭南市、延安市和浙江省。

（三）改革内容。改革覆盖工程建设项目审批全过程（包括从立项到竣工验收和公共设施接入服务）；主要是房屋建筑和城市基础设施等工程，不包括特殊工程和交通、水利、能源等领域的重大工程；覆盖行政许可等审批事项和技术审查、中介服务、市政公用服务以及备案等其他类型事项，推动流程优化和标准化。

（四）工作目标。2018 年，试点地区建成工程建设项目审批制度框架和管理系统，按照规定的流程，审批时间压减一半以上，由目前平均 200 多个工作日压减至 120 个工作日。2019 年，总结推广试点经验，在全国范围开展工程建设项目审批制度改革，上半年将审批时间压减至 120 个工作日，试点地区审批事项和时间进一步减少；地级及以上城市建成工程建设项目审批制度框架和管理系统。2020 年，基本建成全国统一的工程建设项目审批和管理体系。

二、统一审批流程

（五）优化审批阶段。将工程建设项目审批流程主要划分为立项用地规划许可、工程建设许可、施工许可、竣工验收等四个阶段。其中，立项用地规划许可阶段主要包括项目审批核准备案、选址意见书核发、用地预审、用地规划许可等。工程建设许可阶段主要包括设计方案审查、建设工程规划许可证核发等。施工许可阶段主要包括消防、人防等设计审核确认和施工许可证核发等。竣工验收阶段主要包括规划、国土、消防、人防等验收及竣工验收备案等。其他行政许可、涉及安全的强制性评估、中介服务、市政公用服务以及备案等事项纳入相关阶段办理或与相关阶段并行推进。

（六）分类细化流程。根据工程建设项目类型、投资类别、规模大小等，分类细化审批流程，确定审批阶段和审批事项。简化社会投资的中小型工程建设项目审批，对于带方案出让土地的项目，不再对设计方案进行审核，将工程建设许可和施工许可合并为一个阶段。对于出让土地的工程建设项目，将建设用地审批纳入立项用地规划许可阶段。

（七）大力推广并联审批。每个审批阶段确定一家牵头部门，实行“一家牵头、并联审批、限时办结”，由牵头部门组织协调相关部门严格按照限定时间完成审批。

三、精简审批环节

（八）精减审批事项和条件。取消不符合上位法和不合规的审批事项。取消不合理、不必要的审批事项。对于保留的审批事项，要减少审批前置条件，公布审批事项清单。取消施工合同备案、建筑节能设计审查备案等事项。社会投资的房屋建筑工程，建设单位可以自主决定发包方式。

（九）下放审批权限。按照方便企业和群众办事的原则，对下级机关有能力承接的审批事项，下放或委托下级机关审批。相关部门要加强沟通协调，制定配套措施，完善监管制度，开展指导培训，提高审批效能。

（十）合并审批事项。由同一部门实施的管理内容相近或者属于同一办理阶段的多个审批事项，应整合为一个审批事项。推行联合勘验、联合测绘、联合审图、联合验收等。将消防设计审核、人防设计审查等技术审查并入施工图设计文件审查，相关部门不再进行技术审查。推行以政府购买服务方式开展施工图设计文件审查。将工程质量安全监督手续与施工许可证合并办理。规划、国土、消防、人防、档案、市政公用等部门和单位实行限时联合验收，统一竣工验收图纸和验收标准，统一出具验收意见。对于验收涉及的测量工作，实行“一次委托、统一测绘、成果共享”。

（十一）转变管理方式。对于能够用征求相关部门意见方式替代的审批事项，调整为政府内部协作事项。建设工程规划许可证核发时一并进行设计方案审查，由发证部门征求相关部门和单位意见，其他部门不再对设计方案进行单独审查。推行由政府统一组织对地震安全性评价、地质灾害危险性评估、环境影响评价、节能评价等事项实行区域评估。

（十二）调整审批时序。落实取消下放行政审批事项有关要求，环境影响评价、节能评价、地震安全性评价等评价事项不作为项目审批或核准条件，地震安全性评价在工程设计前完成即可，其他评价事项在施工许可前完成即可。可以将用地预审意见作为使用土地证明文件申请办理建设工程规划许可证，用地批准手续在施工许可前完成即可。将供水、供电、燃气、热力、排水、通信等市政公用基础设施报装提前到施工许可证核发后办理，在工程施工阶段完成相关设施建设，竣工验收后直接办理接入事宜。

（十三）推行告知承诺制。对通过事中事后监管能够纠正不符合审批条件的行为且不会产生严重后果的审批事项，实行告知承诺制。公布实行告知承诺制的审批事项清单及具体要求，申请人按照要求作出书面承诺的，审批部门可以直接作出审批决定。对已经实施区域评估的工程建设项目，相应的审批事项实行告知承诺制。在部分工程建设项目中推行建设工程规划许可告知承诺制。

四、完善审批体系

（十四）“一张蓝图”统筹项目实施。加快建立“多规合一”业务协同平台，统筹各类规划。以“多规合一”的“一张蓝图”为基础，统筹协调各部门提出项目建设条件，建设单位落实建设条件要求，相关部门加强监督管理和考核评估。

（十五）“一个系统”实施统一管理。在国家和地方现有信息平台基础上，整合形成“横向到边、纵向到底”的工程建设项目审批管理系统，覆盖各部门和市、县、区、乡镇（街道）各层级，实现统一受理、并联审批、实时流转、跟踪督办、信息共享。其中，涉密工程按照有关保密要求执行。审批管理系统要与“多规合一”业务协同平台、各部门审批管理系统等信息平台互联互通，做到审批过程、审批结果实时传送。通过工程建设项目审批管理系统，加强对地方工程建设项目审批工作的指导和监督管理。

（十六）“一个窗口”提供综合服务。整合各部门和各市政公用单位分散设立的服务窗口，设立工程建设项目审批综合服务窗口。建立完善“前台受理、后台审核”机制，综合服务窗口统一收件、出件，实现“一个窗口”服务和管理。

（十七）“一张表单”整合申报材料。各审批阶段均实行“一份办事指南，一张申请表单，一套申报材料，完成多项审批”的运作模式，牵头部门制定统一的办事指南和申报表格，每一个审批阶段申请人只需提交一套申报材料。不同审批阶段的审批部门应当共享申报材料，不得要求申请人重复提交。

（十八）“一套机制”规范审批运行。建立健全工程建设项目审批配套制度，明确部门职责，明晰工作规程，规范审批行为，确保审批各阶段、各环节无缝衔接。建立审批协调机制，协调解决部门意见分歧。建立督办督查制度，实时跟踪审批办理情况，对全过程实施督查。

五、强化监督管理

（十九）加强事中事后监管。建立与工程建设项目审批制度改革相适应的监管体系。全面推行“双随机、一公开”监管，加大监督检查力度，严肃查处违法违规行为。对于实行告知承诺制的审批事项，审批部门应当在规定时间内对申请人履行承诺的情况进行检查，对申请人未履行承诺的，撤销行政审批决定并追究申请人的相应责任。

（二十）加强信用体系建设。建立工程建设项目审批信用信息平台，建立黑名单制度，将企业和从业人员违法违规、不履行承诺的不良行为向社会公开，构建“一处失信、处处受限”的联合惩戒机制。

（二十一）规范中介和市政公用服务。建立健全管理制度，实行服务承诺制，明确服务标准和办事流程，规范服务收费。依托工程建设项目审批管理系统建立中介服务网上交易平台，对中介服务行为实施全过程监管。

六、统筹组织实施

（二十二）强化组织领导。住房城乡建设部要切实担负起工程建设项目审批制度改革工作的组织协调和督促指导责任，各有关部门要加强协作、密切配合。试点地区人民政府要高度重视工程建设项目审批制度改革工作，成立以主要负责同志为组长的领导小组，完善工作机制，层层压实责任。试点地区要根据本通知编制实施方案，细化分解任务，明确责任部门，制定时间表、路线图，确保试点工作有序推进，并于2018年6月15日前将实施方案报送住房城乡建设部。鼓励改革创新，改革中涉及突破相关法律法规及政策规定的，按照程序报有权机关授权。支持试点地区在立法权限范围内先行先试，依法依规推进改革工作。研究推动在农村地区因地制宜开展相关工程建设项目审批制度改革。

（二十三）建立考评机制。住房城乡建设部要会同相关部门建立工程建设项目审批制度改革考核评价机制，重点考核评价试点地区全流程、全覆盖实施改革情况，考核评价试点地区统一审批流程、精简审批环节、完善审批体系等情况，及时总结试点做法，形成可复制、可推广的经验，并将有关情况报国务院。试点地区人民政府要加大对有关部门改革工作的督查力度，跟踪督查改革任务落实情况。试点地区要定期向住房城乡建设部报送工作进展情况。对于工作推进不力、影响工程建设项目审批制度改革进程的，特别是未按时完成阶段性工作目标的，要依法依规严肃问责。

（二十四）做好宣传引导。试点地区要通过多种形式及时宣传报道相关工作措施和取得的成效，加强舆论引导，增进社会公众对试点工作的了解和支持，及时回应群众关切，为顺利推进试点工作营造良好的舆论环境。

必须招标的基础设施和公用事业项目范围规定

（2018 年 6 月 6 日　发改法规〔2018〕843 号）

第一条　为明确必须招标的大型基础设施和公用事业项目范围，根据《中华人民共和国招标投标法》和《必须招标的工程项目规定》，制定本规定。

第二条　不属于《必须招标的工程项目规定》第二条、第三条规定情形的大型基础设施、公用事业等关系社会公共利益、公众安全的项目，必须招标的具体范围包括：

（一）煤炭、石油、天然气、电力、新能源等能源基础设施项目；

（二）铁路、公路、管道、水运，以及公共航空和 A1 级通用机场等交通运输基础设施项目；

（三）电信枢纽、通信信息网络等通信基础设施项目；

（四）防洪、灌溉、排涝、引（供）水等水利基础设施项目；

（五）城市轨道交通等城建项目。

第三条　本规定自 2018 年 6 月 6 日起施行。

建筑工程施工发包与承包违法行为认定查处管理办法

（2019 年 1 月 3 日　建市规〔2019〕1 号）

第一条　为规范建筑工程施工发包与承包活动中违法行为的认定、查处和管理，保证工程质量和施工安全，有效遏制发包与承包活动中的违法行为，维护建筑市场秩序和建筑工程主要参与方的合法权益，根据《中华人民共和国建筑法》《中华人民共和国招标投标法》《中华人民共和国合同法》《建设工程质量管理条例》《建设工程安全生产管理条例》《中华人民共和国招标投标法实施条例》等法律法规，以及《全国人大法工委关于对建筑施工企业母公司承接工程后交由子公司实施是否属于转包以及行政处罚两年追溯期认定法律适用问题的意见》（法工办发〔2017〕223 号），结合建筑活动实践，制定本办法。

第二条　本办法所称建筑工程，是指房屋建筑和市政基础设施工程及其附属设施和与其配套的线路、管道、设备安装工程。

第三条　住房和城乡建设部对全国建筑工程施工发包与承包违法行为的认定查处工作实施统一监督管理。

县级以上地方人民政府住房和城乡建设主管部门在其职责范围内具体负责本行政区域内建筑工程施工发包与承包违法行为的认定查处工作。

本办法所称的发包与承包违法行为具体是指违法发包、转包、违法分包及挂靠等违法行为。

第四条　建设单位与承包单位应严格依法签订合同，明确双方权利、义务、责任，严禁违法发包、转包、违法分包和挂靠，确保工程质量和施工安全。

第五条　本办法所称违法发包，是指建设单位将工程发包给个人或不具有相应资质的单位、肢解发包、违反法定程序发包及其他违反法律法规规定发包的行为。

第六条 存在下列情形之一的，属于违法发包：

（一）建设单位将工程发包给个人的；

（二）建设单位将工程发包给不具有相应资质的单位的；

（三）依法应当招标未招标或未按照法定招标程序发包的；

（四）建设单位设置不合理的招标投标条件，限制、排斥潜在投标人或者投标人的；

（五）建设单位将一个单位工程的施工分解成若干部分发包给不同的施工总承包或专业承包单位的。

第七条 本办法所称转包，是指承包单位承包工程后，不履行合同约定的责任和义务，将其承包的全部工程或者将其承包的全部工程肢解后以分包的名义分别转给其他单位或个人施工的行为。

第八条 存在下列情形之一的，应当认定为转包，但有证据证明属于挂靠或者其他违法行为的除外：

（一）承包单位将其承包的全部工程转给其他单位（包括母公司承接建筑工程后将所承接工程交由具有独立法人资格的子公司施工的情形）或个人施工的；

（二）承包单位将其承包的全部工程肢解以后，以分包的名义分别转给其他单位或个人施工的；

（三）施工总承包单位或专业承包单位未派驻项目负责人、技术负责人、质量管理负责人、安全管理负责人等主要管理人员，或派驻的项目负责人、技术负责人、质量管理负责人、安全管理负责人中一人及以上与施工单位没有订立劳动合同且没有建立劳动工资和社会养老保险关系，或派驻的项目负责人未对该工程的施工活动进行组织管理，又不能进行合理解释并提供相应证明的；

（四）合同约定由承包单位负责采购的主要建筑材料、构配件及工程设备或租赁的施工机械设备，由其他单位或个人采购、租赁，或施工单位不能提供有关采购、租赁合同及发票等证明，又不能进行合理解释并提供相应证明的；

（五）专业作业承包人承包的范围是承包单位承包的全部工程，专业作业承包人计取的是除上缴给承包单位“管理费”之外的全部工程价款的；

（六）承包单位通过采取合作、联营、个人承包等形式或名义，直接或变相将其承包的全部工程转给其他单位或个人施工的；

（七）专业工程的发包单位不是该工程的施工总承包或专业承包单位的，但建设单位依约作为发包单位的除外；

（八）专业作业的发包单位不是该工程承包单位的；

（九）施工合同主体之间没有工程款收付关系，或者承包单位收到款项后又将款项转拨给其他单位和个人，又不能进行合理解释并提供材料证明的。

两个以上的单位组成联合体承包工程，在联合体分工协议中约定或者在项目实际实施过程中，联合体一方不进行施工也未对施工活动进行组织管理的，并且向联合体其他方收取管理费或者其他类似费用的，视为联合体一方将承包的工程转包给联合体其他方。

第九条 本办法所称挂靠，是指单位或个人以其他有资质的施工单位的名义承揽工程的行为。

前款所称承揽工程，包括参与投标、订立合同、办理有关施工手续、从事施工等活动。

第十条 存在下列情形之一的，属于挂靠：

（一）没有资质的单位或个人借用其他施工单位的资质承揽工程的；

（二）有资质的施工单位相互借用资质承揽工程的，包括资质等级低的借用资质等级高的，资质等级高的借用资质等级低的，相同资质等级相互借用的；

（三）本办法第八条第一款第（三）至（九）项规定的情形，有证据证明属于挂靠的。

第十一条 本办法所称违法分包，是指承包单位承包工程后违反法律法规规定，把单位工程或分部分项工程分包给其他单位或个人施工的行为。

第十二条 存在下列情形之一的，属于违法分包：

（一）承包单位将其承包的工程分包给个人的；

（二）施工总承包单位或专业承包单位将工程分包给不具备相应资质单位的；

（三）施工总承包单位将施工总承包合同范围内工程主体结构的施工分包给其他单位的，钢结构工程除外；

（四）专业分包单位将其承包的专业工程中非劳务作业部分再分包的；

（五）专业作业承包人将其承包的劳务再分包的；

（六）专业作业承包人除计取劳务作业费用外，还计取主要建筑材料款和大中型施工机械设备、主要周转材料费用的。

第十三条 任何单位和个人发现违法发包、转包、违法分包及挂靠等违法行为的，均可向工程所在地县级以上人民政府住房和城乡建设主管部门进行举报。

接到举报的住房和城乡建设主管部门应当依法受理、调查、认定和处理，除无法告知举报人的情况外，应当及时将查处结果告知举报人。

第十四条 县级以上地方人民政府住房和城乡建设主管部门如接到人民法院、检察机关、仲裁机构、审计机关、纪检监察等部门转交或移送的涉及本行政区域内建筑工程发包与承包违法行为的建议或相关案件的线索或证据，应当依法受理、调查、认定和处理，并把处理结果及时反馈给转交或移送机构。

第十五条 县级以上人民政府住房和城乡建设主管部门对本行政区域内发现的违法发包、转包、违法分包及挂靠等违法行为，应当依法进行调查，按照本办法进行认定，并依法予以行政处罚。

（一）对建设单位存在本办法第五条规定的违法发包情形的处罚：

1. 依据本办法第六条（一）、（二）项规定认定的，依据《中华人民共和国建筑法》第六十五条、《建设工程质量管理条例》第五十四条规定进行处罚；

2. 依据本办法第六条（三）项规定认定的，依据《中华人民共和国招标投标法》第四十九条、《中华人民共和国招标投标法实施条例》第六十四条规定进行处罚；

3. 依据本办法第六条（四）项规定认定的，依据《中华人民共和国招标投标法》第五十一条、《中华人民共和国招标投标法实施条例》第六十三条规定进行处罚。

4. 依据本办法第六条（五）项规定认定的，依据《中华人民共和国建筑法》第六十五条、《建设工程质量管理条例》第五十五条规定进行处罚。

5. 建设单位违法发包，拒不整改或者整改后仍达不到要求的，视为没有依法确定施工企业，将其违法行为记入诚信档案，实行联合惩戒。对全部或部分使用国有资金的项目，同时将建设单位违法发包的行为告知其上级主管部门及纪检监察部门，并建议对建设单位直接负责的主管人员和其他直接责任人员给予相应的行政处分。

（二）对认定有转包、违法分包违法行为的施工单位，依据《中华人民共和国建筑法》第六十七条、《建设工程质量管理条例》第六十二条规定进行处罚。

（三）对认定有挂靠行为的施工单位或个人，依据《中华人民共和国招标投标法》第五十四条、《中华人民共和国建筑法》第六十五条和《建设工程质量管理条例》第六十条规定进行处罚。

（四）对认定有转让、出借资质证书或者以其他方式允许他人以本单位的名义承揽工程的施工单位，依据《中华人民共和国建筑法》第六十六条、《建设工程质量管理条例》第六十一条规定进行处罚。

（五）对建设单位、施工单位给予单位罚款处罚的，依据《建设工程质量管理条例》第七十三条、《中华人民共和国招标投标法》第四十九条、《中华人民共和国招标投标法实施条例》第六十四条规定，对单位直接负责的主管人员和其他直接责任人员进行处罚。

（六）对认定有转包、违法分包、挂靠、转让出借资质证书或者以其他方式允许他人以本单位的名义承揽工程等违法行为的施工单位，可依法限制其参加工程投标活动、承揽新的工程项目，并对其企业资质是否满足资质标准条件进行核查，对达不到资质标准要求的限期整改，整改后仍达不到要求的，资质审批机关撤回其资质证书。

对2年内发生2次及以上转包、违法分包、挂靠、转让出借资质证书或者以其他方式允许他人以本单位的名义承揽工程的施工单位，应当依法按照情节严重情形给予处罚。

（七）因违法发包、转包、违法分包、挂靠等违法行为导致发生质量安全事故的，应当依法按照情节严重情形给予处罚。

第十六条 对于违法发包、转包、违法分包、挂靠等违法行为的行政处罚追溯期限，应当按照法工办发〔2017〕223号文件的规定，从存在违法发包、转包、违法分包、挂靠的建筑工程竣工验收之日起计算；合同工程量未全部完成而解除或终止履行合同的，自合同解除或终止之日起计算。

第十七条 县级以上人民政府住房和城乡建设主管部门应将查处的违法发包、转包、违法分包、挂靠等违法行为和处罚结果记入相关单位或个人信用档案，同时向社会公示，并逐级上报至住房和城乡建设部，在全国建筑市场监管公共服务平台公示。

第十八条 房屋建筑和市政基础设施工程以外的专业工程可参照本办法执行。省级人民政府住房和城乡建设主管部门可结合本地实际，依据本办法制定相应实施细则。

第十九条 本办法中施工总承包单位、专业承包单位均指直接承接建设单位发包的工程的单位；专业分包单位是指承接施工总承包或专业承包企业分包专业工程的单位；承包单位包括施工总承包单位、专业承包单位和专业分包单位。

第二十条 本办法由住房和城乡建设部负责解释。

第二十一条 本办法自2019年1月1日起施行。2014年10月1日起施行的《建筑工程施工转包违法分包等违法行为认定查处管理办法（试行）》（建市〔2014〕118号）同时废止。

房屋建筑和市政基础设施工程施工分包管理办法

（2004年2月3日中华人民共和国建设部令第124号公布　根据2014年8月27日《住房和城乡建设部关于修改〈房屋建筑和市政基础设施工程施工分包管理办法〉的决定》第一次修正　根据2019年3月13日《住房和城乡建设部关于修改部分部门规章的决定》第二次修正）

第一条 为了规范房屋建筑和市政基础设施工程施工分包活动，维护建筑市场秩序，保证工程质量和施工安全，根据《中华人民共和国建筑法》、《中华人民共和国招标投标法》、《建设工程质量管理条例》等有关法律、法规，制定本办法。

第二条 在中华人民共和国境内从事房屋建筑和市政基础设施工程施工分包活动，实施对房屋建筑和市政基础设施工程施工分包活动的监督管理，适用本办法。

第三条 国务院住房城乡建设主管部门负责全国房屋建筑和市政基础设施工程施工分包的监督管理工作。

县级以上地方人民政府住房城乡建设主管部门负责本行政区域内房屋建筑和市政基础设施工程施工分包的监督管理工作。

第四条 本办法所称施工分包，是指建筑业企业将其所承包的房屋建筑和市政基础设施工程中的专业工程或者劳务作业发包给其他建筑业企业完成的活动。

第五条 房屋建筑和市政基础设施工程施工分包分为专业工程分包和劳务作业分包。

本办法所称专业工程分包，是指施工总承包企业（以下简称专业分包工程发包人）将其所承包工程中的专业工程发包给具有相应资质的其他建筑业企业（以下简称专业分包工程承包人）完成的活动。

本办法所称劳务作业分包，是指施工总承包企业或者专业承包企业（以下简称劳务作业发包人）将其承包工程中的劳务作业发包给劳务分包企业（以下简称劳务作业承包人）完成的活动。

本办法所称分包工程发包人包括本条第二款、第三款中的专业分包工程发包人和劳务作业发包人；分包工程承包人包括本条第二款、第三款中的专业分包工程承包人和劳务作业承包人。

第六条 房屋建筑和市政基础设施工程施工分包活动必须依法进行。

鼓励发展专业承包企业和劳务分包企业，提倡分包活动进入有形建筑市场公开交易，完善有形建筑市场的分包工程交易功能。

第七条 建设单位不得直接指定分包工程承包人。任何单位和个人不得对依法实施的分包活动进行干预。

第八条 分包工程承包人必须具有相应的资质，并在其资质等级许可的范围内承揽业务。

严禁个人承揽分包工程业务。

第九条 专业工程分包除在施工总承包合同中有约定外，必须经建设单位认可。专业分包工程承包人必须自行完成所承包的工程。

劳务作业分包由劳务作业发包人与劳务作业承包人通过劳务合同约定。劳务作业承包人必须自行完成所承包的任务。

第十条 分包工程发包人和分包工程承包人应当依法签订分包合同，并按照合同履行约定的义务。分包合同必须明确约定支付工程款和劳务工资的时间、结算方式以及保证按期支付的相应措施，确保工程款和劳务工资的支付。

第十一条 分包工程发包人应当设立项目管理机构，组织管理所承包工程的施工活动。

项目管理机构应当具有与承包工程的规模、技术复杂程度相适应的技术、经济管理人员。其中，项目负责人、技术负责人、项目核算负责人、质量管理人员、安全管理人员必须是本单位的人员。具体要求由省、自治区、直辖市人民政府住房城乡建设主管部门规定。

前款所指本单位人员，是指与本单位有合法的人事或者劳动合同、工资以及社会保险关系的人员。

第十二条 分包工程发包人可以就分包合同的履行，要求分包工程承包人提供分包工程履约担保；分包工程承包人在提供担保后，要求分包工程发包人同时提供分包工程付款担保的，分包工程发包人应当提供。

第十三条 禁止将承包的工程进行转包。不履行合同约定，将其承包的全部工程发包给他人，或者将其承包的全部工程肢解后以分包的名义分别发包给他人的，属于转包行为。

违反本办法第十二条规定，分包工程发包人将工程分包后，未在施工现场设立项目管理机构和派驻相应人员，并未对该工程的施工活动进行组织管理的，视同转包行为。

第十四条 禁止将承包的工程进行违法分包。下列行为，属于违法分包：

（一）分包工程发包人将专业工程或者劳务作业分包给不具备相应资质条件的分包工程承包人的；

（二）施工总承包合同中未有约定，又未经建设单位认可，分包工程发包人将承包工程中的部分专业工程分包给他人的。

第十五条 禁止转让、出借企业资质证书或者以其他方式允许他人以本企业名义承揽工程。

分包工程发包人没有将其承包的工程进行分包，在施工现场所设项目管理机构的项目负责人、技术负责人、项目核算负责人、质量管理人员、安全管理人员不是工程承包人本单位人员的，视同允许他人以本企业名义承揽工程。

第十六条 分包工程承包人应当按照分包合同的约定对其承包的工程向分包工程发包人负责。分包工程发包人和分包工程承包人就分包工程对建设单位承担连带责任。

第十七条 分包工程发包人对施工现场安全负责，并对分包工程承包人的安全生产进行管理。专业分包工程承包人应当将其分包工程的施工组织设计和施工安全方案报分包工程发包人备案，专业分包工程发包人发现事故隐患，应当及时作出处理。

分包工程承包人就施工现场安全向分包工程发包人负责，并应当服从分包工程发包人对施工现场的安全生产管理。

第十八条 违反本办法规定，转包、违法分包或者允许他人以本企业名义承揽工程的，以及接受转包和用他人名义承揽工程的，按《中华人民共和国建筑法》、《中华人民共和国招标投标法》和《建设工程质量管理条例》的规定予以处罚。具体办法由国务院住房城乡建设主管部门依据有关法律法规另行制定。

第十九条 未取得建筑业企业资质承接分包工程的，按照《中华人民共和国建筑法》第六十五条第三款和《建设工程质量管理条例》第六十条第一款、第二款的规定处罚。

第二十条 本办法自2004年4月1日起施行。原城乡建设环境保护部1986年4月30日发布的《建筑安装工程总分包实施办法》同时废止。

关于推进全过程工程咨询服务发展的指导意见

（发改投资规〔2019〕515号　2019年3月15日）

各省、自治区、直辖市及计划单列市、新疆生产建设兵团发展改革委，各省、自治区住房和城乡建设厅、直辖市住房和城乡建设（管）委、北京市规划和自然资源委、新疆生产建设兵团住房和城乡建设局：

为深化投融资体制改革，提升固定资产投资决策科学化水平，进一步完善工程建设组织模式，提高投资效益、工程建设质量和运营效率，根据中央城市工作会议精神及《中共中央 国务院关于深化投融资体制改革的意见》、《国务院办公厅关于促进建筑业持续健康发展的意见》（国办发〔2017〕19号）等要求，现就在房屋建筑和市政基础设施领域推进全过程工程咨询服务发展提出如下意见。

一、充分认识推进全过程工程咨询服务发展的意义

改革开放以来，我国工程咨询服务市场化快速发展，形成了投资咨询、招标代理、勘察、设计、监理、造价、项目管理等专业化的咨询服务业态，部分专业咨询服务建立了执业准入制度，促进了我国工程咨询服务专业化水平提升。随着我国固定资产投资项目建设水平逐步提高，为更好地实现投资建设意图，投资者或建设单位在固定资产投资项目决策、工程建设、项目运营过程中，对综合性、跨阶段、一体化的咨询服务需求日益增强。这种需求与现行制度造成的单项服务供给模式之间的矛盾日益突出。

为深入贯彻习近平新时代中国特色社会主义思想和党的十九大精神，深化工程领域咨询服务供给侧结构性改革，破解工程咨询市场供需矛盾，必须完善政策措施，创新咨询服务组织实施方式，大力发展以市场需求为导向、满足委托方多样化需求的全过程工程咨询服务模式。特别是要遵循项目周期规律和建设程序的客观要求，在项目决策和建设实施两个阶段，着力破除制度性障碍，重点培育发展投资决策综合性咨询和工程建设全过程咨询，为固定资产投资及工程建设活

动提供高质量智力技术服务，全面提升投资效益、工程建设质量和运营效率，推动高质量发展。

二、以投资决策综合性咨询促进投资决策科学化

（一）大力提升投资决策综合性咨询水平。投资决策环节在项目建设程序中具有统领作用，对项目顺利实施、有效控制和高效利用投资至关重要。鼓励投资者在投资决策环节委托工程咨询单位提供综合性咨询服务，统筹考虑影响项目可行性的各种因素，增强决策论证的协调性。综合性工程咨询单位接受投资者委托，就投资项目的市场、技术、经济、生态环境、能源、资源、安全等影响可行性的要素，结合国家、地区、行业发展规划及相关重大专项建设规划、产业政策、技术标准及相关审批要求进行分析研究和论证，为投资者提供决策依据和建议。

（二）规范投资决策综合性咨询服务方式。投资决策综合性咨询服务可由工程咨询单位采取市场合作、委托专业服务等方式牵头提供，或由其会同具备相应资格的服务机构联合提供。牵头提供投资决策综合性咨询服务的机构，根据与委托方合同约定对服务成果承担总体责任；联合提供投资决策综合性咨询服务的，各合作方承担相应责任。鼓励纳入有关行业自律管理体系的工程咨询单位发挥投资机会研究、项目可行性研究等特长，开展综合性咨询服务。投资决策综合性咨询应当充分发挥咨询工程师（投资）的作用，鼓励其作为综合性咨询项目负责人，提高统筹服务水平。

（三）充分发挥投资决策综合性咨询在促进投资高质量发展和投资审批制度改革中的支撑作用。落实项目单位投资决策自主权和主体责任，鼓励项目单位加强可行性研究，对国家法律法规和产业政策、行政审批中要求的专项评价评估等一并纳入可行性研究统筹论证，提高决策科学化，促进投资高质量发展。单独开展的各专项评价评估结论应当与可行性研究报告相关内容保持一致，各审批部门应当加强审查要求和标准的协调，避免对相同事项的管理要求相冲突。鼓励项目单位采用投资决策综合性咨询，减少分散专项评价评估，避免可行性研究论证碎片化。各地要建立并联审批、联合审批机制，提高审批效率，并通过通用综合性咨询成果、审查一套综合性申报材料，提高并联审批、联合审批的操作性。

（四）政府投资项目要优先开展综合性咨询。为增强政府投资决策科学性，提高政府投资效益，政府投资项目要优先采取综合性咨询服务方式。政府投资项目要围绕可行性研究报告，充分论证建设内容、建设规模，并按照相关法律法规、技术标准要求，深入分析影响投资决策的各项因素，将其影响分析形成专门篇章纳入可行性研究报告；可行性研究报告包括其他专项审批要求的论证评价内容的，有关审批部门可以将可行性研究报告作为申报材料进行审查。

三、以全过程咨询推动完善工程建设组织模式

（一）以工程建设环节为重点推进全过程咨询。在房屋建筑、市政基础设施等工程建设中，鼓励建设单位委托咨询单位提供招标代理、勘察、设计、监理、造价、项目管理等全过程咨询服务，满足建设单位一体化服务需求，增强工程建设过程的协同性。全过程咨询单位应当以工程质量和安全为前提，帮助建设单位提高建设效率、节约建设资金。

（二）探索工程建设全过程咨询服务实施方式。工程建设全过程咨询服务应当由一家具有综合能力的咨询单位实施，也可由多家具有招标代理、勘察、设计、监理、造价、项目管理等不同能力的咨询单位联合实施。由多家咨询单位联合实施的，应当明确牵头单位及各单位的权利、义务和责任。要充分发挥政府投资项目和国有企业投资项目的示范引领作用，引导一批有影响力、有示范作用的政府投资项目和国有企业投资项目带头推行工程建设全过程咨询。鼓励民间投资项目的建设单位根据项目规模和特点，本着信

誉可靠、综合能力和效率优先的原则，依法选择优秀团队实施工程建设全过程咨询。

（三）促进工程建设全过程咨询服务发展。全过程咨询单位提供勘察、设计、监理或造价咨询服务时，应当具有与工程规模及委托内容相适应的资质条件。全过程咨询服务单位应当自行完成自有资质证书许可范围内的业务，在保证整个工程项目完整性的前提下，按照合同约定或经建设单位同意，可将自有资质证书许可范围外的咨询业务依法依规择优委托给具有相应资质或能力的单位，全过程咨询服务单位应对被委托单位的委托业务负总责。建设单位选择具有相应工程勘察、设计、监理或造价咨询资质的单位开展全过程咨询服务的，除法律法规另有规定外，可不再另行委托勘察、设计、监理或造价咨询单位。

（四）明确工程建设全过程咨询服务人员要求。工程建设全过程咨询项目负责人应当取得工程建设类注册执业资格且具有工程类、工程经济类高级职称，并具有类似工程经验。对于工程建设全过程咨询服务中承担工程勘察、设计、监理或造价咨询业务的负责人，应具有法律法规规定的相应执业资格。全过程咨询服务单位应根据项目管理需要配备具有相应执业能力的专业技术人员和管理人员。设计单位在民用建筑中实施全过程咨询的，要充分发挥建筑师的主导作用。

四、鼓励多种形式的全过程工程咨询服务市场化发展

（一）鼓励多种形式全过程工程咨询服务模式。除投资决策综合性咨询和工程建设全过程咨询外，咨询单位可根据市场需求，从投资决策、工程建设、运营等项目全生命周期角度，开展跨阶段咨询服务组合或同一阶段内不同类型咨询服务组合。鼓励和支持咨询单位创新全过程工程咨询服务模式，为投资者或建设单位提供多样化的服务。同一项目的全过程工程咨询单位与工程总承包、施工、材料设备供应单位之间不得有利害关系。

（二）创新咨询单位和人员管理方式。要逐步减少投资决策环节和工程建设领域对从业单位和人员实施的资质资格许可事项，精简和取消强制性中介服务事项，打破行业壁垒和部门垄断，放开市场准入，加快咨询服务市场化进程。将政府管理重心从事前的资质资格证书核发转向事中事后监管，建立以政府监管、信用约束、行业自律为主要内容的管理体系，强化单位和人员从业行为监管。

（三）引导全过程工程咨询服务健康发展。全过程工程咨询单位应当在技术、经济、管理、法律等方面具有丰富经验，具有与全过程工程咨询业务相适应的服务能力，同时具有良好的信誉。全过程工程咨询单位应当建立与其咨询业务相适应的专业部门及组织机构，配备结构合理的专业咨询人员，提升核心竞争力，培育综合性多元化服务及系统性问题一站式整合服务能力。鼓励投资咨询、招标代理、勘察、设计、监理、造价、项目管理等企业，采取联合经营、并购重组等方式发展全过程工程咨询。

五、优化全过程工程咨询服务市场环境

（一）建立全过程工程咨询服务技术标准和合同体系。研究建立投资决策综合性咨询和工程建设全过程咨询服务技术标准体系，促进全过程工程咨询服务科学化、标准化和规范化；以服务合同管理为重点，加快构建适合我国投资决策和工程建设咨询服务的招标文件及合同示范文本，科学制定合同条款，促进合同双方履约。全过程工程咨询单位要切实履行合同约定的各项义务、承担相应责任，并对咨询成果的真实性、有效性和科学性负责。

（二）完善全过程工程咨询服务酬金计取方式。全过程工程咨询服务酬金可在项目投资中列支，也可根据所包含的具体服务事项，通过项目投资中列支的投资咨询、招标代理、勘察、设计、监理、造价、项目管理等费用进行支付。全过程工程咨询服务酬金在项目投资中列支的，所对应的单项咨询服务费用不再列支。投资者或建设单位应当根据工程

项目的规模和复杂程度，咨询服务的范围、内容和期限等与咨询单位确定服务酬金。全过程工程咨询服务酬金可按各专项服务酬金叠加后再增加相应统筹管理费用计取，也可按人工成本加酬金方式计取。全过程工程咨询单位应努力提升服务能力和水平，通过为所咨询的工程建设或运行增值来体现其自身市场价值，禁止恶意低价竞争行为。鼓励投资者或建设单位根据咨询服务节约的投资额对咨询单位予以奖励。

（三）建立全过程工程咨询服务管理体系。咨询单位要建立自身的服务技术标准、管理标准，不断完善质量管理体系、职业健康安全和环境管理体系，通过积累咨询服务实践经验，建立具有自身特色的全过程工程咨询服务管理体系及标准。大力开发和利用建筑信息模型（BIM）、大数据、物联网等现代信息技术和资源，努力提高信息化管理与应用水平，为开展全过程工程咨询业务提供保障。

（四）加强咨询人才队伍建设和国际交流。咨询单位要高度重视全过程工程咨询项目负责人及相关专业人才的培养，加强技术、经济、管理及法律等方面的理论知识培训，培养一批符合全过程工程咨询服务需求的综合型人才，为开展全过程工程咨询业务提供人才支撑。鼓励咨询单位与国际著名的工程顾问公司开展多种形式的合作，提高业务水平，提升咨询单位的国际竞争力。

六、强化保障措施

（一）加强组织领导。国务院投资主管部门负责指导投资决策综合性咨询，国务院住房和城乡建设主管部门负责指导工程建设全过程咨询。各级投资主管部门、住房和城乡建设主管部门要高度重视全过程工程咨询服务的推进和发展，创新投资决策机制和工程建设管理机制，完善相关配套政策，加强对全过程工程咨询服务活动的引导和支持，加强与财政、税务、审计等有关部门的沟通协调，切实解决制约全过程工程咨询实施中的实际问题。

（二）推动示范引领。各级政府主管部门要引导和鼓励工程决策和建设采用全过程工程咨询模式，通过示范项目的引领作用，逐步培育一批全过程工程咨询骨干企业，提高全过程工程咨询的供给质量和能力；鼓励各地区和企业积极探索和开展全过程工程咨询，及时总结和推广经验，扩大全过程工程咨询的影响力。

（三）加强政府监管和行业自律。有关部门要根据职责分工，建立全过程工程咨询监管制度，创新全过程监管方式，实施综合监管、联动监管，加大对违法违规咨询单位和从业人员的处罚力度，建立信用档案和公开不良行为信息，推动咨询单位切实提高服务质量和效率。有关行业协会应当充分发挥专业优势，协助政府开展相关政策和标准体系研究，引导咨询单位提升全过程工程咨询服务能力；加强行业诚信自律体系建设，规范咨询单位和从业人员的市场行为，引导市场合理竞争。

住房和城乡建设部关于修改有关文件的通知

（建法规〔2019〕3 号　2019 年 3 月 18 日）

各省、自治区住房和城乡建设厅，直辖市住房和城乡建设（管）委及有关部门，计划单列市住房和城乡建设局，新疆生产建设兵团住房和城乡建设局：

为推进工程建设项目审批制度改革，决定对部分文件予以修改，现通知如下：

一、修改《建筑工程方案设计招标投标管理办法》（建市〔2008〕63 号）

删除第十八条中“招标人和招标代理机构应将加盖单位公章的招标公告或投标邀请

函及招标文件，报项目所在地建设主管部门备案”。

二、修改《住房城乡建设部关于进一步加强建筑市场监管工作的意见》（建市〔2011〕86号）

删除“（八）推行合同备案制度。合同双方要按照有关规定，将合同报项目所在地建设主管部门备案。工程项目的规模标准、使用功能、结构形式、基础处理等方面发生重大变更的，合同双方要及时签订变更协议并报送原备案机关备案。在解决合同争议时，应当以备案合同为依据”。

三、修改《住房城乡建设部关于印发〈房屋建筑和市政基础设施工程施工安全监督规定〉的通知》（建质〔2014〕153号）

（一）将第七条“县级以上地方人民政府住房城乡建设主管部门或其所属的施工安全监督机构（以下合称监督机构）应当对本行政区域内已办理施工安全监督手续并取得施工许可证的工程项目实施施工安全监督”修改为“县级以上地方人民政府住房城乡建设主管部门或其所属的施工安全监督机构（以下合称监督机构）应当对本行政区域内已取得施工许可证的工程项目实施施工安全监督”。

（二）将第九条“（一）受理建设单位申请并办理工程项目安全监督手续”修改为“（一）建设单位申请办理工程项目施工许可证”。

四、修改《房屋建筑和市政基础设施工程施工安全监督工作规程》（建质〔2014〕154号）

（一）将第四条“工程项目施工前，建设单位应当申请办理施工安全监督手续，并提交以下资料：（一）工程概况；（二）建设、勘察、设计、施工、监理等单位及项目负责人等主要管理人员一览表；（三）危险性较大分部分项工程清单；（四）施工合同中约定的安全防护、文明施工措施费用支付计划；（五）建设、施工、监理单位法定代表人及项目负责人安全生产承诺书；（六）省级住房城乡建设主管部门规定的其他保障安全施工具体措施的资料。监督机构收到建设单位提交的资料后进行查验，必要时进行现场踏勘，对符合要求的，在5个工作日内向建设单位发放《施工安全监督告知书》”修改为“工程项目施工前，建设单位应当申请办理施工许可证。住房城乡建设主管部门可以将建设单位提交的保证安全施工具体措施的资料（包括工程项目及参建单位基本信息）委托监督机构进行查验，必要时可以进行现场踏勘，对不符合施工许可条件的，不得颁发施工许可证”。

（二）将第六条中“已办理施工安全监督手续并取得施工许可证的工程项目”修改为“已取得施工许可证的工程项目”。

本通知自印发之日起施行。

四、司法解释

最高人民法院关于建设工程价款优先受偿权问题的批复

（法释〔2002〕16号　2002年6月11日最高人民法院审判委员会第1225次会议通过　2002年6月20日最高人民法院公告公布　自2002年6月27日起施行）

上海市高级人民法院：

你院沪高法〔2001〕14号《关于合同法第二百八十六条理解与适用问题的请示》收悉。经研究，答复如下：

一、人民法院在审理房地产纠纷案件和办理执行案件中，应当依照《中华人民共和国合同法》第二百八十六条的规定，认定建筑工程的承包人的优先受偿权优于抵押权和其他债权。

二、消费者交付购买商品房的全部或者大部分款项后，承包人就该商品房享有的工程价款优先受偿权不得对抗买受人。

三、建筑工程价款包括承包人为建设工程应当支付的工作人员报酬、材料款等实际支出的费用，不包括承包人因发包人违约所造成的损失。

四、建设工程承包人行使优先权的期限为6个月，自建设工程竣工之日或者建设工程合同约定的竣工之日起计算。

五、本批复第一条至第三条自公布之日起施行，第四条自公布之日起6个月后施行。

此复。

最高人民法院关于审理涉及国有土地使用权合同纠纷案件适用法律问题的解释

（法释〔2005〕5号　2004年11月23日最高人民法院审判委员会第1334次会议通过　2005年6月18日最高人民法院公告公布　自2005年8月1日起施行）

根据《中华人民共和国民法通则》《中华人民共和国合同法》《中华人民共和国土地管理法》《中华人民共和国城市房地产管理法》等法律规定，结合民事审判实践，就审理涉及国有土地使用权合同纠纷案件适用法律的问题，制定本解释。

一、土地使用权出让合同纠纷

第一条　本解释所称的土地使用权出让合同，是指市、县人民政府土地管理部门作为出让方将国有土地使用权在一定年限内让与受让方，受让方支付土地使用权出让金的协议。

第二条　开发区管理委员会作为出让方与受让方订立的土地使用权出让合同，应当认定无效。

本解释实施前，开发区管理委员会作为出让方与受让方订立的土地使用权出让合同，起诉前经市、县人民政府土地管理部门追认的，可以认定合同有效。

第三条　经市、县人民政府批准同意以协议方式出让的土地使用权，土地使用权出让金低于订立合同时当地政府按照国家规定确定的最低价的，应当认定土地使用权出让合同约定的价格条款无效。

当事人请求按照订立合同时的市场评估价格交纳土地使用权出让金的，应予支持；受让方不同意按照市场评估价格补足，请求解除合同的，应予支持。因此造成的损失，由当事人按照过错承担责任。

第四条　土地使用权出让合同的出让方因未办理土地使用权出让批准手续而不能交付土地，受让方请求解除合同的，应予支持。

第五条　受让方经出让方和市、县人民政府城市规划行政主管部门同意，改变土地使用权出让合同约定的土地用途，当事人请求按照起诉时同种用途的土地出让金标准调整土地出让金的，应予支持。

第六条　受让方擅自改变土地使用权出让合同约定的土地用途，出让方请求解除合同的，应予支持。

二、土地使用权转让合同纠纷

第七条　本解释所称的土地使用权转让

合同，是指土地使用权人作为转让方将出让土地使用权转让于受让方，受让方支付价款的协议。

第八条 土地使用权人作为转让方与受让方订立土地使用权转让合同后，当事人一方以双方之间未办理土地使用权变更登记手续为由，请求确认合同无效的，不予支持。

第九条 转让方未取得出让土地使用权证书与受让方订立合同转让土地使用权，起诉前转让方已经取得出让土地使用权证书或者有批准权的人民政府同意转让的，应当认定合同有效。

第十条 土地使用权人作为转让方就同一出让土地使用权订立数个转让合同，在转让合同有效的情况下，受让方均要求履行合同的，按照以下情形分别处理：

（一）已经办理土地使用权变更登记手续的受让方，请求转让方履行交付土地等合同义务的，应予支持；

（二）均未办理土地使用权变更登记手续，已先行合法占有投资开发土地的受让方请求转让方履行土地使用权变更登记等合同义务的，应予支持；

（三）均未办理土地使用权变更登记手续，又未合法占有投资开发土地，先行支付土地转让款的受让方请求转让方履行交付土地和办理土地使用权变更登记等合同义务的，应予支持；

（四）合同均未履行，依法成立在先的合同受让方请求履行合同的，应予支持。

未能取得土地使用权的受让方请求解除合同、赔偿损失的，按照《中华人民共和国合同法》的有关规定处理。

第十一条 土地使用权人未经有批准权的人民政府批准，与受让方订立合同转让划拨土地使用权的，应当认定合同无效。但起诉前经有批准权的人民政府批准办理土地使用权出让手续的，应当认定合同有效。

第十二条 土地使用权人与受让方订立合同转让划拨土地使用权，起诉前经有批准权的人民政府同意转让，并由受让方办理土地使用权出让手续的，土地使用权人与受让方订立的合同可以按照补偿性质的合同处理。

第十三条 土地使用权人与受让方订立合同转让划拨土地使用权，起诉前经有批准权的人民政府决定不办理土地使用权出让手续，并将该划拨土地使用权直接划拨给受让方使用的，土地使用权人与受让方订立的合同可以按照补偿性质的合同处理。

三、合作开发房地产合同纠纷

第十四条 本解释所称的合作开发房地产合同，是指当事人订立的以提供出让土地使用权、资金等作为共同投资，共享利润、共担风险合作开发房地产为基本内容的协议。

第十五条 合作开发房地产合同的当事人一方具备房地产开发经营资质的，应当认定合同有效。

当事人双方均不具备房地产开发经营资质的，应当认定合同无效。但起诉前当事人一方已经取得房地产开发经营资质或者已依法合作成立具有房地产开发经营资质的房地产开发企业的，应当认定合同有效。

第十六条 土地使用权人未经有批准权的人民政府批准，以划拨土地使用权作为投资与他人订立合同合作开发房地产的，应当认定合同无效。但起诉前已经办理批准手续的，应当认定合同有效。

第十七条 投资数额超出合作开发房地产合同的约定，对增加的投资数额的承担比例，当事人协商不成的，按照当事人的过错确定；因不可归责于当事人的事由或者当事人的过错无法确定的，按照约定的投资比例确定；没有约定投资比例的，按照约定的利润分配比例确定。

第十八条 房屋实际建筑面积少于合作开发房地产合同的约定，对房屋实际建筑面积的分配比例，当事人协商不成的，按照当事人的过错确定；因不可归责于当事人的事由或者当事人过错无法确定的，按照约定的利润分配比例确定。

第十九条 在下列情形下，合作开发房地产合同的当事人请求分配房地产项目利益的，不予受理；已经受理的，驳回起诉：

（一）依法需经批准的房地产建设项目未

经有批准权的人民政府主管部门批准；

（二）房地产建设项目未取得建设工程规划许可证；

（三）擅自变更建设工程规划。

因当事人隐瞒建设工程规划变更的事实所造成的损失，由当事人按照过错承担。

第二十条 房屋实际建筑面积超出规划建筑面积，经有批准权的人民政府主管部门批准后，当事人对超出部分的房屋分配比例协商不成的，按照约定的利润分配比例确定。对增加的投资数额的承担比例，当事人协商不成的，按照约定的投资比例确定；没有约定投资比例的，按照约定的利润分配比例确定。

第二十一条 当事人违反规划开发建设的房屋，被有批准权的人民政府主管部门认定为违法建筑责令拆除，当事人对损失承担协商不成的，按照当事人过错确定责任；过错无法确定的，按照约定的投资比例确定责任；没有约定投资比例的，按照约定的利润分配比例确定责任。

第二十二条 合作开发房地产合同约定仅以投资数额确定利润分配比例，当事人未足额交纳出资的，按照当事人的实际投资比例分配利润。

第二十三条 合作开发房地产合同的当事人要求将房屋预售款充抵投资参与利润分配的，不予支持。

第二十四条 合作开发房地产合同约定提供土地使用权的当事人不承担经营风险，只收取固定利益的，应当认定为土地使用权转让合同。

第二十五条 合作开发房地产合同约定提供资金的当事人不承担经营风险，只分配固定数量房屋的，应当认定为房屋买卖合同。

第二十六条 合作开发房地产合同约定提供资金的当事人不承担经营风险，只收取固定数额货币的，应当认定为借款合同。

第二十七条 合作开发房地产合同约定提供资金的当事人不承担经营风险，只以租赁或者其他形式使用房屋的，应当认定为房屋租赁合同。

四、其　他

第二十八条 本解释自2005年8月1日起施行；施行后受理的第一审案件适用本解释。

本解释施行前最高人民法院发布的司法解释与本解释不一致的，以本解释为准。

最高人民法院关于审理建设工程施工合同纠纷案件适用法律问题的解释

（法释〔2004〕14号　2004年9月29日最高人民法院审判委员会第1327次会议通过　2004年10月25日最高人民法院公告公布　自2005年1月1日起施行）

根据《中华人民共和国民法通则》《中华人民共和国合同法》《中华人民共和国招标投标法》《中华人民共和国民事诉讼法》等法律规定，结合民事审判实际，就审理建设工程施工合同纠纷案件适用法律的问题，制定本解释。

第一条 建设工程施工合同具有下列情形之一的，应当根据合同法第五十二条第（五）项的规定，认定无效：

（一）承包人未取得建筑施工企业资质或者超越资质等级的；

（二）没有资质的实际施工人借用有资质的建筑施工企业名义的；

（三）建设工程必须进行招标而未招标或

者中标无效的。

第二条 建设工程施工合同无效，但建设工程经竣工验收合格，承包人请求参照合同约定支付工程价款的，应予支持。

第三条 建设工程施工合同无效，且建设工程经竣工验收不合格的，按照以下情形分别处理：

（一）修复后的建设工程经竣工验收合格，发包人请求承包人承担修复费用的，应予支持；

（二）修复后的建设工程经竣工验收不合格，承包人请求支付工程价款的，不予支持。

因建设工程不合格造成的损失，发包人有过错的，也应承担相应的民事责任。

第四条 承包人非法转包、违法分包建设工程或者没有资质的实际施工人借用有资质的建筑施工企业名义与他人签订建设工程施工合同的行为无效。人民法院可以根据民法通则第一百三十四条规定，收缴当事人已经取得的非法所得。

第五条 承包人超越资质等级许可的业务范围签订建设工程施工合同，在建设工程竣工前取得相应资质等级，当事人请求按照无效合同处理的，不予支持。

第六条 当事人对垫资和垫资利息有约定，承包人请求按照约定返还垫资及其利息的，应予支持，但是约定的利息计算标准高于中国人民银行发布的同期同类贷款利率的部分除外。

当事人对垫资没有约定的，按照工程欠款处理。

当事人对垫资利息没有约定，承包人请求支付利息的，不予支持。

第七条 具有劳务作业法定资质的承包人与总承包人、分包人签订的劳务分包合同，当事人以转包建设工程违反法律规定为由请求确认无效的，不予支持。

第八条 承包人具有下列情形之一，发包人请求解除建设工程施工合同的，应予支持：

（一）明确表示或者以行为表明不履行合同主要义务的；

（二）合同约定的期限内没有完工，且在发包人催告的合理期限内仍未完工的；

（三）已经完成的建设工程质量不合格，并拒绝修复的；

（四）将承包的建设工程非法转包、违法分包的。

第九条 发包人具有下列情形之一，致使承包人无法施工，且在催告的合理期限内仍未履行相应义务，承包人请求解除建设工程施工合同的，应予支持：

（一）未按约定支付工程价款的；

（二）提供的主要建筑材料、建筑构配件和设备不符合强制性标准的；

（三）不履行合同约定的协助义务的。

第十条 建设工程施工合同解除后，已经完成的建设工程质量合格的，发包人应当按照约定支付相应的工程价款；已经完成的建设工程质量不合格的，参照本解释第三条规定处理。

因一方违约导致合同解除的，违约方应当赔偿因此而给对方造成的损失。

第十一条 因承包人的过错造成建设工程质量不符合约定，承包人拒绝修理、返工或者改建，发包人请求减少支付工程价款的，应予支持。

第十二条 发包人具有下列情形之一，造成建设工程质量缺陷，应当承担过错责任：

（一）提供的设计有缺陷；

（二）提供或者指定购买的建筑材料、建筑构配件、设备不符合强制性标准；

（三）直接指定分包人分包专业工程。

承包人有过错的，也应当承担相应的过错责任。

第十三条 建设工程未经竣工验收，发包人擅自使用后，又以使用部分质量不符合约定为由主张权利的，不予支持；但是承包人应当在建设工程的合理使用寿命内对地基基础工程和主体结构质量承担民事责任。

第十四条 当事人对建设工程实际竣工日期有争议的，按照以下情形分别处理：

（一）建设工程经竣工验收合格的，以竣工验收合格之日为竣工日期；

（二）承包人已经提交竣工验收报告，发包人拖延验收的，以承包人提交验收报告之日为竣工日期；

（三）建设工程未经竣工验收，发包人擅自使用的，以转移占有建设工程之日为竣工日期。

第十五条　建设工程竣工前，当事人对工程质量发生争议，工程质量经鉴定合格的，鉴定期间为顺延工期期间。

第十六条　当事人对建设工程的计价标准或者计价方法有约定的，按照约定结算工程价款。

因设计变更导致建设工程的工程量或者质量标准发生变化，当事人对该部分工程价款不能协商一致的，可以参照签订建设工程施工合同时当地建设行政主管部门发布的计价方法或者计价标准结算工程价款。

建设工程施工合同有效，但建设工程经竣工验收不合格的，工程价款结算参照本解释第三条规定处理。

第十七条　当事人对欠付工程价款利息计付标准有约定的，按照约定处理；没有约定的，按照中国人民银行发布的同期同类贷款利率计息。

第十八条　利息从应付工程价款之日计付。当事人对付款时间没有约定或者约定不明的，下列时间视为应付款时间：

（一）建设工程已实际交付的，为交付之日；

（二）建设工程没有交付的，为提交竣工结算文件之日；

（三）建设工程未交付，工程价款也未结算的，为当事人起诉之日。

第十九条　当事人对工程量有争议的，按照施工过程中形成的签证等书面文件确认。承包人能够证明发包人同意其施工，但未能提供签证文件证明工程量发生的，可以按照当事人提供的其他证据确认实际发生的工程量。

第二十条　当事人约定，发包人收到竣工结算文件后，在约定期限内不予答复，视为认可竣工结算文件的，按照约定处理。承包人请求按照竣工结算文件结算工程价款的，应予支持。

第二十一条　当事人就同一建设工程另行订立的建设工程施工合同与经过备案的中标合同实质性内容不一致的，应当以备案的中标合同作为结算工程价款的根据。

第二十二条　当事人约定按照固定价结算工程价款，一方当事人请求对建设工程造价进行鉴定的，不予支持。

第二十三条　当事人对部分案件事实有争议的，仅对有争议的事实进行鉴定，但争议事实范围不能确定，或者双方当事人请求对全部事实鉴定的除外。

第二十四条　建设工程施工合同纠纷以施工行为地为合同履行地。

第二十五条　因建设工程质量发生争议的，发包人可以以总承包人、分包人和实际施工人为共同被告提起诉讼。

第二十六条　实际施工人以转包人、违法分包人为被告起诉的，人民法院应当依法受理。

实际施工人以发包人为被告主张权利的，人民法院可以追加转包人或者违法分包人为本案当事人。发包人只在欠付工程价款范围内对实际施工人承担责任。

第二十七条　因保修人未及时履行保修义务，导致建筑物毁损或者造成人身、财产损害的，保修人应当承担赔偿责任。

保修人与建筑物所有人或者发包人对建筑物毁损均有过错的，各自承担相应的责任。

第二十八条　本解释自2005年1月1日起施行。

施行后受理的第一审案件适用本解释。

施行前最高人民法院发布的司法解释与本解释相抵触的，以本解释为准。

最高人民法院关于审理建设工程施工合同纠纷案件适用法律问题的解释（二）

（2018 年 10 月 29 日最高人民法院审判委员会第 1751 次会议通过
2018 年 12 月 29 日最高人民法院公告公布　自 2019 年 2 月 1 日起施行
法释〔2018〕20 号）

为正确审理建设工程施工合同纠纷案件，依法保护当事人合法权益，维护建筑市场秩序，促进建筑市场健康发展，根据《中华人民共和国民法总则》《中华人民共和国合同法》《中华人民共和国建筑法》《中华人民共和国招标投标法》《中华人民共和国民事诉讼法》等法律规定，结合审判实践，制定本解释。

第一条　招标人和中标人另行签订的建设工程施工合同约定的工程范围、建设工期、工程质量、工程价款等实质性内容，与中标合同不一致，一方当事人请求按照中标合同确定权利义务的，人民法院应予支持。

招标人和中标人在中标合同之外就明显高于市场价格购买承建房产、无偿建设住房配套设施、让利、向建设单位捐赠财物等另行签订合同，变相降低工程价款，一方当事人以该合同背离中标合同实质性内容为由请求确认无效的，人民法院应予支持。

第二条　当事人以发包人未取得建设工程规划许可证等规划审批手续为由，请求确认建设工程施工合同无效的，人民法院应予支持，但发包人在起诉前取得建设工程规划许可证等规划审批手续的除外。

发包人能够办理审批手续而未办理，并以未办理审批手续为由请求确认建设工程施工合同无效的，人民法院不予支持。

第三条　建设工程施工合同无效，一方当事人请求对方赔偿损失的，应当就对方过错、损失大小、过错与损失之间的因果关系承担举证责任。

损失大小无法确定，一方当事人请求参照合同约定的质量标准、建设工期、工程价款支付时间等内容确定损失大小的，人民法院可以结合双方过错程度、过错与损失之间的因果关系等因素作出裁判。

第四条　缺乏资质的单位或者个人借用有资质的建筑施工企业名义签订建设工程施工合同，发包人请求出借方与借用方对建设工程质量不合格等因出借资质造成的损失承担连带赔偿责任的，人民法院应予支持。

第五条　当事人对建设工程开工日期有争议的，人民法院应当分别按照以下情形予以认定：

（一）开工日期为发包人或者监理人发出的开工通知载明的开工日期；开工通知发出后，尚不具备开工条件的，以开工条件具备的时间为开工日期；因承包人原因导致开工时间推迟的，以开工通知载明的时间为开工日期。

（二）承包人经发包人同意已经实际进场施工的，以实际进场施工时间为开工日期。

（三）发包人或者监理人未发出开工通知，亦无相关证据证明实际开工日期的，应当综合考虑开工报告、合同、施工许可证、竣工验收报告或者竣工验收备案表等载明的时间，并结合是否具备开工条件的事实，认定开工日期。

第六条　当事人约定顺延工期应当经发包人或者监理人签证等方式确认，承包人虽未取得工期顺延的确认，但能够证明在合同约定的期限内向发包人或者监理人申请过工期顺延且顺延事由符合合同约定，承包人以此为由主张工期顺延的，人民法院应予支持。

当事人约定承包人未在约定期限内提出工期顺延申请视为工期不顺延的，按照约定处理，但发包人在约定期限后同意工期顺延或者承包人提出合理抗辩的除外。

第七条 发包人在承包人提起的建设工程施工合同纠纷案件中，以建设工程质量不符合合同约定或者法律规定为由，就承包人支付违约金或者赔偿修理、返工、改建的合理费用等损失提出反诉的，人民法院可以合并审理。

第八条 有下列情形之一，承包人请求发包人返还工程质量保证金的，人民法院应予支持：

（一）当事人约定的工程质量保证金返还期限届满。

（二）当事人未约定工程质量保证金返还期限的，自建设工程通过竣工验收之日起满二年。

（三）因发包人原因建设工程未按约定期限进行竣工验收的，自承包人提交工程竣工验收报告九十日后起当事人约定的工程质量保证金返还期限届满；当事人未约定工程质量保证金返还期限的，自承包人提交工程竣工验收报告九十日后起满二年。

发包人返还工程质量保证金后，不影响承包人根据合同约定或者法律规定履行工程保修义务。

第九条 发包人将依法不属于必须招标的建设工程进行招标后，与承包人另行订立的建设工程施工合同背离中标合同的实质性内容，当事人请求以中标合同作为结算建设工程价款依据的，人民法院应予支持，但发包人与承包人因客观情况发生了在招标投标时难以预见的变化而另行订立建设工程施工合同的除外。

第十条 当事人签订的建设工程施工合同与招标文件、投标文件、中标通知书载明的工程范围、建设工期、工程质量、工程价款不一致，一方当事人请求将招标文件、投标文件、中标通知书作为结算工程价款的依据的，人民法院应予支持。

第十一条 当事人就同一建设工程订立的数份建设工程施工合同均无效，但建设工程质量合格，一方当事人请求参照实际履行的合同结算建设工程价款的，人民法院应予支持。

实际履行的合同难以确定，当事人请求参照最后签订的合同结算建设工程价款的，人民法院应予支持。

第十二条 当事人在诉讼前已经对建设工程价款结算达成协议，诉讼中一方当事人申请对工程造价进行鉴定的，人民法院不予准许。

第十三条 当事人在诉讼前共同委托有关机构、人员对建设工程造价出具咨询意见，诉讼中一方当事人不认可该咨询意见申请鉴定的，人民法院应予准许，但双方当事人明确表示受该咨询意见约束的除外。

第十四条 当事人对工程造价、质量、修复费用等专门性问题有争议，人民法院认为需要鉴定的，应当向负有举证责任的当事人释明。当事人经释明未申请鉴定，虽申请鉴定但未支付鉴定费用或者拒不提供相关材料的，应当承担举证不能的法律后果。

一审诉讼中负有举证责任的当事人未申请鉴定，虽申请鉴定但未支付鉴定费用或者拒不提供相关材料，二审诉讼中申请鉴定，人民法院认为确有必要的，应当依照民事诉讼法第一百七十条第一款第三项的规定处理。

第十五条 人民法院准许当事人的鉴定申请后，应当根据当事人申请及查明案件事实的需要，确定委托鉴定的事项、范围、鉴定期限等，并组织双方当事人对争议的鉴定材料进行质证。

第十六条 人民法院应当组织当事人对鉴定意见进行质证。鉴定人将当事人有争议且未经质证的材料作为鉴定依据的，人民法院应当组织当事人就该部分材料进行质证。经质证认为不能作为鉴定依据的，根据该材料作出的鉴定意见不得作为认定案件事实的依据。

第十七条 与发包人订立建设工程施工合同的承包人，根据合同法第二百八十六条规定请求其承建工程的价款就工程折价或者拍卖的价款优先受偿的，人民法院应予支持。

第十八条 装饰装修工程的承包人，请求装饰装修工程价款就该装饰装修工程折价或者拍卖的价款优先受偿的，人民法院应予支持，但装饰装修工程的发包人不是该建筑物的所有权人的除外。

第十九条 建设工程质量合格，承包人请求其承建工程的价款就工程折价或者拍卖的价款优先受偿的，人民法院应予支持。

第二十条 未竣工的建设工程质量合格，承包人请求其承建工程的价款就其承建工程部分折价或者拍卖的价款优先受偿的，人民法院应予支持。

第二十一条 承包人建设工程价款优先受偿的范围依照国务院有关行政主管部门关于建设工程价款范围的规定确定。

承包人就逾期支付建设工程价款的利息、违约金、损害赔偿金等主张优先受偿的，人民法院不予支持。

第二十二条 承包人行使建设工程价款优先受偿权的期限为六个月，自发包人应当给付建设工程价款之日起算。

第二十三条 发包人与承包人约定放弃或者限制建设工程价款优先受偿权，损害建筑工人利益，发包人根据该约定主张承包人不享有建设工程价款优先受偿权的，人民法院不予支持。

第二十四条 实际施工人以发包人为被告主张权利的，人民法院应当追加转包人或者违法分包人为本案第三人，在查明发包人欠付转包人或者违法分包人建设工程价款的数额后，判决发包人在欠付建设工程价款范围内对实际施工人承担责任。

第二十五条 实际施工人根据合同法第七十三条规定，以转包人或者违法分包人怠于向发包人行使到期债权，对其造成损害为由，提起代位权诉讼的，人民法院应予支持。

第二十六条 本解释自 2019 年 2 月 1 日起施行。

本解释施行后尚未审结的一审、二审案件，适用本解释。

本解释施行前已经终审、施行后当事人申请再审或者按照审判监督程序决定再审的案件，不适用本解释。

最高人民法院以前发布的司法解释与本解释不一致的，不再适用。

五、请示答复

最高人民法院关于人民法院在审理建设工程施工合同纠纷案件中如何认定财政评审中心出具的审核结论问题的答复

（2008 年 5 月 16 日〔2008〕民一他字第 4 号）

福建省高级人民法院：

你院（2007）闽民他字第 12 号请示收悉。关于人民法院在审理建设工程施工合同纠纷案件中如何认定财政评审中心出具的审核结论问题，经研究，答复如下：

财政部门对财政投资的评定审核是国家对建设单位基本建设资金的监督管理，不影响建设单位与承建单位的合同效力及履行。但是，建设合同中明确约定以财政投资的审核结论作为结算依据的，审核结论应当作为结算的依据。

最高人民法院关于如何理解和适用《最高人民法院关于审理建设工程施工合同纠纷案件适用法律问题的解释》第二十条的复函

（2006年4月25日　〔2005〕民一他字第23号）

重庆市高级人民法院：

你院渝高法〔2005〕154号《关于如何理解和适用〈最高人民法院关于审理建设工程施工合同纠纷案件适用法律问题的解释〉第二十条的请示》收悉。经研究，答复如下：

同意你院审委会的第二种意见，即：适用该司法解释第二十条的前提条件是当事人之间约定了发包人收到竣工结算文件后，在约定期限内不予答复，则视为认可竣工结算文件。承包人提交的竣工结算文件可以作为工程款结算的依据。建设部制定的建设工程施工合同格式文本中的通用条款第三十三条第三款的规定，不能简单地推论出，双方当事人具有发包人收到竣工结算文件一定期限内不予答复，则视为认可承包人提交的竣工结算文件的一致意思表示，承包人提交的竣工结算文件不能作为工程款结算的依据。

最高人民法院关于装修装饰工程款是否享有合同法第二百八十六条规定的优先受偿权的复函

（2004年12月8日　〔2004〕民一他字第14号）

福建省高级人民法院：

你院闽高法〔2004〕143号《关于福州市康辉装修工程有限公司与福州天胜房地产开发有限公司、福州绿叶房产代理有限公司装修工程承包合同纠纷一案的请示》收悉。经研究，答复如下：

装修装饰工程属于建设工程，可以适用《中华人民共和国合同法》第二百八十六条关于优先受偿权的规定，但装修装饰工程的发包人不是该建筑物的所有权人或者承包人与该建筑物的所有权人之间没有合同关系的除外。享有优先权的承包人只能在建筑物因装修装饰而增加价值的范围内优先受偿。

此复。

最高人民法院关于建设工程承包合同案件中双方当事人已确认的工程决算价款与审计部门审计的工程决算价款不一致时如何适用法律问题的电话答复意见

（2001 年 4 月 2 日〔2001〕民一他字第 2 号）

河南省高级人民法院：

你院“关于建设工程承包合同案件中双方当事人已确认的工程决算价款与审计部门审计的工程决算价款不一致时如何适用法律问题的请示”收悉。经研究认为，审计是国家对建设单位的一种行政监督，不影响建设单位与承建单位的合同效力。建设工程承包合同案件应以当事人的约定作为法院判决的依据。只有在合同明确约定以审计结论作为结算依据或者合同约定不明确、合同约定无效的情况下，才能将审计结论作为判决的依据。

后 记

习民法之初，印象中的建设工程施工合同只是《合同法》规定的众多有名合同之一，不像买卖合同那样具有普遍性、典型性，相对于其他有名合同并不显眼，只算承揽合同之特例，对之关注很少。不想工作之后，建设工程施工合同纠纷案件竟是自己遇到最多的案件类型之一。这类案件点多线长、账目冗繁、规则纷杂、案卷浩繁，纵劳心费神，亦难见成效。案牍劳形之余，我将工作中遇到的问题逐一梳理归纳。至今归纳出 91 个问题，特作小结，与广大读者分享。希望读者在遇到同类问题时能按图索骥，节时省力。本书付印，首先要感谢杜万华大法官耳提面命、悉心指点，帮助我深入理解规则背后的法理基础；感谢领导同事关心支持、指教帮助，书中很多观点都是在与大家沟通交流、切磋琢磨中形成，没有他们的支持本书将不会与广大读者见面；感谢与我共同奋斗的各位伙伴，他们利用业余时间与我共同学习、分享心得。最后，更要感谢家人对我的支持、关爱和包容，他们每多一分担待，就为我多争取一分宝贵时间用于整理书稿。

谢 勇

2020 年 3 月 2 日

图书在版编目（CIP）数据

建设工程施工合同案件裁判规则解析/谢勇著．—北京：中国法制出版社，2020.5

（法律人核心素养丛书）

ISBN 978－7－5216－1038－3

Ⅰ.①建…　Ⅱ.①谢…　Ⅲ.①建筑施工—合同纠纷—审判—案例—中国　Ⅳ.①D923.65

中国版本图书馆CIP数据核字（2020）第077664号

策划编辑：陈兴（cx_legal@163.com）
责任编辑：陈兴　孙静　　封面设计：蒋　怡

建设工程施工合同案件裁判规则解析

JIANSHE GONGCHENG SHIGONG HETONG ANJIAN CAIPAN GUIZE JIEXI

著者/谢勇
经销/新华书店
印刷/三河市紫恒印装有限公司
开本/730毫米×1030毫米　16开　　印张/23.5　字数/377千
版次/2020年5月第1版　　2020年5月第1次印刷

中国法制出版社出版
书号ISBN 978－7－5216－1038－3　　定价：89.00元

北京西单横二条2号
邮政编码100031　　传真：010－66031119
网址：http：//www.zgfzs.com　　**编辑部电话：010－66070046**
市场营销部电话：010－66033393　　**邮购部电话：010－66033288**

（如有印装质量问题，请与本社印务部联系调换。电话：010－66032926）